中国的货币化进程

易纲 著

商务印书馆
创于1897 The Commercial Press
2019年·北京

图书在版编目(CIP)数据

中国的货币化进程/易纲著. —北京:商务印书馆,2003
(2019.5 重印)
ISBN 978-7-100-03883-6

Ⅰ.①中… Ⅱ.①易… Ⅲ.①经济改革—研究—中国
Ⅳ.①F12

中国版本图书馆 CIP 数据核字(2003)第 062014 号

ZHŌNGGUÓ DE HUÒBÌHUÀ JÌNCHÉNG
中国的货币化进程
易 纲 著

商务印书馆出版
(北京王府井大街36号 邮政编码100710)
商务印书馆发行
北京新华印刷有限公司印刷
ISBN 978-7-100-03883-6

2003年11月第1版　　开本 787×960 1/16
2019年5月北京第3次印刷　　印张 36¾

定价:86.00 元

目　录

自　　序

出版这本书的直接原因是，同事和朋友们经常要我过去写的文章。由于文章发表在不同的期刊上，找起来不方便。我想应该把过去写的学术论文集中成册，这样既可以方便自己，也希望能方便我的朋友们。

我是北京大学经济系 77 级学生。1980 年被选派去美国插班读本科，1982 年在美国哈姆林大学获工商管理学士学位。1982 年进入美国伊利诺斯大学经济系读研究生，所学的专业是计量经济学，1986 年夏获经济学博士学位，博士论文的题目是“模型选择和斯坦估计”。随后，我来到印第安那大学(印第安那波利斯校区)，开始了我的教学生涯。1994 年，我回国与林毅夫、张维迎、海闻等一同创建北京大学中国经济研究中心。1997 年到中国人民银行工作至今。

30 岁以前，我的研究领域主要是计量经济学，曾经在美、欧学术期刊上发表过十来篇有关计量经济学的论文。其实，我真正的研究兴趣是中国经济，特别是中国金融问题，尽管当时我还不知道“金融是现代经济的核心”这一命题。在我感到生计比较稳定之后，就把几乎所有的时间都投入到了有关中国经济问题的研究之中。

本书是一部论文集，收集了过去 15 年来我研究中国经济问题所公开发表过的主要学术论文，大致记录了我研究中国经济所走过的道路和思想历程。书名“中国的货币化进程”源自于 1991 年我在英文期刊《中国经济评论》上发表的一篇论文的标题。我早期做的有关计量经济学和统计学的论文，没有收入本书。

对收入的文章，本书没有对原文进行任何修改和更新，完全以论文发表时的原貌重印(包括摘要和参考文献)，并注明了首次发表的期刊名称和时间。全书按照不同的研究专题，分为八个部分。

本书收录的第一篇文章“市场效率与产权界定”可以说是我用中文写的第一篇学术论文，虽然是15年以前写的，但如今读起来仍使人兴奋。文中论述了为什么市场机制比计划机制的效率高，并指出“产权界定是市场机制形成的前提，中国经济改革能否成功，将来市场的效率如何，取决于未来产权界定的清晰度和政府在多大程度上允许私有制的发展；私有制一定程度的发展和坚持以公有制为主并不矛盾”。文章的最后，还虚构了一个国有资产管理的体制和股票市场。这些内容，今天看来仍有意义。第一部分的另外两篇文章分别论述了中国渐进式经济改革的历史必然性及其利弊得失，以及中国经济转轨对现代经济学提出的挑战。

第二部分收录的五篇论文，都是围绕中国的货币化进程展开的。自1979年改革开放以来，中国货币供应量的增长率一直远远高于GDP增长率和通货膨胀率之和，也就是说中国的货币流通速度一直在下降。我是较早注意到这种现象的学者，并对此做了系统研究，从1991年以来发表文章若干篇。当时我写这些文章，主要是为了反驳一些在重要国际经济组织里供职的经济学家对上述现象的理论解释（见本部分文章的参考文献）。他们认为中国出现这一现象是因为存在强迫储蓄和货币悬空，我的文章不同意当时的这些主流权威观点。我认为中国货币供应量增长率的快速增长主要是因为经济体制改革使中国经济的货币化程度不断提高，产生大量的由于体制变革造成的货币需求，所谓强迫储蓄和货币悬空并不是主要原因。我对此问题的研究角度和结论后来被越来越多的经济学家所接受，对以后进一步探讨货币需求、通货膨胀、货币与经济活动的关系等产生了重要影响。当年，我一直为中国的货币化进程辩护，然而自95年以来中国M_2与GDP比率的不断攀升引起了我的忧虑，我有点为（M_2/GDP）比率担心。货币是以政府信誉为基础的，中国只有政府信誉，民间信誉薄弱，造成中国直接融资不发达，资本市场发展滞后，这是中国经济金融发展的一大难题。最近，M_2 与 GDP 比率仍在继续攀升。我的一个判断是中国的 GDP 被低估了，而且低估的部分绝大多数是消费。这样的话，算上低估的比例之后，国内的消费比率会大大提高，而储蓄率和投资率则会降低，M_2 与 GDP 比率也会正常很多。

第三部分的主题是汇率。我对人民币汇率的研究始于 1996 年一家外资企业的委托，这家外资企业准备在中国大陆进行分期投资，最大的不确定性是来自人民币汇率。当时我在北京大学任教，没有任何内部人信息，完全是从一位学者的角度，利用公开的信息来研究人民币汇率。除了我以外，这家外资企业同时还请了两位国际知名学者做此项目。研究结果是 1996 年年底向该外资企业提交的，在三份报告中，只有我认为人民币在三年内不会贬值，其余两份报告都提出了比我悲观得多的结论。经委托人同意，我将报告的部分内容在 1997 年第 10 期《经济研究》上发表。此结论经受住了 1997 年开始的亚洲金融危机的考验。后来这家外资企业在中国的投资很成功，还特向我致谢。

这部分文章展示了经济学分析的逻辑力量，对人民币汇率走势的判断、对香港将会发生通货紧缩的预测以及从汇率制度三角形的理论框架中所得出的推论，运用的都是经济学分析的逻辑力量，幸运的是这些预测和结论均被后来的现实所证实了。

第四部分讲的是中国金融体系。第一篇文章研究了中国的金融资产结构。关于此问题，中国有学者（例如，谢平）研究得比我早。在经济学分析的基础上，我提出了一个比较中国式的分析框架。其实关于金融资产结构的分析与第二部分讲的货币化是一脉相承的：货币化分析了为什么中国金融资产中货币资产增长得这么快，金融资产结构的分析讨论了：金融资产除了货币形态之外，还有其他形态的金融资产，而这些金融资产（主要指股票、债券、养老金等）为什么会发展得如此缓慢。该文指出，在 1979 年以前中国储蓄的主体是政府，而进入 20 世纪 90 年代以来，储蓄的主体变为老百姓；并指出货币金融资产的比例太高而直接融资比例过低所蕴含的金融风险。该文讨论的住房抵押贷款等设想为我后来到中国人民银行做相关的政策研究提供了基础。“投融资体制扭曲所导致的后果分析及政策建议”一文分析了各种所有制企业的融资难易程度和产生重复建设以及通货紧缩的原因。“金融不是虚拟经济”一文旗帜鲜明地参加了对虚拟经济的讨论，指出金融业本质上是服务业，不是虚拟经济。把金融业划入虚拟经济，在理论上站不住脚，不符合国际通行概念和学术规范；在实践上，也不利于中国金融业的发展。

第五部分是关于银行改革。如果说金融是现代经济的核心，银行则是金融的基础，从时间上、逻辑上都是这样的。银行业能否健康发展对于金融体系的效率高低起着关键作用。本部分收录的文章探讨了银行改革思路，监管的逻辑，以及如何在“债转股”过程中防范道德风险等等。我国银行业存在诸多问题：改革滞后、布局不合理、不良资产率高、服务差、效率低、风险大。究其原因，有体制问题、公司治理结构的问题、技术落后的问题等。但是，所有这些问题归根结底都表现为人的问题，人不尽心尽力、不负责，有些还中饱私囊。我一直在琢磨人的工作态度为什么差别那么大？这些都与激励机制设计有关，都需要设计符合人性的激励与约束机制。从1997到1999年，我在各种场合讲了如何调动人的积极性，不少媒体报刊都报道过。我总结对人的激励和约束有五大法宝：产权、经理人市场、工资奖金、“乌纱帽”机制、思想政治工作。

首先是产权。古人云：“有恒产者有恒心”。孟德斯鸠讲“所有权是道德神”。产权对人的激励和约束作用源于人性中最深刻和最本质的东西。一般说来，人对两件事是负责的：一是自己的财产，二是自己的子女。对这两件事的负责、操心、呵护和关爱是发自内心的、自觉的、无时无刻不存在的，最重要的是不需要别人监督的。当然我讲的是绝大多数人的情况，个别的例外总是存在的，但不在经济学的研究范围内。人的创造性和潜力是无限的，干一件事负责与不负责，操心与不操心，其结果是天壤之别。一个设计成功的激励制度就是尽量使人像对自己财产、自己子女那样对待其工作。

第二是经理人市场。经理人市场解释了为什么许多专业人员虽然是在给老板干活，但是也能尽心尽力。这里的专业人员主要指高级经理人员、会计师、律师、医生、教授、工程师、分析师等。激励和约束这些人的主要是经理人市场，他们要通过自己的工作建立起一个良好的纪录，从而提高自己在经理人市场上的价值。我自己在美国当过十年教授，深知经理人市场对人的约束。在美国获得博士学位后进大学先当助理教授，从助理教授到取得终身教职一般要六年左右时间。在此期间，教授无不拼命工作，除了把教学工作做好外，还要花大量时间做研究，写论文，争取在高水平的学术期刊上发表，以求最终获得终身教职，否则，只得另找工作。只要这个压力存在，系主任、校长不必去督促每个教授去做研究，教授们都会以超过100%的努力去工作。有人统计过，由于压力过大，此阶段教授的离婚率明显高于可比人群。有人问，在美国，教授获得终身教职后还努力工作吗？一般说来，还会努力，因为有其他的激励方式，比如，想去一所更好的学校当教授，想做一个领域的学术带头人等。随着市场经济的发展，中产阶级的出现，越来越多的专业人才会受到经理人市场的激励和约束。毕竟能当老板的是少数，经理人市场尤为重要。

第三是工资奖金。产权主要是对有产者而言的，经理人市场是对白领阶层而言的，而工资奖金是对所有人而言的。“重赏之下必有勇夫”，钱对人的激励是不言自明的，从实行计件工资的蓝领，到年薪制的经理，到手持股票期权的高级管理者都适用。

第四是“乌纱帽”机制。泛指以职务的提升来激励，特指官场的官本位。“学而优则仕”，中国几千年的封建社会一直用做官来调动社会精英的进取精神。历史证明，乌纱帽机制也能极大地调动人的积极性，它的局限性是人只对上负责，信息相对封闭，一个人的价值只有他的领导清楚，一旦领导换了，前功在很大程度上就会尽弃。相对而言，经理人市场在这方面的风险要小得多，因为信息比较透明，有更多的人知道一个专业人才的价值。

第五是思想政治工作。这里绝对没有讽刺的意思,我相信思想政治工作、政治信仰、宗教信仰对人有强有力的激励和约束作用。

理解上述调动人的积极性的五大法宝有助于阅读第五部分的文章。总之一句话,我们设计的机制必须激励相容(Incentive Compatible),即让努力工作又有能力的人通过自己的工作成果得到回报,淘汰不努力的人,或虽然努力但没有达到有效结果的人。也许会有人质疑我,“没有功劳也有苦劳”,为什么只单纯看结果?因为监测人的努力程度是很难的,所以鉴别标准只能是主要看结果。

第六部分是关于1997到1999年中国宏观经济政策的一些讨论。1997年夏,亚洲金融危机开始。我和我领导的北京大学中国经济研究中心宏观组以空前的热情参与了对宏观经济政策的讨论。在这期间发表的论文,被许多报刊杂志转载,足以见当时讨论的激烈程度。我们的主要观点如下:第一,认为当时的实际利率过高,中国有落入通货紧缩的危险。“寻求多重经济目标下的有效政策组合”一文详细地论述了这一观点,原文发表在《经济研究》1998年第4期上。之后许多重要报刊纷纷予以转载。第二,大力介绍扩张的财政政策,为此在1998年上半年写了两篇文章“美国30年代大萧条及对中国当前宏观经济政策的启示”和“罗斯福新政、评价及启示”,该文已收入《宏观经济政策调整与坚持市场取向》(北京大学出版社,1999年)一书中,所以本书不再收录。第三,尽管我们较早地大声疾呼要实行扩张的财政政策,但当积极的财政政策开始后,我们的分析研究重点则转向了如何限制其负面影响,如何分析政府配置资源的比例上升过快、道德风险、计划经济体制的复归等问题,并指出积极的财政政策一般是短期政策,至多也只能是中期政策,不可能是长期政策,所以积极的财政政策应该适时淡出。在“宏观政策调整和坚持市场取向”和“货币政策乎?财政政策乎?”两篇文章中,集中阐述了我们这一思想。文章发表后,引起了广泛的讨论。第四,尽管我们较早提出通货紧缩的风险,但当许多人在1999年认为中国陷入了严重的通货紧缩时,我们在“正视通货紧缩压力,加快微观机制改革”一文中提出“两个特征,一个伴随”这一有异于经济学教科书的对通货紧缩的定义,主要是基于防范道德风险的考虑。我们的政策含义是,在物价向下的压力下,只有加快微观机制改革,淘汰一批无效企业,才是根本出路。第五,通过对200多年经济史的观察,我在1999年提出了供给能力的快速增长导致向萧条经济的回归,这是对未来世界经济走势的一个中长期判断;多种媒体报道过,直到2002年初才发表在《国际经济评论》上。

第七部分是关于经济增长与发展。主要内容可以概括为:第一,因为中国有接近无穷的劳动力供给和发展的不平衡,经济增长有巨大空间,是可持续的。第二,强调增长的质量和可持续是中国的唯一出路。要节约资源,保护环境,特别是保护水资源。第三,GDP增长并不一定带来人们生活福利的改善。如果我们建的房子和修的路每年都推倒重来的话,固然可达到GDP增长率最大化的目标,但我们的财富存量不一定增加,生活质量不一定是提高的。第四,造成我国增长质量差,资源浪费的深层根源是产权不够明晰,产权保护不到位。第五,由于体制的原因,特别是当地方官员的政绩与当地的经济增长率相联系时,形成了片面追求经济增长率这一痼疾。考核地方政府政绩的正确指标体系应当依次由就业、环保、不良资产率、GDP的增长率组成。

我一直担心盲目追求经济增长速度对我国资源和环境的破坏。发展是硬道理,但不等于经济(GDP)增长率是硬道理。发展是一个更加综合和平衡的概念,既包括经济层面,也包括社会层面。中国从1958年的“大跃进”,到1978年的“洋跃进”,都在这方面吃了无数的亏。政府的主要任务应该是履行维持市场秩序、社会保障、执法、环保等社会管理职能;以经济建设为中心,发展是执政兴国的第一要务都应该通过做好政府的社会管理职能来体现。对一些地区出现的“GDP政府”和“GDP党委”,我表示不解;对某些地方政府、人大、政协分别竞相组团出国出省招商引资,我持保留态度。

我是一个对环境十分敏感的人。对居民楼一年到头总有人在搞装修深恶痛绝；对市政建设规划不精细、“拉链路”的频频出现无可奈何；对长官意志造成的马路人行道地砖的反复更换、路旁树木不断更新感到啼笑皆非。我对水资源的担心尤甚，曾经研究过节水马桶的设计和推广，曾因试验两次小便后冲水一次而受到家人批评。中国是人地关系非常紧张的国家，我担心这样无休止地建房子会对环境带来巨大的破坏。按我国人均资源，我们的住房应当舒适、经济、有利于环保。但事实不是这样的，相比日本，我们有着巨大的浪费。北京许多居民有两套房子，三口之家住100多平米的有的是；房子冬天要取暖，夏天要空调，都要排出废气，对空气造成的污染可想而知。我曾建议中国应该在大城市对于不动产（房地产）征收物业税，鼓励节约型的生活方式，使人们生活得既舒适又不浪费。

我1993年夏率领中国留美经济学会代表团访问了中国台湾地区，第一次踏上祖国宝岛台湾，当时激动的心情无法言喻。十几天的参观、采访下来，我们硕果累累，诞生了《台湾经验与大陆经济改革》一书（易纲、许小年主编，中国经济出版社1994年）。该书的前言和后记组成本书的第八部分。

我始终尽量把自己的研究局限在一个专业领域。本书除了开头和结尾部分的文章以外，全部是研究金融问题的。对于每篇文章是否收入本书，我反复推敲，但还是战战兢兢，希望本书的文章能给读者带来有用的信号，而不是噪音。请读者朋友鉴别。

阅读这些文章，可以清楚看到我研究思索走过的路程，有热情、追求、执著、一丝不苟，当然也有错误，而所有这些都可归结为对这片土地和人民的热爱和迷恋；当然前面讲过的经理人市场也是另一个解释因素。

最后，我要特别感谢吴敬琏、厉以宁、周小川、林毅夫、宋国青、周其仁、张维迎、余永定、谢平、樊纲、李扬、胡大源、秦朵、刘遵义、钱颖一、杨小凯、田国强。我的这些文章是在和他们的讨论（有时是争论）中形成的。

感谢我过去的学生、现在的朋友张洪、赵晓、赵先信、林明、汤弦、吴任昊、顾义河、江惠琴、张昕、郭凯、段辰菊等各届北京大学中国经济研究中心宏观组成员，宏观组的讨论是这本书中许多文章的摇篮。感谢张佳利、邢惠清为我提供的各种帮助。

我也要感谢《经济研究》《金融研究》《改革》《经济社会体制与比较》《财贸经济》《国际经济评论》《中国社会科学》《经济学季刊》《财经》等期刊和杂志，是这些刊物为本书收录的大多数文章提供了首次发表的机会。

易　纲

2003 年春

第 一 部 分

中国经济改革

市场效率与产权界定*

摘要：市场机制的效率高于计划机制，因为它需用的信息较少，交易成本较低。产权界定是市场机制形成的前提。中国经济改革能否成功，将来市场的效率如何，取决于未来产权界定的清晰度和政府在多大程度上允许私有制发展。由于市场价格在边际上决定，因而，私有制一定程度的发展，可以大大提高资源配置的效率，同时与坚持以公有制为主的社会主义制度并行不悖。

市场机制和指令性计划机制（下称计划机制）是资源配置的两种不同的方式。中国目前进行的经济体制改革的实质是要用市场机制代替计划机制。**计划机制**的特点是，以看得见的手（行政命令）配置资源，国家政权及以其为基础的国有制是它运行的前提条件。**市场机制**的特点是，以看不见的手（价值规律）配置资源，表现为竞争均衡的概念，即自由竞争条件下市场形成的均衡价格及由其决定的资源配置。一般说来，**竞争均衡**意味着，第一，在均衡价格下总供给等于总需求，没有未满足的需求；第二，所有消费者都在给定预算内达到了其效用函数的最大值；第三，所有企业均实现了其利润的最大化，所有人都得到其可能得到的好处的最大值，因而不想离开竞争均衡。

---

* 原文发表于《中国：发展与改革》1988 年第 12 期。

一、市场机制的效率高于计划机制的理论根据

（一）市场与帕累托最优（Pareto optimal）[①]

市场机制为什么存在，并得以发展？回答很简单：它的效率高。在经济学中，"效率"这个概念有广义、狭义之分。狭义的**效率**是指产出值与投入值之比，含有比较的意思。一个企业选择的最优方案并不意味着它效率高，因为这只能说明该企业在实现给定目标的诸方案中选择了成本最低的一个，并没有同其他企业比较——也许这个企业根本就不应开工，因为其最优方案也比别的企业成本高。广义的效率是帕累托最优的概念，即全局性的效率。它不仅考虑了供给（生产），也包括需求（消费）。一个企业在其行业中效率高，但如果人们更多地需要其他行业的产品，它也应少生产，或不生产。一个社会在一定的时间里的资源总是有限的，应该把有限的资源分配给那些以高效率生产人们最需要的商品的企业。资源配置的理想状态是**帕累托最优**（下称帕氏最优）。在这种状态下，再不可能存在不损害任何人利益的前提下给人带来好处的选择。换句话说，检验一个配置方案 A 是否最优，帕累托的标准是看能否找到另一个方案 B，使得在所有人的利益都没有受到损害的前提下，至少有一个人得到了比方案 A 更多的好处。如果方案 B 不存在，则方案 A 为帕氏最优。在理解帕氏最优时，以下几点需要注意。第一，这是一个包括供给和需求两方面的全局性概念；第二，在帕氏最优配置中没有浪费，因为浪费是指把本来能给人带来好处的有价值的东西白白扔掉了；第三，帕氏最优只讲效率一面，它和公平分配是两个完全不同的概念，一个帕氏最优配置可能是比较公平的，也可能极不公平；第四，帕氏最优只是对有限资源的一个配置，它本身并没有包含价格。它和价格的联系是通过福利经济学的两个基本定理建立的。**福利经济学的第一定理**证明了自由竞争市场机制对资源的配置导致帕氏最优；**第二定理**证明了如果一个配置是帕氏最优的，那么总能找到一

个价格向量，使该配置和这个价格向量组成一个竞争均衡。这两个定理的结果加在一起是说，在一定条件下，市场机制产生的竞争均衡和帕氏最优是等价的，即互为充分必要条件。[②]

(二) 市场与信息的利用

竞争均衡等价于帕氏最优的结论还不能说明市场机制优于计划机制。20 世纪二三十年代，在西方经济学界有过一场著名的关于社会主义经济能否有效地配置资源的论战。当时一些反对社会主义的经济学家(以冯·米塞斯、海克等为代表) 试图证明社会主义在理论上行不通。他们断言，公有制经济没有生产资料市场，因而不可能达到帕氏最优。[③]论战的另一方以兰格等为代表，他们认为，社会主义计划经济是可以有效地配置资源的。[④]目前大多数经济学家都承认，从理论上讲社会主义经济可以取得帕氏最优配置。问题在于高度集中的计划经济不可能做到信息有效，也就是说，计划经济达到帕氏最优所用的信息要比市场经济多。赫维茨、欧萨那等经济学家在 70 年代证明了在所有取得帕氏最优的机制中，竞争机制所用的信息空间的维数最小。这个结论被称为**信息有效定理**。[⑤]卓当在 1982 年证明，竞争市场是惟一的利用信息最少并产生帕氏最优的机制。[⑥]这些结论告诉我们，市场经济比计划经济效率高，并不是因为前者能达到帕氏最优而后者不能，而是因为前者达到最优所用的信息最少。交易费用学派从不同的角度得出了和信息论派相类似的结论。

(三) 市场与交易费用

上面讲到的几个定理都有严格的数学证明。与此不同，交易费用学派主要是用描述的方法，通过引进交易费用这个概念来说明市场机制优于计划机制。

分工、交换可以成百上千倍地提高生产力。交换中要付出一定的交易费用。**交易费用**指交换过程中在寻找、谈判、成交等环节上发生的必要支出。如果交换通过中间人,可以把交易费用理解为对中间人服务的报酬。在引进交易费用后,市场价格就不再是供给和需求曲线的交点了。这时买者付的钱要比卖者收到的钱多,两个价钱之差就是交易费用。交易费用是交换过程中不可避免的耗费。在其他条件不变的情况下,交易费用与效率成反比。提高效率的途径之一是设法降低交易费用。

用交易费用这个概念可以解释许多经济现象。市场的发展过程就是一个降低交易费用的过程。企业制度的存在和发展也是如此。生产诸要素以相对固定的长期契约组成企业,使企业成为组织社会化生产的最有效形式。工人不是每天到劳动力市场出卖自己的劳动力,而是把它相对固定地卖给一个企业,因为这样可以大大降低交易费用。经济学中谈到最优化时总讲边际成本等于边际收益这个条件。但在日常生活中,我们看到许多故意模糊上述边际条件的现象。比如大多数工人拿的是计时工资,而一般说来,计件工资能更准确地反映边际条件,其原因在于计时工资的交易费用低。

从交易费用的角度看,市场机制也是明显优于计划机制的。原因有三:第一,要在计划机制下实现最优化,计划部门必须知道消费者的偏好体系、企业的生产函数、资源限制等信息,通过解成千上万个联立方程算出市场均衡价格。这样的计算即便是可能的,也是非常繁浩复杂、耗费巨大的工作。这里最棘手的问题是,怎样收集消费者的偏好和计算企业的生产函数并保证他们讲实话。第二,在计划机制下,人们为了得到某种物资要为许多非经济因素付交易费用,如领导审批、请客送礼、走后门等等。第三,在计划机制中,由于人没有积极性而造成的看不见的交易费用更不可低估。

市场机制的交易费用低,是因为人们的偏好、企业的生产函数等信息在市场上由供求关系表现出来,市场上形成的均衡价格是供求双方都满意的价格。在这一价格下,没有未满足的需求,所以没有必要去走后门。均衡价格是决定资源配置的惟一标准,从而大大降低了交易费用。

从逻辑上讲，承认市场机制效率高就意味着承认了西方经济学的基本假定：人们都在追求自己效用的最大值，企业都在追求其利润的最大化。所有关于市场机制效率高的论证都以这一假定为前提。目前中国的情况是否满足这一假定还是一个问号。假定的前半句没问题，问题在后半句。中国的企业不一定都在追求其利润的最大化。这是我们下一部分要讨论的问题，即市场的微观基础问题。

二、市场形成的前提条件是产权界定

目前中国市场的微观基础不实，即占国民经济主体的全民所有制企业的财产归属关系是模糊的。这是企业行为“非理性”的根本原因。没有清楚的产权界定，就不可能有真正意义上的市场。从这个意义上讲，市场形成的前提条件是产权界定。

（一）产权的内涵和本质特征

产权可能被定义为由法律保护的财产所有者的权利和义务。其中权利部分包括对财产的所有权、实际占有权、使用权和处置权（也可以简单地归为所有权和使用权）；义务部分包括遵守法令、市场规则，向政府缴税等等。产权的本质特征是它的排他性（或曰独有性）。一个人对一份财产的所有，意味着其他人没有对该财产的所有权。产权是一个历史范畴，不同时代的财产所有者可以有不同的权利和义务。排他性作为产权的本质特征与产权这一范畴并存。假如一个社会的财产所属关系不具有排他性了，产权的概念也就消失了。

按照产权的这一定义，国有制是一种名副其实的所有制，它表明国家的代表即政府有对国有制财产的所有、使用、处置等权利，同时也排除了其他法人对该财产的权利。而全民所有制则和产权的本质特征相悖。因为：第一，有是相对无而言的。全民所有意味着全体人民（假定已不存在阶级敌人）对财产的所有，没有人“无产”。这就违反了排他性。第二，是有还是无，主要看人民是否对“全民所有制”财产有支配权、处置权。美国大公司的小股东仅仅掌握公司股票中一个微不足道的比例，但这些小股东手中的所有权是实在的，因为他们可以随时将手中的股票卖掉。如果不是从概念出发，而是从实际出发，就不能不承认中国老百姓对全民所有制财产的权利有名无实。事实上，我国人民从来没有真实地体会到全民所有制这一概念。老百姓对什么东西是他自己的财产非常清楚，根本不用教育。尽管我国进行了多年全民所有制的教育，我们的政策还是不能使人民都以主人翁的态度像对待自己的财产一样对待国家财产。

产权界定指财产归属关系的划分。既然对财产有所有权和使用权两方面，产权界定也就是这两方面的界定。财产的所有权和使用权不是并列的，一般说来所有权决定使用权。财产的归属一经划定，它们的所有者会找出最有效的使用方式。股份公司制度中所有权和使用权（管理权）的分离是财产所有者在竞争中找出的运用他们财产的最佳方式。这种分离不是由行政命令造成的，而是财产所有者为追求他们财产的最大收益而自愿选择的。但在某些情况下，使用权的界定也是极为重要的。比如，假定由于某种原因，土地归国家是既定方针，不可改变，在这种情况下，怎样界定土地的使用权就变得非常关键了。香港的公有土地利用得有效，原因在于其使用权界定得成功。

（二）为什么产权界定是市场形成的前提条件？

这里讲的市场是商品市场。商品是为交换而生产的，要交换就要有不同的所有者，否则交换就变成没有意义的事了。等价交换本身就隐含着对产权的认定。因此，产权界定作为市场的前提是由商品生产的内在属性决定的。具体地讲，产权界定对市场的意义主要有以下三点。

第一，产权界定决定着人们的行为，是一切积极性的内在驱使。经济学中有两个最重要的问题：一个是积极性问题，一个是稀缺性问题。前者是研究怎样使人们追求自己效用最大值的行为和社会利益一致，后者是研究怎样最有效地利用有限的资源。中国经济体制改革能否成功，归根到底是看它能否解决好这两个问题，而这两个问题的解决均离不开产权。中国农村改革成功的原因在于，包产到户这种简单的产权界定方式把农民的个人利益和社会利益系在一起。目前农村面临的问题也在产权（土地制度）上。

产权决定着人们的行为是不言而喻的。有人认为，只有在产权界定清楚时，人们的行为才是理性的。其实不然。一般说来，人在任何情况下的行为都可以是理性的。有时，一种行为表面上看是非理性的，其实这非理性背后隐含着理性。人和企业均能在各种条件下准确地找出对他们最有利的解释。“上面有政策，下面有对策”这句话讲出了极其深刻的道理，大有现代经济学中理性预期学派的味道。不同的产权制度产生不同的理性行为。我们改革的目标是把产权界定清楚，使得经理、工人追求他们效用最大值的行为和企业利润最大化相一致，同时也和社会利益相一致。到那时，市场的微观基础才坚实。

第二，产权界定清楚后，市场才有规则，社会才有道德标准。市场机制运行的基本规则（如在价格面前人人平等，自由买卖，等价交换，遵守合同，自由进出市场等等）都是建立在产权界定的基础上的。在产权界定不清的情况下，企业有在价格、税收、上缴利润等一系列问题上同上级机关讨价还价的权力。于是，它们不是把注意力放在提高效率上，而是放在同上级的谈判上。这是所谓“**预算软约束**”的根本原因。这时的市场无规则可循，一户一律。企业是否盈利，在很大程度上取决于它能从计划部门得到多少平价原料，它的产品有多大比例可按市价出售等等。

没有产权的界定则无异于偷抢合法。这时人们不会努力工作，也不会关心市场价格，根本没有道德标准可言。孟德斯鸠讲的“所有权是道德神”的道理就在于此。

第三,市场有了规则,人们才有**预期**。中国现在有许多企业患"短期行为症",其原因是企业只有短期预期。近10年来,农民在住房上投资多,在土地上投资少,原因在于农民对住房上的投资有预期(即使在"文革"中,农民对房产的所有权也基本上没有受到侵犯),而对土地投资没有预期。中国的私营企业总要吃"定心丸",也是因为对将来的产权界定没有信心,于是变得能捞一把就捞一把。这不能怪他们目光短浅,因为远方的确是一片混沌。这种混沌并不是《私营企业暂行条例》一经公布就能驱散的。政策多变已使老百姓吃尽了苦头,小心、多疑的心态是经过多年痛苦经历形成的,不可能一下子消失。政策多变可能给政府带来短期的利益,但从长期看,于民族、于社会危害极大。总之,规则的深入人心,预期的建立都需要时间。

综上所述,产权界定决定着人们的行为,它为市场机制的运行制定了规则,它是人们建立预期的基础,所以,它是市场形成的前提条件。

三、私有制经济在市场中的作用

产权界定就是要把财产的归属在不同的所有者之间划分清楚。讲到所有者,无非有三种:私有、集体所有、国有。这三种所有者有着各自的目标函数,在市场上扮演不同的角色。本部分旨在说明,作为产权界定的一种形式的私产界定是市场效率的原动力。

(一)科斯定理(Coase Theorem)⑦

国外经济学家在探讨中国经济改革时,常常提到科斯定理。科斯在1960年发表了一篇论文,名叫《社会耗费问题》。后来此文成为交易费用学派的经典。大家知道,在外部效应(Externalities)存在的情况下,市场竞争并不导致帕氏最优。在这篇著作里,科斯针对外部效应问题提出了著名的科斯定理。**科斯定理**一般可以表述为:在不考虑交易费用的情况下,只要私产界定明确(至于这些私产归谁所有、如何分配都没关系),被外部效应所影响的各方可以通过自由买卖、讨价还价的方式取得帕氏最优资源配置。

科斯定理的深刻意义在于它提出了私产界定的程度与市场效率成正比关系这一思想。

(二)私有制是商品经济中效率的原动力,同时也产生贫富不均

或许有人会说,我国经济改革要的是市场机制的效率,而不是私有制。这些同志可能忘记了商品经济中市场的效率与私有制之间的必然联系:私有制是效率的原动力;只要有不同的所有者,就有形成市场的可能,但是没有私有制的市场是没有灵气的,也不会有效率;因为只有私有制才能真正解决积极性问题,同时又使取得最优资源配置的交易费用最小。

私有制怎么会是效率的原动力呢?一定有同志用以下两点来反驳。第一,以私有制为基础的资本主义制度的主要矛盾是生产的社会化与私人占有制的矛盾。私有制造成社会生产的无政府状态,从而使大量产品过剩,造成巨大浪费。第二,以公有制为基础的制度可以调动起人民极大的社会主义积极性、忘我的劳动热情,加上在全社会范围内的有计划生产,就会产生比资本主义高得多的效率。

这种看法有些说服力,但尚未经实践所证实。资本主义生产是在私人企业组织的变化和无政府状态的竞争中社会化的,以私有制为基础的企业对市场的反应要比现有的国营企业快得多。所以,在私有制为基础的市场经济中,因产品不合格、不对路而造成的浪费,要比目前以公有制为基础的计划经济小得多。这一点从两种制度的资金流转速度、存货等分析中可以看得清清楚楚。科尔内在《成长、短缺与效率》等著作中对计划经济的低效率做了比较系统的分析。不幸的是,在我们这里也可以找到很多同样的例子。这些巨大的浪费有些是因为我国生产力水平低,但绝大部分原因在体制上。私有制并不是一种完美无缺的制度,但在效率方面,不能不承认它优于现有的公有制。这个结论听

来刺耳，但早晚要讲清楚。

社会主义国家的人民有过高昂的积极性和忘我的劳动热情，这是事实。但这些多与战争有关。社会主义国家的历史已经证明，光靠宣传鼓动、社会主义教育调动起来的积极性，是不可能持久的。

私有制也是贫富不均之源。说私有制造成两极分化不够准确，因为它忽视了中间。发达国家的历史表明，以私有制为基础的市场机制已经造就了一个庞大的中产阶级，它以工资为主要收入，生活比较富裕，占人口的比例达60%左右。

最后还要特别指出一点，即私有制是效率的必要条件。有了私有制不一定有效率，但没有私有制则一定缺乏效率。综观世界历史，横看全球现状，我们可以举出不少效率低的以私有制为主的经济，却找不到一个效率高的公有制计划经济。

(三)私产界定是一个程度问题

是不是私有制能解决一切问题呢？当然不是。强调私有制是效率的原动力并不否定社会主义道路，原因在于社会的目标函数中不仅有效率，还有公平。世界上没有一个国家是纯粹的私有制经济。如果把所有制的成分看作是一个光谱，那么，它的一极是完全的私有制，另一极则是完全的公有制。一个社会应根据自己的目标函数来选择私产界定的最佳程度。私有制和公有制各占多大比例的选择，说到底是效率与公平之间的选择。效率与私产界定成正比，私产界定到什么程度，市场就有什么样的效率。从我国目前的情况看，私有制一定程度的发展和坚持以公有制为主并不矛盾。下面，举一个虚构的例子来说明私产在市场中的作用，以及在公有制为主的条件下通过市场机制实现均衡价格的可能性。

假定我国要以股份制来完成国营企业的产权界定的任务，除了铁路、邮电、军工、大型发电厂、石油等与国家安全有关的企业外，一律实行股份制。在人民代表大会的委托下，成立各级投资公司管理国有财产。国家把现有的全民所有制财产以股票的形式分给这些投资公司。所有股票都公开，建立一级、二级股票市场，任何法人（不论是团体还是个人）都可按一定规则买卖股票。由众多的投资公司来保障市场的竞争性。现在有一个问题需要回答：即这些投资公司是否发行他们自己的股票？如果发行并允许老百姓买投资公司的股票，那国有制就有变成私有制的危险。如果为了坚持国有制，投资公司不发行自己的股票的话，就会产生以下两个问题：第一，怎样保障投资公司以其资产增殖为目标而努力工作。在规范的股份制度下，企业经理管理的也不是自己的财产。对经理的制约主要靠两条，一是靠董事会，二是靠股票在市场上涨落。在投资公司不发行股票的情况下，类似于董事会的这一层制约仍存在，因为投资公司的经理是由上级任命的，同时上级还可制定对经理工作的奖惩制度，但由股票价格涨落这一层制约却没有了，这时，投资公司的经理容易只对上级负责，上级在任命经理时，也可能产生官僚主义、任人唯亲的问题。第二，投资公司不发行股票，它本身的价值就无法计算。不能计算投资公司本身的价值，就无法决定投资方向。在资金流向上都没有一个客观标准的情况下，效率只是一句空话。所以在讨论成立投资公司的问题时，最重要的是要考虑将来怎样计算它的价值。资产这个东西既可以升值又可以贬值，这种变化是指示社会有限资金流向最重要的信号。或许有人提出，可用投资公司掌握的所有股票价值来衡量它的价值。这样做从理论上讲未尝不可，只是这种做法的交易费用高。试想，一个投资公司掌握成百上千种股票，而且每天从事股票买卖，计算它掌握的所有股票价值是一件多么复杂的事。

最后有一种比较可行的选择：即由人民代表大会立法，规定投资公司国家股的比例（如 70%）。也就是说投资公司的股票允许除国家外的法人买走 30%。在这种安排下，投资公司的董事会还是由国家控制，但其股票的价格却由市场来定。由于市场上的价格是在边际上决定的，30%的股票就足以确定各投资公司的资产价值。同时也解决了用股票涨落来制约投资公司的经理的问题，还为上级任命经理提供了客观依据。

国家掌握70%的股票会不会以此来左右市场，形成垄断价格呢？从长期看，只要安排得好是不会的。因为第一，货币学派的代表弗里德曼讲过一条定律：使市场稳定者赚钱，使市场不稳定者赔钱。[8]因为使市场稳定必须在价格高时卖出，在价格低时买进，从而使价格趋于均衡价格，这样既稳定了市场又赚了钱。相反则一定赔钱。因此从长期看，国家不可能总是"逆市场而行"。第二，由于我们有各级投资公司，他们之间的相互持股也算在国家股的70%之列，他们在市场上为各自的利润最大化而竞争，所以一般说来不会有垄断价格的问题。

以上这个虚构的例子给人们两个启示：第一，没有私产不行；第二，一定程度的私有制发展可以大大提高市场的效率，同时与坚持公有制为主的社会主义道路并不矛盾。

注释

① Pareto, Vilfredo, *Manual of Political Economy* trans. Ann S. Schwier, New York: Augustus M.Kelley, Publishers, 1971, pp. 105–133 and 259–263.

② Varian, Hal. R, *Microeconomics Analysis*, Norton & Company, Inc. 1978, Chapter 5 and 6.

③ Von Mises, Ludwig, *Socialism*, Jonathan Cape Ltd. Hayek, F. ed., *Collectivist Economic Planning*, 1935, London: Routledge.

④ Lange, O., *On the Economic Theory of Socialism*, 1938, Philadelphia: Lippincott.

⑤ Hurwicz, L. (1972) "Informationally Decentralized Systems", in *Decision and Organization* ed. Radner, R. and C. B. McGuire, North-Holland, 1972, pp. 267–336.

Osana, H. (1978) "On the Informational Size of Message Spaces for Resourse Allocation Processes", *Journal of Economic Theory*, Vol. 17, pp. 66–78.

⑥ Jordan J. S. (1982) "The Competitive Allocation Process Is Informationally Efficient Uniquely", *Journal of Economic Theory*, Vol. 28, pp. 1–18.

⑦ Coase, R. H., (1960) "The Problem of Social Cost", The Journal of Law

& Economics, Vol. 21. 科斯以"讲故事"而不是数学证明的方法叙述这一定理，所以经济学界对它的解释不同。

⑧ Friedman, M., "The Case for Flexible Exchange Rates," In his *Essays in Positive Economics*, Chicago, University of Chicago Press, 1953.

中国经济转轨对现代经济学提出的问题*

希望中国昌盛富强，是中国人的一个梦，鸦片战争一百五十多年以来，中国历尽磨难，唯此梦不灭，且越来越强烈。早在鸦片战争以前，一位英国商人在考察中国市场以后有这样的感叹："中国有四万万人，假如每人买一顶英国产的睡帽，英国的纺织工业将长久不衰。"这位英国人的逻辑不错，但他的那个假定错了，看一个经济的需求，不能光看其人口，而要看它有多少消费者（consumers）。中国当时确有四万万人口，却没有多少真正意义上的消费者，大多数人还不知道睡帽为何物。在近十多年的改革中，中国经济取得了惊人的成就，从 1979 年到 1993 年，国民生产总值平均增长 9.3%。在这么一块广阔的土地上，经济高速持续发展 15 年，是当今世界之奇迹。

中国经济像一块试验地，中国开始出现了真正意义上的消费者，中国市场的巨大潜力吸引着无数有远见的投资者，为经济学的发展提供了大量素材。现代西方市场经济的形成用了上百年的时间，而中国却可能把这个过程压缩到十几年、几十年的时间，形成有中国特色的市场经济。中国经济实践和转轨，既对现代经济学提出了诸多挑战，产生了许多常理经济学难解的"谜"，又对经济学尤其是发展经济学进一步繁荣提供了机遇，每一位经济学家包括想成为经济学家的人都将有大作为的可能。下面我谈几个中国经济转轨对经济学提

---

* 原文发表于《经济学与中国经济改革》，北京大学中国经济研究中心编，上海人民出版社 1995 年版。

出的问题。

一、中国经济增长之谜

中国经济十几年以来众所周知得到了快速的增长，但怎样计量出来，一直是个难解之谜。比如说，国际性权威组织世界银行从1976年开始在《世界发展报告》中对中国经济开始评估。据世界银行计算，中国1976年人均国民生产总值为410美元，1977年人均国民生产总值390美元，当时受“文革”遗风的影响，中国官方许多统计资料不全部公开，也不准确。我记得，我1977年考入北大后，念经济学，引用的资料大都来自美国中央情报局出版的《对中国经济的重新估计》，当时世界银行官员也认为高估了中国的人均国民生产总值。1979年、1980年世界银行估计中国人均国民生产总值分别是260美元、290美元，1992年中国人均国民生产总值是370美元，如果按美国物价指数折算，1979年是100，1992年是193，那么1992年370美元除以1.93相当于1979年191美元，按这种算法，中国经济平均起来是负增长或倒退。而我们大家知道，中国经济实际取得巨大的成就已成为不容置疑的事实。按中国官方统计，1979—1993年，中国人均国民生产总值平均每年增长6%，按世界银行的保守估计人均国民生产总值也平均每年递增5.5%。那么计量的数字和经济的现实有如此大的反差，原因在哪里呢？主要在统计口径的不一致和汇率的问题，怎样使用统一的口径对中国的统计数字和汇率进行调整计算，现在经济学家还没有很好地解决。

二、中国经济规模之谜

1992年，英国著名刊物《经济学家》以醒目的标题《巨人醒了》，20多页的篇幅全面介绍、分析中国经济，这篇文章在世界上产生了很大的震动。之后，世界银行、国际货币基金组织重新对中国的国民生产总值进行了估价。世界银行按购买力平价计算出中国1992年的国民生产总值达2.87万亿美元，而1993年，中国自己用人民币统计的国内生产总值只有31 380亿元人民币，按1∶8.5汇率折算，约合3692亿美元，相差很大。按世界银行的估算，中国的人均国民生产总值在1992年已达2460美元，这样，中国经济在世界排名会大大提前。据估计，美国经济占全世界国民生产总值22.5%，日本占7.5%，按世界银行购买力平价的算法，中国也占世界国民生产总值的6%，仅次于美国、日本(资料来源于《经济学家》1993年5月15日第83页)。中国经济如果果真有这么大的规模，会产生各种不可估量的影响。其中令人担忧的影响可能有：在关税和贸易总协定中，中国就不能完全享受发展中国家的待遇；以世界银行、国际货币基金组织为首的世界金融组织对中国软贷款会减少；中国在联合国的会费会提高。正面的影响还没有被广泛地注意：由于对中国整个经济规模和潜力的广泛宣传，使得国际资金市场看好中国，形成“中国概念”，使许多跨国公司、集团纷纷到中国来投资，他们惊呼：西方梦想了几百年的中国市场已经形成了。西方开始兴起中国投资热，1992年、1993年、1994年来华投资形成高潮。1992年，中国实际利用外资262亿美元，协定合同金额达685亿美元，1993年，外资合同金额超过1000亿美元。1992年、1993年两年中国吸引的外资占世界资本市场对发展中国家投资的40%。中国的统计数字中有高估的因素，如地方政府为考大政绩而虚报其经济发展速度，但是中国经济也有低估的可能，如某些地区“地下经济”规模很大，偷税、漏税现象非常严重，对这么一块灰色经济也有待统计和估价。总之，对中国经济规模准确地统计，对中国、对国际组织都是利大于弊，而如何准确地统计，经济学家还没有很好地解决。

三、改革道路之争

由于中国经济改革的成功，西方经济学界开始对中国改革道路进行思考，进而引起“休克疗法”与“渐进改革”之争。大多数西方经济学家都是主张改革要一步到位，如著名经济学家、诺贝尔经济学奖获得者弗里德曼80年代中期曾对中国当时的领导人说：“治理通货膨胀，价格改革要一步到位，举例说，如果你要砍狗尾巴，要一刀砍下去，狗可能会痊愈，如果一刀、一刀分段砍，则很有可能把狗折磨死。”美国著名经济学家、拉美债务问题专家萨克斯，在俄罗斯担任经济改革顾问后，极力在俄罗斯推行“休克疗法”。他也说：“不能用两步跨过一条壕沟。”经济学上虽然没有非常系统的理论支持改革一步到位的主张，但经济学上的**“次优定理”**和**“快车道定理”**有要求改革一步到位的含义。“次优定理”认为，如果把整个市场经济比作一个大体系，那么大体系下有许多子体系，如果单纯地改革子体系，使得满足最优边际条件的子体系的个数增长，整个体系的福利并不一定增长。“快车道定理”认为，经济要从一个均衡点过渡到另一个均衡点，只有先上高速公路（快车道），才能最快地达到目的地。而中国的改革恰恰是一步一步走过来的，“摸着石头过河，走一步看一步”，并且取得了成功，这令西方经济学者困惑。其实，经济学不能很好地解释中国的经济改革过程是预料之中的。现代经济学研究的内容主要分为三大块：人的积极性，即设计什么样的机制，调动人的积极性；资源的稀缺性，即怎样把资源优化配置，取得最佳的效益；信息，即怎样更有效率地传递信息才有效率，因为在市场经济中，谁先占有信息，谁就会有比别人做出更优、更好的选择。在市场经济中，各经济主体都追求利益最大化，达到均衡态。所谓**均衡**态，是指没有别的更好的选择，在这种状态下，经济主体没有积极性离开这个均衡态，大部分现代经济学的文献是研究与均衡点附近的状态的。而中国改革是经济转轨过程，所以中国改革过程中提出的问题有些不能在现代经济学中找到现成的答案也就不奇怪了。从这个意义上讲，中国的改革实践既为现代经济学的发展提供了大量的素材，也向经济学提出了挑战。

四、中国农村改革与人口密度

美国芝加哥大学的约翰逊教授（Gale Johnson）在 1994 年写过一篇文章，认为中国农村改革的成功与**人口密度**高关系极大。按经济学的边际收益递减的原理，在给定其他生产要素后（土地和其他生产资料），劳动力的投入在一定量以后收益会递减。而劳动力的价格是由边际产出率决定的。所以一般认为中国人口多是劳动生产力低、生活水平低的根本原因。毛泽东同志曾论述过人多的好处，马寅初先生曾分析过人口过多的负面影响。约翰逊教授是这样分析的：由于中国的人口密集、耕地少，农业生产并不依赖于现代化的机械和运输设备。20 世纪 80 年代初的联产承包制调动了广大农户生产的积极性。但光有积极性还不行，中国农村改革的成功关键在于以农户为生产单位的联产责任制与中国的生产力水平、地理人口环境相适应。农户对农产品的生产、流通、销售等环节基本上有完全的控制，而不依赖于复杂的社会分工和协调系统。由于人口密度高，平均说来市场与产地近，农民用肩挑、手推车也能把农产品运到市场卖掉。由于人口密度高，使信息传递和交易成本降低了。在没有现代化通讯和交通设施的条件下，只需非常简单原始的市场就能把农产品的生产、流通、销售各个环节联接起来，使之运转。农户对生产资料的供给渠道和成本清楚（农机、种子、农药、化肥等），对农产品销往何处和销售价格心中有底，而且对生产、流通、销售等各个环节基本上能有把握，于是就有生产的积极性。而原苏联的农村问题就比中国要复杂多了。除其他原因外，其人口密度低也是一个原因。前苏联的人均耕地面积大，平均说来产地与市场的距离远，所以需要较高形式的社会分工、组织、协调和通讯、运输设施。这些环节中只要有一个有问题，整个生产流通销售的过程就要受阻。如果前苏联也实行包产到户的话，则不一定能像中国那样成功，因为前苏联农户所面临的不确定性要比中国农户高得多。有一种说法认为中国搞人民公社只是一代人的事，农民还会自己经营，所以，中国农村改革成功；而原苏联搞集体农庄已有七十多年了，是两代人了，他们已不知道该怎样经营了。这种说法只对了一半，其实原苏联的农业问题要比中国复杂得多。

从广义上讲，人口多对我国近来的经济的高速发展也不是没有正面的作用。人口多，消费也大，需求特别大，农村需求和城市需求相结合，就形成中国巨大的有层次的需求，这种有高有低的需求使得许多低劣质商品也能销售。温州地区的柳市生产的假冒伪劣低压电器产品也能有销路，柳市的企业由此起家，发了财，有了原始积累，现在也不生产伪劣产品了。只有在成熟经济呆过的人才能体会到需求对经济发展是多么重要。麦当劳的老板看到人挤人争相购买的场景时，不禁感叹：如此大的需求量，再笨的人也能发财。

五、中国乡镇企业之谜

中国**乡镇企业**是中国农民的一个创举，1994 年 1—10 月乡镇企业产值占工业总产值 40%强，再过几年，乡镇企业可能就要和其他工业平分天下。乡镇企业是近年来我国国民经济中最有活力的一块，也是出口创汇增长最快的部门之一，乡镇企业解决了农村 1 亿剩余劳动力的就业问题。在乡镇企业发展初期，因为和大中型企业争材料、争能源、效率低，有些经济学家认为，不应该发展。但实践证明，乡镇企业异军突起，规模、档次越来越好，乡镇企业的素质也提高了。如浙江万向节集团，就是一个乡镇企业，现在已发展成一个资产达十几亿元的企业集团，成为全国最大的万向节集团，万向节出口销售量也占全国第一。乡镇企业为什么会发展得这么快呢？按经济学原理，只有产权明晰、定义清楚、界限明显，才能使企业富有效率，但实际上，在中国，乡镇企业产权是不明晰的，但却仍然高速发展。我认为，在特定的环境下，模糊的产权会比明晰的产权更有效率。这也是对现代经济学的一个挑战，在中国，法律意识不强，也缺乏高质量的法律的硬、软件。如果把乡镇企业的产权定义得非常清楚，经济纠纷会很多。面对大规模的民事纠纷，中国农村的法律体系不足以处理大量的民事财产纠纷，从而必然导致社会的不安定，影响生产。因此，在当时特定的环境下，模糊的产权会使交易成本最低，因而效率高。但是，乡镇企业要进一步发展，还必须面临两个问题：第一还是产权问题。随着市场经济体制的确定，法律意识的增强，乡镇企业产权要求明晰的呼声很高，事实上，有的乡镇企业老板悄悄地把乡镇企业"拳头产品"、销售网络、信息倒腾给自己创办的私营企业或私人企业。第二个问题是乡镇企业吸纳剩余劳动力的能力会越来越弱，1983—1988年，乡镇企业平均每年吸纳剩余劳动力1000万人，1988年以后就停留在1亿劳动力左右，而且以后对剩余劳动力的吸纳能力会越来越弱。原因在于：乡镇企业要向高有机构成转化，乡镇企业要大量投资，进行大规模的设备更新，资本的有机构成会提高，对劳动力的需求会相对减少。而且中国乡镇企业分布呈分散状态，只能搞工业、建筑业，需要人口密度较高的服务行业发展不起来。服务业主要集中在城市，而将来吸纳劳动力最多的是服务业，因此，今后如何使乡镇企业相对集中一点，发展服务业，是经济学的一个问题。

中国的渐进式改革：一个历史的观点*

摘要：本文提供了分析中国经济改革的一个历史观点。文章首先概括了中国渐进式改革的9个基本事实，然后解释了哪些因素推动了中国渐进式的改革以及中国的渐进式改革是如何取得成功的。文章表明，从中央计划体制向市场经济的转型是所有自利主体在"看不见的手"的指导下相互作用的演进过程，这只"看不见的手"在制度创新中起着非常强有力的作用。

一、引　言

几乎所有的前社会主义国家都正在向市场经济迈进。大爆炸式的改革和渐进式的改革已经被公认为是两种完全不同的转型方式。大致来说，东欧国家和前苏联或多或少采用的是大爆炸式的改革，而中国则是渐进式的改革。[①] 1990 年，当"大爆炸"的始作俑者在勾画大规模私有化和放开价格的蓝图时，中国 12 年的渐进式改革遭到了中国经济学家和西方同行的猛烈抨击。[②] 令人惊奇的是，就在两年之后，经济学家们的批评开始转向，即使在这段时间内(到 1992 年初)中国的改革几乎处于停滞状态。如今中国的渐进式改革被公认为是成功的。

由社会主义经济向市场经济的改革过程中，"大爆炸"和"渐进"的

---

* 原文是张维迎和作者在 1994 年写的一篇英文工作论文。1997 年发表在 China's Economic Growth and Transition, C.A. Tisdell and J.C. Chai(eds.), New York: Nova Science Publishers, Inc. 由杨建明，段辰菊翻译成中文。作者感谢刘芍佳、汪丁丁和 Robert Sandy 所作的有益的评论。同时也感谢 1995 年 AEA 会议上和哈佛大学、伦敦经济学院和香港城市大学系列研讨会的听众。

改革方式孰优孰劣，许多文章对此进行了讨论。尽管尚无定论，大多数经济学家还是将中国和东欧国家以及前苏联改革绩效的不同归因于其不同的改革方式。[3]渐进式改革的支持者的主要观点是：渐进式改革能够将改革成本分摊到一个长的时期内，因此无论在政治上还是经济上都是更可行的。

现有的转型经济研究所采取的研究框架是很广泛的：或者从经济视角，或者采取社会选择理论框架，[4]但很少从历史的角度进行研究。许多争论集中在应当如何进行改革，但是却忽略了改革是如何已经进行了。

本文为研究中国的渐进式改革提供了一个历史的观点。我们的目的不在于争论哪一种改革方式是“好”是“坏”，而是表明到目前为止，中国经济改革是如何进行的。本文的结构安排如下。第二部分描述了中国改革的一些基本事实。第三部分分析了导致中国采用渐进式改革的深层原因。第四部分讨论了中国渐进式改革是如何取得成功的。我们的分析表明，虽然很多政策遭到了许多经济学家的猛烈抨击，并且其中一些政策实际上还是“保守主义者”推行的，但中国经济改革成功的大部分原因却恰恰归功于这些政策。

二、中国的渐进式改革：基本事实

与俄罗斯的大爆炸式改革相比，中国的经济改革被许多经济学家认为是渐进式的。但是没有一个理论上的定义能够概括中国经济改革过程的主要特点，[5]这表明了改革的复杂性。在这一部分，我们不考虑渐进和大爆炸的理论定义，而是把中国渐进改革的主要基本事实概括如下。

（一）中国经济改革并没有按照一个定义清晰的并具有时间一致性的目标模式行事

这并不意味着中国的改革没有目标。然而，改革的目标在改革过程当中一直在不断地调整，从“计划经济为主，市场调节为辅”，到“社会主义有计划的商品经济”，到“社会主义市场经济”[⑥]。进一步地，甚至市场取向的改革方向也不是前后一致地进行的，而总是有经常的反复。此外，不同的人对相同的目标模式有不同的理解，这使得改革的目标模式更加模糊不清。

（二）中国的经济改革没有一个设计好的蓝图

这并不意味着中国没有制定任何的改革蓝图。相反，到1988年为止，国务院体改委（SCRES）已经制定了14个改革方案。[⑦]早在1979年12月就已经制定了第一个改革方案。[⑧]一个总体的改革计划也于1981年制定出来了（Wu 和 Zhao，1988；Shi 和 Liu，1989）。两个大爆炸式的改革方案分别于1986年和1988年制定出来了。然而，或是由于政治和经济上的不可行，或是由于技术上的不可操作性，14个方案中无一得以实施。如果有一个设计好的改革计划一步一步地得以实施的话，我们的改革仍会是渐进性的。但是中国的渐进式改革并非如此。正因为这样，把中国的改革称之为“零敲碎打”的而不是“渐进”的改革，恐怕更为恰当。

（三）中国的经济改革按照从易到难的顺序进行

大多数经济学家同意在改革的不同组成部分之间存在着某种跨期相互依赖，特别地，一些组成部分的实施可能会以另外一些部分的实施为前提。例如，Wu 和 Liu（1991）认为价格放开应该在企业改革之前进行；而 Newbery（1991）认为打破垄断应先于价格放开进行。既然实施某项改革措施可能会对其他更为基本的改革造成障碍，因此一个错误的改革顺序可能比不改革更糟糕。现在就断定中国是否是按照某个最优的顺序进行改革为时尚早，但是显然中国采取了一个由易到难的顺序。[⑨]既然最容易的改革可能恰恰是最困难的改革的前提，那么由易到难的改革顺序不一定不同于最优的改革顺序。然而，中国并不因为它是最优的就选择由易到难的改革顺序。如果它是最优的，那么运气不错。实际上，许多有影响的中国改革经济学家批评这种由易到难的改革顺序，把它视作是短视行为(Wu 和 Zhao, 1988)。

(四)中国的经济改革按照双轨制进行

双轨制最先出现在价格改革当中。在这种体制下，大多数产品有两种价格：计划配额的商品按照计划价格执行和超出计划之外的产品以市场价格交易；大多数(国有)企业同时通过计划和市场渠道获取投入和出售商品。[10]双轨制同时也在其他改革领域被采用，包括外汇、劳动市场改革、住房改革、社会保险改革、所有权改革。结果，整个中国经济变成了一个双轨经济(Diao, 1989)。双轨制是中国渐进式改革最重要的特点，它概括了改革的其他大多数特点。双轨制的关键不在于计划轨道和市场轨道的并存，而在于市场轨道是在边际上引入并与计划并行的。例如，市场交易的引入不是通过取消计划分配，而是通过限制计划分配的方式来实现的；非国有部门的引入不是通过非国有化或私有化国有部门，而是通过允许新企业的自由进入实现的。[11]这是理解双轨制的关键所在。

(五)中国的经济改革没有剥夺任何主要利益集团的既得利益，但是改变了其既得利益的实现方式

双轨制的一个主要特色是尊重在原有计划经济体制下形成的所有主体的既得利益。因此双轨制在改革初期没有受到更多抵抗而自发地出现。在许多经济学家看来，由于必然会有一部分人受损，因而改革不可能是一个帕累托改进(Fan, 1993a)。特别的，政府官僚人员被认为是主要的受损者，因为他们的大多数特权和寻租机会在改革中将被减少或取消(Shi, 1993)。如果的确如此，改革的成功严重依赖于如何减少来自势力强大的官僚的阻碍。双轨制似乎很好地满足了这一目的。此外，在双轨制下官僚们有更好的机会和更有效的方式来获取经济租

金，实际上他们的处境变得更好，而不是更坏。这解释了为什么越来越多的政府官僚人员转而支持改革按既有轨道进行，[12]尽管他们试图使改革按照他们的利益方向前进。[13]

（六）中国的经济改革由地方政府主导

尽管把整个改革看作是由上至下和由下至上的改革相接合的过程也许更为合适（Chen 等，1992），但是地方政府占主导是改革的一个重要特点。许多改革方案首先由地方政府甚至是草根政府发起的，然后得到了中央政府的承认并被采纳为国家的政策。[14]在经济改革过程中，许多计划体制是由地方政府打破的，许多地方政府远远地走在了国家领导人的前面，但这不必然意味着地方政府逆中央领导人的意愿行事。实际上，这是赵紫阳总理改革的策略，他利用地方政府来和更为保守的中央部门官僚作斗争。[15]正如 Shi (1993)指出的，中央领导人控制改革的方式的特征之一是统治的分权化。

（七）中国的经济改革呈现出很大的地区差异

这个事实同上一个基本事实有关，同时也是演进改革过程在空间维度上的反映。有些地区远远地走在了其他地区的前面。在 80 年代末，广东省等某些沿海地区已经是准市场经济了，而大多数的内陆地区仍然是计划主导经济。改革的地区差别同经济发展的地区差别相类似。

（八）中国的经济改革是一个试验过程

很难找到一个未经试点就实施的改革方案。改革的试验类型或是地区型的（主要是城市型），或是部门型的，或是企业型的。一般的，某个具体的改革方案首先在挑选的地区、部门或企业试点。如果成功，就推广到其他地区、部门或企业。如果失败，就停止实施。不仅对单项改革方案、对“全面改革方案”也进行试点。[16] SCRES 通常总是选择某些试点城市进行全面改革的试验。

(九)中国的经济改革是一个按照"走走停停循环"进行的演进性过程

演进性过程意味着许多小的、尝试性的改革措施随着时间积累成为一个根本性的变革(Shi,1993;Z.Wang,1993)。这个特点不仅贯穿在整个改革方案中,同时也贯穿在几乎所有单个改革方案中,包括农业改革、价格改革、企业改革、所有权改革、宏观调控体制改革以及住房改革。作为具有演进性质的改革方式,"双轨制"无处不在,没有哪个领域的改革能够一蹴而就。例如,价格改革始于1979年,现在仍在进行。国有企业改革长时间来一直是头号问题,但远未完成。"走走停停循环"是指这样一种现象:一项改革的推出总是伴随着某种挫折,而后又推出另一项改革。在改革推出时,一些重要的甚至根本性的改革措施得以实施,而在挫折期,部分改革措施被收回。在大多数循环中,收回的改革措施要少于推出的改革措施,[17]因此变革是逐步累积的。结果,整个经济体制向着市场体制迈进。改革周期与政治周期相关。在改革推出时,"改革派"表现活跃而"保守派"则保持沉默。在挫折期,情况会发生逆转。这种关系是显而易见的,但是改革周期和政治周期的因果关系并不清楚。[18]

三、随机游走:中国是如何采取渐进式改革的

中国的经济改革过程看起来或多或少像一个随机游走过程。邓小平的策略是"走一步看一步"和"摸着石头过河"。这个随机游走不但使负责改革的领导人,同时也使倾向于改革的经济学家们深感不安,因为经济和政治问题正在迅速地累积。早在1981年,当时的总理在他向人大所做的报告中指出,"(到目前为止所进行的)改革还是局部的、探索性的,工作中也出现了某些前后不衔接、相互不配套的问题。我们现在

的任务，就是要总结前一段改革的经验，经过周密的调查研究，反复的科学论证，尽快拟定一个经济体制改革的总体规划，逐步实施。”[19]学术界对“摸着石头过河”的批评在1985年日益高涨，[20]这分别导致了1986年和1988年两个大爆炸式的改革方案，这两个方案后来都流产了。正如 Nolan (1992)所观察到的，“大多数中国经济学家认为要是80年代的工业改革沿着一条向市场经济快速转变的路径进行的话，改革的效果将会更好。国内外广为流传的看法是20世纪80年代中国决策者应该放开工业价格，取消工业原材料平衡计划体制，开放工业市场使其面临国际上的竞争(适当的监护而不是垄断)，同时加强国有工业快速私有化”。这表明中国的渐进式改革并不是一个严密设计的改革策略。换句话讲，中国不是有意识地采取渐进式策略 (Chen, 1992)，尽管它已经“变得”是渐进式的了。然而，观察到的中国渐进式改革的基本事实并非是偶然的，在它们背后有着深刻的原因。在这一部分，我们将分析这些背后的原因并说明中国怎么接受了渐进式改革。

(一) 时不我待

中国的经济改革始于文化大革命，文化大革命最终以经济紊乱而告终，农业陷于停滞达10年之久，8亿农民中有25%生活在中国标准贫困线以下。在农村，不满情绪日益高涨，农民抗议活动此起彼伏。在城市，计划体制秩序紊乱，许多工业生产单位根本不生产任何产品，许多工人停止了工作。短缺随处可见，大多数生活必需品，如食品、火柴、卫生纸配额供应。成百万的“知识青年”返城并等待工作。在许多城市，到处弥漫的不满情绪导致了周期性的罢工和街头抗议。在这一背景下，尽管对如何改革尚未达成共识，由于生存变成了领导层考虑的首要任务，因而改革是生存的惟一出路。这使得领导者无暇在采取有效措施之前设计一个建立在严格成本一收益基础上的改革方案。当时面临的迫切问题是恢复生产，让农民有生产积极性，工人有工作积极性。实用主义是惟一的可接受的哲学理念。任何能启动经济的措施都是受欢迎的，不管他们的长期效果如何。毫不惊奇，首先由几个当地农民发起的农村家庭联产承包责任制，尽管被领导人认为是权宜之计，但仍然得到了中央政府的认可并在全国范围内采纳推广。虽然如何评估经营绩效的问题尚未解决，"放权让利"（将决策权和利润下放给企业）和奖金与绩效挂钩的工业改革还是开始了。[21]另外一个例子是，80年代初期，中国鼓励城市中的非国有企业和个体户经营，最初并非为了改革城市经济，而是为那些国有企业无法吸收的成百万的待业者创造就业机会。中国没有时间等待一个设计好的改革蓝图然后再将其逐步实施。

（二）无人知道路在何方

目标模式的不断改变不仅仅是改革的主要特色之一，而且还是中国渐进式改革的主要原因之一。中国之所以一直在"摸着石头过河"，是因为中国不清楚河的对岸在哪里（X. Wang，1993）。正如 Fan (1993b) 所正确指出的那样，中国人，无论是领导层，还是大多数老百姓（包括经济学家），在20世纪70年代末开始改革的时候都不知道路在何方。他们所知道的仅仅是传统的中央计划体制无法良好运行，且变革是必需的。大多数的家庭和个人并没有对旧的体制完全丧失信心。那时的"精英们"仍然坚信，如果他们有机会管理经济，他们能比其他社会主义国家更好地解决问题。经济的失败主要是由于永无休止的政治运动，而不是基本体制结构的缺陷。通过投入产出分析和计算机的使用，通过在边际上引入市场因素而不是改变整个体制等手段来改善计划方式，进而"完善社会主义计划经济"，这一改革目标在早期占有主导地位。事实上，直到1984年初，前苏联的计划体制仍然是中国的样板模式。[22]所有这些都使得中国不可能在改革初期就制定一个激进的改革方案。

（三）无人知道如何改革

即使中国知道路在何方，她仍然面临着如何改革的问题。勾画一幅将计划经济转型为市场经济的蓝图并不容易。中国的领导人和经济学家都不清楚市场机制是如何运作的。经济学家从书本上学了一些市场经济的原理,但他们缺乏经验。老一代经济学家则只关注马克思主义经济学。他们不能回答改革应该如何进行的问题。结果,年轻一代的经济学家们在80年代中期被动员起来(见 Shanren, 1987)。年轻经济学家们具有较少的理想主义色彩,更注重实用主义,因此能够致力于研究经济体系是如何运转,而不是研究某一具体制度是姓"资"还是姓"社"。他们在设计1984年以后的改革方案中作出了很大的贡献,甚至直接参与了方案的制定工作。[23]然而,他们中的许多人是理想主义者。他们无法同负责实施改革的官僚人员打交道。现代经济学家是制定改革蓝图的必要但不是充分条件。没有人知道如何改革,正如许多经济学家指出的那样,部分是因为改革本身是一个干中学的过程,部分是因为改革的不同组成部分的相互依赖性仍需发掘(Zhang, 1984)。既然没有人知道如何改革,"摸着石头过河"就成为中国的惟一选择。中国改革的试验特点是这个问题的部分反映。改革周期也反映了这个问题。当事前无法知道某项特定改革方案的所有后果时,一些时候的反复就不可避免。地方政府被授权进行局部改革,是因为中央政府不知道如何进行改革。

(四)没有人有权威实施设计好的改革方案

尽管经济学家们能够设计改革方案,但是其实施需要一个强有力的具有改革意识的权威当局。对一个完全改革方案的倡导暗含的假定这样的权威部门存在,但这个假设是不现实的。具有改革意识的权威当局的缺位是80年代数个综合性改革方案失败的原因之一。中国的权威部门结构是支离破碎的。权威部门不仅在主要领导人之间,而且在不同级别的官僚人员之间被分割开来。在这样一个结构下,主要政策的发起不仅需要在主要领导人之间达成共识,而且需要众多官僚机构单位的积极配合,这些官僚人员有盘根错节的权力来组织和操纵任何不符合他们利益的政策。用现代经济学的术语，只有当它满足相关官僚人员的参与约束和激励相容约束时，一个改革方案才是可实施的。由于官僚人员的利益多种多样，设计一个这样的改革方案是不可能的。官僚人员总是最大限度地利用他们的地位来操纵改革过程以满足他们自身的利益，这使得一项大胆的改革方案转化为一个温和的改革方案。结果，正如 Chen（1992）指出的，“改革提案的类型、失败了的尝试性改革方案，以及被实施的改革措施是在中央计划体制下各方政治力量交织的结果，而不仅仅是在几个抽象经济模型中的简单选择问题”。[24]例如，1981 年，当时的政府领导人试图利用在调整后的有利的宏观环境下，实施一项包括价格改革及其他主要组成部分的“全面”改革方案。然而，由于来自各方面的反对，这个改革计划从来没有付诸实施（Wu 和 Zhao，1988；Shi 和 Liu，1989）。相反，一个边际改革得到了执行，这个改革允许企业按“浮动价格”（在低于或高于固定价格的 20%的范围内）出售超出计划配额外的产品（世界银行，1990）。那些参与了 80 年代改革方案的人清楚地记得他在中央各部委的权威是相当有限的。[25]在动员中央部门按其意愿行事的努力失败之后，[26]他被迫求助于地方政府。通过各种方式，如“试点城市”和“开放城市”，把改革自主权部分下放给地方政府，削弱了中央部门的权力，否则改革将不可能进行。[27]这部分解释了为什么中国的经济改革是地方政府主导型的。然而，地方政府主导不仅削弱了各部委的权力，也削弱了自身实施其经济政策的权威。在 80 年代末，以至于一些有改革取向的经济学家认为中国需要“新的权威”。[28]

（五）无人愿意承担大的风险

在中国的政治、社会、经济结构当中，改革要同时冒经济和政治两个方面的大的风险。机械地套用马克思的说法，失败将不仅摧毁改革，还将摧毁改革者本人。[29]这使得领导者在做出改革决策时非常谨慎。仅仅因为其风险太大，提交的许多改革方案被延迟或取消，在价格改革上尤其如此。在原有体制下，定价是中央政府获取收入和在不同部门（如不同地区和不同的公众阶层，尤其是乡村和城市）重新分配国民收入的主要工具。从某种意义上说，价格改革就是包括工资、补贴和税收在内的整个经济体制的改革。**价格改革**面临两个主要的风险。首先是通货膨胀，这将直接影响人们的生活水平和收入分配。[30]价格改革的一个强大阻力来自于普通老百姓。第二个风险是政府的预算问题。这两个风险是相互关联的。为了减轻普通老百姓对价格改革的抵制，必须用多种多样的补贴做出补偿，这意味着巨大的财政赤字，反过来又加重了通胀压力。理论上，价格改革也能通过效率的增进给政府带来收入。然而，支出的增加是确定的和立即的，而收入的增加是不确定的、费时的。简单的计算总是表明政府收入在价格改革中是下降的。即使在领导人和经济学家承认价格改革至关重要并且价格改革势在必行的改革初期，对通胀和财政赤字的担忧使价格改革不断推迟（Zhang，1984）。改革者的风险规避态度有助于解释中国经济改革的其他特点，包括"由易到难的改革顺序"、改革的试验性质和地方政府主导。由易到难的改革顺序是风险规避的简单后果。[31]改革试验能够极大地减少任何具体改革方案的风险。通过让地方政府试点的方式，中央政府不仅能分散全国范围改革的风险，也至少能在短期内使其从某一改革方案的失败中摆脱出来。

（六）人们需要时间来适应市场经济

经济改革不仅将改变体制，也将改变人们的习惯、价值判断以及行为。社会主义计划经济是一种风平浪静的生活，在这种制度下，每一件事情都似乎是"固定的"。决策权集中在少数人的手里，大多数人不必要为自己做出许多选择。由于环境稳定，甚至对决策者而言，其大多数工作也只是日常性的，对主动性、创造力和创新的需求很少。对于在这种体制下生活了几十年的人们来说，适应市场经济并不容易。在市场经济中，每个人必须面对不确定的环境做出自己的决策。他们需要花费一段时间学习如何处理价格波动、不确定性、多重选择和竞争。企业家阶层对于提高市场经济效率至关重要，但是企业家的出现需要时间。多数改革因为普通人不愿意生活在不确定环境中而被延期。尽管在今天看来，两位数的通货膨胀以及政府 1993 年全面放开粮食价格，并不是一个大问题，但是 10 年前，把一盒火柴的价格从 2 分钱提高到 3 分钱就是政治问题。[32] 国有企业改革的主要目标是扩大企业的自主权。但是在改革的开始阶段，许多经理不喜欢拥有自主权，因为他们习惯于服从上级的决策，而不习惯于自己作决策。

四、中国的渐进改革是如何成功的

Murphy, Shleifer and Vishny (1992) 令人信服地论证了局部改革充满着缺陷。他们指出，允许部分资源，而不是全部资源流入私人部门，同时仍然保留扭曲的国有部门价格，那么国有部门可能会遭受到严重的破坏。为什么这种“严重的破坏”没有发生在中国？以下的分析说明了，那些被许多经济学者严厉批评的政策因素可能会对中国经济改革得以成功有很大的贡献，其中一些政策实际上是由“保守派”贯彻执行的。从某种意义上说，中国经济改革是一个“歪打正着”的过程。

（一）1981 年的调整政策和 1989—1990 年的治理整顿政策

在 20 世纪 70 年代末 80 年代初期，中国面临两项任务：改革不合理的经济体制，同时调整扭曲的经济结构。从政策议程的角度考虑，这两项任务被认为在短期内是互相冲突的。因此问题是，在改革第一阶段哪一项任务应该给于更高的优先权，是改革还是调整？[33] 1980 年，政府决定在调整的两年时间里延期改革。然而，从结果来看，调整实际上并没有耽误改革。相反，80 年代工业生产第一次大的市场扩张是调整政策的结果。当政府把资源计划分配优先权从重工业转移到轻工业时，重工业和轻工业同时出现了过度供给。在重工业，即使像钢铁产品这样的物资也是供给过度。因为许多计划订单被取消了，机械部门明显地受到损害。在轻工业，传统的消费商品例如手表、缝纫机在持续很长时间的短缺之后也出现生产过度。过度供给造成了很强的价格下跌和竞争压力。起初政府试图通过计划机制包括价格调整和限制产量来控制局面，但是问题非常严重，政府最终不得不放弃。对许多企业来说，为产品寻求市场成为其惟一生存之道。从而，调整政策创造了第一个工业产品市场。手表业是一个很好的例子。据 Byrd 和 Tidrick (1984) 统计，从 1980 年到 1983 年，政府三次降低手表的官方价格，总降幅高达 20%以上。但是，厂家的产量仍然高于计划部门确定的产量限额。商业部门只愿意接受以官方价格出售的产品。厂家不得不动员职工到街头巷尾去推销剩余产品，这一切当然是在市场价位上进行的。就这样，手表的计划价格逐渐消失。值得注意的是，调整政策不仅创造了消费品市场，还创造了生产品市场。令很多人惊讶的是，早在 80 年代初，国家计划外直接销售，占第一机械工业部企业总销售额的 46%，占所有机械部门企业总销售额的 33% (Byrd, 1987)。尽管计划价格没有被正式取消，但是到 1983 年，大多数机械产品实际上已经以市场价销售了。

政策的执行结果可能会和其最初的目的不一致，1989—1991 年的治理整顿政策是另外一个例子。经济学家对 1989—1990 年的治理整顿政策看法不一，部分原因在于该政策是由“保守派”发起和实施的。大多数经济学家认为该政策是改革进程的最大倒退。它的一个主要出发点是严格限制**乡镇企业** (TVEs)，增强国有企业在经济中的主导地位。起初政策似乎符合决策者的愿望，许多乡镇企业倒闭。1988—1990 年，镇办企业总数减少了 377 600 家，就业人口下降了 280 万(中国统计年鉴，1991，395 页、377 页)。然而形势很快表明，尽管很少有国有企业倒闭，但该政策对国有企业的损害远甚于乡镇企业。1988—1990 年，国有工业部门税后利润总额下降了 56.5%，亏损总额上升了 3.3 倍，国有企业亏损比例从 10.9%上升到 27.6%(《人民日报》，1991

年 11 月 25 日）。1990 年上半年，工业总产出增长 0.9%，而国有工业部门为负增长。1991 年末，乡镇企业总产值占工业总产值的 30.83%（樊纲，1993a），而 1988 年该比例为 24%。更重要的是，经过三年的治理整顿，在中央政府的意识里，乡镇企业第一次获得了合法性（“出生证”）。

（二）上下级政府间的财政包干制

财政包干制是从 1980 年开始实施的，1984 年做了一些修改补充，1988 年完全制度化（Tang，1990）。在财政包干制下，下一级政府必须将固定数额或按其收入的固定比例上缴上一级政府，剩下的归其支配使用，它结束了不同级别政府之间或者同一级别不同政府间的剩余收入随意转移的历史。这一制度遭到了许多具有改革意识的经济学家的批评，因为该制度造成地方保护主义、市场分割以及地方政府对企业的行政干预[34]。事实上，最初采用财政包干制部分原因是为了稳定中央政府的预算收入，而不是对经济体制进行改革（在市场化的意义上）（Shi，993）。然而，分析表明，该政策有可能是 80 年代中国经济市场化改革唯一最重要的推动因素。

首先，财政包干制实际上将整个经济划分为许多小型或微型公有经济。它等同于在各级政府之间界定产权关系，使得地方团体“抱成一团”，各级地方政府成为其所辖公有经济的真正剩余索取者（Shi，993）。正如 Zhang（1993）所说，“包干”增强了地方官僚和地方企业的监督激励和工作激励。因为地方政府对其“代理人”更为熟悉，企业面临更大的来自地方政府索取剩余的压力。更进一步，地方政府不能依靠印钞票为其支出融资，他们受到的预算约束比中央政府的更强。财政包干制促进了乡镇企业的快速发展，如今乡镇企业已经成为中国经济增长的主要动力。

其次，财政包干制迫使地方政府在市场中互相竞争，这有助于整个经济的市场化。虽然地方政府仍然可能通过计划手段去控制企业，但是它只能通过讨价还价和其他地方政府开展业务往来。地方政府间的讨价还价使得计划经济体制愈来愈难以操作，最终迫使计划体制演化为双轨制，进一步发展为单一的市场体制[35]。批评家似乎低估了市场法则的力量：市场竞争，适者生存。随着经济体规模的缩小以及数量的增加，市场竞争更为激烈。由于单个公有经济体的竞争力依赖于它和对手间效率的对比，这最终促使地方政府给予企业更多的自主权（如果我们相信给予企业决策权会更有效率的话）[36]。竞争机制在"垂直方向"上仍然起作用。例如，当省级政府控制的企业面临更有效率的乡镇企业挑战时，如果省政府仍然想从企业那里得到收入的话，它就必须做出建设性的反应。事实上，所有政府官僚都渴望得到租金，如有可能，绝不放弃手中权力。但是没有了垄断，就只能通过提高企业效率来保证获得"寻租"的租金（这在很大程度上依赖于整体竞争力）。短期内保护可能会起作用，但是反对保护的力量也很强大，更为有效的企业和地区总是试图打破地区间的壁垒。地方保护促使那些长期受到中央政府以低价原料供应的企业和地区走向市场，从这种意义上说，地方保护对整个经济的市场化也有直接贡献[37]。拥有 30 个计划经济当然不是改革的目标。不过，我们相信如果中国经济被分成 2181 或 55 800 个微型计划经济体[38]，每个经济体将很快变为私有经济或消亡，中国经济整体上将会成为建立在私有产权基础上的市场经济。

（三）滞后的国有企业改革

国有企业改革已经成为中国经济改革的焦点问题，为此耗费了改革者大量的精力和智慧。尽管通过各种各样的改革措施（包括扩大企业自主权，利润留成，责任包干制），国有企业的整体绩效已经大为改观[39]，但与期望相距甚远。比较国企改革的成绩与政府付出的努力，许多经济学家认为国企改革是失败的。经过 15 年的改革，政府仍然没有为国有企业找到一个有效的体制[40]。然而如果在整体经济改革进程的背景下考虑国企改革，就会发现国企改革滞后也许并不像多数人认为的那样是件坏事情。Wei 和 Lian（1993）发现在改革的初始阶段，非国有部门的发展消极地依赖于国有部门的改革。我们认为，国有企业对改革的主要贡献是，它对改革提供了“社会保障服务”。首先，在传统计划经济体制下，企业不仅提供工作岗位，而且为工人提供保障。由于在市场做生意可能会失败，因而存在风险。要想引导工人离开国有企业，到市场上找工作或者自己创业，就必须支付给工人一定的额外补贴。中国的实践表明，国有企业实行“停薪留职”政策大大地减少了单个工人进入市场的风险，因为他的现状没有受到影响。第二，未经改革的国有企业部门的存在，能降低非国有部门的劳动力成本，促进了非国有部门的发展。雇员的全部劳动力成本必须既包括日常生活支出，也包括住房、医疗保险等等。当非国有部门（或合资企业）的雇工住在由以前的国有单位或其家庭成员的单位提供的住房时，非国有部门只需支付日常生活费用，这要比全劳动力成本低得多。中国的现实确实如此，因为合资企业不用像国有企业那样提供住房，他们可以支付更高的名义工资以吸引高素质人才。从国有部门补贴私人部门意义上讲，这是一种“隐性私有化”。如果认为私有化是改革的正确方向，那么人们会很高兴看到这种“隐性私有化”。第三，从宏观角度来考虑，大规模的私有化或者允许国有部门解雇冗余人员将会产生大量的失业人员。尽管这样做有利于提高经济效率，但是会蒙受太多的政治成本和社会成本。在国有部门内部保持失业能够为非国有部门扩张和整个经济改革得以顺利进行提供更有利的政治条件以及社会条件[41]。与那些社会保险占 GDP 很大比例的市场经济相比较，中国国有企业的损失也许不像多数人认为的那样高。但这并不意味着国有企业改革应该无限期地推迟。我们认为，国有部门的私有化是必需的。当大量的非国有部门出现之后，国有部门私有化将会更加平稳可行。

（四）乡镇企业的发展

现在，乡镇企业对经济增长和市场化的贡献已获得了广泛的认可。

(Qian 和 Xu，1993；Chen 等，1992)我们想要强调的是一直到 80 年代末，人们才承认乡镇企业对改革的深远影响。地方政府起初促进乡镇企业发展，部分原因是为了吸收农村释放出来的剩余劳动力。开始，中央政府容许乡镇企业发展，但仅仅把它看作是对国有部门的补充，从未鼓励其进一步发展。甚至许多具有改革思想的经济学者也对乡镇企业持批评态度，因为乡镇企业“规模小，高消耗能量及原料，污染环境”[42]。当乡镇企业对国有部门造成威胁时，中央政府曾试图关闭它。但是这时候这样做太晚了。正如前面指出的，直到最近，乡镇企业才从中央政府那里得到真正的合法性。1989—1990 年，对乡镇企业进行治理整顿政策的失败主要归功于地方政府的抵制和乡镇企业的效率。

(五) 经济的高速增长

在改革时期，经济增长与经济改革之间的关系已经成为中国经济学者探讨的热门话题。80 年代的主流观点是：在改革时期，经济增长率应该降低，为改革创造一个“良好的环境”，因为高增长必然会产生通货膨胀压力，在这种情况下不可能执行改革政策。(Wu，1985)这种观点和“大爆炸”理论倡导者赞同稳定的精神实质相同。实际情况也会间或支持这种观点。然而，中国的经验表明经济快速增长本身有助于改革而不是阻碍改革。理由是：给定僵化的经济关系，成长经济的市场化比停滞经济的市场化更容易。正如 Wang(1993)所认为，中国双轨制已经收敛到市场轨道的主要原因是，市场的扩张导致了经济增长，而不是计划在绝对量上的缩减。例如，1979—1988 年，尽管中央分配的钢材总量增长了 14.9%，但由于钢材的总供给增长了 89.25%，中央分配的钢材占钢材总量的比率从 1979 年的 77%下降到 1988 年的 46.8%。(理论上，只要市场手段的增长快于计划手段，双轨制最终会收敛到市场经济。)类似的，经济的快速增长而不是国有部门的萎缩导致了非国有部门的快速扩张。1978 年到 1990 年，工业总产出增长了 195%，其中国有部门增长了 142%，而集体部门增长了 617%；结果是国有部门的份额从77.63%下降到54.6%。从某种意义上讲,中国经济是从计划经济和从公有制经济中生长出来的。增长本身成为改革的工具。

(六)腐败

经济改革主要后果之一就是使得腐败更加容易,导致了普遍的代理权滥用。因为当产业官僚和经理拥有更大的自主权,经济更加商业化时,对他们的行为进行司法或行政检查将会更加困难。腐败普遍被认为是改革的恶性肿瘤。许多人批评双轨制的部分理由是因为它有助于腐败。尽管腐败存在明显的负面影响,但是,以下的论述表明腐败除了减轻官僚对改革的抵制外,有可能在不同的侧面有助于经济改革。[43]

(1) 腐败通过给予官僚和经理们"非法"享有租金的更大自由,直接改善了激励机制。在很大程度上,一个人能够享受多少额外津贴,或更一般的,一个人能享有多大的私人利益取决于他能够得到多少利润。因而,政绩和个人支付之间的相互关系比官方统计的数据要强的多。毫不奇怪,即使官僚在做决策时也是利润取向的。

(2) 贪污腐败不仅改善了官僚和经理监督或者工作的激励机制,而且提高了资源配置的效率。理由如下:首先,现在他们不必要像在旧体制下那样,把私人享受租金和资源分配挂钩,他们可以先做一张饼,然后吃掉它。其次,如果主管资源分配的官僚不能得到任何贿赂,他就会很少关心资源流向哪里;然而,当他能得到贿赂,他就会考虑谁能够提供最高的贿赂。一般来说,提供贿赂最高的企业一定是最有效率的。通过贿赂,所谓的乡镇企业从计划部门(尤其是在改革的初期)获得原材料、资金等大部分资源(物质的或金融的)。

(3) 贪污腐败有助于硬化国有企业的预算约束。**预算软约束**已经被认为是公有经济低效的主要原因。但是,只有中央政府能够在盈利企业和亏损企业之间任意进行利润转移支付,预算软约束才会出现。放松管制之后,盈利企业自行处理企业账目的能力大大缩小了中央政府再分配利润的能力。尽管亏损企业不一定非要破产,但是想从政府那里得到补贴变得越来越困难了。这迫使所有的企业必须提高效率。

五、总 结

中国演化式的改革本身证明了“看不见的手”在制度创新中的作用是多么的强大。我们期望这一过程能够按照其自身的逻辑继续得以进行。经济学家可以从中国经验中获益匪浅。计划经济的市场化是所有自利主体相互作用的演化过程,虽然,社会精英有可能设计出来一个计划经济,但是没有人能够设计出市场经济。原因是,市场经济本质上是由所有参与者(包括政治家)在“看不见的手”的支配之下,通过其自利活动创造出来的。最初实行改革计划时,中国领导人并不想把市场经济带入中国,他们的目的只是想通过提高人们的激励来完善现存的建立在公有制基础上的计划经济。然而,改革自身开辟了通向市场经济的道路。许多政策鼓励、默许人们实现自身利益的行为,也鼓励、容许人们进行制度创新。当允许农民、工人、官僚追求他们的自身利益时,旧体制的缺点就暴露出来了,随之产生了对旧体制进行进一步变革的需求,这样新制度早晚都会出现。好的经济体制和坏的经济体制的区别不在于好的体制里没有偷窃而坏的体制里有偷窃,而在于在好的体制里人们有自由和激励去保护他的财产以防被盗,而在坏的体制里,他们没有这种自由和激励。

注释

① 匈牙利和波兰在其“大爆炸”式改革之前采取的是渐进式的改革方式,甚至前苏联在其崩溃之前采取的也是渐进式的改革。

② 例如,科尔奈(1990)写道:“南斯拉夫的改革过程已经有了40年的历史,匈牙利为20年,中国的改革也几乎进行了10年。所有这三个国家都代表了特别的惊人的成就和灾难性的失败的混合体。”(p.210)

③ 见 Sachs 和 Woo(1993),Gelb,Jefferson 和 Singh(1993),Jefferson 和

Singh(1993)，McMillan 和 Naughton(1992)，Perkins (1992)，Yi (1994)，Zou (1993)。

④ 例如，Murrell (1991)，Murrell 和 Olson (1991)，Dewatrpiont 和 Roland (1992a，b)，Kang Chen (1992)，Murrel 和 Wang (1993)，Fan (1993a)，Liu (1993)，Z.Wang (1993)。

⑤ 与大爆炸相比较，Wei (1992) 将**渐进式改革**定义如下：渐进改革是指一系列的小爆炸的实施，一个小爆炸是指一组呈现“强相互依赖”特点的小改革的同时实施；**大爆炸式改革**是指所有的小爆炸的同时实施。正如 Z.Wang 指出的那样，Wei 的定义有几个缺陷。首先，既然这个定义自身将大爆炸方式所隐含的改革方案的所有组成部分呈现同时相互依赖的假设排除在外，他的定义是一个实际上与大爆炸经济学家无关的渐进主义者的定义。第二，Wei 的定义忽略了改革的不同组成部分的跨期相互依赖性，而这是理解改革过程的关键。第三，Wei 没有考虑到小爆炸的演进过程。正如 Z.Wang 争辩的那样，渐进式改革不仅意味着一个时间上的继起过程，同时也是一个演进的过程。根据 Z.Wang 的观点，大爆炸指的是一个毕其功于一役的全面的改革方案，而渐进式改革是指一个以按时间先后顺序的演进方式实施的全面改革计划。虽然 Wang 的定义远未能全方位解释中国渐进改革，但这个定义抓住了渐进改革的两个重要方面(即顺序实施和演进过程)，并且可能足以制定一个与大爆炸相比较而言的渐进改革的理论模型。

⑥ 在改革初期(到 1984 年)，改革的目标是“通过引入某些市场因素来完善和改进社会主义计划经济”。一些观察家可能会争辩说在改革初期没有任何目标。例如，Perkins (1992) 写道：“大多数的中国领导人的头脑中并没有一个清晰的改革目标”(p.4)；Fan (1993b) 也有类似的观点。1984 年 9 月，党的十二届三中全会把“社会主义有计划的商品经济”作为改革的目标模式。虽然对于许多经济学家来说，这代表着改革目标上的革命性的变革，对于“有计划的商品经济”的理解是有争议的。一些人强调它的“计划性质”，另一些则强调其“商品性质”。1992 年党的十四大把“社会主义市场经济”作为改革的官方目标模式。值得注意的是，官方改革目标模式的转变并不必然代表着实际上的时间表，通常它们总是滞后的。

⑦ 事实上，1982 年成立的 SCRES 的初衷就是为了起草改革方案。后来国家经济委员会被授权负责实施年度改革计划。SCRES 的前身是“国务院改革办公室”，成立于 1980 年 5 月 8 日，目的也是为了制定起草改革方案，见 Gao (1991) 附录。

⑧ 这个方案是由国务院财政委员会下属的“经济体制改革办公室”制定的，并于 1979 年 12 月 3 日提交到国务院。见 Gao (1991) 附录。

⑨ 当时的副总理田纪云(1985)认为价格改革应该“按照由易到难的顺序逐步进行”。他写道：“何易何难必须根据其对人们直接利益的影响决定。”

⑩ 虽然双轨价格的某些变体甚至在改革前就已存在，但直到 80 年代初，双轨

制才变得重要起来，尽管直到1985年它才在工业部门取得合法化地位。1985年前的政府改革计划并没有把双轨制考虑在内。Zhang (1984) 第一个提出把双轨制作为向市场价格体系过渡的手段。他的想法在一个1984年9月于浙江省举行的青年经济学家会议(被称为“莫甘山会议”)上得到了普遍认同。那个会议极大地影响了1985年政府的政策。对双轨制的演化轨迹的分析参见 Wu 和 Zhao (1988)，Byrd(1988)，和 McMillan 和 Naughton(1993)。

⑪ 计划分配的取消与双轨制的引入相比显得姗姗来迟。国有企业的私有化也迟早会到来。

⑫ 在农村改革初期，由于特权的丧失，许多城镇和乡村干部反对改革。但是，他们很快认识到，通过动用积累下来的个人关系和对外部世界的了解，他们能比普通农民过得更好。于是他们变成了“改革者”。今天，农村最富的人正是这些以前的干部。在城市改革中类似的现象也能观察到。

⑬ 他们似乎将会继续支持改革，直到他们通过受贿或从商(下海)自己成为资本家。中国的经验表明在改革过程中对官僚人员进行补偿是可能的。直觉是简单的：如果改革暗示着经济权力从官僚向企业家的转移，那就让官僚变成企业家好了——对那些没有资格变为企业家的官僚人员，让他们成为“股东”(不使他们担心钱从哪儿来)。由于资源配置效率的提高，市场经济中的企业家能够获得比计划经济中的官僚更高的回报。既然这样，一个官僚为什么会反对改革呢？(Zhang，1994)

⑭ 农业改革是一个不错的例子。包产到户首先是1978年由安徽省的一些农民秘密采纳的，后来才被中央政府在全国范围内推广实施。1978年工业改革在当时的省长赵紫阳的领导下率先在四川进行。一个最近的由下至上改革的例子是随后不久就得到中央政府接受的上海和深圳的股票交易。

⑮ 领导提拔制度也反映了地方政府对改革的主导。改革初期，改革的业绩是地方政府领导人被提拔到中央的重要标志，赵紫阳和万里(前安徽省省长)就是两个例子。这种激励制度进一步强化了地方政府对改革的主导。

⑯ 一个全面的改革方案包括改革的各个方面，如价格、企业、财政、税收、住房等等。

⑰ 最大的也是时期最长的挫折发生在1989年之后，但这次挫折后紧跟着的是1992年和1993年空前激进的改革。

⑱ 大多数外部观察家更愿意认为挫折是由于“保守派”引起的。然而，这个观点恐怕过于简单。如果一个改革措施的推出总是与挫折相伴，一定有一些超越政治之外的原因。一个观察是“保守派”因在改革措施推出过程中出现的问题指责“改革派”，而“改革派”则因改革遭受挫折而出现的问题指责“保守派”。

⑲ 摘自 Wu 和 Zhao (1988) (p.311)。毫无疑问，直到1986年，赵紫阳意图倡导一种完全的经济体制改革计划。

⑳ 最有影响力的文章见 Guo，Qiu 和 Liu (1985)。

㉑ 批评者认为“正确的价格”是搞活企业的前提，因此价格改革应当在企业改革之前进行。但中国没有沿着这条道路前进。

㉒ 当然，这不意味着没有激进的改革方案。例如，早在 1979 年，经济学家 Yu, Zhuyao，就提议把“社会主义市场”作为改革的目标模式。董辅礽(1979)提出要改变国家所有制。然而，毫无疑问，80 年代初期，大多数的领导人和经济学家并没有丧失对计划经济和全民所有制的信心。他们的主要考虑是如何使建立在全民所有制基础上的计划经济更有效率。甚至在今天，许多经济学家仍然坚信“全民所有制的优越性”。

㉓ 许多有影响的年轻经济学家在如下四个研究机构工作：中国经济体制改革研究所，中国农村发展研究所，中国社会科学院经济研究所，国务院发展研究中心。世界银行经济学家在 80 年代中期也起着积极的作用。

㉔ Chen (1992)，把 Murrel 和 Olson 的分权理论应用到中国的情况，对官僚如何利用他们的集体行动能力来操纵改革过程，从理论和经验实证的角度给出了一个精彩的分析。

㉕ 一个原因是在部长们的背后有一些更强有力的领导人撑腰。

㉖ 可以把改革决策过程与烹饪作一个形象的类化。赵紫阳先生让部长做一道清淡的菜给他，但部长给他带来的是一道比较咸的菜。于是赵退了回去，并要求部长重做。过了一会儿，部长把刚才的那道菜原样端了上来，解释说“我在里面没放什么盐”。经过了几个回合之后，赵不得不把这道菜吃下去，虽然不是他喜欢的那种。

㉗ 例如，1984 年，当对外贸易体制改革遭到了陈云支持的部门机构的反对之后，作为邓小平的竞争对手的赵紫阳转而“对外开放 14 个沿海城市”。通过这种方式，Zhao 部分地实施了其贸易改革计划。

㉘ Wu, Jiaxing，一个冷静明智的经济学家，是新权威的最著名倡导者之一。应当指出的是，我们认为要使一个改革方案得以实施，一个强有力的力图改革的权威当局是必需的，但我们不认为这样的一个权威当局一定有利于改革。从这个意义上讲，一个强有力的改革取向的权威部门的缺乏对中国来讲可能是一件幸运的事。

㉙ Karl Marx 把市场机制比作“惊险的一跳”，市场的失败不仅将摧毁产品，而且将摧毁生产者本人。

㉚ 正如 Yi (1990)指出的：认为“只要执行紧缩的货币政策，价格改革就只是改变相对价格而不一定引起通货膨胀”的想法是太天真了。

㉛ 当时的副总理田纪云认为价格改革应当按照“由易到难的顺序逐步”进行。他写道：“何易何难必须根据其对人们直接利益的影响决定。”

㉜ 这个例子值得仔细研究，因为他表明了一个单一计划价格体制如何首先演

化为双轨体制并最终演化为单一市场价格体制的故事。在每盒火柴两分钱的价格上，所有的火柴生产者都是亏损的。80年代初，政府几次试图将火柴价格从两分钱提高到三分钱，但都因担心人们的反对而以失败告终。由于提高火柴官价是不可能的，火柴生产者开始寻找其他的办法。他们或是在以相同价格出售的同时在火柴盒里放更少的火柴，或是设计一个新式的火柴盒并以一个更高的价格出售（既然它是“新”产品，以新的价格出售就是合法的）。这样就有了两种火柴价格。原有火柴的官价没有改变，但很难在市场上找到，最后就消失了。结果，所有的火柴都以市场价销售。

㉝ 起初，经济学家被分为两派，一派认为不合理的结构是由不合理的体制引起的。改革是解决结构问题的唯一有效方法，所以应该给予改革优先权。另一派认为虽然引入市场因素符合改革的要求，但一个“买方市场”是市场发挥作用的前提条件；当严重的结构问题尚未首先解决时，改革可能会使情况更糟；因此在第一阶段，政策应当“集中于调整并且延迟改革”（重调整缓改革）。在经过一年的争论之后，经济学家们达成了共识。也就是，在改革的第一阶段，调整居于优先地位，改革应该为调整服务；全面的改革仅仅在主要的结构问题解决之后才能进行。见 Liu (1982) 和 Wu (1985)。

㉞ 参见吴敬琏、刘吉瑞(1991)。吴教授是位对财政预算包干制持批评意见的代表学者，他认为，该制度具有反改革性质。

㉟ 当官方价格处于非均衡水平上但却不能违反时，地方政府创造除一个“捆绑制”来规避官方价格。捆绑体制的运作可以解释如下：假定一吨钢铁的官方价格是600元，市场价是1000元；自行车的官方和市场价格分别是100元和200元。辽宁省生产钢铁而需要自行车，上海生产自行车而需要钢铁。于是上海购买100吨钢铁时，必须卖给辽宁400辆自行车。钢铁和自行车都是按官方价格支付的。通过这种方式，他们遵守了官价，但其交易是按市场价格进行的。注意这一体制不同于物物交换体制。一吨钢铁能换得多少自行车取决于钢铁和自行车的市场价和官方价格的价差，而不是其市场价。例如，如果自行车的官价提高到150元，上海购买100吨钢铁就必须出售800辆自行车。

㊱ 这可以模型化为 Nash-Cournot 博弈。见 Zhang (1993)的注解60。

㊲ 一个经常引用的用以反对财政收入包干的例子是，在这一体制下，效率不高的省份（如内蒙古）就会中断对拥有较高效率省份（如上海）的原材料供应，并建设自己的制造企业来进行原材料加工。这一观点在经济学上是说不通的。如果上海的加工效率比内蒙古更高，它就愿意支付更高的价格。对于内蒙古来说，这一出价能给其带来比自己加工生产更多的剩余，拒绝这一出价是不明智的。如果上海因其剩余被中央政府索取而不能提供更高的价格，这要求中央政府对上海实行收入包干而不是取消内蒙古的收入包干政策。（注：上海是1980年没有实行收入包干体制的三个直辖市之一）。

㊳ 中国有31个省，2181个县和55800个城镇。

㊴ 国有企业绩效的实证研究见Jefferson和Xu（1991）和Hay等（1994），理论分析见Zhang（1994）。

㊵ 近来政府选择了将国有企业公司化。

㊶ 此外，当国内私有企业和乡镇企业开始经营时，他们在融资、技术和劳动技能方面处于不利地位。这部分是因为政府的歧视政策。他们的惟一有利之处是自由。国有部门改革的滞后可能强化了其在市场的竞争力。

㊷ Wu和Zhao（1988）写道："不可否认的是，大量乡镇企业的发展服务于一些目标：增加产出，为农村人口创造就业，为国有企业拾遗补缺。但他们同大型企业竞争原材料和能源也是明显的。因此，人们毫不奇怪地看到时常有装备精良的轧钢厂或钢铁厂陷于停产而高能耗的小型乡镇企业仍然以高的多的成本进行生产，这仅仅是因为他们成功地得到了原材料和能源供应"。（pp.315—316）

㊸ 全面的分析，请参考Zhang(1993)。

参考文献

Byrd，William A.(1988) "Impact of the two-tier plan/market system in Chinese industry", *Journal of Comparative Economics*, 11(3):295 - 308.

Byrd，William A. and Tidrick，Gene (1984) "Adjustment and Reform in the Chongqing Clock and Watch Industry", *World Bank Staffing Working Paper*, No. 652.

Chen，Kang (1992) "Crossing the River while Groping for Planned Stones: A Public-Choice Analysis of China's Economic Reform", mimeo.

Chen，Kang，G. Jefferson and I. Singh (1992) "Lessons from China's Economic Reform", *Journal of Comparative Economics*, 6(2):201 - 225.

Chen，Yizi (1990) "Origins of Economic Reforms，Outcomes of the Democracy Movement，and Prospects of China's Politics", in Jia Hao (ed.) *The Democracy Movement of 1989 and China's Future*, The Washington Centre for China Studies，Washington，D.C.

Dewatripoint，M. and G. Roland (1992a) "The Virtues of Gradualism and Legitimacy in the Transition to a Market Economy", *The Economic Journal*, 102: 291 - 300.

Dewatripoint，M. and G. Roland (1992b) "Economic Reform and Dynamic Political Constraints", *Review of Economic Studies*.

Diao，Xinshen (1989) "An Analysis on China's Dual-Track Economy，in Chinese，

China: Development and Reform, (2):12 - 20.

Dong, Furen (1979) "On Forms of China's Socialist Ownership", *Journal of Economic Research*, (1).

Fan, Gang (1993a) "Two Reform Costs and Two Reform Approaches", in Chinese, *Journal of Economic Research*, (1):3 - 15.

Fan, Gang (1993b) "Dual-Track Transition: China's Incremental Approach to Market-Oriented Reform", mimeo.

Gao, Shangquan (1991) *China's Economic Reform*, in Chinese, People's Press, Beijing.

Gelb, Alan, Gary Jefferson and Inderjit Singh (1993) "Can Communist Economies Transform Incrementally? The Experience of China", *NBER Macroeconomics Annual*, 87 - 133.

Guo, Shuqing, Jinrui Liu and Shufan Qiu (1985) "Comprehensive Economic Reform and Integrated Design", *People's Daily*, September 9, 1985.

Hay, Donald, D. Morris, G. S. Liu, and S. Yao (1993) *Economic Reform and State-Owned Enterprises in China: 1979 - 1987*, Oxford University Press, Oxford.

Jefferson, Gary and Inderjit Singh (1993) "China's State-Owned Industrial Enterprises: How Effective Have the Reforms Been?", Brandeise University and World Bank.

Jefferson, Gary and Wenyi Xu (1991) "The Impact of Reform on Socialist Enterprises in Transition: Structure, Conduct and Performance in Chinese Industry", *Journal of Comparative Economics*, 15(1):22 - 44.

Kornai, Janos (1990) *Vision and Reality, Market and State-Contradictions and Dilemmas Revisited*, Corvina Books, Budapest.

Liu, Guoguang (1982) *On Economic Reform and Economic Adjustment*, in Chinese, Jiansu People's Press.

Liu Shijin (1993) "Transition to Market Economy in China: the Course of Actions and the Public Choice", Institute of Industrial Economics, CASS, Beijing, mimeo.

McMillan, John and Barry Naughton (1992) "How to Reform Planned Economy: Lessons from China", *Oxford Review of Economic Policy*.

McMillan, John and Barry Naughton (1993) "Evaluating the Dual-Track System", mimeo.

Murphy, Kevin M., Andrei Shleifer and Robert Vishny (1992) "The Transition to a Market Economy: Pitfalls of Partial Reform", *The Quarterly Journal of Eco-*

nomics, August, pp. 889 - 906.

Murrell, Peter (1991) "Public Choice and the Transformation of Socialism", *Journal of Comparative Economics*, 15:203 - 210.

Murrell, Peter and Mancure Olson (1991) "The Devolution of Centrally Planned Economies", *Journal of Comparative Economics*, 15:239 - 265.

Murrell, Peter and Y. Wang (1993) "When Privatization Should be Delayed: The Effect of Communism Legacies on Organizational and Institutional Reforms", *Journal of Comparative Economics*, Vol.17.

Newbery, David (1991) "Sequencing the transition", CEPR Discussion Paper, No. 575.

Nolan, Peter "Reforming Stalinist System: Chinese Experience", Faculty of Politics and Economics, University of Cambridge, unpublished paper.

Perkins, Dwight (1988) "Reforming China's Economic Reform", *Journal of Economic Literature*, 26:601 - 645.

Perkins, Dwight (1992) "China's 'Gradual' Approach to Market Reforms", paper presented at the Conference "Comparative Experiences of Economic Reform and Post-Socialist Transformation", El Escorial, Spain.

Qian, Yingyi and Chenggang Xu (1992) "Why China's Economic Reforms Differ: The M-Form Hierarchy and Entry/Expansion of the Non-State Sector", *The Economics of Transition*, 1(2):135 - 170.

Sachs, Jeffrey and Wing Thye Woo (1993) "Structural Factors in the Economic Reforms of China, Eastern Europe and the Former Soviet Union", mimeo.

Shanren (1987) "China's Economic Reform and Chinese Economists", *Intellectuals*, Winter Volume, USA.

Shi, Xiaomin and Liu Jirui (1989) "Economists Must Primarily Esteem History and Facts", in Chinese, *Journal of Economic Research*, (3):11 - 33.

Shi, Z. Jeffrey (1993) "Reform for Decentralisation and Decentralisation for Reform: a Political Economy of China's Reform", mimeo.

Tang, Minfeng (1990) *Ten Years' Reform*, in Chinese, Beijing Press, Beijing.

Tian, Jiyun (1985) "Actively Doing a Good Job in the Price System Reform", *People's Daily*, 28 January 1985.

Wang, Xiaoqiang (1993) "Groping for Stones to Cross the River: Chinese Price Reform Against 'Big Bang'", Discussion Papers No. DPET 9305, Department of Applied Economics, University of Cambridge.

Wang, Zhigang (1993) "Gradualism versus Big Bang: An Economic Perspective", mimeo, presented at the ASSA-CES Joint Session of ASSA Meetings, 3 - 5 January 1994, Boston.

Wei, Shangjin (1992) "Gradualism versus Speed and Sustainability of Reforms", mimeo.

Wei, Shangjin and Peng Lian (1993) "Love and Hate: State and Non-State Firms in Transition Economy", mimeo.

Wu, Jinglian (1985) "On Development Strategy and Macro-control during the Initial Stage of Reforms", *People's Daily*, 12 February 1985, p.3.

Wu, Jinglian and Liu, Jirui (1992) *On Competitive Market System*, in Chinese, Financial and Economic Press, Beijing.

Wu, Jinglian and Zhao, Renwei (1987) "The Dual pricing system in China", *Journal of Political Economy*, 11(3):209 - 318.

Wu, Jinglian and Zhou Xiaochuan (1988) *The Integrated Design of China's Economic Reform*, in Chinese, Zhanwang Press, Beijing.

Yi, Gang (1990) "The Price Reform and Inflation in China, 1979 - 1988", *Comparative Economic Studies*, Winter, pp. 28 - 61.

Yi, Gang (1994) *Money, Banking and Financial Markets in China*, Westview Press.

Zhang, Weiying (1984) "The Way out of the Price Reform is Liberalising Price Control", *China: Development and Reform: 1984 - 1985*, Qiushi Press, Beijing, pp. 500 - 508.

Zhang, Weiying (1994) "Decision Rights, Residual Claim and Performance: A Theory of How Chinese Economy Works", Nuffield College, Oxford, mimeo.

Zou, Gang (1993) "Modelling the Enterprises Behaviour under the Two-Tier Plan/Market System in the PRC", University of Southern California.

第 二 部 分

中国的货币化进程

中国经济改革过程中的货币化进程*

摘要:在中国经济改革过程中,货币供应的增长率持续高于真实 GNP 增长率与通货膨胀率之和,这是众所周知的事实。那么这些货币去哪儿了呢?本文通过对货币化进程的一个引导性分析来试图回答这个问题。初步的研究结果表明中国在 1979—1984 年经济迅速货币化,因为,在此期间,农业部门实行承包责任制、乡镇企业和私有企业的迅速增长都产生了对货币的额外需求。因此,大部分"超额货币"是被新的货币化经济吸收了,所以,此期间的通货膨胀比较缓和。但自 1985 年后,货币化进程明显减缓。经济不能再吸收额外的货币。货币供应超出真实 GNP 的增长率的部分主要导致了通货膨胀。

一、前　言

在中国经济改革的头 14 年中(1979—1992),真实国民生产总值(根据官方价格指数调整的 GNP)增长了 231%。1992 年,流通中的现金和广义货币分别约为 1978 年的 20 倍,然而同期内的官方价格指数和自由市场价格指数只分别上升了 125%和 141%。根据货币数量论,假定货币流通速度是稳定的,超过 GNP 增长率之上的货币供给增长率应完全反映在物价水平的上升上。然而,在中国,无论是用官方价格指数,还是用自由市场价格指数衡量,通货膨胀率均远远小于货币增长

* 原文发表于英文期刊《中国经济评论》(*China Economic Review*) 1991 年春季卷。由吴有昌翻译成中文。

率和真实 GNP 增长率之间的差额。换句话说，在中国，货币流通速度不是一个常数，它在改革的 10 年中迅速地下降。流通中的货币量(相对真实 GNP 来说)越来越大。

近来有一些文献在讨论中国的货币与金融领域的各个方面，如货币需求（Chow 1987，Szapary 1989，Yi 1990c)，通货膨胀(Feltenstein 和 Farhadian 1987，Perkins 1988，Yi 1990b)，流动性悬空和被迫储蓄(Feltenstein 和 Ha 1989)，等等。尽管大多数专家都承认改革中确实存在货币化进程，但是，在现有文献中关于中国货币化进程的详细证明却还没有。这种缺乏可能是由以下几个原因造成的：首先，“货币化”这个术语本身就比较模糊，没有明确定义，含义过于宽泛和概括。无论从理论上还是实证上来说，都很难将货币化和经济增长分离开来。其次，是因为缺乏数据。对货币化的系统分析需要有经济的每个部门的非常详细的数据，而这些数据直到最近才有可能获得。

本文的目的是以已经获得的信息为基础，给出货币化进程的详细证据。我们采用的方法是将经济分为几个部分，找出货币的流向。初步的研究结果表明，在 1979—1984 年期间，因为农村实行承包责任制及非国有企业的迅速崛起，经济货币化的进程很快。新货币化的经济吸收了大部分的超额货币供给，所以，此期间的通货膨胀比较缓和。但自 1985 年后，货币化进程明显减缓，超额货币供给的主要结果是导致了通货膨胀。第二部分讨论了解释超额货币的几个理论；第三部分分析了货币化假说；第四部分通过将经济分为几个部分，找出货币的流向，提供了货币化进程的证据。第五部分是简要的总结。

二、如何解释超额货币

让我们从交易方程式开始：

$$MV = Py \tag{1}$$

式中 M 是名义货币供给，P 是用官方价格指数衡量的一般价格水平，

y 是用 GNP 衡量的真实收入,V 是**货币的收入流通速度**,它通过下式计算:

$$V = Py/M \tag{2}$$

对等式(1)取自然对数,然后微分,得

$$\dot{V} + \dot{M} = \dot{P} + \dot{y} \tag{3}$$

等式中所有的点号均代表增长率。

在改革期间,无论是用何种货币来衡量(M_0,M_1,M_2),货币供给的增长率始终大于 GNP 增长率和通货膨胀率之和。为解释这一现象,我们可以将货币供给增长率减去真实 GNP 增长率和官方通货膨胀率之和后的部分定义为**超额货币**(excess money)。

$$EM = \dot{M} - (\dot{y} + \dot{P})$$

其中 EM 代表超额货币,$\dot{M}$ 代表货币增长率,$\dot{y}$ 代表真实 GNP 增长率,$\dot{P}$ 代表官方通货膨胀率。

表 1　货币供给,价格指数,GNP 和银行存款

(除百分率外,所有的单位均为 10 亿元,按现期价格计算)

年份	M_0	M_1	M_2	OPI(%)	MPI(%)	GNP	HBD
1978	21.20	94.90	115.91	121.6	221.6	358.8	21.06
1979	26.77	117.70	145.81	124.0	211.6	399.8	28.10
1980	34.62	144.30	184.29	131.4	215.8	447.0	39.95
1981	39.63	171.10	223.45	134.6	228.3	477.3	52.37
1982	43.91	191.40	258.98	137.2	235.8	519.3	67.54
1983	52.98	218.30	307.50	139.3	245.7	580.9	89.25
1984	79.21	293.20	414.63	143.2	244.7	696.2	121.47
1985	98.78	326.20	488.43	155.8	286.8	855.8	162.26
1986	121.84	402.40	626.16	165.1	310.0	969.6	223.76
1987	145.45	459.10	766.45	177.2	360.5	1 130.1	307.33
1988	213.40	548.70	928.89	210.0	469.7	1 406.8	380.15
1989	234.40	577.30	1 092.0	247.2	520.4	1 599.3	514.69
1990	264.40	687.50	1 390.9	252.4	490.7	1 769.5	703.42
1991	317.80	844.60	1 755.6	259.7	486.3	1 985.5	911.03
1992	432.20	1 131.7	2 299.9	273.7	498.0	2 393.8	1 154.5

注:

M_0定义为年终时流通中的现金;

M_1等于 M_0加企事业单位的活期存款；

M_2等于 M_1加居民的存折储蓄和定期存款；

OPI＝官方零售物价总指数(1952 年为 100)；

MPI＝消费品自由市场价格指数(1952 年为 100)；

GNP＝国民生产总值；

HBD＝居民银行存款总额。

资料来源：

《中国金融年鉴》,1992,北京；

《中国统计年鉴》,1992,北京；

《中国价格年鉴》,1990,北京。

表 2　超额货币和货币的收入流通速度

(除流通速度外均为百分数)

年份	GM_0	GM_2	GGNP	OIR	MIR	EM_0	EM_2	VM_0	VM_2
1978	8.5	4.7	—	0.7	—	—	16.9	3.10	
1979	26.3	25.8	7.6	2.0	−4.51	16.7	16.2	14.93	2.74
1980	29.3	26.4	7.8	6.0	1.98	15.5	12.6	12.91	2.43
1981	14.5	21.2	4.5	2.4	5.79	7.6	14.3	12.04	2.14
1982	10.8	15.9	8.7	1.9	3.29	0.02	5.3	11.93	2.01
1983	20.7	18.7	10.3	1.5	4.20	8.9	6.9	10.96	1.89
1984	49.5	34.8	14.7	2.8	−0.41	32.1	17.4	8.79	1.68
1985	24.7	17.8	12.8	8.8	17.20	3.2	−3.7	8.67	1.75
1986	23.3	28.2	8.1	6.0	8.09	9.0	13.9	7.98	1.55
1987	19.4	22.4	10.9	7.3	16.29	1.1	4.1	7.80	1.48
1988	46.7	21.2	11.3	18.5	30.29	17.4	−8.1	6.57	1.51
1989	9.8	17.6	4.4	17.8	10.79	−12.4	−4.6	6.82	1.46
1990	12.8	27.4	4.1	2.1	−5.71	6.6	21.2	6.69	1.27
1991	20.0	26.2	7.7	2.9	−0.90	9.4	15.6	6.25	1.13
1992	36.0	31.0	12.8	5.4	2.41	17.8	12.8	5.54	1.04

注：

GM_0＝M_0的增长率；

GM_2＝M_2的增长率；

GGNP＝真实国民生产总值增长率；

OIR＝用零售物价总指数表示的官方通货膨胀率；

MIR＝用自由市场价格指数衡量的通货膨胀率；

EM_0＝(M_0增长率)－(GNP 增长率＋官方通货膨胀率)；

EM_2＝(M_2增长率)－(GNP 增长率＋官方通货膨胀率)；

VM_0＝M_0的 GNP 流通速度；

VM_2＝M_2的 GNP 流通速度。

资料来源：所有计算均以《中国金融年鉴》1992,《中国统计年鉴》1992,和《中国价格年鉴》1990 的资料为基础。

为简便起见，在本文中我们将把讨论集中在狭义的超额货币（流通中的现金）上。将这种讨论推广到更宽意义上的货币是很容易的。表1和表2提供了关于货币增长率、真实GNP增长率、通货膨胀率及在上述定义下的超额货币和货币的收入流通速度方面的信息。从这两张表中可以得出以下三点：第一，货币供给在1978—1992年间增长迅速。流通中的现金，即M_0，在1992年约为1978年的20倍。第二，货币供给的增长快于真实GNP增长率和通货膨胀率之和。从表2可以看出，除1989年外，EM_0均为正数。这表明存在着超额货币供给。第三，在这段时期中，流通中的现金和M_2的收入流通速度下降得很快。[①]

从货币数量论的观点看，这是很自然的。因为货币流通速度是用名义GNP除以名义货币而得出的。当货币流通速度V为常数时，$\dot{M}=(\dot{P}+\dot{y})$。如果$\dot{M}>(\dot{P}+\dot{y})$，要使等式(3)成立的惟一可能就是$\dot{V}$是负数，即货币流通速度下降。

货币供给的增长持续地大于GNP增长率和通货膨胀率之和。货币到哪里去了呢？这是本文所要回答的基本问题。解释经济中超额货币供给的理论有好几种。麦金农和肖（Mckinnon 和 Shaw）提出的金融深化理论（参见 Fry，1988；Mckinnon，1993）已广为人知了。在此我们将集中讨论几种不太为人所熟悉的假说：价格指数偏低假说、被迫储蓄假说（Feltestein 和 Ha，1991）和货币化假说（Yi，1991），并将重点放在最后一个假说。

（一）价格指数偏低假说

价格指数偏低假说认为超额货币的存在是由于中国的官方价格指数偏低了。因而，这种假说断言，如果我们用“真实”的通货膨胀率计算，就不会有超额货币，因为超额货币是用名义货币增长率减真实GNP增长率和官方价格指数计算才产生的。这一论断显然是对表2中超额货币数据的严重挑战。官方价格指数偏低是得到广泛承认的，但问题是偏低了多少呢？市场价格指数又如何呢？为回答这些问题，让我们先来看一下官方价格指数和市场价格指数分别是如何编制出来的。

官方价格指数是通过大量的商品计算的。例如,1988 年的官方零售物价总水平是通过在全国 420 个县、市的 14 000 多个基层市场进行随机抽样而计算的。样本中包括了一般人能够想到的几乎所有重要的零售商品,最后的零售物价总指数则是通过县、地区、省和全国四轮加权平均而得到的。但是毫无疑问,官方价格指数低估了通货膨胀,因为它仅仅是通过官方价格来计算的,而官方价格中的很大一部分是配给制下的价格,没有反映真实的价格水平。例如,假设彩电是实行配给的,官方价格是每台 1 500 元。这意味着为了买到一台彩电,必须付出 1 500 元加一张配给券。如果黑市上彩电的配给券价格为500 元,则彩电的有效价格为 2 000 元。但是在计算官方价格指数时,记录的是 1 500元的官方价格。显然,价格水平被低估了。

市场价格的好处是它是由供求决定的。但自由**市场价格指数**有两个缺点。第一,它的涵盖面不如官方价格指数广泛。在组织良好、规模较大的自由市场上,大部分产品是食品和手工业品。第二,由于国有商业的存在,它倾向于(虽然并不必然地)高估通货膨胀的真实水平。例如,假定猪肉的供应量为 100 吨,其中 90 吨是通过由政府控制的商业机构以低价(凭配给券)销售出去的,其余的 10 吨是通过自由市场销售的。容易看出,这种情况下的自由市场价格要比所有 100 吨猪肉均在自由市场上出售时的价格高,而后一种情况才是衡量真实价格水平的理想状况。虽然官方价格指数和自由市场价格指数都有其局限性,但至少它们提供了两种极端的情况。我们可以分别将官方价格指数和自由市场价格指数视作真实的通货膨胀率的下限和上限。表 1 也提供了自由市场价格指数。即使我们用的是自由市场价格指数,超额货币仍然存在。也就是,货币增长率在改革期间的大部分年份是大于真实 GNP 增长率和以自由市场价格指数衡量的通货膨胀率之和的。这是经济中存在着超额货币,且这种超额货币无法完全用价格指数偏低假说解释的充分条件。

（二）被迫储蓄假说

经济中的超额货币存量及货币的收入流通速度的下降也可以用被迫储蓄假说来解释。简单地说，**被迫储蓄假说**认为消费者和企业由于以下两个原因，被迫持有货币。第一，持有金融资产的其他选择方式非常之少；第二，市场上没有足够多的商品。让我们更详细地来看一看这两个原因。

在人们有多种可供选择的方式将财富用于投资的情况下，讨论其对货币的需求才是有意义的。在市场经济中，对货币的需求表明人们在有债券、股票、房地产等投资选择的前提下，自愿地将其财产的一部分以货币的形式持有。在中国，这些投资选择中的大多数只是到了近期才出现。到1988年底，各类债券总额（包括政府债券、重点工程债券、地方企业债券及其他各类债券）为868.5亿元。已发售的股票总额（面值，而非市价）为35亿元。债券和股票总额仍不到M_2的10%，后者在1988年底为9 288.9亿元（《中国统计年鉴》，1989）。显然，现金和银行存款成为持有金融资产的主要方式。金融市场和房地产市场的迅速发展仅是近几年的事。

其他金融证券的缺乏一定会导致被迫储蓄吗？答案是：不一定。只要市场上有着充足的商品，人们仍可以在货币和消费品之间进行选择。被迫储蓄只有在经济中出现短缺，消费者和企业因买不到他们想买的商品而被迫将收入储蓄起来时才出现。他们非自愿地持有现金或银行存款，等着购买商品。换句话说，被迫储蓄是伴随着价格管制，太多的货币追逐太少的商品的结果。因此，被迫储蓄和抑制型通货膨胀是一件事情的两个方面。

文献中有不少证据证实，在中国的改革过程中短缺问题是更严重了（Ports 和 Santorum，1987；Yi，1990 b）。就短缺而言，问题不在于它是否存在，而在于它到底有多严重。费尔德斯坦和哈（1991）估计了中国物价水平受抑制的程度，表明货币的收入流通速度下降是由于居民非自愿的储蓄。他们得出结论：就居民持有的货币超过交易的名义价值这一层意义来说，中国存在着货币悬空(monetary overhang)。因此，也就存在着抑制型通货膨胀和被迫储蓄。

有两个问题是被迫储蓄假说无法解释的。第一，为什么流通中的现金增加得如此迅速。如果每个人都持币待购，他们应该以银行存款的方式持有货币。在中国，将储蓄存款转化为现金的交易成本很低。为什么公众宁愿放弃获取利息的机会而持有现金？第二个被迫储蓄假说所没有回答的问题是被迫储蓄和人们对未来的通货膨胀的预期之间的关系。值得一提的一个观测事实是，自从1989年第三季度出现市场疲软之后，一些耐用消费品能在1988年的价格水平或者更低的价格水平上就可以买到，但是需求仍旧疲软。居民储蓄在这一时期内持续上升。将这些储蓄视为自愿的而非强迫的应该是没有问题的。这表明储蓄是自愿的还是被迫的在很大程度上取决于储蓄的实际回报和人们对未来价格水平的预期。

图1给出了1978—1992年期间的居民储蓄总额。

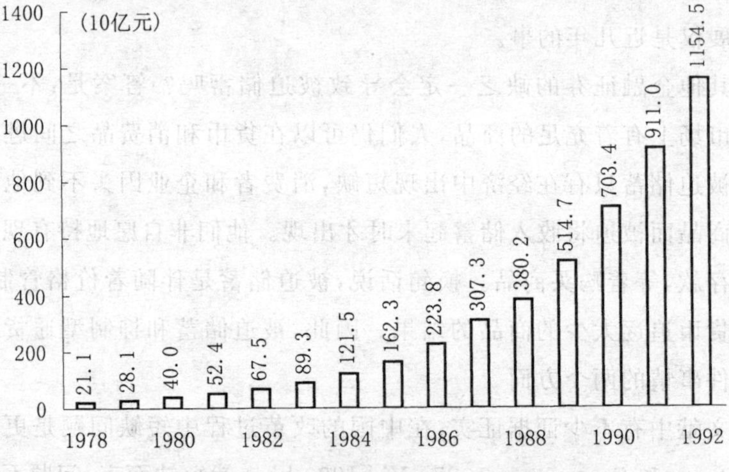

资料来源：《中国统计年鉴》，1992，第281页。

图1　中国的居民储蓄总额

三、货币化假说

能够解释经济中存在超额货币的另一个理论是货币化假说。这一假说是本篇的主旨。

货币化是什么？粗略地说，**货币化**是指通过货币进行(以货币作为价值尺度和交易媒介)的经济活动的比例不断增加。在像中国这样的欠发达国家，经济可以分解为两部分：货币化的部分和非货币化的部分。通常来说，货币化部分的交易是在市场上实现的，而非货币化的部分则是与传统的、某种程度物物交换的自给自足经济相联系的。例如，农民消费他自己生产的农产品，那部分的产出从不进入市场，所以属于经济中的非货币化部分。随着经济的发展，尤其是进行经济改革之后，不仅总产出增加了，货币化经济的比例也随着分权化政策而增加了。

(一) 交易方程式的修正形式

对一个欠发达的国家来说，我们可以将真实的国民总收入定义为：

$$y=\lambda y+(1-\lambda)y \tag{4}$$

式中 λ 是货币化经济的比例。因而，对部分货币化的经济来说，交易方程式的适当形式应为：

$$MV=\lambda yP \tag{5}$$

等式(5)说明，名义货币量乘以它的流通速度等于货币化部分的名义国民收入。对等式(5)取自然对数，再微分，得

$$\dot{M}+\dot{V}=\dot{\lambda}+\dot{y}+\dot{P} \tag{6}$$

等式(6)和等式(3)不同之处在于增加了 $\dot{\lambda}$ 这一项。

借助货币化这一概念，解释超额货币就很容易了。如果我们假定流通速度为常数(即 $\dot{V}=0$)，就成了 $\dot{M}=\dot{P}+\dot{y}+\dot{\lambda}$，这说明货币供给不仅要随经济的增长而同比例增加，而且还需要满足新货币化了的那些部分的需要。价格水平只有当 $\dot{M}>\dot{y}+\dot{\lambda}$，也就是货币供给的增长率大

于收入增长率和货币化进程的增长率之和时，才会上涨。前面我们将超额货币定义为$(\dot{M}-\dot{P}-\dot{y})$，这正等于$\dot{\lambda}$，货币化增长率。[②]这意味着超额货币并不真正是“超额的”，它被用来满足新货币化了的经济的需要。

然而，正如表2的最后两列数据〔用等式(2)计算〕所确切表明的那样，货币的收入流通速度并不是常数。不管用哪个指标衡量，它都在迅速下降。在货币化的理论框架内，我们至少可以说明，用等式(2)计算的货币流通速度夸大了流通速度下降的速度。如果我们考虑到货币化进程，部分货币化的经济中真实的流通速度应为

$$V^{*}=(P\lambda y)/M \tag{7}$$

因为$0<\lambda<1$，且λ在增大，用(7)式决定的货币收入流通速度不会下降得像用(2)式计算的那样迅速。

（二）如何估计 λ

λ，货币化经济的比例，至少在理论上可以通过下面的特殊程序来估计。按照中国的分类方法，国民收入由以下六个部分组成：农业、工业、建筑业、交通运输业、商业和服务业。用百分比来表示，我们得：

$$100=a+i+b+t+c+s \tag{8}$$

式中a,i,b,t,c,s分别表示农业、工业、建筑业、交通运输业、商业和服务业在国民收入中所占的百分比。[③]如果我们能够估计出各部门中货币化的比例，则整体的货币化经济的比例就可以通过下式来计算：

$$\lambda=a\lambda_{a}+i\lambda_{i}+b\lambda_{b}+t\lambda_{t}+c\lambda_{c}+s\lambda_{s} \tag{9}$$

式中$\lambda_{a},\lambda_{i},\lambda_{b},\lambda_{t},\lambda_{c},\lambda_{s}$分别为各部门中货币化经济的比例。

让我们以农业为例作一个考察。在1952年，57.7%的国民总收入来自农业。据估计，那时候农村产出中只有1/3进入了市场，其余2/3则为农民所直接消费。到1985年，农业在国民收入中所占的比例下降为35.4%，63.9%的农村总产出进入了市场（《中国统计年鉴》，1989年，第32页；农村发展研究中心，1987）。在过去的10年中，农村生产

责任制的推行和对农产品销售管制的逐渐放松明显地使进入市场的农产品的比例上升。只要能获得有关的资料,我们就可以估计 λ_a。

我们可以对各部门都做这样的估计。显然,这样估计 λ 不仅很繁琐,而且需要很多信息。而且,很难建立一种系统地估计 λ 的一般准则,因为在过去的年代里有着太多的例外和急剧的制度变革,使 λ 的值发生跳跃和不连续。

近来讨论这一问题的文献多了起来。例如杨等人(Yang, etc. 1988)估计了 1978—1986 年间中国货币化经济的比例。[④] 黄晓向(Xiaoxiang Huang, 1988)提出货币供给每年应增加 6%—8%,以满足新货币化经济的需要。遗憾的是,他们中谁也没有对他们的估计进行详细的阐述。毕竟,在一个发展中国家里,经济增长和货币化是交织在一起的,很难对货币化进程有一个准确的衡量。货币化进程主要取决于两个方面:经济发展的程度和经济中制度的或结构的变革。就中国的情况而言,这两个因素都在变化。

(三)改革和货币化进程

在改革之初,中国经济可以按货币化的程度分成三个部分。第一,虽然存在着配额,消费品市场仍是货币化程度最高的部分。人们在市场上利用他们的收入来购买消费品,交易通过现金进行。第二,生产资料市场可以视作半货币化部分。一方面,生产资料是为销售而不是为自用而生产的,而且都用货币来标明价格。这些是货币化经济的特征。另一方面,大部分生产资料是通过计划而非市场来分配的,这是中央计划经济的一个特征。因此,我们说改革前的生产资料市场是半货币化的。第三,非货币化经济是指传统的自给自足和物物交换的经济。这部分经济的产出大多是自我消费而不进入市场。

在中央计划经济下,政府几乎控制了经济的各个部门。它们很清楚货币化经济所占的比例和为促进交易所需的现金量。当政府收购农产品或向城市工人支付工资时,它也就向经济注入了现金。而消费者进行的每一笔交易都构成了现金向政府的回流。当人们购买消费品时，政府就获得了资金，因为它控制了所有的国营和集体商业。所有商店都要在每天营业结束时将现金收入交到当地的银行。当消费者将他们的储蓄存入银行时，那自然也构成了现金向政府的回流。在这种简单的中央计划经济里，没有什么其他的中介机构能够拖延或耽搁现金向政府的回流。

经济改革的目标是将中央计划体制转化为市场经济。伴随着这一制度变革的是货币化进程。具体地说，货币化进程和改革中三个不同的现象相关。首先，一些过去通过银行转账资金进行的交易，经济改革使之变为以现金为媒介的交易。农业部门的生产责任制将成千上万的农民带入了市场就是明显的一例。另一个例子就是，越来越多的生产资料开始在市场上销售，交易用现金进行。许多国有企业参与到生产资料市场上来。这意味着半货币化经济中很大的一部分在改革的过程中变成了完全货币化经济，而通过银行转账资金进行的经济活动则是缩小了。

第二，改革中新出现的非国有机构和企业的市场导向增强了。它们一般都是受利润驱使的，且拥有更多的自主管理权。它们没有从政府手中购买更便宜的原材料的特权，因而当然不愿意银行检查它们的每一笔交易。因而，这类计划外企业（尤其是小企业）中的很大一部分倾向于利用现金进行交易。

第三，新企业中很大一部分是经营零售业务，而零售业又是现金流回政府的主要渠道。这样私人零售商就成为消费者和政府之间的中介，相当一部分流通中的现金流入并沉淀在这些非政府部门，不受政府的直接控制。这意味着现金的流通链变得更长而且更复杂了。这是货币流通速度急剧下降的主要原因之一。

从以上的分析中我们可以得出结论：货币化进程的关键之处在于，在改革过程中，对现金的需求迅速增加了。

四、货币化进程的证据

让我们从与货币化(或金融深化)进程相关的两个重要的宏观指标开始。第一,广义货币同 GNP 之比在改革期间单调递增,从 1978 年的 0.32 增至 1985 年的 0.60,再增至 1992 年的 1.0 以上。1990 年时同一比例在印度为 0.47,美国为 0.67,韩国为 0.57,台湾为1.48,日本为1.89(Chang, 1994)。同其他发展中国家和地区相比,这一比率在中国的增长是惊人的。例如,1978 年时,该比率在中国为 0.32,在印度为 0.37。这一比率的迅速增长反映了改革过程中的制度变迁。

第二,金融资产的总存量迅速增长。金融资产所有者的构成和国民储蓄的结构发生了变化。改革前,除流通中的现金和银行存款之外几乎没有其他形式的金融资产。在 1978 年,居民银行存款总额为 210.6亿元,只占 GNP 的 5.9%。当时国民储蓄的绝大部分来自中央政府。到 1992 年底,居民银行存款总额达到 11 545 亿元,约占当年 GNP (23 988亿元)的 48%。居民户成为国民储蓄的主要来源。金融资产的控制权分散了。由中央政府所有和控制的金融资产的比例稳定地下降,由居民、企业、金融机构和地方政府所有的比例增加了。

经济改革至少通过以下 5 个渠道导致了货币化。第一,通过增加居民和企业的交易需求。第二,通过在农村引入生产责任制,使成千上万的农民进入了市场。他们需要现金进行交易。第三,通过改革中出现的大量乡镇企业(TVEs)。它们通常是不包含在中央计划之内的,拥有较多的自主经营权。现金成为这些新机构主要的交易媒介之一。第四,通过迅速发展的个体经济和私营经济。第五,通过迅速增长的自由市场。

本部分我们将讨论这些新发展是如何加大对现金的需求和经济中的各部分是如何被货币化的。为简单起见,我们将分析的领域限制在流通中现金这一方面。将这种分析推广到 M_2 是很容易的,只要将重点集中在对广义货币的需求即可。实际上,流通中现金在改革期间基

本上是和 M_2 一起变动的。

(一) 流通中现金的分配

为了回答货币到哪里去了的问题，让我们先从表 3 开始，该表展示了 1978—1986 年期间流通中现金的分配。现金持有者可以分为四组：农村居民、城市居民、企事业单位（不包括政府）及其他（主要包括流动人口）。表 3 列出了以 10 亿元为单位的每组现金余额及其占流通中现金总额的百分比。

该时期内每组现金需求百分率的变化颇令人感兴趣。例如，我们发现，最大的一组现金持有者是农村居民。在 1978 年，他们共持有流通中现金总额的 59.01%；在 1983 年，共持有 65.38%。这一迅速的增长——无论就绝对数而言，还是就相对数而言——表明，在这五年期间，伴随着农村中使农民的现金需求迅速增长的制度变革，农民的收入增长也较其他各组更为迅速。然而，1984 年以后，这种趋势反过来了，农村居民的现金余额比例下降了。

表 3　流通中现金的分配

（除百分率外，单位均为 10 亿元）

年份	TC	RHC	PR(%)	UHC	PU(%)	IEC	PIE(%)	OC	PO(%)
1978	21.20	12.51	59.01	3.59	16.93	3.82	18.01	1.28	6.05
1979	26.77	16.08	60.07	4.45	16.62	4.69	17.52	1.55	5.79
1980	34.62	21.00	60.65	5.57	15.97	6.10	17.73	1.96	5.65
1981	39.63	24.83	62.64	6.19	15.61	6.53	16.48	2.09	5.27
1982	43.91	28.19	64.19	6.70	15.26	6.72	15.30	2.31	5.25
1983	52.98	24.64	65.38	7.58	14.31	7.99	15.09	2.77	5.22
1984	79.21	50.13	63.29	11.55	14.58	12.76	16.10	4.77	6.03
1985	98.78	59.69	60.42	15.33	15.52	17.44	17.66	6.32	6.40
1986	121.84	72.66	59.64	18.49	15.18	22.46	18.43	8.23	6.75

注：

TC＝流通中现金总额；

RHC＝农村居民现金余额总额；

PR＝RHC 占 TC 的百分比；

UHC＝城市居民现金余额总额；

PU＝UHC 占 TC 的百分比；

IEC＝企事业单位现金余额总额；
PIE＝IEC 占 TC 的百分比；
OC＝其他(主要是流动人口)现金余额；
PO＝OC 占 TC 的百分比。
资料来源:《1979—1986 年中国货币流动调查》,中国人民银行,中国金融出版社,1988 年。

城市居民和企事业单位的现金需求百分率是朝着多少有些与此相反的方向变化的,其原因在于改革的时间顺序。在 1978—1983 年间,城市工人的收入增长滞后于农村居民的收入增长,因为那时候城市改革尚未发生。这就解释了为什么城市居民的现金需求比例起初下降,1984 年后又赶上来了。

企事业单位的现金需求比例在 1978—1983 年间下降的原因比较复杂。人民公社制度的解体无疑起了重要作用。引入生产责任制之后,生产队和生产组就没有必要再持有现金储备了。后来(1984 年后)企事业单位的现金需求比例上升的原因之一是乡镇企业的迅速增长。

表 4 提供了每户居民平均现金需求的资料。从表 4 我们可以看出,在 1978—1986 年期间,每户居民人均名义现金需求以年均 23.23% 的速度迅速增长。农村居民的现金需求增长快于城市居民。1978 年,农村居民人均现金余额为 15.44 元,只相当于城市居民的 63.6%。到 1986 年,农村居民的人均现金余额为 85.67 元,相当于同年城市居民平均现金余额的 95.3%。

表 4　居民人均现金余额

(除百分率外,单位均为元)

年份	NA	GNA(%)	RA	GRA(%)	UA	GUA(%)
1978	18.14	—	15.44	—	24.28	—
1979	22.74	25.36	19.77	28.04	28.27	16.43
1980	28.99	27.48	25.64	29.69	33.81	19.60
1981	33.23	14.63	30.03	17.12	36.47	7.87
1982	36.79	10.71	33.70	12.22	38.38	5.23
1983	44.07	19.78	41.17	22.17	42.23	10.03
1984	64.49	46.34	59.83	45.32	59.97	42.01
1985	78.13	21.20	71.50	19.50	74.33	23.95
1986	94.00	20.32	85.67	19.82	89.85	20.88

注：

NA＝全国人均现金余额；

GNA＝NA 的增长率；

RA＝农村人均现金余额；

GRA＝RA 的增长率；

UA＝城市人均现金余额；

GUA＝UA 的增长率。

资料来源：《1979—1986 年中国货币流动调查》，中国人民银行，中国金融出版社，1988 年。

在 1978—1986 年期间，农村人口和城市人口的人均现金余额按不变价格计算分别增长了 304％ 和 169％。同期农村居民和城市居民的真实消费水平分别上升了 95％ 和 62％。[5] 如果我们将真实消费水平当作交易需求的近似估计，则无论农村居民还是城市居民的真实现金余额的增长都大于其交易需求的增长。显然，仅用交易需求来解释现金余额的巨大增长是不够的，除收入增长之外，还存在着其他因素在创造新的现金需求。这些因素是什么呢？

（二）农村中的制度变革

经济改革是在 1979 年从农业部门开始的。农业改革中最有意义的举措是**生产责任制**的引入。改革前，在人民公社制度下，农村居民在整个农业生产周期里基本不使用现金。农民和政府之间的交换主要是通过生产队进行的。政府卖给生产队化肥、农业机械等工业品，生产队卖给政府粮食。一个典型的生产队通常是，按照规定的价格，一年两次（夏季和秋季）将农产品卖给政府，然后按社员累积的工分将所得收入分配给社员。大多数生产队每年两次将现金分配给社员，夏季预分一次，年底终分一次。这种安排使政府和生产队之间的大多数交易都可以通过银行转账资金进行清算。政府只是在生产队现金分配前夕将政府与生产队商品交换的余额以现金的形式注入农村。

生产责任制的推行把成千上万个农民带进了市场。在这种制度下，一个典型的农民有权使用一小块土地。他要为整个生产周期负责。他有义务交纳预定数额的产出给政府（作为税收），并按规定的价格出售一定数量的产出给政府来完成其征购任务。他还必须交纳少量的税收或管理费给村里，其余的产出则属于他自己，可以用来消费或在自由市场上出售。由于现在农民直接将农产品卖给政府并得到现金支付，当政府向农民购买粮食时现金支付量剧增。在1978年，政府收购的农产品中72.1%是通过银行转账资金清算的，只有27.9%用现金支付。政府农产品收购中用现金支付的平均比例在1979—1983年间迅速增大，1979、1980、1981、1982、1983年该比例分别为33.7%、40.2%、46.6%、52.3%、60.0%（中国人民银行，1988）。这些数字是全国平均数，地区与地区之间还有所不同。到1983年底，生产责任制在95%以上的农村地区都已推行。人民公社制度悄悄地被取消了。这是一个制度变革带来巨大的货币需求，并与货币化进程相联系的典型例证。

（三）乡镇企业的飞速发展

中国有12亿人口，其中大部分生活在农村。在农村中存在着大量的剩余劳动力是人所共知的事实。中国经济发展的最大挑战之一就是如何将这一庞大的农村劳动力向非农业部门转移。转移的过程实际上是从1979年开始的，在80年代中期不断加速。转移的主要途径就是乡镇企业惊人的增长。

表5总结了10年改革中**乡镇企业**的发展。1979—1988年间，乡镇企业的年均增长率为29.5%，大大高于国有工业部门，后者在同一时期的年均增长率为9%。乡镇企业产值相对于工农业总产值[⑥]的比例也迅速增长。到1988年，它已经达到总产值的26.97%。

表5清楚地表明，乡镇企业是农业劳动力向非农业部门转移的主渠道。1988年，乡镇企业职工总数达9 545万人，相当于农村总劳动力的1/4。在1979—1988年期间，乡镇企业吸收了6 636万农村剩余劳动力，而同期内所有城市地区加起来也只吸收了1 120万农村劳动力（Wu和Zou，1989）。图2和图3描绘了1978—1992年间乡镇企

业的总产出和总就业人数。

乡镇企业的飞速发展带来了巨大的货币需求（包括现金需求和贷款需求）。这是货币化进程的重要部分。无疑地，乡镇企业的发展需要巨额的投资。为了支持乡镇企业的发展，银行必须供应更多的货币和贷款来满足这一需要。要详细讨论乡镇企业的发展，可参见伯尔德(Byrd，1990)及吴和邹（Wu 和 Zou，1989)。

表 5　乡镇企业的发展

年份	增长率[a]	乡镇企业总就业人数（百万）	乡镇企业总产出[b]（10 亿元）	占总产出百分比[c]
1979	11.2	29.09	54.84	8.75
1980	19.8	30.00	65.69	9.28
1981	13.5	29.70	74.53	9.83
1982	14.5	31.13	85.31	10.29
1983	19.2	32.35	101.68	11.04
1984	68.2	52.08	170.99	15.79
1985	59.6	69.79	272.84	20.46
1986	29.8	79.37	345.09	23.28
1987	34.1	87.76	474.31	25.65
1988	22.6	95.45	649.57	26.97
1989	−2.9	93.67	742.84	26.02
1990	11.6	92.65	846.16	26.79
1991	33.5	96.09	1 162.17	31.92
1992	44.4	105.8	1 768.55	38.54

注：

a. 乡镇企业总产出的增长率是经官方价格指数调整的真实值。

b. 乡镇企业总产出按当年价格计算。

c. 表示乡镇企业总产值相对于经济中工农业总产值的百分比。

资料来源：《十年改革》，唐明峰主编，北京出版社，1990 年，第 94 页。《中国统计年鉴》，1992，北京，第 54，389，390 页。

在此我们仅集中讨论乡镇企业的现金需求。一般说来，乡镇企业是市场导向的。它们有自主经营权，且要为其经营的最终结果完全负责。它们在市场上以竞争性价格买进投入品，再卖出产品以获取利润。它们的行为可以用利润最大化模型很好地予以说明。它们的大部分交易都通过现金进行，而不是通过银行转账资金。首先是因为现金是广泛接受的，而且受到的政府监督较少；其次，信贷在中国尚未充分发展。现金支付通常迅速而且方便，而银行转账则经常因烦琐的程序而被拖延。乡镇企业对现金的需求导致了企事业单位的现金需求比例在1983—1986 年间的上升。

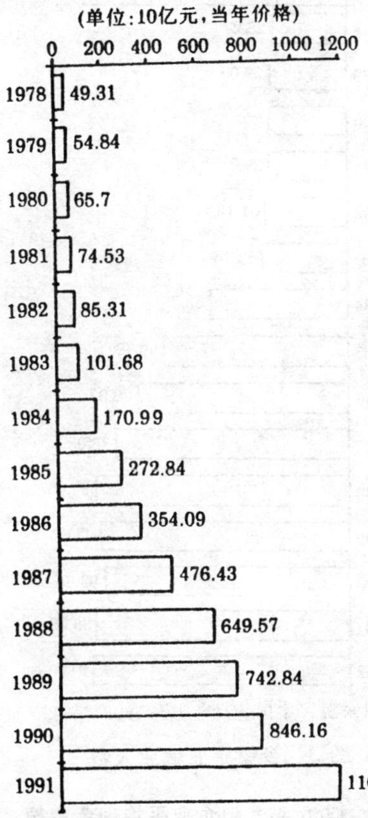

资料来源:《中国统计年鉴》,1992,第 390 页。

图 2 中国乡镇企业总产出

表 6 提供的是 1985 年中国人民银行的一次调查结果。它提供了抽样乡镇企业的现金流量方面的信息。1984 年及 1985 年的样本规模分别为 5 374 和 5 666 家。该表报告了抽样企业的现金收入和支出总额。表的最后一行提供了乡镇企业的平均现金余额，1984 年为 1 870 元，1985 年为 2 534 元。1986 年，乡镇企业的平均现金余额为 3 512 元

(根据规模为 12 285 家的样本计算)，乡镇企业总数为 152 万家(《中国经济年鉴》1988，第 XI—42 页)。这意味着 53.4 亿元的现金被乡镇企业所持有，这个数字约为流通中现金总额的 4.4%。

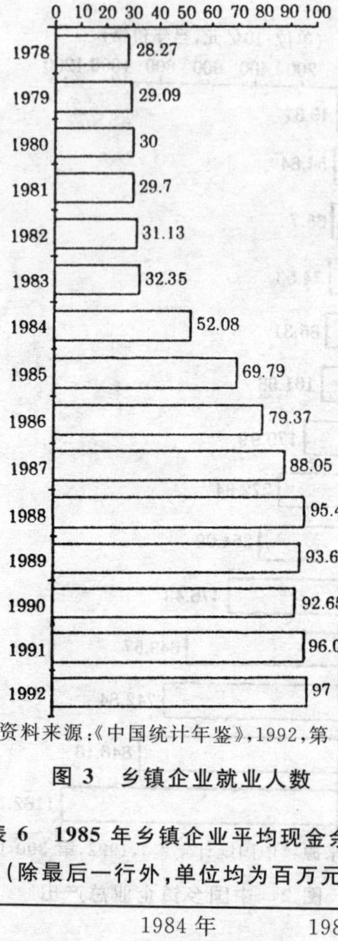

资料来源：《中国统计年鉴》，1992，第 389 页。

图 3　乡镇企业就业人数

表 6　1985 年乡镇企业平均现金余额
(除最后一行外，单位均为百万元)

项　　目	1984 年	1985 年	增长率 (%)
样本规模	5374	5666	
年初现金总余额	5.00	11.15	123.0
现金总收入	569.97	686.62	20.5
其中：销售收入	251.05	317.36	26.4
现金总支出	564.92	683.41	21.0
其中：资本支出	233.14	271.10	16.3

续表

项　目	1984 年	1985 年	增长率（%）
劳动支出	224.63	315.96	40.7
年终现金总余额	10.05	14.36	42.9
各企业平均现金余额（元）	1 870	2 534	35.5

资料来源：《1979—1986 年中国货币流动调查》，中国人民银行，中国金融出版社，1988 年，第 407 页。

（四）个体经营者和私营企业

按照中国政府的定义，雇佣 8 个以上雇工的私有企业称私营企业。雇佣 8 个或 8 个以下雇工的则称个体户。据估计，至 1987 年底，中国共有 225 000 家私营企业，雇佣职工总数达 360 万；同时个体户总数达 1 370 万，雇工人数达 2 160 万（《中国经济年鉴》1988，第 XI—158 页）。

个体户中很大一部分从事的是零售业。在 1979 年，商业零售总额中国营、集体和个体的比例分别为 54.0%、43.1% 和 2.9%。到 1988 年，该比例变为国营 39.5%，集体 34.4%，个体 26.1%。要分析货币化进程，我们自然要考虑个体及私营经济对现金的需求。

表 7　城市个体户现金金额

年　份	城市个体户雇工人数（百万）	企业个数（千）	各企业平均现金余额[a]（元）
1981	1.13	826	330.00
1982	1.47	1 132	396.00
1983	2.31	1 706	717.37
1984	3.39	2 222	1 367.44
1985	4.50	2 799	1 915.99
1986	4.83	2 910	2 667.75

注：

a. 各企业平均现金余额是经过全国范围内随机抽样而计算出来的。1981 年和 1982 年的样本规模不得而知。1983、1984、1985、1986 各年的样本规模分别为 7048、20480、15376、14881。

资料来源：《中国统计年鉴》，1989，北京，第 118 页。《1979—1986 年中国货币流动调查》，中国人民银行，中国金融出版社，1988 年，第 345，405，514 页。

大多数个体户从事的是零售业、服务业和手工业。它们大多是家庭企业。这些企业的交易几乎完全通过现金和某些私人信贷关系进行。一定数额的现金储备作为它们的流动资金是必不可少的。表 7 提供了有关城镇（不含农村）个体户现金状况的资料。这些信息是通过每年一次的全国范围内的随机抽样而获得的。1981 和 1982 年的样本规模不得而知，1983、1984、1985、1986 各年的样本规模分别为 7 048、20 480、15 376 和 14 881（中国人民银行，1988）。表 7 的最后一栏提供了每个企业的平均现金余额。例如，在 1986 年底，每个企业的平均现金余额为 2 667.75 元。如果抽样信息是准确的，且城镇中大约共有 300 万家个体户，则 1986 年底仅是城镇个体户手中所持有的现金就达 80 亿元，约占流通中现金总额的 6.6%。难怪人们要问钱都到哪里去了！个体及私营企业的出现及迅速增长极大地改变了现金需求及流通情形。这些新兴企业的目标函数（即利润最大化）决定了它们将选择任何一种可以使其交易成本最小化的交易媒介。在中国，由于前面已经讨论过的相同原因，这一交易媒介就是现金。

（五）自由市场的发展

大部分在自由市场上交易的商品都是农副业及手工业产品。表 8 提供了有关自由市场增长的信息。我们可以看到，同 1978 年相比，1988 年的自由市场个数翻了一番还多，1988 年的交易额是 1978 年的 13 倍。

表 8　自由市场的发展

年份	自由市场个数	交易量（10 亿元）	农民向非农民销售量（10 亿元）
1978	33 302	12.50	3.11
1979	38 993	18.30	4.75
1980	40 809	23.54	6.90
1981	43 013	28.70	8.94
1982	44 775	33.31	11.08

续表

年份	自由市场个数	交易量（10 亿元）	农民向非农民销售量（10 亿元）
1983	48 003	38.58	13.30
1984	56 500	45.69	17.00
1985	61 337	63.23	29.10
1986	67 610	90.65	37.50
1987	69 683	115.70	46.10
1988	71 359	162.13	59.50
1989	72 130	197.36	69.80
1990	72 579	216.82	77.33
1991	74 675	262.22	90.98
1992	79 188	353.00	104.7

资料来源:《中国统计年鉴》,1992,第 619 页;《中国统计摘要》,1993,国家统计局,北京,第 97 页。

就货币化进程而言,有两点值得一提。第一,自由市场的发展使货币流通链增加了一个环节。在自由市场上,现金在私人之间易手,而不是从消费者到政府。换句话说,自由市场提供了一条重要途径,使货币能够游离于政府之外。第二,自由市场贸易的很大一部分是农民将产品出售给城市居民。这就提供了一条现金从城市流向农村的渠道。在中央计划经济下,农民出售产品给政府几乎是他们从而获得现金的惟一渠道。此后,现金便开始流回城市,因为农民现金收入的大部分都花费在城市或小镇上,他们在那里购买消费品。在自由市场发挥显著作用之前,现金从城市向乡村流动的渠道十分狭窄。

这一部分提供的所有证据均表明,伴随着经济改革,存在着货币化进程;这一进程的关键之处在于,通过现金进行的经济活动的比例增加了。

(六) 地区间货币流动

现在,让我们来看一看现金的地区分配。表 9 总结了货币在地区间流动的情况。第一栏列出的地区名是各省、自治区和三个直辖市。这些省市可以按它们的地理区位分为六大区:华北、东北、华东、华南、西南、西北，表 9 即是按这一顺序排列的。

表 9 中的第二栏和第三栏分别是 1978 年底和 1986 年底流通中现金的存量。第四栏提供了 1978—1986 年间各地区银行系统注入（＋）或收回（—）现金的情况。第五栏中的数字为同时期内各地区的净现金流入量或流出量。

从表 9 可以观察到以下几点：第一，大都市地区起着经济中心的作用，接受了大量的净现金流入。这一点可以从上海、北京和天津的净现金流入数看出来。第二，除三大都市地区外，下列省份在 1978—1986 年间有净现金流入：江苏、浙江、福建、湖南、广西和四川。第三，江苏、浙江、福建和四川成为净现金流入省的原因是它们的经济发展阶段高于其邻省。第四，湖南和广西成为净现金流入省的原因正好相反。它们的经济发展远远落后于其富裕的邻省广东。因而，它们的价格水平也低于广东。其结果，广东的一些货币就流到湖南和广西去购买相对便宜的原材料。这可以解释为什么广东——中国最发达的省份，这一时期会成为一个净现金流出省份。第五，所有其他省份都是净现金流出省份，这主要是由于这些省份的消费者将其部分收入花费在相对发达的地区。

表 9　地区间现金流动，1978—1986 年

（单位：10 亿元）

地区	1978 年末现金	1986 年末现金	1978—1986 年间现金发行（＋）或回收（—）[a]	1978—1986 年间现金净流入（＋）或现金净流出（—）[b]
总额	21.203	121.836	100.633	0.00
北京	0.310	1.500	—10.183	11.373
天津	0.250	1.225	—0.215	1.190
河北	1.390	7.560	9.508	—3.338
山西	0.603	2.550	6.299	—4.352
内蒙古	0.331	2.250	5.716	—3.797
辽宁	1.590	6.410	7.271	—2.451
吉林	0.865	4.050	6.593	—3.408
黑龙江	1.180	6.280	8.652	—3.552
上海	0.359	2.157	—15.592	17.390

续表

地区	1978 年末现金	1986 年末现金	1978—1986 年间现金发行（＋）或回收（－）[a]	1978—1986 年间现金净流入（＋）或现金净流出（－）[b]
江苏	1.220	8.530	6.838	0.472
浙江	0.735	4.860	3.183	0.942
安徽	0.660	4.680	6.053	－2.033
福建	0.529	3.120	1.116	1.475
江西	0.615	2.500	3.220	－1.335
山东	1.210	10.570	13.042	－3.682
河南	1.290	8.610	7.706	－0.386
湖北	0.984	4.609	4.488	－0.863
湖南	0.585	4.200	2.508	1.109
广东	1.968	14.501	13.844	－1.311
广西	0.420	2.560	0.334	1.806
四川	1.336	7.400	3.767	2.297
贵州	0.470	1.900	2.514	－1.084
云南	0.550	2.700	2.920	－0.770
西藏	0.051	0.340	0.827	－0.538
陕西	0.660	2.280	1.851	－0.231
甘肃	0.415	1.540	2.087	－0.962
青海	0.125	0.570	1.373	－0.928
宁夏	0.092	0.484	0.958	－0.566
新疆	0.410	1.900	3.957	－2.467

注：

a. 银行系统的现金发行（＋）；银行系统的现金回收（－）。

b. 1978—1986 年各地区的现金净流入（＋）或净流出（－）。

资料来源：《1979—1986 年中国货币流动调查》，中国人民银行，中国金融出版社，第 20—21 页。

至此，我们提供的证据表明，20 世纪 80 年代中国的现金分配和货币流动发生了显著变化。这些变化可以总结如下：(1) 生产责任制的推行，乡镇企业及自由市场的发展，私营部门的增长导致了额外的现金需求。(2) 政府在国民收入中的份额下降，而消费者及私营部门的份额上升。(3) 货币流通的途径比中央计划经济下更复杂。一个特别有趣的现象是所谓的"货币的体外循环(outside circulation of money)"，这也是下一小节的主题。

（七）货币的体外循环

流通中的现金是指在公众手中流通的现金。根据定义，现金就是在银行系统之外流通。就这点来说并无什么特别之处。货币的体外循环是指 80 年代后半期出现的两个现象：(1) 在公众手中流通的现金数量异乎寻常地大。许多本应该通过银行转账进行的交易，实际上都通过现金进行。(2) 企业（国有的、集体的和私营的）开始通过发行债券和股票向公众直接融资，而不通过银行系统。在这一节里，我们将讨论货币体外循环的动机。

在中国，存款总额（居民存款 ＋ 企事业单位存款）与流通中现金的比率通常被用来反映流通中现金是否太多了。在 1988 年以前，这一比率一直很稳定。1979—1987 年期间，这一比率的平均值为 4.80，标准差为 0.38。到 1989 年底，流通中的现金达到 2 344 亿元，存款与现金之比降至 3.48，比以前各期的平均值低了 3 倍的标准差。如果我们用 4.8 作为这一比例的标准值，1989 年底流通中现金比其正常值高出了约 470 亿元。

在前面的讨论中，我们看到，经济改革带来了额外的现金需求。我们没有讨论的是，这一时期存款也成比例地增长，因此，存款和现金之比在 1979—1987 年间，也就是在中国经济迅速货币化的时期里，仍相当地稳定。所以对 1988 年现金相对于存款总额的急剧增长需要作进一步的解释。

引发这一不平常的**现金需求**的最重要的因素是加速的通货膨胀。1988 年夏，价格改革的呼声很高。高通货膨胀预期导致居民和企业两者的抢购和持币行为，使得银行存款在 1988 年 8 月急剧减少（26 亿元），并使当年的通货膨胀率（官方数字为 18.5%）成为中华人民共和国历史上最高的一次。

在通货膨胀的环境里，从银行系统提出现金的动机显然是可以理解的。第一，安全动机。当通货膨胀率很高时，货币当局通常执行紧缩的货币政策。存钱的人担心某种现金控制规定会阻止他们从银行提钱。所以,他们喜欢持有更多的现金。

第二,利润动机。在通货膨胀情况下,由于银行系统的紧缩性货币政策,获得贷款往往比较困难。有钱的人或机构便可贷出他们的钱,收取较高的利息,从而获得利润。

第三,交易成本动机。企业的目标是最大化利润。它们会选择任何一种支付方式来使不确定性和交易成本最小化。常识告诉我们,用支票付款的交易成本是基本上固定的。因此支付额越大越应采取支票或转账的付款方式。因此在正常情况下,只有小额交易使用现金支付。在紧缩的货币政策下,银行系统的可靠性由于下列原因而下降。许多专业银行分支机构的现金和贷款额度都用完了,它们向其总部和中央银行求助。然而,中央银行并不能提供足够的贷款来满足其现金和信贷需要。因而,专业银行被迫延迟支付,有时甚至暂时停止支付。其结果,通过银行系统支付的不确定性和交易成本上升了,企业更喜欢持有较多的现金来方便其交易。随着通过银行系统支付的交易成本进一步上升,企业就有积极性在更大的交易中支付现金。

谁持有流通中现金的绝大部分呢?曾(Zeng,1989)指出,下列三种经济主体持有着大量的现金:(1)城市中的私营企业和个体户;(2)那些掌管着国有或集体企业,并同政府签订了合同的人⑦;(3)农村中通过在农业、商业、运输业、建筑业,甚至制造业方面的成功经营(通常是家庭经营)而变得非常富有的农户。

上述三种经济主体所持有的大量现金既有资本的特点,又有收入的特点,视该现金持有者对未来经营状况的预期而定。如果经济是朝着自由市场方向发展,政府也鼓励私有制的发展,他们就会将那些资金作为资本进行投资,以扩大其经营。如果政府压制私营企业,他们就会停止投资,把资金视为收入。总而言之,他们既可以将现金用于投资,或作为交易媒介进行其经营活动;也可以用于行贿,以获得必要的执照;或者用于贷款,以赚取高息。如果他们对其经营前景比较悲观的话，也可以将这笔钱消费掉甚或在黑市上将现金变成硬通货或购买护照出国。

五、小　结

中国 1979 年以来的经济改革并未完全改变其双流程货币供给机制的基本结构，虽然它使得现金和银行转账资金之间的界限更加模糊了。现金和银行转账的双流程货币供给体制的明显缺陷是它违背了货币要求统一性和可转换性的内在特征。1985 年和 1988 年的货币供给过多是双流程货币供给体制在半市场经济的环境下没能良好运行的证据。中国货币当局未来仍要面对双流程货币供给机制的问题，因为它是根深蒂固的，它反映了市场经济和中央计划体制之间的基本冲突。

本文讨论的货币化主要集中于不断增长的现金需求，即越来越多的经济交易现在是通过现金进行了。货币化进程使现金流通链延长并复杂化了。它创造出了新的使现金能够在经济主体之间流动而不是直接流回政府的渠道。因此，它使货币流通速度显著放慢。

本文提供的证据表明，中国经济在 1979—1984 年间迅速货币化，这一时期农业部门的制度变迁、乡镇企业及个体经济的迅速增长使现金需求的增长大大超过由收入上升引起的交易需求的增长。由于农民、个体户和乡镇企业在过去几乎没有什么信誉，使其商业交易顺利进行并建立其信誉的有效方式是迅速积累现金余额。因此，虽然这一时期内流通中现金的超额货币供给平均为 13.5%，但是通货膨胀率却很低。这表明超额货币供给的绝大部分都被新货币化的经济所吸收了。

货币化进程显然是制度变革的一个函数。在 1985—1989 年间，货币化进程有所放慢。改革中创造的新制度基本稳定下来了，增长速度也比较正常。虽然超额货币供给率平均起来比前一时期低了许多，通货膨胀率却高了许多。这表明经济已经不能再像 1979—1984 年间那样迅速地吸收超额货币供给，超出真实 GNP 增长率和货币化增长率之外的额外货币供给导致了较高的通货膨胀。经过三年（1989—1991 年）疲软之后，随着新一轮改革的启动，货币化和金融深化进程自 1992 年后又获得了一些推动力。

如果货币化进程主要是增加了现金需求，我们将可以预测流通中现金与广义货币的比率在这一时期内将上升。然而，事实并非如此。在 1978 年，流通中现金占广义货币的 18.3%，1987 年和 1988 年则分别为 19.0% 和 23.0%。这一时期的大多数年份，流通中现金约占广义货币的 20% 左右。1988 年的高比例只是个例外。两个因素阻止了现金比例的增长：一是居民的银行存款急剧增长；另一个因素则是企业的银行贷款迅速增长。90 年代初的数据证实了这一观察。1992 年底流通中现金占广义货币的比率约为 19%。

本文试图回答的基本问题是：超额货币到哪里去了？我们通过对货币化进程的讨论回答了这一问题，并不是因为官方价格指数偏低和被迫储蓄这类假说是不合适的，而是因为以前的文献中并没有详细讨论过货币化这一问题。实际上所有这些理论都是互为补充的。但是，在 1979—1984 年间，货币化进程在吸收经济中的超额货币方面显然起了主要作用。

至此，我们将讨论集中于流通中的现金。更宽泛的金融深化的衡量指标，如 M_2 与 GNP 之比（Mckinnon，1973）或金融资产总值与 GNP 之比（Coldsmith，1969），同样也证实了中国的货币化进程。表 10 提供了 1978—1991 年间金融资产总值与 GNP 之比，该比值从 95.2% 增至 233.8%。

要更准确地估计货币化的速度，以及决定应供应多少额外的货币以适应经济中新货币化的部分而不至于引起通货膨胀，还需要进一步的研究。

表 10　中国的金融资产和 GNP

（数据：1978—1991 年，除比率外，单位均为 10 亿元）

年份	金融资产[a]	GNP	金融资产/GNP
1978	341.8	358.8	95.2
1979	400.0	399.8	100.3
1980	494.6	447.0	110.6
1981	578.3	477.3	121.1
1982	690.6	519.3	133.0
1983	775.9	580.9	133.6
1984	1 054.3	696.2	151.4
1985	1 280.9	855.8	149.7
1986	1 686.8	969.6	174.0
1987	2 093.2	1 130.1	185.2
1988	2 512.7	1 406.8	178.1
1989	3 011.7	1 599.3	189.2
1990	3 723.3	1 769.5	210.5
1991	4 578.2	1 958.5	233.8

注：

a. 金融资产总额包括所有对金融机构和非金融机构的金融债权，其构成参见《中国的货币，银行和金融市场：1984—1993》（易纲，上海人民出版社，1996）第 294 页。

资料来源：谢（Xie，1992）。

注释

① 这和美国的经历正好相反。在美国，M_1 的收入流通速度从 1960 年至 1980 年以每年 3.2%的速度稳定增长，这一增长趋势在 20 世纪 80 年代停止（Mayer，Duesenberry 和 Aliber，1987，第 234 页）。

② 这里用的是官方价格指数，可能低估了真实的通货膨胀水平。因而，部分的超额货币可以用抑制型的通货膨胀来解释。但是，货币化进程可以解释绝大部分的超额货币，尤其是在市场供应状况良好时。

③《中国统计年鉴》提供了每年国民收入中农业、工业、建筑业、交通运输业和商业所占比例的资料。

④ 他们估计出的货币化经济的百分比分别是：1978 年为 82.4，1979 年为 83.0，1980 年为 83.1，1981 年为 83.2，1982 年为 82.2，1983 年为 82.8，1984 年为 84.1，1985 年为 85.3，1986 年为 85.6。这些百分比的估计没有将无形资产考虑在内。关于这些数字的导出，也没有提供详细的说明（Yang et al. 1988）。

⑤ 真实现金余额及消费水平的增长是通过减缩指数计算的，1986 年的减缩指数等于 137.44（以 1978 年为 100）。该减缩指数是官方价格指数（权重为 0.6）和自由市场价格指数（权重为 0.4）的加权平均（《中国统计年鉴》，1989，第 720 页）。

⑥ 总产值是由工业及农业产出的总价值来衡量的。它是产品的价值总和，而不是增值价值总和。所以它存在重复计算的问题。另一方面，它忽略了经济中许多服务部门的增值价值。这一衡量指标在许多社会主义国家中均采用。它与 GNP 不可比。

⑦ 典型的合同规定承包人控制企业的年限，企业应上交给政府的税收和利润。承包人控制企业剩余。这就是所谓的城市的"责任制"。它实行得不很成功。显然，在这种责任制下存在着一大堆的激励问题。

参考文献

Almanac of China's Economy. 1984－1989. Beijing，China.

Almanac of China's Finacial and Banking. 1989. Beijing，China.

Almanac of China's Prices. 1988. Beijing，China.

Byrd，William A. 1990. Rural Industrialization and Ownership in China. *Comparative Economic Studies* Spring：73－107.

Chang，Gene H. 1994. "Monetary Overhang：Do Centrally Planned Economies Have Excessive Money Stocks?"Working Paper，Department of Economics，The University of Toledo.

Chow，Gregory C. 1987. Money and Price Level Determination in China. *Journal of Comparative Economics* 11：329－333.

Feltenstein，Andrew and Ziba Farhadian 1987. Fiscal Policy，Monetary Targets，and the Price Level in a Centrally Planned Economy：An Application to the Case of China. *Journal of Money，Credit，and Banking* 19(2)：137－156.

Feltenstein，Andrew and Jiming Ha 1989. Measurement of Repressed Inflation in China：The Lack of Coordination Between Monetary Policy and Price Controls. Working paper，Department of Economics，University of Kansas.

Huang，Xiaoxiang 1988. Inflation and Economic Growth. *Management World* 1988(3).

Huang，Xu 1988. Supply and Demand for Money and the Determination of the Price Level. *Jingji Yanjiu* (Economic Research) February：35－45.

International Financial Statistics. Washington，DC：International Monetary Fund various issues.

Mayer, Thomas, James Duesenberry and Robert Aliber 1987. *Money, Banking and the Economy*, Third edition. Norton.

People's Bank of China. (1983). *Survey of Banking* (Jinrong Gaikuang). Beijing, China.

People's Bank of China. (1988). *Survey of the Distribution of the Money in Circulation*. China Finance Press.

Perkins, Dwight H. 1988. Reforming China's Economic System. *Journal of Economic Literature* XXVI (June): 601－645.

Portes, Richard and Anita Santorum. 1987."Money and the Consumption Goods Market in China."*Journal of Comparative Economics*, 11:354－371.

The Rural Development Research Center. 1987. "Peasants, Markets and the New Institution's Creation",*Jingji Yanjiu* (*Economic Research*) 1:3－16.

Statistical Yearbook of China. 1983, 1987, 1988, 1989. Beijing: State Statistics Bureau.

Szapary, Gyorgy 1989. Monetary Policy and System Reforms in China. Working paper. Washington, DC: International Monetary Fund.

Tang, Mingfong 1990. *Ten Years of Reform*, Edited volume. Beijing Press.

Wu, Renhong and Zhengqing Zou 1989. The Transformation of the Excess Labor Force in Rural Areas and Inflation. *Jingji Yanjiu* (Economic Research) 10: 60－70.

Yang, Zhongwei and et al. 1988. Diagnosis of the Inflation of China. *Jingji Yanjiu* (Economic Research) 4:3－11.

Yi, Gang (1988),"Market Efficiency and Property Right." *China. Development and Reform* December: 14－20.

Yi, Gang. (1990a). Inflation and Price Instability: An Empirical Study of the People's Republic of China. *China Economic Review*, Fall, 1990: 155－165.

Yi, Gang. (1990b). The Price Reform and Inflation in China, 1979－1988. *Comparative Economic Studies*, Winter, 1990:28－61.

Yi, Gang. (1990c). Toward Estimating the Demand for Money in China. Working paper. Indiana University, Indianapolis: Department of Economics.

中国货币需求的估测*

摘要:本篇论文对中国货币需求的估测是分经济改革前、后两个时期分别进行的。除传统的交易需求变量以外,通货膨胀的预期率(作为一种货币持有的机会成本的衡量尺度)及货币化进程,也都被列入需求函数之中。初步结果显示出,中国的货币需求在经济改革中已伴随着制度变迁发生了变化。在货币需求函数中,货币化和通货膨胀预期变量的加入,大大地增强了解释力度。

一、绪 论

在近期的文献中,大量的文章讨论到中国货币与银行制度的各个侧面:货币需求(Chow,1987;Szapary,1989),通货膨胀(Feltenstein & Farhadian,1987;Perkins,1988;Yi,1990b),流动资金透支和货币化(Feltenstein and Ha,1991)。本文将运用 1952—1989 年间的年度数据和 1983—1989 年间的季度数据,来估测中国的货币需求。本文旨在探寻一种货币需求模型,该模型可以反映出,在 20 世纪 80 年代的经济改革中,货币与银行领域所发生的深刻的制度变迁。

本文对于现有文献的新增价值在于:首先,讨论了中国的货币需求的重要特征。这些“中国特色”起源于中国制度的独特之处,即一个集中计划的不发达的经济。其次,本文表明在改革进程中货币需求已发生了深刻变化。货币化进程、中央银行的成立、私有成分的迅速增长,

* 原文发表于《中国社会科学季刊》(香港)1994 年夏季卷,总第 8 期。

都充分表明估测货币需求应分改革前后两个时期分别进行。再次，货币需求函数是为处于改革过程中的经济而导出的。除传统的交易需求变量以外（Chow，1987），通货膨胀预期率（作为一种所持货币的机会成本的尺度），货币化进程，也都被列入需求函数之中。因而货币需求方程的解释力度大大加强了。虽然本篇仅重点讨论中国的问题，但是所涉及的问题，对于其他中央计划经济或发展中经济也很普遍。

本文的第二部分探讨了在一个中央计划的、发展中的经济体中货币需求的某些重要特征；第三部分论述货币需求函数随着改革中的制度变迁所发生的变化；第四部分解释了本文中使用的数据；第五部分导出货币需求函数并显示了估计结果；第六部分是简要总结。

二、和中国货币需求相关的一些问题

在宏观经济学中，货币需求是从经济主体的效用和利润最大化中导出的。就中国而言，最大化过程的某些假设也许是可置疑的。在这部分，我们将论述有关中国货币需求的一些重要问题。这些问题或是根深蒂固于中央计划体制之中，或是成为发展中的经济体的内生方面。

（一）缺乏金融证券

当人们有其他可供选择的方法来投资或存储他们的财富时，也就给货币需求这个概念下了很好的定义。在西方，**货币需求**意味着人们保存现金，而不是保存债券、股票、不动产或其他投资形式的意愿。在中国，这些投资形式大多或是尚未有形或是无足轻重，例外的是大多数农民把他们财产的一大部分投资在农村家居建设中。金融和房地产市场在中国尚处于非常原始的阶段。到 1989 年底，债券总额是 1100.5 亿元（包括政府债券、重点工程债券、地方企业债券和其他债券），已发售的股票总额（面值，而非市场值）是 41.6 亿元。债券和股票的总值只占 M_2 的 10%，M_2 值在 1989 年底是 10 920 亿元（《中国统计年鉴》

1990)。显然，对于消费者和企业来说，现金和银行存款是保存金融资产的主要形式。然而，债券和普通股在总的金融资产中所占的比例显示出上升的趋势。

在几乎不存在其他金融证券的情况下，货币需求的概念是否有意义？为回答这个问题，简洁起见，我们假设只有两种资产存在：货币和商品——没有证券（这个假设与中国和其他中央计划经济的现实很接近）。在这种情况下，传统的货币需求理论，诸如交易和预防性的货币需求，仍然有效。一个典型的消费者面临着决定怎样在货币和消费品之间分配他的财产；交易货币需求是收入的函数，预防性的货币需求是利率或其他衡量持有货币的机会成本的尺度的函数。只要人们有消费品作为一个选择，那么货币是惟一的金融资产这一事实就不会影响这个分析。但当消费品不可得而存在被迫储蓄时，缺乏金融证券则成了问题。

（二）在中国存在被迫储蓄和金融透支吗？

Feltenstein 和 Ha（1991）已经估测了中国的价格水平控制程度，并且表明在所观察到的收入资金周转率方面的下降是由于居民的非自愿储蓄。他们构造了一个“真实的”价格指数，通过这个指数，他们能显示出“真实的”资金周转率从统计意义上说是常数。到 1988 年底，这个真实的价格指数比官方指数高出 114%，如果假设二者在 1979 年初是相等的话。于是他们得出结论说，在中国，超过名义交易价值的过量的钱被居民持有，从这个意义上说，存在着金融透支状况，因而，存在着受抑通货膨胀和被迫储蓄。

除了货币化因素无足轻重这个情况，由 Feltestein 和 Ha 得出的结论，并不令人吃惊。如果我们不相信官方价格指数，而假设“真实的”价格更高一点，我们将得到相似的结论。然而其他的研究指出，认为在中国消费品市场上存在着长期短缺的结论，是欠成熟的（Portes 和 Santorum，1987）。

这里我们要指出的是,尽管在被研究的时段中,在不同程度上存在着被迫储蓄,但我们倾向于不利用强制储蓄来解释货币的诸多变化情况。这有两个原因。首先,在改革前,货币供应是被严格控制的。低收入加上高工作保障,使人们几乎没有储蓄的动力。即使人们想存钱,也没有多少钱去存。以占收入百分比而计的居民平均储蓄率在改革前的时期内平均少于 5%(Qian,1988. Bei, 1989)。但我们注意到,以占国民收入的百分比而计的国内储蓄率却很高:在 1952—1978 年间,平均达到了 27.8%。这些储蓄大多数直接来自政府。除去 1959—1961 年间,改革以前几乎没出现过金融透支,并且价格水平也被冻结,颇为稳定。其次,自从 1979 年开始经济改革,居民储蓄已变得越来越重要了,同时,消费品市场也相应发育成形,这样就很难说迅速增长的居民储蓄大部分是强制的。在这个方面,有一个观察结果值得一提:自从 1989 年第三季度开始的经济衰退和市场萧条,大量耐用消费品可以 1988 年的价格或更低的价格购得,但是需求疲软一直延续到 1991 年第一季度。1990 年的官方通货膨胀率只有 2.1%。居民储蓄在 1989—1990 年间仍然持续攀升。所以可以肯定地说,这些储蓄是自愿的,而不是强制的。这也暗示出,储蓄的强制与否,极大地取决于人们对将来价格水平的预期。

(三)应该使用哪一种价格指数:官方的还是市场的?

总体来说,货币需求指的是对真实货币量的需求。那么我们就不得不考虑到这样一个问题,应该用哪一种价格指数来将名义货币转换成真实货币。文献中某些相异的结论(如 Feltenstein and Ha, 1991; Szapary, 1989)可被解释作是由所使用的价格指数不同而导致的。

在中国,有许多种**价格指数**,其中通常使用的是零售价格总指数和自由市场价格指数。为方便起见,我们采用学术论文中广泛使用的术语,称前者为**官方价格指数**(OPI),称后者为**市场价格指数**(MPI)——尽管二者都是由国务院下属的政府机构国家统计局计算并发布的。OPI 是以官方价格、议价和市场价的加权平均来计算的。官方价格指数的优势在于，它是在较宽范围的基础上计算的。例如，1988 年的官方零售价格总水平是在全国范围的 420 个市县中的 14 000 多个基层市场中进行抽样的基础上计算出的。这个抽样包括几乎每种重要的零售商品，并且通过 4 轮不同水平的加权平均后，计算得到最后的零售总指数（《人民日报》，1988 年 7 月 4 日）。然而毫无疑问，基于以下几个原因，官方价格指数低估了价格水平。第一，OPI 所使用的权重偏向于国有商业。OPI 主要从官方价格中计算而得，而大部分的官方价格是供应制度下的价格，并不反映消费者所面对的真实价格水平。第二，在抽样过程中，负责基层市场抽样的当地政府部门有意报低他们的价格水平，因为同时也要计算省市的通货膨胀率。当地政府企图表明它们在控制当地的通货膨胀的工作中业绩良好。这个观察结果已被许多从不同角度进行的独立研究所证实（Feltenstein，Lebow and Van Wijnbergen，1990）。

很显然，市场价格的优点在于其取决于供给和需求。然而，自由市场价格指数也存在两个缺点。一，它不像官方价格指数那样立基广泛。建立完备的大型自由市场上的商品大部分是农产品和轻工业品。二，鉴于和国营商业共存，它易于过高估计价格水平。例如，假设有 100 台彩电上市，其中 90 台通过官控商业以低价附加上配给券来售出，剩下的 10 台由自由市场售出，那么，很容易发现，这时自由市场的价格比 100 台彩电都在自由市场上售出这一情形下的价格要高。而后一情形正是测度真实价格水平的理想环境。尽管官方和市场价格指数都有它们各自的局限性，但是至少提供了两个极端，[①] 而真实的价格水平应处于两者中间的某处。一个自然的选择是构造一种混合价格指数，也就是这两种价格指数的加权平均。当然，权重因时而异。总的来说，在改革初期阶段，官方价格指数应予偏重，随着改革深入，市场价格指数应该是越发重要。在本文附录 A 中便构造了一个混合价格指数。

当我们估测中国的货币需求时，我们应记住上述“中国特色”。再者，亦有必要考虑在80年代随经济改革而来的制度沿革，这将在下部分进行讨论。

三、改革中货币与银行部门的变化

在这一部分我们将讨论80年代以来由于改革所带来的经济发展和体制变化，中国的货币需求发生了显著变化，因此对货币需求函数的估计就应分为改革前和改革后两个时期独立进行。迄今已有许多从总体水平上对中国经济进行的系统的经济计量研究。这些研究在获得一些成果的同时，都存在着一个普遍的缺点——他们的经济计量模型都没有分为改革前、后两个阶段进行估计。[②] 如果上述推理成立，那么我们就不得不重新考虑这些从两个阶段的汇总数据所得出的经济计量结果。这是 Locas (1976) 批判的一个典型，它说明，在建立经济模型中充分考虑经济发展和制度变迁是至关重要的。

尽管足以写一本书来记录改革期间发生的经济体制的深刻变化，但就货币需求而言，下面三点须重点考虑：① 货币化进程；② 居民通货膨胀预期；③ 中央银行的建立。下面我们就顺序讨论。

（一）中国的货币化进程

像中国这样的发展中国家的经济可分为两部分：货币化部分和非货币化部分。当我们考虑中国的货币需求时，除了正常的交易需求和预防性需求外，还须考虑由于货币化进程所引起的额外货币需求。**“货币化”**这一术语是指一个过程，在这个过程中由货币引导的经济活动（货币被作为交换媒介）的比例不断增长。当经济发展时，不仅总产值增加，而且货币化经济的比例也会增加。因此货币供应不仅要随经济增长而有比例地增加，而且要容纳新兴的货币化部门。考虑到这些，我们可以把真实国民收入定义为 $y=\lambda y+(1-\lambda)y$，这里“λ”是货币化经济的比例。所以对部分货币化的经济来说合适的交换公式应为

$$MV = \lambda y \rho \qquad (1)$$

这里"M"是名义货币供应,"V"是国民收入流通速度,"ρ"是一般价格水平,对公式(1)取自然对数并微分,我们得到:

$$\dot{M} + \dot{V} - \dot{y} - \dot{\lambda} = \dot{\rho} \qquad (2)$$

(2)中的所有的点都代表相应变量的增长率。

如果我们假定流通速度不变(也就是 $\dot{V}=0$),那么只有在 $\dot{M}>\dot{y}+\dot{\lambda}$ 时,亦即在货币供应增长超过收入增长与货币化经济的增长率之和时,价格才会上涨。中国国民收入流通速度的降低是可以用货币化进程来解释的,至少能部分解释。如果我们忽略货币化进程,那么流通速度是:

$$V = Py/M \qquad (3)$$

对中国来说,显而易见,(3)所定义的国民收入流通速度在1978—1989年间迅速降低。若考虑到货币化,流通速度的公式则变为:

$$V^* = (P\lambda y)/M \qquad (4)$$

由于 $0<\lambda<1$,而且 λ 是在增加的,那么公式(4)所定义的收入流通速度则不如公式(3)所计算的下降得快。

货币化进程基本取决于两个因素,即:经济发展程度和经济体制或结构的变化。对于中国来说,这两个因素都在变化。有许多不同方法来估测 λ,即货币化经济的比例。遗憾的是,这些方法中没有一个是很系统化的。在一个发展中国家,经济发展和货币化毕竟是交织在一起的,很难有一个精确的尺度来衡量货币化进程。

Yi(1991)对中国的货币化进程作了详细的、逐部门的分析。他的分析结果表明,中国经济在1979—1985年间迅速货币化。这是由于农业部门引入了责任制,私营企业和乡镇企业的激增引发了对货币的大量需求,因此,绝大部分剩余货币都被新的货币化经济吸收了,并且在这期间,通货膨胀缓和。但是自1985年后货币化进程大为放慢,国民经济不能再吸收剩余货币。超过实际国民生产总值(GNP)增长速度的过剩货币供给则在相当大的程度上导致了通货膨胀。

(二)估测通货膨胀预期

在传统货币需求模型中,利率被作为一个解释变量来衡量所持货币的机会成本。中国的利率并没有反映这个机会成本,因为它被固定在低于市场平衡利率的一个任意水平上。还有一个可供选择的方法是,用预期的通货膨胀率来衡量所持货币的机会成本。

附录表 B_1 给出了 1952—1989 年间官方和市场价格指数。从中我们可以看出,官方零售价格水平在 1952—1989 年间实际上是冻结的,而市场价格水平,除 1960—1963 年外,在经济改革以前还是相对稳定的。所以不妨说,通货膨胀率在改革前是相当低的。自经济改革开始后,中国经济就一直为通货膨胀的肆虐所困扰。

在 Perkins(1988)、Naughton(1991)和 Yi(1990b)的著述中,都可得到有关中国通货膨胀的详细论述。这里值得强调两点:首先,在中国,通货膨胀不仅仅是一个经济问题,而且也是一个政治问题。老一辈(即现在的政策制定者)仍然清晰地记得 1947—1949 年间的超度通货膨胀,它肯定是促使国民党政府灭亡的因素之一。在一些发展中国家,20% 的通货膨胀率也许是可以接受的,但在中国却绝对不行。其次,通货膨胀和通货膨胀预期大大地影响消费者和企业的货币需求。1988 年的中国通货膨胀(官方统计为 18.5%)引起了消费者和企业的抢购风和囤积风,结果在 1988 年 8 月间,银行储蓄急剧下跌(跌幅为 2.6 亿元)。

由于利率实际上是固定的且通货膨胀预期是影响货币需求的一个重要因素,所以在货币需求方程中,引入通货膨胀预期作为一个解释变量,也是很自然的。然而对于人们如何形成通货膨胀预期却没有一致看法。即使在西方发达经济中亦是如此,更不用说在中国这样一个经济机制混杂且变换频繁的国家了。Yi(1990a)已经将不同的预期假设划分为三大类:临时预期、理性预期和自回归过程预期。他用中国年度数据估测并评析了各种通货膨胀预期的形成方法，并总结认为理性预期模型和二阶自回归预期就预测误差而言优于其他预期假说。他还发现静态预期（Turnovsky，1977）就预测误差而言也比较不错。

$$\pi_t = P_{t-1} \tag{5}$$

这里，π_t是预期的通货膨胀率，P_{t-1}是前一时期的实际通货膨胀率。

（三）中央银行的建立

1984年中央银行和储备制度的建立给中国的货币和银行系统带来了根本性的变化。在改革以前，货币供应基本上是内生决定的，货币是作为一种结算工具来提供实物的资源配置。在中央银行和储备系统建立以后，货币供应过程逐渐成为一种通过乘数效应来产生货币的机制。中央银行力图通过控制货币供给来调节宏观经济环境。很显然，只有当居民和企业的货币需求对政策工具（例如利率）的变化有反应时，中央银行通过货币政策的控制功能才起作用。这些变化当然已影响了中国的货币需求。在估计货币需求方程之前，我们先描述一下将要在下部分中使用的数据。

四、数　据

近年来，中国可得的经济信息量已呈指数形式迅速增加。然而由于经济体制和统计方法的不同，中国的经济数据需要在做经济计量模型前加以解释。大致有三种主要的数据来源：中国官方来源、国际货币基金组织（IMF）和由不同作者收集的数据。就货币和银行部门而言，第一种来源的官方出版物典型有《中国统计年鉴》、《中国金融与银行年鉴》；第二种来源的出版物，包括《国际经济数据统计》；第三种数据来源，如：Chow（1987），Chen（1989）。鉴于多样性的数据来源和截然不同的测试技术，在中西文献中看到不同作者对同一变量的不同测法也就司空见惯了。在这部分，我们定义并解释本文中所使用的数据。也许专家们不同意我们的定义，但至少能弄清楚在本文中变量是怎样被定义并测量的。

M_2 是由《中国金融与银行年鉴》发布的银行汇总平衡表，根据以下公式来计算的：

M_2 =（全部储蓄 ＋ 流通货币 － 中央政府的储蓄）

需注意的是，M_2 并不包括农村储蓄和信贷合作社的金融活动。这种 M_2 算法的优势在于其数据从 1952 年开始就可得到。其他广义货币的测法也许是由 IMF 在《国际金融统计》中发布的“货币加上准货币”系列。IMF 广义货币系列的问题在于，它只能从 1977 年开始得到数据。另一个 M_2 系列是由《中国金融与银行年鉴》发布的，但是所报数据只是从 1985 年开始的。

人均国民收入将作为在货币需求方程中的一个解释变量，来衡量货币的交易需求。另一个可衡量办法是人均国民生产总值（GNP），该数据从 1979 年开始可获得。

城市人口比例被用作代表货币化进程的一个指标。在过去 10 年中，国家统计局至少对城市人口的定义作了两次调整。文本使用的城市人口比例是 1990 年《中国统计年鉴》中第 89 页公布的数据。城市人口的这一定义在 1985—1991 年间一直为国家统计局所采用。正如本文附录表 B_1 所示，这一定义下的城市人口比例高得令人难以置信（1989 年为 51.7%），也许这一定义包括了所有新建城镇中的人口，即使这些人口并没有正式的城市户口。

附录表 B_2 给出了经季节调整的 1983 年第一季度至 1989 年第四季度的名义人均 M_2 和零售额。季节影响通过用季节指数除以原数据系列得以消除（Newbord, 1984）。M_2 系列的季节指数分别是：98.84，97.83，97.57，105.75，零售额的季节指数是 102.47，97.36，93.86，106.31。对于 1983 年 1 月—1989 年 4 月期间的价格，在货币需求方程中所用的零售额与 1983 年 1 月—1989 年 4 月期间的价格相联系，这是因为得不到有关国民收入的季度数据，而且农业部门的增加值计算又使得季度国民收入的估计成为一个特别的和冗繁的过程。表 B_2 还提供了从 1983 年 1 月—1984 年 4 月期间的官方和市场的季度价格指数。文章中使用的所有数据都在附录 B 中。

尽管在数据收集方面中已取得了重大的进展，但数据的局限性仍然很明显，而且仍是对中国作经验性研究的最困难的障碍之一。本文所使用的数据是现有的最佳数据，而且作了明确定义。一些问题像季节性影响，非平稳系列，从月度数据到季度数据的转换等，都作了仔细论述，并将在下一部分，给出经验性结果时加以详细讨论。应当指出的是，对真实变量的不完备测度（变量误差）这一问题的含义在此也适用，尽管几乎所有的经济数据都从某种程度上受到这些问题的干扰。

在下一部分，我们将推导出反映中国经济特征的货币需求函数，特别是我们将把通货膨胀预期和货币化进程加进货币需求函数中去。

五、货币需求函数和经验性结论

对于货币理论和政策，需要重点考虑的是，货币需求是否能够被看作是较少几个变量的合理稳定函数，这个函数是否能够以合理的精确程度加以经验性地说明。Friedman（1966）在 25 年前即作了上述重要评论，其中的要点在预测当今中国的货币需求中仍起着指导作用。

下一部分，我们首先要讨论建立在前几个部分理论阐述基础上的其他货币需求模型。然后我们利用 1952—1989 年间的年度数据和 1983—1989 年间的季度数据来估测货币需求函数。

（一）货币需求模型的导出

在第二部分的论述中有两点看法，首先，假设人们有消费品可供选择，那么金融证券的缺乏并不破坏对货币需求的分析。其次，在所研究的时段内，并不存在长久的强制储蓄。因此我们假设一般说来，货币需求和货币供应是平衡的。因此，在下面要讨论到的模型或多或少是均衡模型而不是不均衡模型。[④]第三部分的论述提出，货币化进程和通货膨胀预期是改革最重要的进展，而且在决定中国货币需求中起着重要的作用。这两个方面，将要以一种使之能被估测的方式纳入货币需求模式中去。

针对这些讨论，让我们从最简单的交换公式开始：[⑤]

$$MV = Py \tag{6}$$

或者 $m = (1/V)\ y = kY$ (7)

这里 y 是实际的国民收入，$m = (M/P)$ 是实际货币量，而 $k = (1/V)$ 是剑桥 k。请注意，不论是对总额，还是人均数据，这一交换公式都是成立的。如果 k 是常量，那么很容易看出，实际货币量的收入弹性系数等于 1。为了验证收入弹性系数是否等于 1，我们给出第一个模型，该模型的导出是通过对等式（7）取自然对数，并且在末尾加上一个哑元变量来区分改革前（1952—1978）和改革后（1979—1989）两个阶段。

模型 Ⅰ：$\ln(m) = \mathrm{C} + \ln(y) + \mathrm{D}$ (8)

这里 ln 是自然对数，$\mathrm{C} = \ln(k)$，D 是哑元变量。如果我们认为修正后的交换公式（1）更准确，那么就有

模型Ⅱ：$\ln(m) = \mathrm{C} + \ln(y) + \ln(\lambda) + D$ (9)

方程（9）和方程（8）类似，只是方程（9）多了一个附加变量，即货币化经济的比率。

估计方程（9）的最大难题是要找到一个合适的 λ，有两种解决这个问题的办法。一种是估计 λ。因为货币化进程非常复杂，涉及到许多因素，所以很难找到一个估计量来模拟整个国家的全部货币化过程。鉴于数据的可得性问题，即使有一个可接受的公式，要估算出 λ 也是一项艰巨的任务。再有一个办法就是寻找一个可观察到的变量，它可以相当近似 λ。既然人们普遍接受（Yi，1991）城市化和货币化进程高度正相关这一观点，那么用城市人口的比例来近似货币化进程则是有

道理的。然而,一个难题就是“城市”这个词在 1984 年被重新定义了。因此,发布在《中国统计年鉴》上的城市人口数据也不一致。不管怎样,既然其他数据都或多或少存在这一问题,那么它就仍是一个较好的近似。为简洁起见,本文将用城市人口百分率来近似 λ。能够代表货币化进程的其他衡量手段是自由市场上的总交易量,自由市场的数量,农民向城市居民的零售总额等等。自由市场上的总贸易额也被用作在货币需求方程中的货币化进程的替代,并且估计的结果没有质的区别。[6]

我们可以把方程 (8) 和 (9) 看作是独立变量给定时的因变量的条件概率。换句话说,每个方程上都带有一个不可观察到的随机误差项。

(二) 估算方法

在一个有争议性的研究中,Nelson 和 Piosser (1982) 发现大多数宏观经济的时间序列都具有随机游走性质。Polosser 和 Schwert (1978) 也论及对于大多数的经济时间序列,通常使用差分数据要比使用水平数据工作更有效。他们证明了一个未差分的模型的风险要比一个差分模型大得多。为了探寻本文中所使用的数据是否是随机游走,就要做某种单位根测试。从对数据描绘的视觉观察和中国改革的经验中均可明显地看出,货币需求的结构自改革以来已发生了变化。Perron(1990) 给出一个单位检验,运用于一个均值在变化的时间序列,该检验允许时间序列在某时点 T_β 发生一个一次性的结构上的变化。要注意的是 ($1<T_\beta<T$),其中 T 是样本大小,表 1 的 A 部分,报告的就是 Perron 检验的结果。在这项研究中,1978 年被选作转折点,因为改革从那时开始。因此 T_β 和 T 的比率即 λ 值为 0.73,对于 $t\hat{a}$ 的分布,当 $T=50$,$\lambda=0.70$,在 5% 的显著水平时的临界值是 -3.39 (Perron,1990)。仔细看一下表 1 的 A 部分中的 $t\hat{a}$,就会很清楚地发现,我们不能拒绝零假设,即在 5% 的显著水平上,所有被考虑的时间序列都存在单位根。当使用全样本并有结构变化时,标准的 Dickey-Fuller 检验

则偏向于不拒绝单位根的假设。使用 Dickey-Fuller 检验的正确方法是用来检验假设没有发生结构变化的时间序列。表 1 中 B 部分分别提供了 1952—1978 年间的（年度数据）和 1983 年 2 月至 1989 年 4 月间的（季度数据）Dickey-Fuller 检验的 F 统计量。这个标准的 Dickey-Fuller 检验又一次未能拒绝零假设，即该时间序列有一个单位根。不妨回想一下，Dickey-Fuller 检验中的临界值要高于通常使用的检验。对于样本数为 25 和 50 的抽样，其 5% 的临界值分别是 7.24 和 6.73。

表 1　单位根检验

A

对 1952—1989 年间的年度数据用变化均值的手段进行的佩仑全样本单位根检验

序列(y_t)	$\hat{\mu}$	$t_{\hat{\mu}}$	$\hat{\gamma}$	$t_{\hat{\gamma}}$	$\hat{d}$	$t_{\hat{d}}$	$\hat{\partial}$	$t_{\hat{\partial}}$
M_2O	0.38	2.94	0.16	2.64	0.03	0.36	0.92	−2.65
M_2M	1.14	2.83	0.45	2.68	−0.10	−0.39	0.69	−2.74
NIO	0.51	1.47	0.09	1.34	−0.03	−0.28	0.90	−1.42
NIM	2.42	3.32	0.35	2.52	−0.12	−0.41	0.48	−3.31
ln(UP)	0.18	1.42	0.08	2.57	−0.03	−0.55	0.94	−1.37

注：

M_2O＝经官方价格指数折算的实际人均 M_2的对数；

M_2M＝经市场价格指数折算的实际人均 M_2的对数；

NIO＝经官方价格指数折算的实际人均国民收入的对数；

NIM＝经市场价格指数折算的实际人均国民收入的对数；

ln(UP)＝城市人口比例的对数。

回归方程为：

$$y_t=\mu+\gamma D_t+dD(TB)_t+ay_{t-1}+\sum_{j=1}^{k}c_j\Delta y_{t-j}+vt$$

式中 $D_t=0$，当 $t\leqslant T_B$时；$Dt=1$，当 $t>T_B$时；T_B为 1978 年（即第 27 个观测值），也就是变化发生的年份；$T=38$；$D(TB)_t=1$，当 $t=(T_B+1)$时；$D(TB)_t=0$，当 $t\neq(T_B+1)$时；$\Delta y_{t-1}=(y_{t-1}-y_{t-2})$；$k=1$。

除 $t_{\hat{\partial}}$之外的所有 t 值都是用来检验参数为 0 的零假设的，$t_{\hat{\partial}}$是用来检验 $\alpha=1$ 的零假设的 t 值。当 $\lambda=0.7$，$T=50$ 时，在 5% 显著水平上的 $t_{\hat{\partial}}$分布的临界值为 −3.39（Perron，1990）。

表 1　单位根检验

B

迪基-富勒检验的 F 统计值

1952—1978 年度数据					
时间序列	M_2O	M_2M	NIO	NIM	UP
F(2,21)	4.16	6.25	7.02	4.16	2.89
1983 年 1 月—1989 年 4 月季度数据					
时间序列	M_2O	M_2M	NIO	NIM	UP
F(2,22)	1.81	3.36	2.78	2.45	4.77

注：

迪基-富勒检验的临界值高于一般的 F 检验。样本规模为 25 和 50 时，5% 临界值分别为 7.24，6.73。

表 1 的结果意味着，我们在 5% 的显著水平上不能拒绝零假设。即上面所描述的所有时间序列数据都是随机游走。相反，事实也充分显示，考虑中的大多时间序列都像随机游走（时间趋势的估计，系数近似于 0，而一阶相关系数接近 1）。由于随机游走没有有限的方差，那么一个序列对另一个的回归将导致谬误的结果。Gauss-Markov 定理也将不成立，而且普遍最小平方回归法（OLS）也不能给出一个一致性的参数估算量。

为减轻数据的不稳定性，我们用了类似一般最小平方回归法（GLS）的一般差分方法（Box-Jenkins，1976，转换函数模型）。Harvey (1981) 称这种方法为两步全转换方法。从阐释的目的出发，我们可以将两个货币需求模型等式 (8) 和等式 (9)，改写为标准矩阵形式：

$$y = X\beta + \hat{\varepsilon} \tag{10}$$

这里 y 是被解释变量，X 是矩阵，β 是参数，$\hat{\varepsilon}$ 是误差项，并假设有着一阶系列相关的结构。第一步中，对等式 (10) 运用了 OLS，并且在从 $\hat{\varepsilon} = y - Xb$ 得到估计的误差项，这里 b 是 β 的 OLS 估计。误差项的一阶相关系数的估计是通过以下方程得以收敛的。重复处理过程，直到

$$\hat{\varepsilon}_t = P\hat{\varepsilon}_{t-1} + V_t \tag{11}$$

这里 V_t 是自噪。第二步计算 ε 的方差协方差矩阵，即 $\sigma^2 W$，并得

到 GLS 估计量：

$$\hat{\beta}=(X'W^{-1}X)^{-1}X'W^{-1}y \tag{12}$$

这里 GLS 的估计值和估计的一阶相关系数 $\hat{\rho}$ 在表 2、表 3 和表 4 中给出。回归系数的 t 比率在圆括号中给出。如果估计的 $\hat{\rho}$ 值接近于 1，那么上述步骤和一阶差分方法应该得到近似的结果。对于本文中所得到的所有 GLS 估计值，我们可以拒绝零假设，即在 5% 的显著水平上残差项是不稳定的。换句话说，很有可能的是，所有最终货币需求模型中的残差项都是稳定的。

（三）货币需求：1952—1989 年

表 2 总结了运用 1952—1989 年期间年度数据而得出的上述两个模型的回归估计结果。每一个模型都分别用官方价格指数，市场价格指数和混和价格指数（附录 A）作为折算因子进行估计。

表 2　货币需求函数的估计

年度数据：1952—1989 年

A：模型 I（方程 8）的估计

货币需求	C	$\ln(y)$	D	R^2	DW	$\hat{\rho}^a$
M_2O	−2.269	1.235	0.273	0.722	1.268	0.805
	(−2.59)	(7.42)	(1.95)			(7.91)
M_2M	−0.397	0.864	0.419	0.791	1.322	0.793
	(−0.92)	(9.89)	(3.25)			(7.63)
M_2W	−0.944	0.981	0.360	0.718	1.311	0.808
	(−1.46)	(7.88)	(2.68)			(8.01)

B：模型 II（方程 9）的估计

货币需求	C	$\ln(y)$	$\ln(UP)$	D	R^2	DW	$\hat{\rho}$
M_2O	−2.365	0.719	0.949	0.185	0.814	1.285	0.802
	(−3.24)	(3.76)	(3.96)	(1.55)			(7.72)
M_2M	−2.427	0.792	0.810	0.188	0.882	1.356	0.803
	(−4.65)	(11.76)	(5.01)	(1.75)			(7.75)
M_2W	−2.327	0.752	0.869	0.164	0.824	1.340	0.826
	(−3.88)	(7.06)	(4.64)	(1.47)			(8.41)

注：

a. C＝截距；M_2O，M_2M 和 $\ln(UP)$ 定义见表 1；M_2W＝用混合价格指数折算的实际人均 M_2 的对数；$\ln(y)$＝实际人均国民收入的对数；D＝虚拟变量，在 1952—1978 年期间 $D=0$，在 1979—1989 年期间 $D=1$；R^2＝变换后（GLS）模型的可决系数；DW＝变换后（GLS）模型的德宾-沃特森检验值；括号中为回归系数的 t 值。

b. $\hat{\rho}$＝估计的原始（未经变换的）数据的一阶相关系数。$\hat{\rho}$ 被用来估计误差项的方差-协方差矩阵，后者用在广义最小平方（GLS）估计中。

从表 2 中我们可以发现以下几点：第一，模式 I 通过将收入作为惟一解释变量而给出了第一步近似。在模型 I 中，收入的弹性系数接近于 1，这表明，实际人均收入和人均货币需求是同步增长的。在模型 I 中的哑元变量 D 是显著地偏离 0，这表明货币需求在改革之前和之后两个时期是不同的。第二，如果我们把货币化因素加入模型中，那么收入弹性系数是下降的（从模型 I 中 1 左右下降到模型 II 中平均 0.75 左右）。由于部分货币需求增长是由货币化进程解释的，那么这一点也就相当自然了。这里，城市人口的百分率是作为货币化进程的一个替代变量。在模型 II 中所估计的城市人口弹性说明，城市人口百分率增长 1%，则会引起实际货币需求增长 0.81% 到 0.95%，这取决于使用哪一种价格指数。第三，从表 2 中，我们发现，通过官方价格指数和市场价格指数估计的参数恰是这个估计中的两个极端情况。那么"真实的内在的参数"，如果存在这样一个参数的话，应处于两者之间的某处。这个推断是合乎逻辑的。用混合价格指数估计的参数，虽不是，但也常常位于这两极端之间。第四，在模式 II 中的哑元变量的 t 比率要比模式 I 中的低一些，这并不令人惊奇。一个可能的解释是，模式 I 中的哑元变量减轻了省略一个真实（货币化）变量的错误标识的偏差。模型 I 中的哑元变量捕捉住了部分由货币化进程带来的变化。不过，在模型 II 中的哑元变量均在 15% 的显著水平上，这再次说明货币需求在改革前和改革后是不同的。总之，表 2 中的两个模型一并昭示了中国长期货币需求的趋势。

用来证实货币需求在改革期间发生了变化的另一种方法则是把 Chow 检验运用到模式 I 和模式 II 中，把 1952—1978 年作为第一阶段，把 1979—1989 年间作为第二阶段。我们已做了这个 Chow 检验：在模型 I 中的 F 统计值是 23.0，自由度为（2，34）；模式 II 中的 F 统计值是 22.5，自由度为（3，32）。在这两种情况下，认为货币需求在改革前后时期是一样的原假设均被拒绝。下面，我们将对这两个时期的货币需求分别加以估计。

（四）1952—1978 年间的货币需求

表 3 中报告了 1952—1978 年间的货币需求（模型 II）的估计结果和对整个 1952—1989 年间的估计结果相比较，从表 3 中可得出以下两点结论。首先，表 3 中的估计收入弹性系数和表 2 中的相当接近。表 3 中的截距和表 2 相比要小得多（从绝对数值上看是大些）。其次，表 3 中城市人口比例的估计弹性系数要比表 2 中的大得多。经济上的解释为，在 1952—1960 年间，城市人口比例数迅速增长，而在 1961—1978 年则保持相对稳定。当其他变量保持不变时，在小于一个常数的范围内，这种变化模式与人均 M_2 序列极不相符。这个常数是估计的城市人口弹性系数。城市人口弹性系数的高值（大于等于 2），就解释了在 1952—1960 年间的人均 M_2 的迅速增长。确实在 1952—1960 年间，当保持其他变量恒定时，城市人口增长 1%，人均 M_2 中则大约增长 2%，在 1961—1978 年间，城市人口数据几乎没有变化，这与该期间内货币化过程被冻结这一情况相契合。M_2 的变化的主要解释力来自 1961—1978 年间的人均国民收入序列。这些模式可以从表 2、表 3 和表 4 的比较中发现。

表 3 货币需求函数的估计

年度数据：1952—1978 年

货币需求	C	$\ln(y)$	$\ln(UP)$	R^2	DW	$\hat{\rho}$
M_2O	−6.606	0.899	2.129	0.809	1.202	0.496
	(−5.99)	(4.82)	(4.76)			(2.74)
M_2M	−5.137	0.772	1.805	0.840	1.322	0.581
	(−4.90)	(9.67)	(5.17)			(3.42)

续表

货币需求	C	$\ln(y)$	$\ln(UP)$	R^2	DW	$\hat{\rho}$
M_2W	−6.145	0.834	2.078	0.815	1.168	0.529
	(−5.57)	(6.71)	(5.30)			(2.99)

注:同表 2。

(五) 1983 年 1 月—1989 年 4 月间的货币需求 (季度数据)

在表 2 和表 3 中的货币需求函数忽略了持有货币的机会成本的衡量,我们以前讨论过,在中国利率受到严格控制,实际上被固定在一个远远低于均衡的水平上。结果是利率不能反映所持货币的机会成本。一个备择方法就是利用通货膨胀预期作为度量所持货币的机会成本的一种替代。然而,随着经济体制的改革,人们形成通货膨胀预期的方法也随之改变。由于 1978 年以后体制的急剧变化,要对 1952—1989 年的通货膨胀预期进行估计是令人难以置信的。实际上,在 1978 年以前,除了 1959—1961 年期间外,几乎没有出现通货膨胀。

幸运的是,我们得到了 1983 年 1 月—1989 年 4 月间的季度数据(表 B_2),这是由于 80 年代出现了一系列的有关经济信息的刊物,包括像《中国统计月报》和《中国金融》这样的期刊。

如果我们用上一时段的实际通货膨胀率作为在货币需求函数中预期的通货膨胀率,并用作一个解释变量来衡量所持货币的机会成本,我们则有:

$$\ln(m) = C + \ln(rs) + \pi + \ln(UP) \tag{13}$$

这里 rs 是实际零售额,被作为收入变量的一个替代。π 是由等式 (5) 所定义的预期的通货膨胀率,UP 是城市人口百分率。表达式 (13) 末尾的随机误差项再次被略去。

公式 (13) 值得更多地讨论。使用零售额 rs 是因为季度国民收入数据不可得。可在公式 (13) 中选择静态预期有以下几个原因。第一,在这段时期中使用静态预期在直觉上是合理的。通货膨胀在中国来说是一种新现象。大多数人 (包括许多政府官员) 都不太理解通货膨胀的机制。从静态预期所描绘的意义上说他们颇为“幼稚”。第二，中国的经验事实（1988 年的抢购风和 1989 年及 1990 年的巨额储蓄行为）也支持这种静态预期公式。从预期的均方误而言，静态预期很好地模拟了人们对通货膨胀的预期，尤其当我们考虑季度数据的时候。第三，因为它简单。我们愿用最简单的方法来阐明本文的主要论点，而不想陷入通货膨胀预期是怎样形成的这一繁杂的境地。例如，如果使用了“适应性”或“外插法”预期则面临着为什么是适应性预期或外插法预期的问题。如果使用理性预期，则问题又该是怎样选择模型；为什么使用这种模型选择标准而不用其他等等。第四，货币需求函数中静态预期本身就很有道理。它认为人们在这一季度的货币需求依赖于（反向地）前一季度的实际通货膨胀率。[8] 等式（13）是通过 GLS 方法来估计的，其结果概况总结在表 4 中。

表 4 货币需求函数的估计

季度数据：1983.1—1989.4

货币需求	C	$\ln(rs)$	π	$\ln(UP)$	R^2	DW	$\hat{\rho}$	$\chi^2_{(4)}$
M_2O	1.152	0.657	−0.04	0.530	0.932	1.552	0.660	7.63
	(3.16)	(5.03)	(−1.97)	(5.08)		(4.12)		
M_2M	1.015	0.822	−0.02	0.355	0.927	1.400	0.429	7.13
	(2.62)	(6.94)	(−1.96)	(5.18)			(2.26)	
M_2W	1.231	0.653	−0.004	0.511	0.933	1.507	0.605	6.87
	(3.13)	(4.64)	(−2.12)	(5.07)			(3.57)	

注：

$\ln(rs)$＝实际人均零售额的对数；π＝预期通货膨胀率；其余符号同表 2。应该提醒注意的是，自由度为 4 的 χ^2 分布的 5% 临界值为 9.49。

等式（11）假定误差项是一阶自回归序列。对于季度数据，我们也关心高阶序列相关可能性。Breusch（1978）和 Godfrey（1978）提出了在较为一般的条件下对高阶序列相关的一些简单检验。这些检验是从 Lagrange Multiplier (LM) 原理中导出的。这个 LM 检验运用于 1983—1989 年间季度数据的 GLS 估计的残差项。因为我们的样本的自由度有限，我们认为回返四个季度是充分的。可能的误差结构是：

$$\hat{\varepsilon}_t = \rho_1 \hat{\varepsilon}_{t-1} + \rho_2 \hat{\varepsilon}_{t-2} + \rho_3 \hat{\varepsilon}_{t-3} + \rho_4 \hat{\varepsilon}_{t-4} + v_t \quad (14)$$

我们有兴趣测试一下零假设：$Ho: \rho_1 = \rho_2 = \rho_3 = \rho_4 = 0$。这个检验统计量是一个自由度为 4 的 Chi－square 分布（参见 Maddala，1992，有关这个检验步骤的详细论述）。χ^2 统计量总结在表 4 的最后一栏中，由之我们不能拒绝零假设。自由度为 4 的 χ^2 的分布的临界值为 9.49。换句话说，LM 检验结果并没有显示出，高阶序列相关是季度数据中的一个问题。

表 4 中的剩下的结论都可自行解释。如果我们用混和价格指数情况作为一例，那么估计的人均零售额的弹性系数是 0.65，估计的城市人口弹性系数是 0.51，并且随着预期通货膨胀率的上升，人均实际货币要求却小幅度降低。值得一提的是通货膨胀预期变量的系数均有正确的符号（负）并且在三种情况下在 5% 水平均为显著，虽然其幅度都非常小。

表 4 中的参数估计看上去合乎道理。在这种情况下通货膨胀预期变量的系数均为显著，这一结果表明，在货币需求中通货膨胀预期起了很重要的作用。另一方面，这些系数值偏小反映出这样一个事实，那就是，尽管通货膨胀预期是影响货币需求的一个重要因素，但和交易需求及货币化进程相比，它仍是一个小因素。

六、结　论

无论是理论分析还是统计事实（Chow 检验）都表明，中国的货币需求在经济改革前后发生了重大变化，因此，分别地进行两个时期的货币需求估计。Dickey-Fuller 检验的结果表明，本文中所使用的大部分时间序列都有随机游走的行为或者有随机游走的成分。一种合适的差分转换必须在估计货币需求方程之前进行。本文中对原始数据作了一般 ρ 差分法，并用 GLS 估计最终货币需求方程。对于本文中所获得的所有的 GLS 估计量，我们可以拒绝零假设，即在 5% 的显著水平上残差项是非平稳的。LM 检验结果也未显示高阶系列相关对于本文中使用的季度数据是个问题。

在本文中，货币化进程和通货膨胀预期都被列入了货币需求函数之中。自从经济改革开始以来，农业领域引入责任制及乡镇企业和私有经济的迅猛发展，都引致了异乎寻常的货币需求。货币化进程自然是估计货币需求的一个重要因素。本研究的初步结果表明，在货币需求函数中加入货币化变量，可大大增加它的解释力度。

通货膨胀的预期率为估计所持货币的机会成本提供了一个可行的备择方法。然而，在怎样实证地估计通货膨胀方面尚未达成共识。一种弱化这个问题的办法是运用从不同预期模型中计算出的通货膨胀预期来估计等式 (13)，并看结论是否站得住脚。在我们的研究中，通货膨胀预期变量的估计系数从统计意义上对不同的预期形成都是显著的。这些结果强烈表明，尽管在货币需求中，通货膨胀预期的影响与交易需求和货币化进程的影响相比尚小，但它是影响货币需求的一个重要因素。

这篇论文的结果具有明晰的政策含义：第一，它建议货币供给的增长率须和国民生产总值（GNP）的增长及货币化进程相适应。每一重要改革步骤均与货币化结果相联系。在过去，在农村地区引入责任制，以及从财政拨款到银行贷款这一投资方式的转变，导致了对货币的极大需求。将来对于住房方面的改革和扩大股票、证券市场的规模方面的改革，都肯定会有货币化的结果：也许会是不同的结果。中央银行应当预期每个改革步骤所引起的货币需求的变化，并相应地制定其金融政策。第二，一种与低通货膨胀一致的货币政策显然是更可取的，因为通货膨胀预期在决定货币需求时非常重要，而且高通货膨胀预期会使经济不稳定。当中央政府有大额赤字时，保持低通货膨胀水平则尤其困难。货币供应在原则上要求有充分发育的金融市场，尤其是证券市场，相对独立的中央银行。第三，对于利率的控制应逐渐放开，这样利率今后就可以被应用在货币需求方程中，来反映所持货币的真正的机会成本。没有市场均衡利率，金融市场是不可能正常运作的。市场利率对于有效可行的住房改革来说也是一个必要条件。

这篇论文可被看作是向中国货币需求估计迈出的第一步。将来还需要对货币化进程领域和如何更精确地估计货币经济的比例方面进行深一步的研究。对于这个数据库，值得探讨更复杂的经济计量技术（如误差纠正模型和合并方法）。如果有人认为在 1983—1989 年间的方差是因时而异的话，那么自回归条件异方差（ARCH）和广义 ARCH（Engle，1982）模型也都是有吸引力的。

注释

① 从表 B_1 可以明显看出，以市场价格指数 MPI 计算的价格水平总是高于以官方价格指数 OPI 计算的结果。但通货膨胀率的计算则不然，以 MPI 计算的通货膨胀率并不一定总是大于以 OPI 计算的结果。

② 例如，Chow (1989) 使用 1952—1983 年的数据估算了中国的货币需求；在 Feltenstein 和 Farhadian (1987) 的著述中，对 1954—1983 年的货币供应和受抑通货膨胀进行了估算；Chen (1989) 则分析了 1951—1989 年期间货币与其他宏观经济变量之间的因果关系；Portes 和 Santorum (1987) 使用 1955—1983 年期间的样本估算了中国的过度需求问题。

③ Yang 等人 (1988) 曾估算了 1978—1986 年期间中国货币化经济的比例，他们估算的结果是 1978：82.4；1979：83.0；1980：83.1；1981：82.2；1982：82.2；1983：82.8；1984：84.1；1985：85.3；1986：85.6。估算这些比例时并未将无形资产考虑在内。也未提供有关这些数字计算的细节。

④ 这只是对于货币问题的一种看法，我们姑且假定货币供应与货币需求相等。

⑤ Chow (1987) 也使用了一种以货币数量理论为基础的相近似的模式，但他并未将货币和通货膨胀预期这两个变量加入其模式。关于货币需求等式的一般函数形式的详细讨论，参见 Hendry 和 Ericsson (1991) 以及 Friedman 和 Schwartz (1991) 等人的著述。

⑥ 如果我们同意由于数据的不可得，对于 λ 的估算是不可能的，那么使用一种可观察变量以近似货币化进程则是惟一可能的办法。使用这样一种办法的缺憾是，无论选择哪一种变量，它都只能是货币化进程的模拟构成，而一些不无重要意义的因素必将遗漏。本文中，我们选择城市人口比例作为替代指标，并非主张

它足以标识全部货币化进程。但至少，我们能够指出，将城市人口比例加入到货币需求方程式之中是有意义的：城市化创造了对于货币的需求。

⑦ 由于农产品仍在国民收入中占有相当大的比重，且农业的生产周期为一年，因而估算每季度的国民收入是冗长乏味而又较少有收获的。因此，我们使用零售总额近似对货币的贸易需求。

⑧ 估算预期通货膨胀率的其他方法始终有人尝试使用［如二阶自回归序列，由信息模式选择范畴支援的理性预期模式等等（Hsiao，1981）］，其结果非常近似于表 4 所提供的数字。欢迎读者使用其他预期计算方法来检验本文估算的可靠与否。

附录 A：混合价格指数的例样

确定何种价格指数能够保证实际通货膨胀率的最佳估算，是一件极富争议性的事情。一些作者主张使用城市生活费用指数，因为它包括了官方价格、市场价格和协商价格的多重指数。然而，我们以为城市生活费用指数并未对市场价格指数给予足够的重视，其结果，前者非常接近于官方价格指数（稍稍有些高而已）。

Feltenstein 和 Ha（1991）使用这一模式估算了 1978—1988 年的“实际价格指数”。1952—1982 年期间有过多的政治运动和制度改革，因而使得任何系统化模式方法失去其吸引力。因此，我们使用一种逐年微调方法来建构“混合价格指数”，各个时段的划分是根据经济制度的大变化（通常由政治运动引起）而确定的，权重系数则根据每个时期计划经济与市场经济的比例变动加以估算。同时，我们还考虑了“黑市”（未曾记录在案的交易）的因素以及官方价格指数与市场价格指数之间的差别（这反映了受抑通货膨胀的程度）。在此，我们提出了一种特殊的“**混合价格指数**”，它是官方价格指数与市场价格指数加权平均的结果。权重系数如下表：

在表 A 中，对于那些经济数据可以获得的时期而言，权重的估算反映了计划经济与市场经济的比例。例如，消费者和公司的开支方式的零散数据可见之于 Liu（1980），《伟大的十年》；1952—1957 年的数据见 Cheng（1982）；1978—1985 年的数据见 Yang 等人（1987）的著述。对于那些经济数据不可得的时期，权重则是根据历史知识加以估算的。例如，“文化大革命”时期（1966—1976）自由市场被指斥为“资本主义”，其数量和范围自然受到极大的限制，其结果是，在官方价格指数与市场价格指数之间有 90：10 的差距。

表 A 混合价格指数的权重系数

时期	官方价格	市场价格	备　注
1953—1957	0.60	0.40	“一五”计划时期
1958—1959	0.80	0.20	“大跃进”时期
1960—1962	0.70	0.30	困难时期
1963	0.75	0.25	调整时期
1964—1966	0.80	0.20	社会主义教育时期
1967—1976	0.90	0.10	“文化大革命”时期
1977—1978	0.85	0.15	转折时期
1979—1989	0.75	0.25	经济改革时期

正如本文所论证的，官方价格指数往往趋于过低估计实际通货膨胀水平，市场价格指数则趋于高估，而不可明显看到的实际价格指数应当位于此二者之间的某处。本文所提出的“混合价格指数”仅仅是一种基本潜在变量的替代性标识而已。尽管事实上几乎所有的经济变量在计量时都会发生错误，但我们还是愿意提醒读者注意，按照标准经济计量分析的潜在变量结果（在可变范围内的错误）是适用的。（例如，可见 Maddala，1992，第 11 章）。

指出上述“混合价格指数”的缺陷是不难的。例如，在每个时期内还可划分更小的时段；权重系数是以全国平均水平加以估算的，但某个特定地区也许会有相当大的差异。应当注意的是，我们并未允诺这种混合价格指数是“实际价格指数”，而只是讲这仅仅是估算实际通货膨胀水平的一种方法而已。在估算货币需求方程式中，我们认为使用混合价格指数所估算出的参数一般（并非总是）处于由官方价格指数和市场价格指数的估算的参数之间。

附录 B:数据

表 B_1 货币供应、价格指数和国民收入的年度数据

(M0,M1,M_2和 N1 的单位为亿元,人口单位为百万)

年 度	M0	M1	M_2	OPI(%)	MPI(%)	NI	UP(%)	POP
1952	2.75	9.65	10.13	100.0	100.0	58.9	12.5	574.82
1953	3.94	10.96	11.37	103.4	103.9	70.9	13.3	587.96
1954	4.12	12.24	13.24	105.8	106.3	74.8	13.7	602.66
1955	4.03	13.26	14.59	106.9	106.1	78.8	13.5	614.65
1956	5.73	15.94	17.50	106.9	105.9	88.2	14.6	628.28
1957	5.28	17.81	19.77	108.5	108.9	90.8	15.4	646.53
1958	6.78	28.93	31.32	108.8	117.5	111.8	16.2	659.94
1959	7.51	36.01	39.17	109.7	119.0	122.2	18.4	672.07
1960	9.59	37.18	40.91	113.1	136.6	122.0	19.7	662.07
1961	12.57	41.01	43.98	131.5	491.8	99.6	19.3	658.59
1962	10.65	41.01	43.62	136.5	319.6	92.4	17.3	672.95
1963	8.99	40.72	43.66	128.4	241.2	100.0	16.8	691.72
1964	8.00	39.77	43.47	123.7	167.8	116.6	18.4	704.99
1965	9.08	45.42	49.76	120.4	173.2	138.7	18.0	725.38
1966	10.85	51.94	56.63	120.0	175.3	158.6	17.9	754.42
1967	12.19	58.08	62.97	119.1	178.2	148.7	17.7	763.68
1968	13.41	61.66	66.69	119.2	178.2	141.5	17.6	785.34
1969	13.71	60.98	65.92	117.9	178.1	161.7	17.5	806.71
1970	12.36	59.73	65.11	117.9	178.1	192.6	17.4	829.92
1971	13.62	65.35	71.49	116.7	193.8	207.7	17.3	852.29
1972	15.12	68.53	75.49	116.5	209.6	213.6	17.1	871.77
1973	16.61	79.26	87.03	117.2	220.7	231.8	17.2	892.11
1974	17.66	85.01	93.68	117.8	224.8	234.8	17.2	908.59
1975	18.26	92.30	101.75	118.0	233.8	250.3	17.3	924.20
1976	20.40	98.40	108.46	118.3	243.1	242.7	17.4	937.17
1977	19.54	99.56	110.73	120.8	237.2	264.4	17.6	949.74
1978	21.20	103.02	115.91	121.6	221.6	301.0	17.9	962.59
1979	26.77	129.17	145.81	124.0	211.6	335.0	19.0	975.42
1980	34.62	153.80	184.29	131.4	215.8	368.8	19.4	987.05
1981	39.63	183.81	223.45	134.6	228.3	394.1	20.2	1 000.72
1982	43.91	207.05	258.98	137.2	235.8	425.8	20.8	1 015.90
1983	52.98	239.27	307.50	139.3	245.7	473.6	23.5	1 027.64
1984	79.21	324.54	414.63	143.2	244.7	565.2	31.9	1 038.76

续表

年　度	M0	M1	M_2	OPI(%)	MPI(%)	NI	UP(%)	POP
1985	98.78	365.91	488.43	155.8	286.8	704.4	36.6	1 050.44
1986	121.84	435.24	626.16	165.1	310.0	789.9	41.4	1 065.29
1987	145.45	530.82	766.45	177.2	360.5	936.1	46.6	1 080.73
1988	213.40	645.22	928.89	210.0	469.7	1 177.0	49.6	1 096.14
1989	234.40	673.80	1 092.0	247.2	520.7	1 312.5	51.7	1 111.91

资料来源:《中国金融年鉴》(1990);《中国统计年鉴》(1990);《中国价格年鉴》(1990)。

注:M0 为每年年底时的流通中的通货;M1 等于 M 加上公司、机构的需求保证金和家庭活期储蓄存款;M_2等于 M1 加上家庭定期存款;OPI 为官方零售价格指数(1952 年为 100);MPI 为消费品的市场价格指数(1952 年为 100);NI 为以现行价格计算的纯收入;UP 为全部人口中城市人口所占比例;POP 为每年年底时的人口总数。

表 B_2　1983 年 1 月—1989 年 4 月间的季度数据

(M_2,零售总额,单位为亿元,人口为百万)

季　度	M_2	Rsale	OPI(%)	MPI(%)	UP(%)	SAM_2	SARS	OPIC[a]	MPIC[b]
1983.1	255.1	68.9	100.7	101.8	21.4	258.5	67.2	100.7	101.8
1983.2	260.3	66.3	101.2	104.0	22.1	266.1	68.1	101.2	104.0
1983.3	273.5	63.2	101.4	104.8	22.8	280.9	67.3	101.4	106.2
1983.4	309.4	73.3	102.7	106.2	23.5	291.6	69.0	102.7	106.2
1984.1	300.9	74.5	101.6	102.6	98.2	25.6	317.7	77.0	103.8
1984.2	310.8	75.0	102.6	98.2	27.7	317.7	77.0	103.8	102.1
1984.3	336.4	76.7	102.7	99.5	29.8	345.5	81.7	104.1	104.3
1984.4	401.2	94.4	104.3	97.9	31.9	378.1	88.8	107.1	104.0
1985.1	397.4	98.8	105.6	108.1	33.0	402.7	96.4	108.0	112.3
1985.2	388.8	94.1	108.5	115.8	34.2	397.4	96.7	112.7	118.3
1985.3	401.7	91.5	110.0	125.2	35.4	412.6	97.5	114.6	130.6
1985.4	489.3	118.6	110.7	122.8	36.6	461.1	111.6	118.6	127.7
1986.1	480.7	117.1	107.5	108.6	37.8	487.2	114.3	116.1	121.9
1986.2	628.9	140.1	105.5	106.6	41.4	592.6	131.8	125.1	136.1
1986.3	544.1	119.8	104.0	105.8	40.2	558.8	127.6	119.1	138.1
1986.4	628.9	140.1	105.5	106.6	41.4	592.6	131.8	125.1	136.1
1987.1	633.7	138.3	105.2	112.4	42.7	642.2	135.0	122.2	137.0
1987.2	659.8	138.1	107.3	116.6	44.0	674.4	141.9	125.1	136.1
1987.3	709.6	141.3	108.1	117.8	45.3	728.8	150.6	128.8	162.7
1987.4	772.0	164.2	108.4	121.1	46.4	727.5	154.5	135.4	172.1
1988.1	779.4	170.2	110.8	125.6	47.4	789.9	166.1	135.4	172.1
1988.2	837.6	174.3	114.6	122.3	48.1	856.2	179.0	143.4	176.6
1988.3	881.7	190.3	122.6	132.7	48.0	905.5	202.8	157.9	215.9

续表

季度	M_2	Rsale	OPI(%)	MPI(%)	UP(%)	SAM_2	SARS	OPIC[a]	MPIC[b]
1988.4	928.9	209.2	126.3	134.0	49.6	875.3	196.8	171.3	220.9
1989.1	928.6	208.7	127.1	124.5	50.1	941.1	203.7	172.1	220.9
1989.2	961.3	203.3	123.9	118.7	50.7	982.6	208.8	177.6	208.4
1989.3	1 000.9	195.5	115.2	109.1	51.2	1 027.9	208.3	181.9	235.6
1989.4	1 092.0	202.9	107.4	96.0	51.7	1 029.0	190.9	184.0	212.1

资料来源:《中国统计月报》(1985—1990),《中国经济年鉴》(1984—1990)。

注:M_2是由 M_2所计量的货币供应;Rsale 是零售总额;OPI 是官方价格指数(上年日期为 100);MPI 是市场价格指数(上年日期为 100);UP 是城市人口比例:SAM_2是按季度调查后的 M_2;SARS 是按季度调整的零售总额;POP 是人口总数;M_2计算时的季度指数是 98.84,97.83,97.57,195.75。零售总额计算时的季度指数是 102.47,97.36,93.86,106.31。OPIC[a]是指季度持续计算的官方价格指数,由综合每年之和。该年每季度持续价格指数(i—1)而成。基准年(1982)以按季度持续计算的价格指数为 100。MPIC[б]是按季度持续计算的市场价格指数。

参考文献

Almanac of China's Economy (1984 - 1989), Beijing, China.

Almanac of China's Financial and Banking (1989, 1990), Beijing, China.

Almanac of China's Prices (1988), Beijing, China.

Duoguang Bei, *An Analysis of Fund Circulation in China*, Shanghai, China: Sanlian Press, 1989.

G. E. P. Box and G. M. Jenkins, *Time series Analysis: Forecasting and Control*, Revised Edition, San Francisco, Holden-Day (1976).

T. S. Breusch, "Testing for Autocorrelation in Dynamic Linear Models", *Australian Economic Papers*, vol. 17, 1978 (1978), pp. 334 - 355.

Chen Chien-Hsun, "Monetary Aggregates and Macroeconomic Performance in Mainland China", *Journal of Comparative Economics*, vol. 13, No. 2, 1989, pp. 314 - 324.

Cheng Chu-Yuan, *China's Economic Development*, Boulder, Colorado: Westview Press, 1982.

Gregory C. Chow, "Tests of Equality between Sets of Coefficients in Two Linear Regressions", *Econometrica*, vol. (1960), 28, pp. 591 - 605.

Gregory C. Chow, "Money and Price Level Determination in China", *Journal of Comparative Economics*, vol. 11, 1987, pp. 319 - 333.

David A. Dickey and Wayne A. Fuller, "Likelihood Ratio Statistics for Autoregressive Time Series with a Unit Root", *Econometrica* vol. 49, No. 4, 1981, pp. 1057 - 1071.

R. F. Engle, "Autoregressive Conditional Heteroscedasticity with Estimates of the Variance of U. K. Inflation", *Econometrica* vol. 50, 1982 pp. 987 - 1007.

Andrew Feltenstein, and Farhadian Ziba, "Fiscal Policy, Monetary Targets, and the Price Level in a Centrally Planned Economy: An Application to the Case of China", *Journal of Money, Credit, and Banking*, vol. 19, No. 2, 1987, pp. 137 - 156.

Andrew Feltenstein and Jiming Ha, "Measurement of Repressed Inflation in China: The Lack of Coordination between Monetary Policy and Price Controls", *Journal of Development Economics* vol. 36, 1991, pp. 279 - 294.

Feltenstein, Andrew, Lebow, David and Van Wijnbergen, Sweder, "Savings, Commodity Market Rationing, and the Real Rate of Interest in China", *Journal of Money, Credit, and Banking* vol. 22, No. 2, 1990, pp. 234 - 252.

Milton Friedman, "Interest Rates and the Demand for Money", *The Journal of Law and Economics*, 1966, IX, P. 85.

Milton Friedman and Anna Schwartz, "Alternative Approaches to Analyzing Economic Data", *The American Economic Review*, vol. 18, No. 1, 1991, pp. 39 - 49.

L. G. Godfrey, "Testing for Higher Order Serial Correlation in Regression Equations when the Regressors Include Lagged Dependent Variables", *Econometrical* vol. 46, 1978, pp. 1303 - 1310.

David Hendry and Ericsson Neil, "An Econometric Analysis of U. K. Money Demand in Monetary Trends in the United States and the United Kingdom by Milton Friedman and Anna J. Schwartz", *The American Economic Review* vol. 18, No. 1, 1991, pp. 8 - 38.

C. Hsiao, "Autoregressive Modelling and Money-income Causality Detection", *Journal of Monetary Economics*, vol. 7, 1981, pp. 85 - 106.

International Monetary Fund, *International Financial Statistics*, Washington, D. C., various issues.

Liu Hongru, *The Issues of the Socialist Money and Banking*, Beijing: The Press of Financial Economics of China, 1980.

Robert E. Lucas, "Econometric Policy Evaluation: A Critique", in K. Brunner and A. Meltzer, (eds.), *The Phillips Curve and Labor Markets*, *Journal of Monetary Economics*, Suppl. 1976, pp. 19 - 46.

Monthly Bulletin of Statistics of China (1985 - 1989), various issues, State Statistics Bureau, Beijing, China.

G. S. Maddala, *Introduction to Econometrics*, 2nd edition, New York: Macmillan Publishing Company, 1992.

Barry Naughton, "Why has Economic Reform Led to Inflation?", *American Economic Review*, Papers and Proceedings, May 1991, pp. 207 - 211.

Charles R. Nelson and Charles I. Plosser, "Trends and Random Walks in Macroeconomic time series", *Journal of Monetary Economics* vol. 10, 1982, pp. 139 - 162.

Paul Newbold, Statistics for Business and Economics, Englewood Cliffs, New Jersey: PrenticeHall, Inc., 1984.

Dwight H. Perkins, "Reforming China's Economic System", *Journal of Economic Literature*, 1988, XXVI, pp. 601 - 645.

Pierre Perron, "Testing for a Unit Root in a time Series with a Changing Mean", *Journal of Business & Economic Statistics*, vol. 8, No. 2, 1990, pp. 153 - 162.

Charles I. Plosser, and G. William Schwert, "Money, Income, and Sunspots: Measuring Economic Relationships and the Effects of Differencing", *Journal of Monetary Economics* vol. 4, 1978, pp. 637 - 660.

Portes Richard and Santorum Anita, "Money and the Consumption Goods Market in China", *Journal of Comparative Economics*, vol. 11, 1987, pp. 354 - 371.

Qian Yingyi, "Urban and Rural Household Saving in China", *IMF Staff Papers*, December 1988, pp. 592 - 627.

Statistical Yearbook of China (1983, 1987, 1988, 1989), Beijing, State Statistics Bureau.

Gyorgy Szpary, "Monetary Policy and System Reforms in China", *Working Paper*, International Monetary Fund, Washington, D. C., 1989.

The Ten Great Years, State Statistics Bureau, Beijing, 1959.

Stephen Turnovsky, *Macroeconomic Analysis and Stabilization Policy*, Cambridge University Press, 1977.

Yang Guansan, Yang Xiaodong and Xuan Mingdong, "The Public Response to Price Reform", in Bruce Reynold and M. E. Sharp (eds.), *Reform in China, Challenges and Choices*, pp. 59 - 73.

Yang Zhongwei et al., "Diagnosis of the inflation of China", *Jingji Yanjiu* (Economic Research), vol. 3, No. 11, 1988.

Yi Gang, "Inflation and Price Instability: An Empirical Study of the People's Republic of China", *China Economic Review*, vol. 1, No. 2, 1990, pp. 155 - 165.

Yi Gang, "The Price reform and inflation in China, 1979—1988", Comparative Economic Studies, Winter, 1990, pp. 28 - 61.
Yi Gang, "The Monetization Process in China during the Economic Reform", *China Economic Review*, Spring, 1991, pp. 75 - 95.

货币与经济活动*

在中央计划经济中，主要通过指令性计划进行资源配置，货币只起着非常次要的作用。货币是被动的，只是适应于实物配置计划。既不存在中央银行，又没有独立的货币政策。在这种环境下，货币很显然是一个内生变量。中央计划者首先制定出实物资源的配置计划，然后以此来决定现金和信贷计划。

中国经济改革期间，货币在经济中的作用发生了变化。随机观测和统计事实都表明，货币变量在收入决定中正在起着越来越积极的作用。20 世纪 80 年代中期以来，从货币往往先导于经济活动这层意义上讲，货币更像一个外生变量了。这一结论并非出人意外。毕竟，中国现在有了中央银行，建立了基于存款准备金要求和乘数效应的货币供给体制。更重要的是，整个经济正在逐渐向市场体制过渡。

货币的作用是货币主义和凯恩斯主义经济学家争论的焦点。关于凯恩斯主义和货币主义模型孰优孰劣的争论很多，在文献中有详尽的记载。大多数凯恩斯主义的论断基于结构式模型，它把货币与收入之间的传递机制描述如下：货币供给影响利息率，后者又影响投资从而又影响总需求和总产出。货币主义的观点主要基于简化式模型，它通过考察收入的运动是否与货币的运动紧密相连来检验货币对经济活动的影响。

如果我们知道模型的正确结构，那么结构式模型法无疑更优越。

---

* 原文发表在作者英文专著：Money, Banking and Financial Markets in China, 1994, Westview Press (Boulder and Oxford)，由吴有昌、张磊、艾郁翻译成中文。

然而，这一“如果”却是一个很关键的问题。即使在发达国家，尽管各经济变量之间的关系相对明晰，但关于正确的结构模型的争论仍然无休无止。对于一个正处于转型过程的经济，在建立市场机制的过程中经历了急剧的制度变迁，要构造一个结构式模型是很困难的(如果不是完全不可能的话)。因此，在经济转型时期，采用简化式模型法来分析经济变量之间的关系，可能是一个更可行的方法。

本文对中央银行建立起来后货币在中国经济中的作用，进行一个初步的研究；讨论集中于货币变量与收入变量之间的关系。

一、货币变量和收入变量的因果分析

关于中国货币供给内生性的问题已经引起了广泛的关注（Zhou and Zhu，1987）。中国的中央银行没有一个独立的货币政策，很难有效实施货币供给目标。中央银行服从中央政府的命令，各分支行同时由中央银行和地方政府领导。中央银行及其在各地的分支行面临着来自各级政府的巨大压力，要求它们供给额外的货币以支持当地的经济增长。1958、1984 和 1988 年超额货币供给的事例，表明了经济形势和政府政策对货币供给产生了极大的影响。这是否意味着收入变量决定了货币供给，还是恰恰相反？下面我们考察中国货币变量与收入变量之间的因果关系。

值得指出的是，**中央银行的独立程度**在这一因果关系中是一个很重要的因素。阿莱西纳和萨默斯（Alesina 和 Summers，1990）的研究表明，当按中央银行的独立程度对 17 个发达国家进行排序时，我们发现，中央银行独立程度高的国家，其通货膨胀形势也最令人满意。过去，中国人民银行是一个政府机构，没有独立的权力以实施货币政策。从 1984 年中国人民银行转变为中央银行以来，其独立性大大提高。货币供给越来越成为经济中的一个外生变量与一个相对独立的中央银行的同时出现并非巧合。

在计量经济学文献中，对内生性问题有两种处理办法。第一种是考尔斯基金会法（Cowles Foundation Approach），认为**内生变量**和**外生变量**的分类及模型的因果关系结构是先验地给定的，因而是不可检验的。最近的第二种办法是用某种更具体的方式来定义外生性，使其成为可检验的（Eagle，Hendry and Rickard，1983）。在此，我们的讨论只限于后一种办法的一个简单的形式。

我们在格兰杰（Granger，1969）意义上定义因果关系。这种定义的前提是，未来事件不可能诱发现在或过去的事件。如果事件 A 发生在事件 B 之后，我们知道，A 不可能引起 B 的发生。另一方面，如果 A 先于 B 发生，并不意味着 A 必然引起 B。换句话说，A 引起 B 的必要条件是 A 先于 B，但这并非充分条件。现实中，我们观察到两个时间序列 A 和 B，希望知道是 A 先于 B 还是 B 先于 A，抑或两者同时发生。**格兰杰因果关系**的含义是"先于"，而不是通常理解的因果关系。

格兰杰提出了一种因果关系检验。考虑两个时间序列 m_t 和 y_t，它们分别代表货币和收入。如果用 y 和 m 的滞后变量对 y_t 进行回归时，m 的系数均为零，则序列 m_t 在格兰杰因果关系意义上不会引起 y_t。

$$y_t=\sum_{i=1}^{n}\alpha_i y_{t-i}+\sum_{i=1}^{n}\beta_i m_{t-i}+\varepsilon_t \tag{1}$$

此时，如果 $\beta_i=0$ 对于所有的 $i=1,2,\cdots n$ 均成立，则 m_t 不会引起 y_t。滞后期 n 的选择相对而言是任意的。

陈（Chen，1989）检验了货币和其他宏观经济变量之间的因果关系。他利用 1951—1985 年间的样本数据，发现由通货到名义国民收入、由通货到预算赤字及由通货到贸易赤字存在着因果关系（反馈），由通货到通货膨胀存在着单向因果关系。与陈的研究不同，我们分别考察了改革前后两个不同时期货币与收入变量之间的因果关系。改革期间深刻的制度变革对那些将改革前后的数据合并起来估计一组共同参数（机制）的研究提出了严重的质疑。

二、格兰杰检验（Granger Test）的检验结果

为了检验货币变量与收入变量之间的格兰杰因果关系，我们对国民收入增长率——GNI——进行了回归。采用的自变量是 GNI 本身的滞后变量和 M_2增长率的滞后变量，滞后期 n 分别为 2 和 3；选用了 1953—1978 年间的年度数据。结果是令人吃惊的：所有的滞后变量 GM_2，即 M_2的增长率，其系数均不显著。1953—1978 年间，M_2的增长率与实际国民收入增长率之间的简单相关系数仅为 0.26。t 检验（$t=1.57$）表明相关系数在 5% 的水平上不显著异于零。这一结果表明，1953—1978 年间，M_2到国民收入不存在格兰杰意义的因果关系。图 1 显示了这一结果，图中，我们把 M_2增长率与实际国民收入增长率的数据描绘在一起（表 1 提供了所需的年度数据）。1978 年前，两个变量之间无法观察到一致的变化模式。这一发现支持了这样的假说，即，在一个中央计划经济中，货币是被动的和适应性的，在经济中没有起到外生变量的作用。

表 1　M_2 的增长率和实际国民收入

年份	M_2 增长率[a]	国民收入增长率
1953	12.24	14.0
1954	16.45	5.8
1955	10.20	6.4
1956	19.95	14.1
1957	12.97	4.5
1958	58.42	22.0
1959	25.06	8.2
1960	4.44	−1.4
1961	7.50	−29.7
1962	−0.82	−6.5
1963	0.09	10.7
1964	−0.44	16.5
1965	14.47	17.0
1966	13.81	17.0

续表

年份	M_2 增长率[a]	国民收入增长率
1967	11.20	−7.2
1968	5.91	−6.5
1969	−1.15	19.3
1970	−1.23	23.3
1971	9.80	7.0
1972	5.60	2.9
1973	15.29	8.3
1974	7.64	1.1
1975	8.61	8.3
1976	6.59	−2.7
1977	2.09	7.8
1978	4.68	12.3
1979	25.80	7.7
1980	26.39	6.4
1981	21.25	4.9
1982	15.90	8.2
1983	18.74	10.0
1984	34.84	13.6
1985	17.80	13.5
1986	28.20	7.7
1987	22.40	10.2
1988	21.19	11.3

注：

a.M_2 等于流通中现金量、企事业单位活期存款、居民的存折储蓄和定期存款之和。

资料来源：《中国统计年鉴》，1989；《中国金融年鉴》，1990。

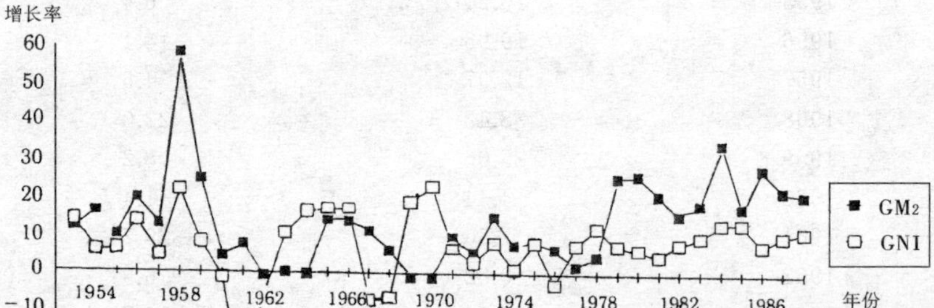

资料来源：《中国统计年鉴》，1989；《中国金融年鉴》，1990。

图 1　1953—1988 年中国 M_2 和国民收入的年增长率

利用改革期间的季度数据来考察 M_2 的增长率与收入变量之间的关系会产生非常有趣的结果。国民收入的季度数据无法获得;原因是,在中国,农产品价值仍占收入的一个很大比例,而农业生产的周期是一年。由于估计国民收入季度数据往往事倍功半,我们采用工业产出或零售总额作为经济活动变量,后者以及 M_2 的季度数据都是可得的。应该注意的是,因果关系检验之前需对数据进行某种季节性调整。每年第四季度,中国的货币供给通常都有一个显著的增量(在中国的新年——春节——之前,要注入货币);而工业总产出在第二和第四季度往往达到高峰。

直觉的观察和初步的统计分析都表明,在改革期间(1983—1991),货币供给(M_0 或 M_2)平均领先于经济活动变量(工业产出或零售总额)两个季度。尽管一个确定的结论仍有赖于正式的调查研究,我们仍然可以推测,改革期间,货币变量先于经济活动变量。准确的滞后期长度(1—3 个季度)随着货币及经济活动变量的不同度量而变化。

对这一推测的一个可能解释是,1979 年以来,中国经济已经发生了巨大的变化。改革使得经济中的市场份额增加,企业和个人也开始对市场条件作出反应。政府和银行系统已开始尝试使用经济杠杆代替行政命令调节经济。货币供给成为控制总信贷状况和总需求的最重要工具之一。货币在收入决定中已经在起着积极的作用。这一推测也与此前对工业国家这方面研究的结论相一致。例如,安德森和乔丹(Andersen 和 Jordan,1968)在其 1968 年发表的著名的论文中断言,在美国,货币变量(货币供给的变化)对 GNP 的变化起着重要的影响,从而在收入决定中起着积极的作用,而财政变量则并不重要。

以上结果表明,在中央计划经济时期,货币变量是被动的和适应性的;然而,自从 1979 年经济改革以来,货币变量变得日益积极并且在收入决定中起着越来越重要的作用。在这方面仍需要进一步的研究以证实这一推测。

对政策制定者来说，货币变量与收入变量之间的关系是非常重要的。以米尔顿·弗里德曼为首的货币主义者，通过一个包含时间的、统计的和历史的证据的综合分析，令人信服地提出了他们的论断。本文中我们所做的，仅仅是就货币变量与收入变量之间的关系提出了问题。在考察上面所作的初步结论时，必须记住两个原则。第一，尽管我们已经表明，改革期间货币供给的变化与收入变化之间有高度的相关关系，但相关关系并不必然是因果关系。一个变量的运动与另一个变量的运动紧密相联并不意味着一个变量是另一个变量发生的原因。第二，格兰杰因果关系检验表明货币供给的变化先于经济活动变量（工业产出）的变化。这一检验仅仅说明了哪个变量先发生，哪个变量后发生。由于可能存在着反向的（reverse causation）因果关系（Mishkin，1992，pp. 637—650），基于格兰杰因果检验就得出货币供给的变化导致收入变化的结论，未免失之过早。

参考文献

Alesina，Alberto and Lawrence Sumers，1990，Central Bank Independence and Macroeconomic Performance：Some Comparative Evidence，Harvard University，mineo.

Andersen，L. C. and J. L. Jordan，1968，“Monetary and Fiscal Actions：A Test of Their Relative Importance in Economic Stabilization”，Federal Reserve Bank of St. Louis Review，50，November，pp. 11 - 23.

Chen，Chien-Hsun，1989，“Monetary Aggregates and Macroeconomic Performance in Mainland China”，Journal of Comparative Economics，June，vol. 13，No. 2，pp. 314 - 324.

Engle，R. F.，D. F. Hendry，and J. F. Richard，1983，“Exogeneity”，Econometrica，Vol. 51，March.

Granger，C. W. J.，1969，“Investigating Casual Relations by Econometric Models and Cross-spectral Models”，Econometrica，Vol. 37，pp. 424 - 438.

Mishkin，F. S，1992，Money，Banking，and Financial Markets，Third Edition，Harper Collins.

Zhou, Xiaochuan and Zhu Li, 1987, "China's Banking System: Current Status, Perspective on Reform", Journal of Comparative Economics, Vol. 11, pp. 399–409.

通货膨胀预期和价格波动*

通货膨胀水平与其波动性之间的关系是文献中一个十分活跃的领域(例如,Okun, 1971; Pagan, Hall 和 Trivedi, 1983; Ram, 1985)。正如弗里德曼(Friedman, 1977)在其诺贝尔奖获奖演讲辞中所指出的那样,是通货膨胀的波动性,而不是通货膨胀水平本身,扭曲了资源配置,降低了经济效率。他将价格波动与通货膨胀缺乏可预测性联系起来。无疑地,通货膨胀的不可预测性是导致 1988 年 8 月中国居民抢购和持币行为的主要原因之一,正是这种行为导致了银行存款在 1988 年 8 月急剧减少(减少额达 26 亿元),并使当年的通货膨胀率(官方数字为 18.5%)成为新中国历史上最高记录。图 1 显示了 1978—1992 年期间的通货膨胀率。

本文根据 1953—1991 年间的中国统计资料,对通货膨胀水平与其波动性成正相关的假说进行了经验检验。它在以下三个方面对该领域的研究作出了贡献。首先,传统方法一般是用每年通货膨胀率的标准差或某种移动平均值来衡量价格波动。我们则是将价格波动分解成两个部分:被预期到的和未被预期到的,用通货膨胀预测误差的平方来衡量价格的波动性,而通货膨胀预测误差则定义为真实的和预期的通货膨胀率之差。第二,在此之前的研究结果大多建立在某些特定的通货膨胀预期形式基础之上。我们则考察了绝大多数通行的预期假说,从非常简单的静态假说到用复杂的分步模型选择标准(Hsiao, 1981)估计的理性预期方程,并发现在所有这些通货膨胀

---

* 原文发表于英文期刊《中国经济评论》(China Economic Review) 1990 年第一卷第二期和 1992 年第三卷第二期。由吴有昌、张磊、艾郁翻译成中文。

预期形式下，通货膨胀水平和价格波动的强相关关系都是强劲的（robust）。第三，或许更重要的是，通货膨胀水平和价格波动性正相关假说（the level-variability hypothesis）得到了中国的数据的支持，而中国的经济体制和典型的市场机制是非常（如果不是完全的话）不同的。

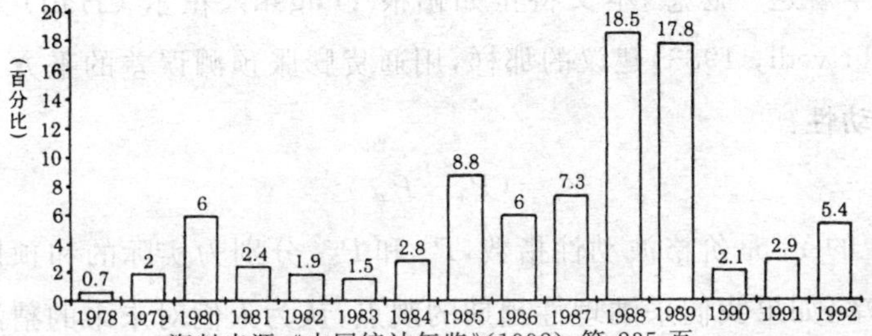

资料来源：《中国统计年鉴》（1992），第235页。

图1 中国的通货膨胀率，1978—1992年

文章第一部分论述价格波动性的衡量方法和各种通货膨胀预期形式。第二部分报告经验结果，并进行诊断分析。第三部分考虑到异常值（outlier）问题，对模型进行重新估计，第四部分简要总结全文。

一、价格波动性的衡量和通货膨胀预期

衡量价格波动性的方法很多，且均与价格分散度（price dispersion）有某种联系。传统的办法是通过实际通货膨胀率的标准差和（或）某种移动平均值来衡量（Ram，1985）。格雷查科斯（Glezakos）和纽根特（Nugent，1984）曾指出，这种衡量方法和通货膨胀水平与价格波动性正相关假说之间缺乏相互联系的理论基础。通过一些数字的例子，福斯特（Foster，1978）证明，即使在通货膨胀率正好落在趋势线上的假设情况下，标准差仍随时间上升，虽然在这种情况下一般都认为波动性并未增大。

衡量价格波动性的传统方法的基本缺陷是未能将被预期到的部分

和未被预期到的部分区分开来。大家普遍承认，完全被预期到的通货膨胀的实际影响很小。例如，如果每个人都完全正确地预测到了通货膨胀率，整个经济就会作出相应的调整。其结果是由于不确定性和扭曲导致的价格波动和效率损失就很小。弗里德曼和其他一些经济学家关心的是通货膨胀的不可预测性，这种不可预测性才是波动和扭曲的根源。本着这一思想，本文将正如帕根（Pagan）、霍尔（Hall）和特里维蒂（Trivedi，1983）建议的那样，用通货膨胀预测误差的平方来衡量**价格波动性**：

$$Y_t=(P_t-P_t^*)^2 \tag{1}$$

(1)式中的 Y_t 是价格波动性指数，P_t 和 P_t^* 分别为实际的和预期的通货膨胀率，如果我们采纳理性预期的观点，认为人们对未来的猜测平均说来是正确的，则等式(1)简单地说就是用通货膨胀未被预期到的部分的方差来衡量价格波动性。它表明，对于给定的用以估计预期通货膨胀率的信息集，只有当高通货膨胀率与通货膨胀未被预期到的部分的方差相联系时，才能说价格波动性(随着通货膨胀的升高)增大了。如果(2)式回归的斜率系数显著异于零(为正)，则通货膨胀水平和价格波动性正相关的假说即得以证实：

$$Y_t=\alpha+\beta P_t+\varepsilon_t \tag{2}$$

其中 ε_t 为误差项。应该注意的是，价格波动性指数 Y_t 是实际通货膨胀率 P_t 的函数。当然可以预料它们是相关的。有人也许会问，是否存在一种不是 P_t 的函数的衡量价格波动性的指标？一般说来，答案是否定的。试想以下几种通行的衡量价格波动性的方法：实际通货膨胀率的标准差或某种移动平均值，通货膨胀系列的一阶差分的绝对值，预测误差的绝对值。所有这些衡量指标都是 P_t 的函数。重要的问题，在于所有这些价格波动性的衡量指标中，哪一个是最好的，及 Y_t 与 P_t 有何关系。

预期形成的方式对价格波动性是至关重要的。因为后者正是通过实际和预期通货膨胀率之间的差额的平方来衡量的。如果我们知道了预期通货膨胀率，则价格波动性指数(1)就可以很容易地计算出来。问题在于，人们是怎样形成他们的预期的？在文献中有许多不同的预期假说。一般说来，这些假说可以分为两类：特定预期和理性预期。本节的剩下部分将讨论几种通行的预期假说，以及怎样依据不同的模型选择标准（MSC）来估计通货膨胀预期方程。

让我们先来看一看三种被广泛使用的特定预期假说。

$$P_t^* = P_{t-1} \tag{3}$$

$$P_t^* = P_{t-1} + \theta(P_{t-1} - P_{t-2}) \tag{4}$$

$$P_t^* = P_{t-1}^* + \gamma(P_{t-1} - P_{t-1}^*) \tag{5}$$

等式(3)被称为**静态预期**，按照这种假说，t 期的预期通货膨胀率等于前一期的实际通货膨胀率。如果我们用(3)式来进行预测，则由(1)式定义的价格波动性就简化为实际通货膨胀系列的一阶差分的平方。假说(4)被称为**外推性假说**（extrapolative hypothesis）（Turnovsky, 1977）。它断言预期通货膨胀率等于前一期的通货膨胀率加上一个修正值，这一修正值是考虑到前期的通货膨胀趋势而作出的。如果 $\theta>0$，表明人们预期过去的趋势仍将继续。如果 $\theta<0$，表明人们预期过去的趋势将逆转。如果 $\theta=0$，假说(4)就等同于假说(3)。等式(5)通常被称为**适应性预期**假说（Nerlove, 1958），它认为对本期的预测等于上一期的预期加上一个修正值，这一修正值等于上一期预测误差的一个比例。要计算用(4)及(5)式表示的预期通货膨胀率，我们必须知道 θ 和 γ。我们通过引入一个工资决定方程来估计这两个变量。其结果是 $\theta=-0.3687$，$\gamma=0.5585$(见附录)。

上述的各种预期假说都有系统误差，这同理性预期假说（Lucas, 1972）直接相矛盾。我们有理由假定理性的个人自有其积极性去使用一切可以获得的信息来形成他们的预期，从而避免系统性预测误差。现在让我们来考虑几种形成通货膨胀预期的备择方式，它们在穆思(Muth, 1961)的意义上都是“理性的”。具体地说，假定通货膨胀的**理性预期**是形如下述时间序列模型的最优线性预期：

$$P_t^* = \beta X_{(t-1)} + V_t \tag{6}$$

式中 P_t^* 是在 $t-1$ 期预测的 t 期的通货膨胀率；$X_{(t-1)}$ 是在 $t-1$ 期所能获得的所有相关信息的向量；V_t 为误差项。在本研究中，信息集包括过去的通货膨胀率和下列滞后的宏观变量：年货币供给增长率（以年末的流通中现金量定义）；实际国民收入增长率；平均名义工资增长率。在我们的样本规模给定的情况下，我们认为将最大滞后时限定为 4 年是合适的。因而我们在开始时就有 16 个（4 个变量，各有 4 个滞后期）变量作为可能的解释变量。我们将用最小平方法估计模型(6)，并把预测值作为预期通货膨胀率。这一方法和理性预期假说是一致的，后者认为平均说来人们的预期是正确的。

现在我们面临一个典型的**模型选择**问题。我们从一个由可能的解释变量组成的多维空间开始，并怀疑其中某些变量可能是多余的。如果我们能将这些不相关的变量去掉，估计就会更加有效。困难在于，从一种先验的理论出发，将某一变量从信息集中排除出去，不再把它当作可能的通货膨胀的解释变量，是难以让人信服的。为了避免施加一些武断的限制，我们就使用萧（Hsiao，1981）的程序选出了最优的模型。萧的程序是以格兰杰（Granger，1969）的因果概念和赤池（Akaike，1969）的最终预测差（final prediction error，FPE）标准为基础的。**萧的标准**是一个多元分步选择程序，它可以同时决定有关的解释变量和它们的最优滞后期。其步骤可以归纳如下：

第一步，所有变量均要被转化为平稳序列。大致来说，如果一个变量对时间的单元回归的斜率系数并不显著，这一变量就可被认为是平稳的。如果时间的影响相当显著，那么就要对变量进行一阶或高阶差分，直到时间趋势的系数不再显著为止。

第二步，通过最小化 FPE 标准，决定滞后因变量（自身的滞后）的最优滞后期。FPE 标准定义为：

$$FPE(m) = [(T+m+1)/(T-m-1)][RSS(m)/T] \tag{7}$$

式中 T 为观测值总数；m 为滞后期（在我们的模型中，$m=1,2,3,4$）；

RSS 为残差平方和。与 FPE(m)的最小值相应的 m^* 就是最优的自身滞后期限。

第三步，将最优的自身滞后期限 m^* 视为给定，用最优自身滞后变量加上其余的一个解释变量进行二元回归。对信息集中的每一个解释变量，均重复这一步骤，并计算：

$$FPE(m^*, n)=[(T+m^*+n+1]/[T-m^*-n-1)][RSS(m^*, n)/T] \quad (8)$$

其中 n 为二元回归中解释变量的滞后期。对于任何一个解释变量，都有一个 n^* 使(8)式最小化。正如萧指出的那样，如果 FPE(m^*, n^*)>FPE(m^*)，就可认为该潜在的解释变量未在格兰杰因果关系的意义上引起通货膨胀。任何被发现的未在格兰杰因果关系的意义上引起通货膨胀的变量均应从模型中剔出。与所有二元回归中最小的 FPE(m^*, n^*)相应的解释变量便是这一步中最优的选择。

第四步，进行一系列三元回归，每个三元回归包含前两步的最优选择和从其余的解释变量中选出的第三个变量。采取类似的步骤，直到所有的解释变量要么被包括到模型中来，要么被剔除出去。

为了便于比较，我们还根据下列传统的模型选择标准（MSC）选出了最优模型：赤池（Akaike，1974)的 AIC 标准，施瓦茨（Schwarz，1978）的 SC 标准，马罗（Mallows，1973）的 CP 标准，雨宫(Amemiya，1980)的 PC 标准，及均方差标准（Darlington，1968）。有关 MSC 的详细讨论，见贾奇（Judge，1985)等人的著述。众所周知，传统的 MSC 穷尽了解释变量的所有可能组合，然后选择出最好的使判断值（Criteriavalue）最小化的解释变量集。与此相对照，萧的程序是从滞后自变量开始，依次对信息集的所有解释变量逐个进行因果分析。每个潜在的解释变量进入模型的顺序依赖于：按照 FPE 标准，哪个变量的"因果关系最强"。正是这种分步的因果关系分析，使萧的程序与传统的 MSC 区别开来。

从这些讨论中我们可以看出，MSC（包括萧的程序）的优点在于，它们主要是让数据自身去选择模型，而不是施加任意的可能导致模型误设的限制。这一点对于研究中国经济尤其重要，因为关于中国经济尚无一套成熟的理论。同时，我们又要非常小心，以免掉入另一个叫做“数据游戏(Data mining)”的陷阱。由于信息是有限的，对这一两难问题并无一个简单的解决办法。在下一节，我们将对用不同的 MSC 选出的最优模型进行诊断分析，并报告通货膨胀水平与价格波动正相关假说的检验结果。

二、检验结果

中国的零售物价总指数及货币供给、实际国民收入、名义平均工资等指标均提供在表 1 中。表 2 则总括了用不同的 MSC 选择出来的最优模型。表 2 的 A 部分报告了预期通货膨胀方程的回归系数。应该注意的是根据施瓦茨的 SC 标准和根据马罗的 CP 标准选择出来的模型是一样的。根据 AIC 和雨宫的 PC 标准选择的模型也是一样的。用 SC 标准得出的模型最精简，而用 AIC 和 MSE 标准则倾向于选出更复杂的模型，这毫不足怪。正如施瓦茨指出的那样，当观测值为 8 个或 8 个以上时，用 SC 标准送出的模型往往比用 AIC 标准选出的模型更简单。关于 MSC 的局限性及渐近性的讨论，可参见易和贾奇(Yi 和 Judge, 1988)的著述。

表 1　中国的价格、货币供给、实际国民收入及名义工资变动率(均为百分比)

年份	总零售物价	货币供给	真实国民收入	名义平均工资
1953	3.4	43.270	14.000	11.211
1954	2.3	4.572	5.789	4.637
1955	1.0	−2.430	6.385	2.890
1956	0.0	42.537	14.108	14.232
1957	1.5	−7.852	4.508	4.426
1958	0.2	28.411	22.026	−13.658
1959	0.9	10.765	8.249	−4.727

续表

年份	总零售物价	货币供给	真实国民收入	名义平均工资
1960	3.1	27.698	−1.435	0.763
1961	16.2	31.073	−29.719	1.705
1962	3.8	−15.275	−6.500	10.242
1963	−5.9	−15.586	10.695	8.277
1964	−3.7	−11.012	16.494	3.120
1965	−2.7	13.499	17.002	−1.362
1966	−0.3	19.483	16.962	−2.454
1967	−0.7	12.360	−7.229	−0.943
1968	0.1	10.010	−6.486	−1.429
1969	−1.1	2.237	19.311	−0.483
1970	−0.2	−9.847	23.254	−1.456
1971	−0.7	10.192	6.990	−1.970
1972	−0.2	11.014	2.918	4.188
1973	0.6	9.854	8.290	−1.286
1974	0.5	6.321	1.081	1.303
1975	0.2	3.398	8.305	−1.447
1976	0.3	11.720	−2.677	−1.305
1977	2.0	−4.215	7.799	−0.496
1978	0.7	8.495	12.289	6.977
1979	2.0	26.274	6.995	9.472
1980	6.0	29.323	6.393	13.901
1981	2.4	14.471	4.904	1.121
1982	1.9	10.800	8.296	2.956
1983	1.5	20.656	9.794	3.469
1984	2.8	49.509	13.504	19.538
1985	8.8	24.707	12.705	17.311
1986	6.0	23.341	7.398	16.570
1987	7.3	19.380	9.300	9.335
1988	18.5	41.300	11.400	23.898
1989	17.8	9.841	3.700	13.100
1990	2.1	12.826	4.800	12.700
1991	2.9	20.027	7.200	12.630

资料来源:据各期《中国统计年鉴》计算。

表 2 估计结果(1953—1988 年数据)

A. 用 MSC 选出的通货膨胀预期模型的回归系数[a]

MSC	常数项和滞后解释变量				
SC,CP	C	P_{t-1}	M_{t-1}	W_{t-4}	
	−0.833	0.529	0.103	0.301	
	(−0.99)	(2.82)	(2.18)	(2.89)	
AIC, PC	C	P_{t-1}	M_{t-2}	M_{t-3}	
	−1.274	0.866	−0.095	0.103	
	(−1.24)	(3.97)	(−1.81)	(2.32)	
	N_{t-2}	W_{t-1}	W_{t-3}	W_{t-4}	
	0.153	0.151	−0.271	0.442	
	(2.26)	(1.71)	(−2.57)	(3.83)	
MSE	C	P_{t-1}	P_{t-3}	M_{t-1}	M_{t-3}
	−3.337	0.583	0.551	0.065	0.052
	(−2.76)	(2.75)	(2.19)	(1.30)	(1.09)
	N_{t-1}	N_{t-2}	N_{t-3}	W_{t-3}	W_{t-4}
	0.102	0.114	0.151	−0.261	0.229
	(1.73)	(1.55)	(1.54)	(−2.37)	(1.82)
HSIAO	C	P_{t-1}	P_{t-2}	M_{t-1}	
	−1.717	0.437	0.207	0.104	
	(−1.34)	(1.60)	(0.81)	(1.77)	
	N_{t-1}	N_{t-2}	N_{t-3}		
	0.071	0.111	0.041		
	(0.78)	(1.17)	(0.48)		

B. 用 MSC 选出的通货膨胀预期模型的统计量

MSC	F 检验值	自由度	R^2	条件指数	DW	$\hat{\rho}^b$ 的 t 值
SC,CP	11.22	3,28	0.546	2.80	1.81	0.06
AIC,PC	7.03	7,24	0.672	4.94	2.11	−1.15
MSE	5.89	9,22	0.707	6.81	1.84	−0.17
HSIAO	3.98	6,26	0.479	4.54	1.76	−0.68

注:

a. 因变量为 P_t,即通货膨胀率;解释变量为:C=常数;P_{t-i}=滞后通货膨胀率;M_{t-i}=

滞后货币供给增长率；N_{t-i}=滞后实际国民收入增长率；W_{t-i}=滞后名义工资增长率。估计系数下面的括号中为 t 值。

b. $\hat{\rho}$ 是从(9)式估计出来的。

萧的程序也给我们提供了一个相对较大的模型，有 6 个解释变量。萧的模型的 F 检验值和可决系数 R^2 都比其他模型的低，反映了萧的标准受到较多的限制这一事实。首先，由于萧的程序是一个分步的过程，它不可能从所有自变量的可能组合中选出最优的模型。一个步骤的最优量在下一步中被视为是给定的，而不允许作反向调整。第二，萧的程序假定，如果高阶滞后项的系数不为零，则所有低阶滞后项的系数也不为零。这也许正是用萧的程序选出的模型往往包含的变量较多的另一个原因。

由于模型中有多个滞后变量，多重共线性就成为我们关心的一个问题。本文报告了条件指数(Condition index)值，该指数定义为 $X'X$ 矩阵的最大特征值(eigenvalue)与最小特征值之比的平方根。正如我们在表 2 中的 B 部分所见到的那样，条件指数都比较小，表明在这些模型中多重共线性并不成为问题。

另一个较麻烦的问题是误差项的序列相关，因为我们的样本是时间序列数据。本文报告了德宾-沃特森(Durbin-Watson)统计值(DW)。但是由于所有的模型都包含了至少一个滞后因变量作为解释变量，DW 检验是不够的。德宾的 h 检验也无法进行，因为表 2 中所有模型的滞后因变量的方差乘上观测值数目后都大于 1。作为一种备择方式，我们通过估计下列回归方程来进行一个等价检验(Durbin，1970)：

$$e_t = \alpha + \rho e_{t-1} + \text{所有其他自变量} \tag{9}$$

式中 e_t 为估计的模型(6)的残差。估计参数 $\hat{\rho}$ 的 t 值也报告在表 2 中的 B 部分。我们无法根据 t 值来拒绝无序列相关的零假设(意味着应当接受零假设)，因为所有的 t 值都是不显著的。实际上证据支持了这些模型中不存在序列相关的零假设。

有些人也许会对表 2 中的模型提出挑战，争辩说 1977 年后中国的通货膨胀过程的结构也许发生了变化。为回答这一问题，我们用邹检验(Chow，1960)考察了结构稳定性问题。大家都知道，邹检验对于数据分界的选择很敏感。我们认为最合适的是将所考察的整个时期分为两个：1953—1976 年和 1977—1988 年。由于我们在 1977—1988 年只有 12 个观测值，对有许多个参数要估计的回归方程进行邹检验的意义就不大。由于这一原因，我们只对表 2 中根据 SC 和 CP 标准选出的模型进行邹检验。自由度为(4,24)的 F 值为 0.436，据此我们无法拒绝两个时期结构相同的零假设。使用同一分界点，我们还用戈德菲尔德-匡德特 (Goldfeld-Quandt，1972)检验考察了模型的异方差性。自由度为(8,16)的 F 值为 1.07，这再次使我们接受误差项同方差的零假设。初看起来，这一结果有点令人感到奇怪，因为我们的猜测是，由于经济改革，1953—1976 年和 1977—1988 年是不同的。然而，如果我们仔细地看一看数据，就会发现情形本该如此。大体上年度通货膨胀率数据中有两个异常值可能导致方差增长。一个在 1961 年，另一个则在 1988 年。因此，就误差项的方差而言，很难说第二个时期必然与第一个时期有什么不同。

表 3　价格波动性对通货膨胀水平的回归结果[模型(2)][a]

(1953—1988 年数据)

预期模型	常数	P_t	R^2	DW
静态预期	1.870	6.710	0.542	1.41
	(0.40)	(6.15)		
外推预期	7.769	5.324	0.217	2.09
	(0.88)	(2.93)		
适应性预期	4.408	6.001	0.324	2.08
	(0.62)	(3.98)		
SC,CP	3.292	3.341	0.486	1.79
	(0.98)	(5.32)		
AIC,PC	4.181	1.607	0.536	1.75
	(2.86)	(5.89)		
MSE	3.870	1.383	0.563	2.26
	(3.24)	(6.22)		
HSIAO	0.761	5.208	0.598	1.63
	(0.19)	(6.80)		

注：

a. 因变量为 Y_t，即据(1)式定义的价格波动性指数。单元回归的解释变量是通货膨胀率 P_t。估计系数下方的括号中为 t 值。

表 3 总结了通货膨胀水平对价格波动性的影响的回归结果。对表 3 中前三个简单的回归方程而言，由于据特定预期假说估计的未被预期到的通货膨胀系列存在着序列相关而导致了一个难题。为了缓解这一问题，我们假定模型(2)中的误差项服从一阶自相关过程 AR(1)，

$$\varepsilon_t = \rho\varepsilon_{t-1} + v_t \tag{10}$$

这样问题就如德宾（Durbin，1960)所建议的那样，通过广义差分而得到了修正。估计的相关系数(静态模型、外推模型和适应性模型的估计相关系数分别为 0.689，0.201 和 0.189)被用在修正过程中。表 3 还报告了以理性预期为基础的回归结果。很清楚的是，表中所有单元回归模型的斜率系数都是高度显著的，强有力地支持了高通货膨胀率与高价格波动性相联系的假说。无论人们以何种方式形成通货膨胀预期，这一结果都是强劲的。而且，当我们用年度通货膨胀的一阶差分值或预测误差的绝对值来衡量价格波动性时，得到的结果同表 3 中的也相类似。

三、估计中的异常值问题

哈弗(Hafer，1992) 对上述结论提出了批评。他批评说，上述部分报告的结果并不是强劲的。他争辩说，如果注意到数据集中的异常值(1960 和 1988 年的观测值)，则通货膨胀水平和价格波动性之间就无任何显著关系。

本文作者(Yi，1992b)利用更新的 1953—1991 年间的数据对模型进行了重新估计，回复了哈弗的批评。

哈弗教授在其评论中提出的对上述结果的强劲性的关心，是一个很重要的问题。然而，哈弗教授使用的方法却并不合适，原因有以下三个：首先，大家知道，对异常值应作何处理依赖于潜在的异常值的产生

过程。如果异常值是由于纯粹的随机事件所导致的,在模型中使用虚拟变量便是有用的。但是,如果异常值显示了模型的参数部分的某些设定错误,使用某些强劲估计 (robust estimation)就是更合适的了。虚拟变量的使用表明哈弗教授将 1961 和 1988 年的观测值视作纯粹的随机事件。对 80 年代初 (Chen 和 Hou, 1986)和 1987—1989 年间 (Yi, 1992a)的通货膨胀的简要分析表明,在这两个点上通货膨胀都有某些结构上的背景。而且,在未考察 1989—1991 年的数据之前,将 1988 年的数据解释为异常值本身就为时过早。从表 1 可明显看出,如果 1988 年的数据是一个异常值,则 1989 年的观测值也应是一个异常值。任何一个对中国的通货膨胀经历有所了解的人都会同意,将 1988 和 1989 年当作由纯粹随机(外生)事件引起的异常值处理,将会导致对整个 80 年代的通货膨胀的动态过程的错误设定。因此,对 1961 和 1988 年的观测值使用虚拟变量过分简化了潜在的异常值产生过程,所以它不是一个合适的处理本问题中异常值的办法。

第二,哈弗的估计存在基本的概念错误。对 1961 年和 1988 年的观测值使用虚拟变量,违反了关于预期形成的基本假定:为了估计 t 期的预期值,人们只能利用至 $t-1$ 期为止的信息。具体说来,

$$P_t^* = f(I_{t-1}) + v_t \tag{11}$$

式中 P_t^* 为在 $t-1$ 期预期的 t 期的通货膨胀率;f 是一个函数:I_{t-1} 则是直至 $t-1$ 期的信息。如果函数 f 是线性的,方程(11)就成了方程(6)。使用一个虚拟变量,令它在 1961 年为 1,其余年份为 0,这不啻是说人们在预期 1961 年通货膨胀率时已经知道 1961 年将是一个高通货膨胀年。这是毫无道理的。应该记住,虚拟变量是一个解释变量。从事后来说,我们可以很容易地指出 1961 年和 1988 年的通货膨胀率高于其他年份。然而,在预测 1961 年的通货膨胀率时,用一个虚拟变量将 1961 年单独区分开来是有问题的。因此毫不奇怪,在哈弗的估计中,两个虚拟变量成为最重要的自变量,有最强的解释能力。

第三,哈弗在加入两个虚拟变量之后,使用的仍是最初的滞后变量

结构(Yi,1990),这也是有问题的。他为此争辩说,重新估计不同的滞后变量结构将会把滞后变量选择的问题和异常值的影响“混淆”在一起。但是加上两个虚拟变量很可能会显著地改变预期的形成过程,从而使原来最优的滞后变量结构不再是最优的。这里的意思是,我们必须在正确的模型设定下来检验假说。

正确处理本问题中的异常值的方法是什么呢?其实,在文献中有许多强劲估计的方法(Koenker,1982)。下面就是一种被称为**有限影响估计**(Bounded influence estimation,BIE)的简单方法,它是由贝尔斯利(Belsley)、库赫(Kuh)和威尔希(Welsch,1980)提出来的。这一方法是通过观察放弃某一特定观测值后 y 的预测值 $\hat{y}$ 的变化来找出异常值。定义

$$DFFITS_i=\frac{\hat{y}_i-\hat{y}_{(i)}}{S_{(i)}\sqrt{h_i}} \tag{12}$$

式中 $\hat{y}_i$ 为使用全样本进行预测时的预测值;$\hat{y}_{(i)}$ 为剔除第 i 个观测值后的预测值(Fitted Value);$S^2_{(i)}$ 是从省略第 i 个观测值后的回归方程中估计出的 σ^2 的估计量;h_i 是自变量空间的映射矩阵(Projection Matrix)[也称带帽矩阵(Hat Matrix)]的第 i 条对角线,$hi=X_i(X'X)^{-1}X_{i'}$;而 X 则为自变量矩阵。

贝尔斯利、库赫和威尔希认为,DFFITS 是一个更好的找出异常值和有影响力的观测值的标准。DFFITS 是一种标准化的衡量由于剔除了某一特定观测值而导致的 y 的预测值的变化的指标。而且,他们建议,凡是 DFFITS 值大的观测值也不应被剔除出去,而应该通过下式使其影响最小化:

$$\text{最小化}:\sum wi(yi-\beta X)^2 \tag{13}$$

式中

$$wi=\begin{cases}(0.34/|DFFITS_i|) & \text{当}|DFFITS_i|>0.34\text{ 时}\\ 1.0 & \text{当}|DFFITS_i|\leqslant 0.34\text{ 时,}\end{cases}$$

表 4　用 OLS 和有限影响估计法估计的通货膨胀预期模型

(1953—1991 年数据)

	最小平方法				有限影响估计法			
	SC	AIC	MSE	Hsiao	SC	AIC	MSE	Hsiao
C	0.960	−1.195	−2.129	−0.910	−0.824	−0.752	−1.612	−0.689
	(−1.10)	(−0.94)	(−1.91)	(−0.90)	(−1.40)	(−1.03)	(−2.46)	(−0.97)
P_{t-1}	0.293	0.447	0.273	0.412	0.366	0.522	0.343	0.464
	(2.02)	(2.45)	(1.99)	(2.77)	(2.93)	(3.91)	(2.90)	(3.35)
P_{t-3}				0.176				0.213
				(0.95)				(1.68)
M_{t-1}	0.153		0.148	0.139	0.134		0.131	0.114
	(3.31)		(2.97)	(3.08)	(3.83)		(3.96)	(3.46)
M_{t-2}		−0.064				−0.048		
		(−1.12)				(−1.40)		
M_{t-3}		0.115	0.071			0.061	0.022	
		(2.12)	(1.33)			(1.77)	(0.59)	
N_{t-1}				0.071				0.045
				(0.97)				(0.79)
N_{t-2}		0.171	0.099			0.118	0.093	
		(2.04)	(1.20)			(2.15)	(1.93)	
W_{t-1}		0.169				0.147		
		(1.58)				(2.28)		
W_{t-3}		−0.235	−0.192			−0.116	−0.115	
		(−1.92)	(−1.67)			(−1.33)	(−1.24)	
W_{t-4}	0.211	0.274	0.233		0.147	0.186	0.125	
	(2.24)	(2.18)	(1.97)		(1.89)	(2.17)	(1.43)	
R^2	0.56	0.56	0.63	0.49	0.64	0.66	0.72	0.57

注：

本表报告的是用 1953—1991 年间数据对理性预期模型进行有限影响估计的结果。它可以被视作本文表 2 的更新。因变量为通货膨胀率 P_t；解释变量为：C＝常数；P_{t-1}＝滞后通货膨胀率；M_{t-i}＝滞后货币供给增长率；N_{t-i}＝滞后实际国民收入增长率；W_{t-i}＝滞后名义工资增长率。估计系数下方的括号中为 t 值。

表 4 报告了根据易 (1990)建议的模型选择标准选出的通货膨胀预期模型的回归结果。用的是 1953—1991 年间的数据。我们可以注意到其滞后项结构与表 2 中的略有不同。表 4 既提供了用一般最小平方法(OLS)得出的回归结果，也提供了用有限影响估计法 (BIE) 得

出的回归结果，后一种估计法实质上是一种加权最小平方方法。

表 5　价格波动性对通货膨胀水平的回归结果(1953—1991 年数据)

预期模型	估计系数		统计量	
	常数	P_t	R^2	DW
静态预期	6.673	3.880	0.15	1.68
	(0.96)	(2.50)		
外推预期	6.586	3.764	0.14	1.97
	(0.90)	(2.34)		
适应性预期	2.105	2.087	0.27	1.83
	(1.16)	(3.46)		
SC,CP	2.808	3.663	0.51	1.75
	(0.87)	(6.32)		
AIC,PC	3.826	3.574	0.47	1.69
	(1.15)	(5.95)		
MSE	1.547	3.618	0.56	1.75
	(0.58)	(7.53)		
Hsiao	1.503	4.827	0.52	1.82
	(0.38)	(6.64)		

注：

因变量为 Y_t，即由本文(1)式定义的用预测误差的平方表示的价格波动性。单元回归的解释变量为通货膨胀率 P_t。估计系数下方括号中为 t 值。

表 5 报告了检验通货膨胀水平和价格波动性正相关假说的回归结果。在表 5 中，对于分别用(3)、(4)及(5)式计算的静态预期、外推预期及适应性预期，水平/波动性假说的回归方程是用有限影响法估计的。对于(用 SC、AIC、MSE 及萧等标准选出的)理性预期模型，表 5 报告的水平/波动性假说的回归方程是用广义最小平方法(GLS)估计的，目的是为了修正序列相关。

很显然，表 5 报告的所有斜率系数都是高度显著的。这支持了通货膨胀水平和价格波动性正相关的假说，而这正是易 (1990)的结论。我们很容易就可以证明，如果我们使用 1953—1988 年间的数据，有限影响估计法的结果也将支持这一结论。实际上，根据 1953—1988 年的数据，利用有限影响估计法得出的结果和表 4 与表 5 中报告的结果在性质上是相同的，且显著水平更高。

四、小结

本文为通货膨胀水平和价格波动性正相关假说提供了强有力的经验证据。这一结果在不同的预期形式下都是强劲的。而且,由于这些证据是从经济体制与传统的市场机制很不相同的中国的时间序列数据中得到的,这更加强了我们对通货膨胀水平与价格波动性正相关假说的信心。弗里德曼极力声称价格的高度不稳定主要是由于政府采取的反复无常的反通货膨胀措施所引起的。这一点在中国比在西方世界更符合现实,因为中国政府对经济的直接控制更强。实际上,在本文研究的时期内,中国政府确实有好几次(1961 年、1985 年及 1989—1990 年)采取了严厉的措施(通常是通过强制性的行政命令,而不是通过经济杠杆)来抑制通货膨胀,这种做法确实妨碍了经济增长,扭曲了资源配置。本研究的政策含义是,一种低通货膨胀的、一致的、稳定的经济政策对中国显然是更适宜的。

附录:工资决定方程

让我们假定平均名义工资由下述方程决定:

$$W_t = a_0 + a_1 N_{t-1} + a_2 P_t^* \tag{14}$$

式中 W_t 为货币工资的百分比变动,N_t 为真实国民收入增长率,P_t^* 为预期通货膨胀率。

分别将(4)式和(5)式代入进来,我们就得到

$$W_t = a_0 + a_1 N_{t-1} + a_2(1+\theta)P_{t-1} - a_2\theta P_{t-2} \tag{15}$$

$$W_t = \gamma a_0 + a_1 N_{t-1} - a_1(1-\gamma)N_{t-2} + a_2\gamma P_{t-1} + (1-\gamma)W_{t-1} \tag{16}$$

参数 θ 和 γ 可以根据 1953—1988 年间的中国数据,用最小平方法从(15)式和(16)式中估计出来。其结果为:$\theta = -0.3687$,且为恰好识别(exactly identified);$\gamma = 0.5585$ 或 0.59,且为过度识别(overidentified)。我们选择 $\gamma = 0.5585$,因为其方差较小。看起来 $\gamma = 0.5585$是落

在适应性预期文献中的合理范围内的，而 $\theta=-0.3687$ 就有些奇怪。为什么人们会预期通货膨胀变化的趋势将会反过来呢？也许是因为人们相信政府关于中国今年的通货膨胀将低于上一年的承诺吧。不管怎样，我们并不想争论说这就是通货膨胀预期形成的正确方式。我们想要说明的是，这是形成通货膨胀预期的一种方式。实际上，我们确实也在(4)和(5)式中使用了别的 θ 值和 γ 值，而这并不改变本文的结论。

参考文献

Akaike, H. 1969, "Statistical Predictor Identification," *Annals of the Institute of Statistical Mathematics*, Vol. 21, pp. 203 - 217.

Akaike, H. 1974, "A New Look at the Statistical Model Selection Identification," *IEEE Transaction on Automatic Control*, AC-19, pp. 719 - 723.

Amemiya, T. 1980, "Selection of Regressors," *International Economics Review*, Vol. 21, pp. 331 - 345.

Belsley, D. A., E. Kuh, and R. E. Welsch. 1980, Regression Diagnostics: Identifying Influential Data and Sources of Collinearity, New York: Wiley.

Chen, Nai-Ruenn and Chi-ming Hou, 1986, "China's Inflation, 1979—1983: Measurement and Analysis," *Economic Development and Cultural Change*, July, pp. 811 - 835.

Chow, Gregory C. 1960, "Tests of Equality Between Sets of Coefficients in Two Linear Regressions," *Econometrica*, Vol. 28, pp. 591 - 605.

Darlington, R. B. 1968, "Multiple Regression in Psychological Research and Practice," *Psychological Bulletin*, Vol. 69, pp. 161 - 182.

Durbin, J. 1970, "Testing for Serial Correlation in Least Squares Regression When Some of the Regressors Are Lagged Dependent Variables", *Econometrica*, Vol. 38, 410 - 421.

Durbin, J. 1960, "Estimation of Parameters in Time-series Regression Models", *Journal of the Royal Statistical Society*, Ser. B, Vol. 22, pp. 139 - 153.

Foster, E. 1978, "The Variability of Inflation", *Review of Economics and Statistics*, Vol. 60, pp. 346 - 350.

Friedman, M. 1977, "Nobel Lecture: Inflation and Unemployment", *Journal of political Economy*, Vol. 85, 451 - 472.

Glezakos, C. and J. B. Nugent, 1984, "Price Instability and Inflation: the Latin American Case", *World Development*, Vol. 12, pp. 755 – 758.

Goldfeld, S. and R. Quandt, 1972, Nonlinear Methods in Econometrics, Amsterdam: North-Holland Publishing Company.

Granger, C. W. J. 1969, "Investigating Casual Relations by Econometric Models and Cross-Spectral Models", *Econometrica*, Vol. 37, pp. 424 – 438.

Haffer, R. W. 1992, "Inflation and Price Instability in China: A comment", *China Economic Review*, Vol. 3, No. 2, pp. 213 – 218.

Hsiao, C. 1981, "Autoregressive Modeling and Money-Income Causality Detection", *Journal of Monetary Economics*, Vol. 7, No. 1, pp. 85 – 106.

Judge, G., W. Griffiths, C. Hill. H. Lutkepohl and T. C. Lee. 1985, The Theory and Practice of Econometrics, Second Edition, New York: Wiley.

Koenker, Roger, 1982, "Robust Methods in Econometrics," *Econometric Reviews*, Vol. 1, No. 2, pp, 213 – 255.

Lucas, R. E. 1972, "Expectations and the Neutrality of Money," *Journal of Economic Theory*, Vol. 4, pp. 103 – 124

Mallows, C. L. 1973, "Some Comments on Cp," *Technometrics*, Vol. 15, pp. 661 – 676. Muth, J. F. 1961, "Rational Expectations and the Theory of Price Movements," *Econometrica*, Vol. 29, pp. 315 – 355.

Nerlove, M. 1958, "Adaptive Expectations and Cobweb Phenomena," *Quarterly Journal of Economics*, Vol. 73, pp. 227 – 240.

Okun, A. M. 1971, "The Mirage of Steady Inflation, " *Brookings Papers on Economic Activity*, Vol. 2, pp. 485 – 498.

Pagan, A. R., A. D. Hall and P. K. Trivedi, 1983, "Assessing the Variability of Inflation," *Review of Economic Studies*, Vol. 50, pp. 585 – 596.

Ram, R. 1985, "Level and Variability of Inflation: Time Series and Cross-Section Evidence from 117 Countries," *Economica*, Vol. 52, pp. 209 – 223.

Schwarz, G. 1978, "Estimating the Dimension of a Model," *Annals of Statistics*, Vol. 6, pp. 461 – 464.

Turnovsky, Stephen, 1977, Macroeconomic Analysis and Stabilization Policy, New York: Cambridge University Press.

Yi, G. and Judge. 1988, "Statistical Model Selection Criteria, " *Economics Letter*, Vol. 28, pp. 47 – 51.

Yi, Gang. 1990, "Inflation and Price Instability: An Empirical Study of the People's Republic of China," *China Economic Review*, Vol. 1, No. 2, pp. 155 – 165.

Yi, Gang. 1992 a, "The Money Supply Mechanism and Monetary Policy in China," *Journal of Asian Economics*, Vol. 3, No. 2, pp. 217 - 238.

Yi, Gang. 1992 b, "Inflation and Price Instability in China: Reply," *China Economic Review*, Vol. 3, No. 2, pp. 219 - 223.

价格改革与通货膨胀*

过去10年中，中国经济改革的本质是要建立一个主要由市场决定资源配置的经济。[①] 经济改革带来的一个副作用就是恶性通货膨胀。很大程度上来说，改革能否继续下去依赖于能否成功地抑制通货膨胀。在这里，一个重要的问题是，在由一个基本上以指令性价格作为会计结算工具的中央计划经济向供求决定价格的市场经济的转变过程中，是否可以避免通货膨胀。

本文的目的有两方面。一方面，对过去10年中国的价格改革进行一个简短的回顾，重点在于简述改革的历史过程。另一方面，将价格上涨压力分解为不同因素，揭示价格改革与通货膨胀之间的密切联系。由中国的价格改革经验可以得到这样的启示，在由计划经济向市场经济的转变过程中，调整相对价格而不出现一般价格水平的上升，事实上是不可能的，也就是说，通货膨胀是不可能避免的。通货膨胀有两个主要根源。第一，价格改革直接引发通货膨胀；第二，分权化改革引起投资热，随后经济过热，最终造成通货膨胀。一旦通货膨胀过程被启动，企业和个人基于通货膨胀预期的理性反应，将进一步加强价格上涨压力，加剧短缺并且加速通货膨胀。尽管我们的着眼点是中国的经验，这里的分析对于其他中央计划经济同样具有指导意义。文章第一部分将讨论价格改革的目标。第二部分回顾过去10年中国价格改革的过程。第三部分分析通货膨胀的成因，重点讨论价格改革与通货膨胀间的联

---

* 原文发表于英文期刊《比较经济研究》(*Comparative Economic Studies*) 1990年冬季卷。由吴有昌、张磊、艾郁翻译成中文。

系。第四部分总结全文。

一、价格改革的原因和目标

在本文,“价格”一词主要是指狭义的价格,即主要指消费品和生产资料的价格,而不包括工资(劳动力的价格),利息(资本的价格)和地租(土地的价格)等。

经济改革前的中国经济,可以被看作是典型的中央计划经济,工业部门中国有企业占统治地位,农业部门采取公社的组织形式。相应地,消费者分为两大集团:农村消费者和城镇消费者。公社中的农民被严格地限制在农村,他们不能进入城市工作,更不能享受城市居民享有的凭票低价供应特权。事实上,所有的价格都是政府通过物价局层层制定的,资源配置主要是通过行政渠道而不是通过市场供求来决定。因此,价格在资源配置中只起着非常有限的作用,甚至消费品的配置也部分通过配给实现。[②]然而,计划价格体制在中央计划经济中仍起着以下的重要作用。第一,由于所有的工业、商业、农业利润是用这一套价格计算的,它对企业的盈利能力有着重大的影响。第二,它在收入分配中起着重要的作用。工农产品的相对价格决定了城乡消费者的生活水平。第三,它很显然是指令性计划以外商品的主要配置手段。

(一)计划价格体制的特点

改革前,中国计划价格体制(统制价格体制)有以下特点。

(1)价格体系扭曲,价格是非均衡价格。价格体系中主要存在三方面的扭曲:第一,计划的一般价格水平低于均衡价格水平,因此,经济中存在着持续的过度需求。第二,大多数能源、原材料和交通运输部门的价格偏低,而加工工业产品的价格则相对较高。这一点可以从表1的数据中清楚地看出。表1列出了开始进行价格改革时1979年国有工业企业的利润率。第三,农产品收购价格相对于工业品价格偏低。

这反映了一个长期存在的严重问题:通过工农业产品之间的剪刀差,政府从农村部门拿走了太多的剩余。在一个像中国这样落后的农业国家,工业化过程需要巨额资金,积累的主要来源显然是农民的贡献。在中国,对农民的控制主要是通过规定相对于工业产品偏低的农产品价格。据估计,从1949年到1979年,通过不等价交换,中国农民对积累所做的贡献超过了6000亿元(农村发展研究中心,1987年),政府事实上垄断了所有的农产品购销渠道。如果把农产品成本分解为三部分:①固定成本(土地、水利设施、耐用农机等),②劳动力成本及③其他可变成本(水电费、化肥、农药、种子);那么,改革前中国某些地区的农产品销售价格甚至不能补偿上述的第三部分成本。

表1 1979年国有工业企业利润率

行业部门	工业企业利润率
煤炭	2.1%
铁矿	1.6%
水泥	4.4%
化工原料	3.2%
木材	4.8%
橡胶加工	44.9%
印染	38.4%
手表	61.1%
自行车	39.8%
医药	33.1%

资料来源:中国社会科学院价格改革研究课题组,1986。

(2)改革前的价格体制是一个多重价格体制。中央控制的原料价格由国家物价局制定,而由地方政府计划生产的商品价格则由地方政府制定。绝大多数价格是根据生产成本确定的。中央计划控制的企业通常规模较大、效率较高,他们能够以较低的成本生产出质量较高的产品,于是,其产品价格较低。相反,由地方政府控制的企业通常效率很低,高的生产成本导致了高的产品价格。大企业生产的高质量的水泥按每吨51—56元出售,而小企业生产的低质量的水泥则按每吨70—80元出售,诸如此类的情况在当时的中国并不鲜见(中国社会科学院价格改革研究课题组,1986)。两者都是计划价格,那么为什么有人愿出高价购买低质量的水泥呢?根本的原因在于,在一个中央计划经济中,产品是由计划(配额)配置的,那些无法从计划部门获得低价高质水泥的企业愿意用高价购买。因此,过度需求和短缺的共存构成了多重价格体制能够长期维持的主要原因。

(3)物资分配权力为某些人提供了侵吞国有资产以中饱私囊的机会;此外,分配过程中的许多漏洞导致了巨大的浪费。尽管政府在资源配置过程中做出了很大的努力,这些问题仍然未能避免。例如,在城镇地区,政府通过向每位城市居民按月发放票证来供应粮食,居民可以按低的计划价格购买一定数量。显而易见,票证的价值相当于市场价格与计划价格之间的差额。这一差额的存在,使得农民可以从城市居民手中购得粮食供应票证,从而以低价购买粮食,再将其运回农村,这样就有巨额的供应粮回流到农村地区。可以想象这中间存在着多么大的运输成本,更不用说配给工作本身带来的交易成本以及为防止非法的票证交易所需要的监督成本。

(4)改革前的价格水平基本上一直是冻结的。从1952年到1978年,一般物价水平每年只上升0.7个百分点。这种超稳定的价格政策使得价格很难对任何外部的或内部的冲击做出反应。长期以来政府不得不维持低价格水平,这种价格政策几乎必然导致了巨额的物价补贴。概括地说,过去的中央计划价格体制扭曲了资源配置信号,损害了高效率的企业,保护了效率低的厂家,使得个人和企业都缺乏进行创新和提高效率的积极性。这是中央计划价格体制的主要弊端,也是进行价格改革的主要原因。

(二)价格改革的目标

尽管在价格改革的目标和手段问题上存在着一些争论,中国的大多数经济学家都同意,价格改革的最终目标是使价格的决定通过市场机制进行,而不是在计划价格体制范围内进行相对价格的调整。具体来说，以下几个目标尤其重要：(1)为企业和个人提供激励机制；改变过去那种高效率的企业要上缴额外的利税而低效率的企业却可以享受补贴的状况，使个人收入与其对价值增值的贡献密切相关。(2)建立一个竞争性市场，使企业和个人可以进行公平竞争；改变现存的企业利润率主要由政府制定的一些参数（如企业投入品和产出品的价格和数量）决定的状况，使企业和个人成为独立的经济行为主体，能够为自己的行为负责，能够自负盈亏。(3)减少计划配置资源的份额，增加市场配置资源的比重。(4)减少政府的价格补贴。

至于价格改革的手段，"调整"和"放开"是两个关键。通过价格调整要使当前计划价格体系中的价格接近于均衡价格。农产品收购价格的几次提高就是价格调整的具体表现。价格放开意味着放弃对某些商品价格的控制，而让市场决定这些商品的价格。例如，20 世纪 80 年代中期，政府放开了大多数日用消费品的价格。实践中，价格改革的方式是这两种战略的组合。一下子放开所有的价格是行不通的，因为这样导致社会无法承受的恶性通货膨胀。此外，在国有企业产权尚未清晰界定的情况下，完全放开价格可能导致企业的非理性行为（或称理性行为，依赖于个人对理性的理解），由此将产生的是一个混乱的局面，而不是一个有序的竞争性市场。仅仅进行价格调整而不辅之以必要的价格放开也不是一个好的策略，因为价格调整的理论基础本身就有一些逻辑上的问题。比如说，如果价格改革的目标是通过调整使计划价格转变为市场均衡价格，那么，在不存在市场的条件下，政府是怎样确知均衡价格水平的呢？由于均衡价格是市场力量相互作用的结果而不是计划者计算的答案，我们不可能仅仅通过调整计划价格就达到均衡价格。许多西方学者也持有同样的观点。伯德（Byrd，1989)指出，计划价格的一些调整变化，对于提高效率和扩大市场的作用将是不起作用的。

二、中国价格改革的简短回顾

(一) 价格改革:1979—1987 年

1978 年 12 月,中国共产党第十一届中央委员会第三次全体会议召开,这标志着中国经济改革的开始。价格改革的第一个重要举措是,1979 年 3 月,国务院决定从当月起陆续提高 18 种主要农产品的收购价格(平均提高 24.8%)。之后,政府尝试着逐渐放开粮食价格。1985 年,在中国的主要城市地区,除小麦以外的粮食价格就基本上都放开了。1985 年,农产品收购价格比 1978 年平均提高了 67%。事实证明,这是一个英明的决策。同农业生产责任制一起,它们使这样的奇迹出现了:1979—1984 年这段时期内中国农业迅速地增长。

紧跟着农业部门,其他部门的相对价格结构也得到了调整。例如,在 80 年代初,政府对整个纺织工业进行了全面的价格调整,降低了化纤布价格,提高了棉布价格。1984 年,铁路货运价格和水路客、货运价格上调;1985 年,进一步提高了短程铁路客、货运价格。

1979 年以来,还陆续上调或部分放开了一些重要的重工业产品(如煤炭、生铁、钢材等)的价格。由国家统一定价的工业产品由 1984 年的 120 类下降到 1987 年的 60 类;由中央政府调配的生产资料也从 1984 年的 256 类下降到 1987 年的 26 类。从 1979 年开始,政府统一调配的重要原材料的比重不断下降,例如在 1986 年,只有 53.1%的钢材,42.3%的煤炭,16.2%的水泥和 30%的木材是由政府调配的(《人民日报》,1987 年 7 月 18 日)。为了减少计划配置资源的比重,商品被划分为至少三大类:指令性计划商品,指导性计划商品和计划外商品,政府只控制指令性计划商品的价格,允许指导性计划商品的价格在一定范围内浮动,同时完全放开了计划外商品的价格。经济中由市场调节的份额逐步提高。到 1987 年,官方正式宣布,从整体看,50%的资源配置是通过市场进行的(《人民日报》,1987 年 11 月 9 日)。但是,由于

1988年夏季以来通货膨胀局势的恶化，这一发展趋势中断了（某种程度上可能还有所逆转）。

（二）“双轨”价格体制

随着轻工业、纺织工业、日用消费品工业产品价格的逐步放开，在重工业部门引入了所谓的**“双轨”价格体制**。在双轨（或可能是多轨）价格体制下，与计划价格并存的是较高的市场价格。当时，一个典型企业面临着一系列计划指标，其中包括产出品的国家强制调拨和投入品的计划配给；计划目标以外的投入品购买和产品销售都在市场上按浮动价格进行。一般说来，企业以计划低价获得投入品的特权是与其承担的计划调拨产品的义务成比例的；一个完全处于计划外的企业无需完成计划调拨产品的任务，从而也不可能按计划低价购买投入品。

双轨价格体制下，一个值得提出的例子是石家庄市的生产资料市场。那里，所有的生产资料都按市场价格出售。市政府放弃了传统的实物配给计划，取而代之的是，根据企业历来拥有的投入品配给额度，对企业进行货币补贴。换句话说，政府给企业一定的货币量，这一货币量相当于企业按市场价格购买从前计划配给的投入量时与按计划低价购买时费用的差额，而如何使用这笔钱则完全取决于企业。在这种安排下，企业的状况至少不会比在传统的实物配给计划下差。然而，企业现在有了更多的选择，这显然会提高资源配置效率。事实上，这种安排几乎相当于单轨的市场价格机制，惟一的差别在于，历史上沿袭下来的实物配额体制仍被继续使用，据此以确定对企业的货币补贴额。

正如我们在前面提到的那样，计划价格体制是一个多轨的价格体制，因此把双轨价格体制作为向市场机制过渡的一个手段就是很自然的了。双轨价格体制原先的目标是，冻结现存的计划配给额度，任何新增量都通过市场交易；并且（希望）通过这种动态过程，不断增加市场作用的份额，逐步废除旧的计划价格体制。然而，事与愿违，双轨价格体制尽管足以摧毁旧的计划价格体制，但是它并不能带来一个有序的竞争性市场。主要原因是，计划价格和市场价格作为两种不同的价格是由两种互相冲突的力量形成的:行政权力和市场机制。在双轨制下，如何分配资源以及谁能按计划低价获得资源是相当人为的，并且完全由政府有关官员说了算，这就使他们很容易以权谋私。由于贿赂官员比设法提高市场竞争力往往更容易，所以典型企业通常会把主要精力放在与政府打交道上。双轨制的另一个结果是，计划当局配置的资源份额减少了，从而削弱了中央政府对经济的直接控制力量。传统的政府政策工具受到市场力量的抵制，而同时，行政力量的介入又引起市场信号和市场行为的扭曲;旧的价格体制行将崩溃，而新的价格体制却由于政府官员的腐败不能从双轨制中成长起来。中国的大多数经济学家似乎一致同意，双轨制弊大于利。然而，不管你喜欢还是不喜欢它，双轨制将继续在中国经济中起很重要的作用，它已经深深地植根于中国经济体制中了。关于双轨制从正反两方面的进一步讨论，参看伯德(1987)，史和刘(Shi 和 Liu，1989)的著述。

(三) 价格改革:1988—1993 年

1988 年或许是中国价格改革过程中最引人注目的一年。5 月份，政府宣布物价补贴将由暗补转为明补[3]，随即又放开了四种主要副食品(蔬菜、肉、蛋和糖)的价格。6 月份，政府领导人一再表示要下决心克服价格改革的障碍，并且将着手进行一场包括废除双轨制在内的全面的价格改革(《人民日报》，1988 年 6 月 23 日)。7 月份，政府尝试着放开了名牌烟酒的价格。这一系列努力曾使全国尤其是大城市中的流言四起;8 月份银行存款减少了 26 亿元;1988 年官方宣布的通货膨胀率达到 18.5%。

为了安定民心，政府采取一系列措施来抑制**通货膨胀**。(1)9 月份，人民银行提高了几乎所有银行存款的利率，并且引进了保值储蓄，其利率与官方通货膨胀率挂钩。(2)政府宣布，1989 年将不再放开重要原材料(主要是生产资料)的价格，近期将不再出台新的价格改革措施。(3)减少基本建设投资。到11月底,据估计价值334亿元的超过10200个基建项目被中止或推迟(《人民日报》,1989年1月14日)。(4)政府决定抑制社会集团消费,在全国范围内对统制价格进行检查,整顿和清理公司,尤其是那些新成立的与政府机构有着某种联系的公司。

这样做的结果是,从1988年9月起,储蓄存款回升;价格虽继续上涨,但上涨率降低了。毫无疑问,中国政府获得了通过行政性措施控制价格的成功经验。

从1988年到1991年这段时期内采取的紧缩政策带来了两个主要结果,一个在意料之中,另一个则出乎意料。前者是指,经济连续三年处于衰退之中。紧缩措施的代价是巨大的,经济由此蒙受了巨大的损失。紧缩后,很难获得贷款;投资和信贷被全面地压缩:由于市场扭曲,很难分辨哪些企业是有效率的从而应给以支持;也不存在一个客观的价格来判断哪些投资项目应当保留。1988—1991年的GNP增长率分别为4.4%,4.1%和7.7%,大大低于改革时期的平均增长率。农村地区的收入状况甚至更糟,三年中,农村人口平均收入仅增加了0.7%。

另一个未预料到的后果是,在衰退期间,有很长一段时间总需求萎缩。在中华人民共和国历史上,第一次出现了对许多消费品和生产资料的持续的超额供给,于是买方市场形成。企业开始为产品无法出售而担心,他们不得不设法提高产品质量、降低产品价格。紧缩政策最重要也最出人意料的结果是,这段时期内,大多数价格收敛到了均衡价格水平。中国经济学家不无自嘲地评论这个结果:我们千方百计地要闯过价格改革的难关却不能如愿以偿;1989—1991年,我们中止了价格改革并且不采取任何措施,却在很大程度上取得了价格改革的成功。

根据官方统计资料,在1993年,超过90%的消费品是按照市场均衡价格配置的;1993年中国有4000多个生产资料市场,据估计,交易总额超过了1600亿元。沿海地区,企业90%以上的生产资料是在生产资料市场上购买的;国有大型企业大约75%的投入品是在生产资料市场上购买的(《人民日报》,1993 年 11 月 20 日)。

总的来说,价格改革是一个由扭曲的和无效率的统制价格体制向市场均衡价格体制过渡的过程。伴随这一过程的一个负面影响是恶性通货膨胀。由于经济和社会的承受力有限,中央政府在 1989—1991 年间采取了一系列紧缩政策来控制通货膨胀,这些政策基本上仍是在过去的中央计划经济下采用的价格和信贷控制措施。可能是由于改革过程中创造出的半竞争性外部环境,加之在 1989—1991 年衰退期间形成的相对充裕供给和萎缩需求的相互作用,大多数消费品和生产资料价格趋向于市场均衡价格。然而,到 1993 年底,要素价格仍主要地由政府所控制,并被扭曲。中国的价格改革远未结束。

三、通货膨胀因素分析

造成**通货膨胀**的因素何在?当然,通货膨胀在何时何地都是一个货币现象,所以我们总可以说通货膨胀是由过度的货币供给造成的。在改革期间,中国的货币供应增长率一直高于 GNP 增长率和通货膨胀率之和。即使考虑到货币化过程,改革期间的大多数年份,经济中仍然存在着过度货币供给。显然,这种过度货币供给对形成一般价格水平的上涨压力起了很大的作用;这一压力的存在导致了计划价格体制下的**抑制型通货膨胀**;而一旦价格被放开,就形成了实际的通货膨胀。

这里我们要问的是,为什么中国的中央银行向经济中注入了这么多货币?为什么价格改革的每一个步骤都导致了通货膨胀?通货膨胀可以避免吗?这一节,我们将对造成通货膨胀的各种因素加以分解,并且分析引起通货膨胀的几个最主要因素。

(一) 统制价格与均衡价格

假定,改革前的中国经济是一个存在着抑制型通货膨胀压力的、典型的中央计划经济。在固定的计划价格下,总需求大于总供给,短缺持续存在。科尔内（Kornai，1980）把典型的社会主义计划经济描述为**“短缺经济”**。普遍认为，中央计划经济由于持续的、严重的抑制型通货膨胀而遭到了巨大的损失（Grossman，1966；Bush，1973）。尽管帕蒂斯（Portes）和桑托洛姆（Santorum，1987）对中国消费品市场的研究表明，在中国，过度需求并不是一个主要问题，我们仍有许多经验资料证明，中国经济中长期存在着短缺（国家经济体制改革委员会经济研究所，1985）。

图1说明了短缺的状况。图中，P_1 是计划价格，P 是均衡价格。价格为 P_1 时，存在 Q_2—Q_1 的过度需求；需求为 Q_1 时，买者愿意支付 P_2 的价格。P_2 与 P_1 之间的差额代表了计划配给工具的价值。由于配额计划是由计划当局控制的，长方形 $P_1P_2E_2E_1$ 的面积提供了一个对计划当局权力价值的货币度量。

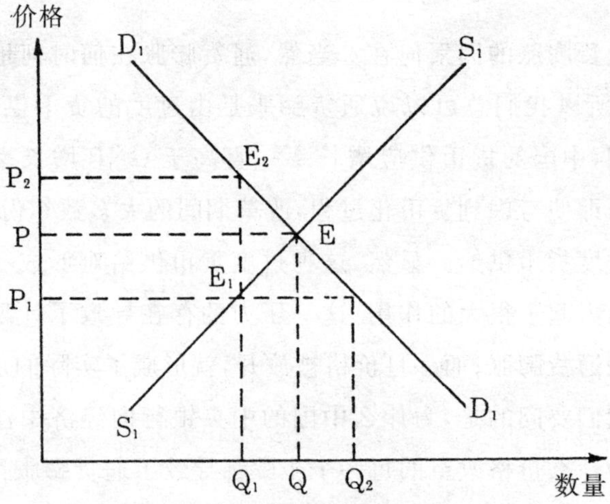

图1　计划价格与均衡价格

如果价格改革的目标是达到均衡价格，那么，理想的途径将是通过将一般价格水平提高到 P 来消除过度需求。因此，即使在最理想的情况下，要实现价格改革的目标，都会伴随着一般价格水平的提高。注意到在均衡价格下，名义的一般价格水平提高了，但实际的完全价格水平则下降了。这种看似矛盾的现象之所以发生，是因为计划价格只代表了价格的一部分，价格的另一部分由配给工具的价值构成，而均衡价格则是完全价格。在向均衡价格收敛的过程中，配给工具的价值被包括在均衡价格之中。由于通货膨胀率是通过比较改革前后的名义一般价格水平计算出的，改革后出现通货膨胀就是很自然的了；这是因为改革后的价格更接近于均衡价格而更少依赖于配给工具。

(二) 补贴和成本推进通货膨胀

如果一般价格水平的提高确实消除了通货膨胀并且形成了均衡价格，那么这将是价格改革的一个巨大成功。不幸的是，情况并非如此。价格水平的提高既未使经济达到均衡状态，又未能缓解短缺，从中国提高农产品价格的事例中可以清楚地看到这一点。改革前农产品价格相对于工业产品价格偏低几乎是人们的共识，考虑到将会引起的通货膨胀的程度，至少存在着三种不同的方法来纠正这种扭曲：(1)零通货膨胀方法，即在不提高一般价格水平的情况下调整相对价格；这可以通过在提高农产品价格的同时降低工业产品的价格来实现。(2)提高农产品价格，保持工业产品价格不变。(3)适度通货膨胀方法，即两部门产品的价格都提高，但农产品价格提高幅度大于工业产品。

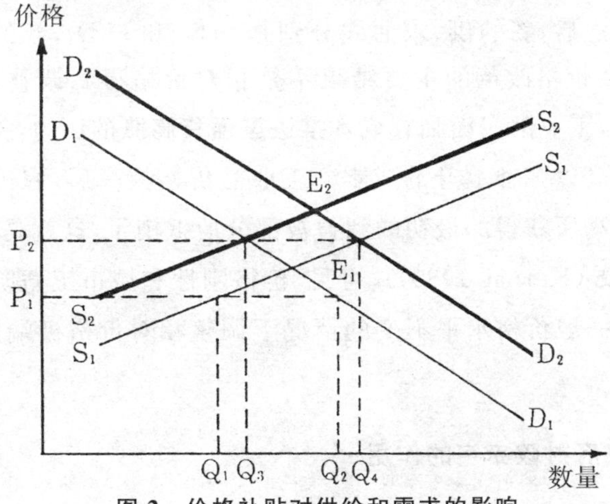

图 2　价格补贴对供给和需求的影响

由于工业产品价格刚性，第一个选择显然是不可行的。假定劳动生产率和技术条件不变，降低工业品价格水平意味着必须降低工人工资。

第二个方案可行吗？答案同样是否定的。考虑这样一种情况，食品的零售价格上升了，而城市劳动者的工资却没有提高。这毫无疑问是行不通的，因为这样做会导致城市居民经济状况恶化。

1979 年，中国政府或多或少采取了第三种办法。它提高了农产品收购价格，结果是城市食品零售价格也上升了。为了补偿食品价格上升给城市居民带来的不利影响，政府不得不投入巨额资金进行价格暗补，并且在同时开始了一项明补方案，即给城市劳动者和大专院校学生每人每月 5 元的补贴。在 1985—1988 年这段时期中，政府继续推行了这项措施。图 2 对中国发生的情况进行了一个简化的描述。中国政府采取的措施导致了三个结果。首先，由于补贴现在变成了工资的一部分，较高的劳动力成本导致了工业产品成本的上升；由此，总供给曲线向左上方平移（在图 2 中，由 S_1S_1 移动到 S_2S_2）。其次，补贴提高了消费者的货币收入，于是总需求曲线向右上方平移（由 D_1D_1 到 D_2D_2）。第三，由供给曲线和需求曲线交点决定的一般价格水平上升；相应地，货币需求上升，中央银行不得不发行更多的货币以适应这种需要。一轮价格改革之后，新的供、求曲线分别是 S_2S_2 和 D_2D_2，新的短缺部分是 Q_4—Q_3。价格改革的主要结果不是相对价格得到调整，却是通货膨胀。现在，工业部门面临着**成本推进型通货膨胀**的压力，工业品价格迟早总会提高以弥补上升的成本。工业品价格提高后，农民由农产品收购价格提高所获得的最初的利益被部分地抵销了，这就是所谓的“比价回归”现象（Kornai，1980）。可见，价格刚性和城市工薪阶层的利益使得在保持一般价格水平不变的情况下调整相对价格极端困难（事实上是不能的）。

（三）政府财政赤字的作用

1979 年以前，政府预算基本上是平衡的，有一些年份有盈余，另一些年份出现赤字。从1959年到1978年，中国政府既无内债又无外债。1979年，官方宣布的政府赤字达到了中国历史上的最高水平：170.6亿元。1980年，零售物价总水平上升了6个百分点，虽然上涨幅度并不大，但却标志着价格稳定时代的结束。

值得注意的是，在《中国统计年鉴》中，官方公布的**政府赤字**未包括债务，在那里，债务被算作政府收入的一部分；因此，实际赤字应当是官方宣布的赤字再加上债务。这是否意味着官方赤字代表着由印钞票支持的那部分赤字呢？粗略地说，是这样的。然而，在中国预算管理体制中存在一个不容忽视的细节，就是，地方政府的盈余自留。但是在计算官方赤字时，却将地方政府盈余算作收入。因此，中央政府赤字中由印钞票支持的部分可能比官方赤字本身还要大。举例来说，1986年，官方赤字是70.6亿元，实际赤字（官方赤字加上138.4亿元债务）是209亿元。地方政府盈余是23.6亿元，因此，由印钞票支持的中央政府赤字是94.2亿元（70.6加上23.6）。（田一农，《关于1986年国家决算的报告》，《人民日报》，1987年6月24日）

农产品收购价格提高后，为了继续维持城市中较低的零售价格，政府的负担越来越重。从1953年到1960年，政府的价格补贴总额是7.2亿元，仅占同一时期政府总收入的0.26%（Qiao，1986）。从1979年到1987年，价格补贴达到2631.5亿元，大约占同期总收入的19.3%。表2汇集了从1978年到1988年的**价格补贴**和政府赤字。应当注意的是，这些数字中只包括了暗补，即当政府收购价格高于零售价格时，政府提供的补贴；所谓的明补，即工资以外政府每月对城市劳动者的货币支付，并未包括在内。这可以解释为从1984年到1985年价格补贴显著下降的原因：1985年，部分暗补转变成为明补（1985年，食品零售价格上涨，随后暗补下降，而每个城市劳动者则获得每月8元的政府补贴）。

表 2[a] 价格补贴和政府赤字

年份	通货膨胀率[b]（%）	价格补贴	政府赤字	全部债务	真实赤字	总收入	百分率[c]（%）
1978	0.7	9.386	(1.01)[d]	0.0	(1.01)	112.11	8.37
1979	2.0	18.071	17.06	3.531	20.591	110.33	16.38
1980	6.0	24.207	12.75	4.301	17.051	108.52	22.31
1981	2.4	32.772	2.55	7.308	9.858	108.95	30.08
1982	1.9	31.836	2.93	8.386	11.316	112.40	28.32
1983	1.5	34.166	4.35	7.941	12.291	124.90	27.35
1984	2.8	37.000	4.45	7.734	12.184	150.19	24.64
1985	8.8	29.947	(2.16)	8.985	6.825	186.64	16.05
1986	6.0	25.748	7.06	13.825	20.885	226.03	11.39
1987	7.3	29.405	8.03	17.020	25.050	234.66	12.53
1988	18.5	31.700	7.86	26.120	34.150	262.82	12.06

注：

a. 除百分率数字外，表中所有数据都基于当年价值，以 10 亿元为单位。

b. 这里使用了官方通货膨胀率，通过零售物价总水平来衡量。

c. 指价格补贴相对于全部政府收入的百分比。

d. 圆括号中的数字是盈余。

资料来源：《中国统计年鉴》，北京，1987 年和 1988 年。

由此，价格改革和通货膨胀之间的宏观经济联系可以概括如下：价格改革的目标是调整相对价格，纠正价格扭曲，而调整相对价格相当于进行收入再分配。由于使城市工薪阶层经济状况恶化是不可行的，这就不可避免地要提供物价补贴。在政府收入一定的情况下，价格补贴的增加意味着政府赤字扩大。举内债、借外债和印钞票是维持赤字财政的三种途径，内外债都很有限时，就不得不依靠印钞票来弥补赤字的剩余部分。货币供给的迅速增长是通货膨胀的直接原因。然而，批评中国的中央银行向经济中注入了过多的货币是肤浅的和不公正的，因为事实上中央银行并没有一个独立的货币政策。(Zhou 和 Zhu，1987)

(四) 经济结构和"瓶颈"短缺

尽管投资过热多次给中国经济带来了严重的不良后果，但由于造成经济过热的刺激依然存在，这就仍然是困扰中国经济的一大问题。值得一提的是，改革前，由于中央政府对地方政府和企业的严格控制，惟一能使经济过热的经济行为主体就是中央政府。分权改革后，地方政府和许多企业也受到了投资热的感染。其背后的经济原因是很简单的，在软预算约束下，理性的企业和地方政府都会在其权力范围内进行尽量多的投资，这是因为投资主体的利益与投资的结果之间的关系是非对称的。投资主体享有投资成功的利益(表现为获得更多的权力、物质奖励和提升等)，却不承担投资失败的成本。投资决策者往往为一项失败的投资辩解说："这是我们在学习过程中必须付出的学费。"

表 3 提供了 1984—1988 年间有关投资的一些数据，这一时期，固定资产总投资的平均增长率是每年 26.1%。进行通货膨胀调整后，这一数字仍高达 17.4%，大大高于同期实际国民收入平均增长率(10.9%)。这种投资泛滥的结果是，造成了对消费品和生产资料的巨大的过度需求，增加了政府赤字及给一般价格水平带来了上涨压力。过度需求压力的存在也在帕蒂斯和桑托洛姆(1987)的研究中得到证实，他们的研究中所使用的指标都表明，在最近的改革过程中，存在着严重的过度需求。此外，过度需求压力在经济中的分布是不均匀的，经济中存在所谓的"瓶颈"。当前中国最明显的瓶颈问题存在于基础设施部门，如能源、原材料和交通运输。从表 3 中，可以看到，在 1984—1988 年间，能源生产和铁路货运量分别平均增长了 6.0%和 8.3%，大大低于同期的投资平均增长率。没有能源和交通运输部门的有力支持，投资增长在长期中就不可能持续下去。由于投资增长的速度大大超过了基础设施部门的增长速度，后者变得越来越稀缺，这就必然会首先在这些"瓶颈"部门产生通货膨胀压力。由于大多数瓶颈产品是重要的投入品，这一价格上涨压力就会很容易地引起新一轮通货膨胀。

表 3　固定资本总投资,能源和交通运输增长率

年份	投资(I)[a]	投资增长率(%)	能源产出[b]	能源增长率(%)	货运量(FT)[c]	货运量的增长率(%)
1984	183.300	33.9	778.47	9.2	724.8	9.1
1985	254.319	38.7	855.38	9.9	812.6	12.1
1986	301.962	18.7	881.35	3.0	876.5	7.9
1987	364.100	20.6	912.67	3.6	947.2	8.1
1988	434.100	18.5	951.00	4.2	987.6	4.3
平均值	307.556	26.1	875.77	6.0	869.7	8.3

注:

a. 以 10 亿元为单位的固定资本总投资(当年价格)。

b. 以百万吨标准煤为单位的能源总产出。

c. 铁路货运总量(10 亿吨/公里)。

资料来源:《中国统计摘要》,北京,1988 年;《中国统计年鉴》,北京,1987 年。最后一组数据(1988 年数据)来自《中国国家统计局年度报告》(《人民日报》,1989 年 3 月 2 日)。

一个重要的问题是,政府是否能够避免投资过热?由于以下原因,政府要做到这一点是相当困难。首先,在从计划经济向市场经济的转变中,分权化是绝对必要的。其次,投资过热是由分权化(给企业以进行投资决策的权力)和产权界定不清(财产所有权属于谁?企业、地方政府还是中央政府?)共同造成的。再次,明确界定产权是一个相当长的过程,即使政府可以颁布法令在一夜之间使产权界定明晰化(这是不大可能的),仍然需要很长时间才能建立它的可信度。最后,产权的确立不可能先于分权化,没有分权(决策权)的产权至多只是一种虚拟的权利。一言以蔽之,在由计划经济向市场经济转变过程中,必然有一段时间,决策权已经分散化而产权尚未明确界定。在此期间,企业和地方政府领导过度投资的积极性是无限的,这是经济转轨时期通货膨胀事实上无法避免的又一原因。

(五)通货膨胀预期与企业行为

中国社会科学院经济研究所曾就企业对 1988 年 9 月通货膨胀的反应进行了一次调查(杜海燕等,1989)。根据样本企业,1988 年以前,生产资料价格上涨幅度还处在可以承受的范围内。表 4 汇集了样本企业 1988 年面临的生产资料价格及上涨情况的数据。不难看出,在这样的环境中,基于其**通货膨胀预期**的理性企业的行为将进一步加剧已经存在的短缺,并加速恶性通货膨胀。首先,如果企业预期价格还会继续上升,那么,高价格就不会使需求下降。第二,短缺增大了计划部门按照计划价格分配既定数量原材料的难度,企业以此作为一个不可辩驳的理由,拒绝按计划价格向计划部门出售其产品。这一过程一经开始,就会产生多米诺效应。第三,现存的卖方市场极度发展,卖者变成了贵族,买者则成了乞丐。于是,出现了易货贸易和附带条件的买卖活动。市场变得混乱和缺乏透明度,不确定性和交易成本急剧上升。最后,企业存货行为也发生了变化。如果一段时期内产品价格上升足以弥补存货成本而有余,则理性企业会倾向于增加存货;另一方面,理性的销售者也会倾向于推迟出售以等待价格进一步上涨。所有这些都会使短缺更加严重,推动物价水平进一步上升。

表 4　1988 年部分重要生产资料价格增长

生产资料	单位	1988 年初价格(元)	1988 年 9 月价格(元)	增长百分率
钢材(钢板)	吨	2 200	5 800	163.6
钢材(线材)	吨	7 000	15 300	118.6
生铁	吨	280	790	182.1
铅	吨	2 650	7 000	164.2
镍板	吨	30 000	120 000	300.0
铝锭	吨	4 000	13 000	225.0
进口木浆	吨	3 000	5 500	83.3
蚕茧	担[a]	310	840	171.0
煤	吨	135	250	85.2
水泥	吨	110	250	127.3
钛铂粉	吨	1 300	8 180	529.2

注:

a. 担,一种中国重量单位(1 担=50 千克)。

资料来源:杜海燕及其他人(1989 年)。

(六) 工资和通货膨胀

在1953—1978年间，职工工资基本上是冻结的。1957年和1978年的年平均工资分别为637元和644元。同期内，国有企业平均劳动生产率(全员劳动生产率)提高了75%，价格水平上涨了12%(根据《中国统计年鉴》1983年，第297页和第455页数据计算)。从绝对数字来看，1978年的真实工资事实上还低于1957年；如果考虑到劳动生产率的提高，则这一差距会更大。这一时期，通货膨胀率和工资上升率之间的相关关系很弱(随机的)，相关系数只有0.03。

表5 工资与生产率

年份	平均工资[a](元)	名义工资指数	实际工资指数[b]	生产率/劳动者[c](元)	生产率指数
1978	644	100.0	100.0	11 131	100.0
1979	705	109.5	107.6	11 838	106.4
1980	803	124.7	114.1	12 081	108.5
1981	812	126.1	112.6	11 863	106.6
1982	836	129.8	113.5	12 133	109.0
1983	865	134.3	115.1	13 049	117.2
1984	1 034	160.6	136.5	14 070	126.4
1985	1 213	188.4	140.4	15 080	135.5
1986	1 414	219.6	153.0	15 809	142.0
1987	1 546	240.1	153.7	16 889	151.7

注：

a. 指国有企业和非盈利性组织工作人员的年平均工资(当年价值)。

b. 利用《中国统计年鉴》(1988年)中的职工生活费用指数(城市消费品价格指数)调整。

c. 指以固定价格(1988年价格)计算的国有企业人均工业劳动生产率(以全员为基础)。

资料来源：《中国统计年鉴》，1988，北京。

表5对1978—1987年间工资上升和劳动生产率提高的情况作了比较。我们看到，这一时期，名义工资上升得相当快，年均上升10.4%。名义工资的迅速上升增加了产品成本从而提高了价格水平。很明显，名义工资的迅速增长对通货膨胀的形成起了很重要的作用。正如预期的那样，这一时期内，名义工资增长率和通货膨胀增长率之间有着明显的正相关关系，相关系数达到了0.60。然而，实际工资的增长

率与劳动生产率的增长率是相当一致的，实际工资增长了53.7%，同时，劳动生产率提高了51.7%。[④]

四、小 结

改革期间，恶性通货膨胀的产生主要可归结为两个原因，一是价格改革，另一是中央和地方政府对经济快速增长的渴望所带来的投资热和经济过热。从以上的分析中，我们得出的结论是，如果价格改革的目标是实现由计划价格体制向市场均衡价格体制的转变，那么，即使在最理想的情况下，通货膨胀事实上都是不可避免的。主要原因是，改变相对价格相当于进行收入再分配，价格刚性和城市工薪阶层的利益必然要求政府进行某种形式的价格补贴。理论上，存在这样的可能性，即价格改革的收益足够大，从而政府能够向受益者征税来弥补受损者的损失，改善所有人的状况。实践中，政府进行这种安排的可能性很小。在像中国这样的一个大的发展中国家，如何建立一套适合于教育水平仍很低下的人口的税收体制，仍然是一个有待解决的问题。在来自不同利益集团的政治压力下，对政府来说，解决问题的最简便易行的途径就是通过借债和印钞票来支持价格补贴，后者显然会促成通货膨胀。

通货膨胀的第二个根源是由经济过热带来的过度需求。我们可以看到，在一个国有企业产权尚未明确界定的经济中，分权化改革毫无疑问会导致投资热，后者会使既存的短缺状况更加严重并加速通货膨胀。对于转变中的前中央计划经济来说，恶性通货膨胀可能是经济改革的头号敌人。然而，放弃改革绝不是一个解决办法，因为那意味着又回到旧的计划体制中去。经济研究的任务是，指出在改革过程中，如何尽量减轻通货膨胀造成的损失，实现经济体制转变的最佳路径是什么，以及社会能承受的通货膨胀有多大。

注释

① 注意，市场化和私有化是有区别的。根据在中国共产党第十三次全国代表大会上一致通过的报告，经济改革的最终目标是建立以公有制为基础的，以计划为指导的社会主义商品经济。党的十四大进一步明确指出经济改革的目标是要建立社会主义市场经济。

② 中国在改革前，大多数生产资料是由计划配给，重要的消费品通过票证供应。大城市中的每一个典型家庭通常都有一打左右的不同票证，每张票证看上去像一张邮票，注明了有效期和凭票可以购买的特定商品的数量。改革前，票证非常流行，但在1982—1986年间，由于供给条件改善和价格水平提高，其流行下降了。在1988—1990年间，为了抑制恶性通货膨胀，在大城市中又再度恢复对票证的使用。例如，1989年初，在上海，对各种重要的基本消费品，如大米、面粉、糖、卷烟、豆制品、猪肉、蛋、火柴、肥皂、食用油等，又重新实行了凭票供应。1992年以来，这些票证的使用已经越来越少了。

③ "暗补"是当政府收购价格高于零售价格时，为稳定起见所采取的价格补贴。它之所以称为暗补，是因为一般的购买者可能不知道政府对其购买的商品进行了补贴。明补指政府按月发给城市劳动者一定的货币额，用以弥补他们由于价格上升所遭受的损失。例如，为了弥补食品价格上升造成的损失，政府给予城市劳动者每人每月的补贴，1979年为5元，1985年为8元，1988年为10元，它们显然都是"明的"。

④ 平均劳动生产率是以每单位劳动力（以全员为基础）的平均产出来衡量的。事实上，考虑到此处我们的研究目的，边际劳动生产率是一个更恰当的度量。然而，我们可以认为，由于平均劳动生产率在提高，那么，边际生产率曲线应该在平均生产率曲线上方。但是，这里存在的真正的问题是，资本和其他要素不是固定的。我们不知道，平均劳动生产率的提高是由于新增资本，还是由于劳动生产率本身的提高。

参考文献

Byrd, W.A. (1900), "Plan and Market in the Chinese Economy: A Simple General Equilibrium Model", *Journal of Comparative Economics* 13:177 - 204.

Byrd, W.A. (1987), "The Impact of the Two-Tier Plan/Market System in Chinese Industry", *Journal of Comparative Economics* 11:295 - 308.

Bush, K. (1973), "Soviet Inflation", in Y. Laulan, ed., *Banking, Money and Credit in the USSR*. Brussels: NATO, pp. 97 - 106.

Chinese Economic System Reform Research Institute (1985), "Reform, Challenges and Choices Faced by Us," *Jingji Yanjiu* [*Economic Research*]: 3 - 18.

Chow, G.C. (1987), "Money and Price Level Determination in China", *Journal of Comparative Economics* 11:319 - 333.

Du, Haiyan, Chang Ronggang, Zhong Jiyin, Chen Yimin and Dai Rui (1989), "The State-Owned Enterprises' Behaviors Under the Current Inflation", *Jingji Yanjiu* 2:41 - 50.

Excerpt of Statistical Yearbook (1988). Beijing: State Statistics Bureau.

Feltenstein, A., and Z. Farhadian (1987), "Fiscal Policy, Monetary Targets, and the Price Level in a Centrally Planned Economy: An Application to the Case of China", *Journal of Money, Credit, and Banking* 19, no. 2:137 - 156.

Grossman, G. (1966), "Gold and the Sword: Money in the Soviet Economy", in H.Rosovsky, ed., *Industrialization in Two Systems*. New York: Wiley, pp. 204 - 236.

Guo, Kesha (1989), "The Relationship between the Growth Rate of the Economy and the Money Supply", *Jingji Yanjiu* 3:64 - 68.

Hua, Sheng, Zhang Xuejun and Luo Xiaopeng (1988), "The Reform in China in the Past Decade: Retrospect, Contemplation and Perspective", *Jingji Yanjiu*, 9:11,12.

Huang, Xiaoxiang (1988), "Inflation and Economic Growth", *Management World* 3.

Kornai, J. (1980), *Economics of Shortage*. North-Holland Publishing Company.

Naughton, B. (1987), "Macroeconomic Policy and Response in the Chinese Economy: The Impact of the Reform Process", *Journal of Comparative Economics* 11:334 - 353.

Perkins, D.H. (1988), "Reforming China's Economic System", *Journal of Economic Literature* 26 (June):601 - 645.

Portes, R., and A. Santorum (1987), "Money and the Consumption Goods Market in China", *Journal of Comparative Economics* 11:354 - 371.

Price Reform Research Group of Chinese Academy of Social Sciences (1986), "A Contemplation on the Price Reform in the Past Seven Years", in Gao Shangquan, ed., *China: Development and Reform*. Chengdu, China, pp. 132 - 147.

Qiao, Rongzhang (1986), "Price Subsidies in China", *Jingji Yanjiu Cankao Ziliao* [*Information for Economic Research*], vol. 58.

Rural Development Research Center (1987), "Peasants, Markets and the New Institution's Creation", *Jingji Yanjiu* 1:3 - 16.

Shi, Xiaomin and Liu Jirui (1989), "Economists Should First Respect the History and Facts", *Jingji Yanjiu* 2:10－33.

Statistical Yearbook of China (1983, 1987, 1988). Beijing: State Statistics Bureau.

Yang, Zhongwei, et al. (1988), "Diagnosis of the Inflation in China", *Jingji Yanjiu* 4:3－11.

Zhang, Zhuoyuan (1988), "A Discussion on the Theories and Practices of the Price Reform in Recent Years", *Jingjixue Wenzhai* [*Economics Digest*] 4.

Zhao, Ziyang (1987), "March Along the Socialist Road with Chinese Characteristics", *People's Daily*, October 25, 1987.

Zhou, Xiaochuan and Zhu Li (1987), "China's Banking System: Current Status, Perspective on Reform", *Journal of Comparative Economics* 11:399－409.

第三部分
汇　　率

人民币汇率的决定因素及走势分析*

摘要:本文通过对购买力平价,利率平价,国际收支,中央银行货币政策的分析,得出如下结论:

第一,用购买力平价分析发展中国家时要做修正。发展中国家经济起飞时期可能有较高的通胀率而其汇率并不按比例贬值。因为在经济起飞的一段时间里,发展中国家的非贸易品(住房,服务)的涨价幅度远高于贸易品的涨幅。第二,发展中国家在经济起飞时期可贸易品生产力的提高速度一般高于发达国家。这也是人民币未来可能趋强的一个重要因素。第三,利率平价对人民币走势的解释和预测能力会越来越强。第四,中国应考虑在贸易项下基本平衡,在经常账户下有赤字,在资本项下有盈余的格局来保持外汇供求平衡和汇率的稳定。第五,靠减少再贷款对冲中央银行买汇放出基础货币的余地已变得越来越小。可选择政策工具有:(1)用鼓励投资或放宽进口限制的方法适当增加进口;(2)考虑采取用部分自愿结汇的办法使一部分外汇分流在民间;(3)逐步使利率市场化,以减少由套利活动带来的不确定性;(4)考虑逐步开放资本账户,稳步走向人民币全面可兑换。

1994年汇率并轨后,中国实行了单一的有管理的浮动汇率体系,从而基本上消除了外汇黑市。官方汇率由中国人民银行制定和管理,官方汇率基本上等于在给定外贸和汇率政策下的市场均衡汇率。图1给出了1980—1996年人民币官方汇率。

---

* 原文发表于《经济研究》1997年第10期。作者:易纲,范敏。感谢周小川、任若恩、茅于轼、江惠琴、谢多、林毅夫、王大用、谢平、樊纲、王必光、李山等在本文写作过程中给予的建议和帮助。

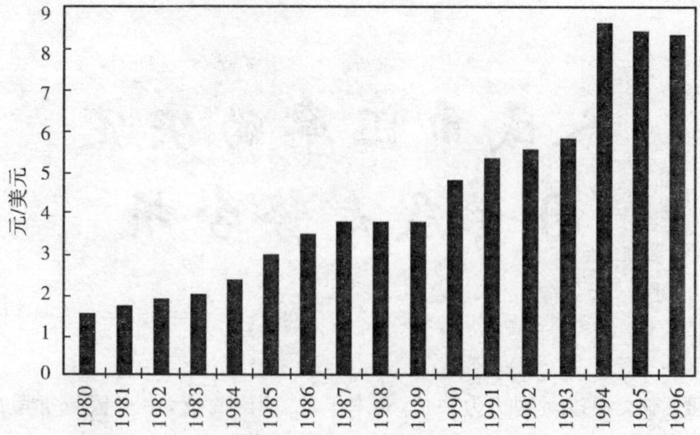

图 1　人民币汇率,1980—1996 年(年平均值)

从总体来看,1994 年以来的外汇供给大于外汇需求。为稳定汇率,在 1994—1996 三年期间,我国中央银行平均每天净买入 1 亿美元。本文以回答下面四个问题为主线来分析人民币汇率的基准及未来走势。

(1) 1994,1995,1996 三年中国的通货膨胀率分别为 21.7%,14.8%,6.1%,美国这三年的通胀率平均为 3%左右;为什么人民币对美元汇率在此期间非但不贬反而稳中有升?(2)1994—1996 三年期间,人民币存款利率远高于美元利率;为什么人民币还能升值?(3) 中国改革开放期间国际收支对人民币汇率有哪些影响?(4) 中国的货币政策与汇率政策的关系如何?

本文分五部分:绝对购买力平价,相对购买力平价,利率平价,国际收支,货币政策和汇率政策。前三部分提供分析人民币汇率走势的基准,后两部分分析外汇市场的供求关系。

一、绝对购买力平价

购买力平价理论有两种形式:绝对购买力平价和相对购买力平价。**绝对购买力平价**理论认为:两种货币之间的汇率应该等于两国物价指数之比。代表本国货币交换外国货币的比率——汇率，实际上代表的是用本国购买力交换外国购买力的比率。绝对购买力根据本国货币与外国货币在一篮子可比较商品上所具有的购买力的大小来解释汇率的决定。如果用 E 表示 1 美元合多少元人民币的人民币直接标价汇率，$P_{\$}$ 表示美国的价格水平，P_{RMB} 表示中国的价格水平，绝对购买力可用公式表述为：

$$E=\frac{P_{RMB}}{P_{\$}}$$

用购买力平价估算的结果差距很大。以《经济学家》期刊(1993 年 5 月 13 日)所引用的估算为最高，1 美元合 1.5 元人民币；以目前汇率折算的估算为最低，1 美元合 8.30 元人民币。中国 1995 年的 GDP 为 57 733亿元人民币，如果 1 美元合 1.5 元人民币，那么中国 1995 年的 GDP 就约为 38 500 亿美元，人均 3 200 美元。这一数字将使中国成为世界上第二大经济国(第一为美国)。很显然 1 美元合 1.5 元人民币高估了人民币的实际购买力。

然而，如果我们目前用汇率将 GDP 从人民币折算成美元，那么中国 1995 年的 GDP 只有 6 955 亿美元，人均 580 美元。观察中国的生活水平(比如寿命，食品和服装消费，教育，医疗服务，住房等等)，人均 580 美元又显然低估了人民币的实际购买力。最早对中国经济实力进行购买力平价分析的是美国的克拉维斯教授(1981)。他估计 1975 年中国购买力平价为 1 美元等于 0.46 元人民币。他估计的 1975 年中国人均国民生产总值为 745 美元。中国学者首先系统研究此问题的是任若恩教授(1994)。任若恩估计 1991 年中国人均国内生产总值为 1 680 美元。郭熙保(1997)估计中国 1994 年购买力的几何平均值为 1 美元等于 2.44 元人民币；这样算下来我国 1994 年的人均 GDP 为 1 590 美元。

请注意，用购买力平价进行中外比较的学者通常是对某一年的数字进行估计。我们不能简单地用这年的估计数字为基期，再用国内生产总值的增长率来外推购买力平价的增长，然后批评前人的估计不合实际。因为购买力的变化与国内生产总值的增长率一般说来是不一致的。

我们以1993,1994,1995三年的100种商品和劳务的中美价格为样本,粗略估计了**人民币与美元之间的购买力平价**。这100种商品和劳务的价格有三分之二是来自历年的统计资料,包括《美国统计摘要》和《美国消费物价指数报告》《中国生产资料市场统计年鉴》《中国物价及城镇居民家庭收支调查统计年鉴》《中国物价年鉴》,等等。另外的三分之一是本文作者在中国(北京,广州,上海,昆明等地)和美国(主要是中西部地区)的亲自取样。我们之所以要在一个自己不是专家的领域自己估计是因为以下两个原因,一是不同专家的估计相差太远,二是我们需要一个基于常识的估计。

我们估计的结果是1995年中美两国货币的购买力平价约为1美元合4.2元人民币。使得人民币币值远远高于按汇率折算的购买力的主要商品和劳务是中国城市的住房,服务(如保姆,医疗,理发,裁缝,餐饮,修理业),公共交通,高等教育等。对于各种商品和服务因质量不同而打的折扣系数完全是根据本文作者的感觉而定的。如果这一估计是正确的,1995年中国的GDP就为13 750亿美元,人均1 145美元。这一估计结果比文献上大多数用购买力平价对中国经济实力的估计要低一些。

如果我们只考虑可贸易商品,把诸如住房,劳务这样的不可贸易商品剔除出去,美元与人民币之间的可贸易品购买力平价的估计值1993年底大约为1∶7,1994年底为1∶7.3,1995年底为1∶7.5。可贸易品购买力平价的估计过程大致如下。中国统计出版社出版的《中国对外经济统计年鉴》把中国和美国之间的贸易进出口分为22类共98章。我们从这98章中选出56种商品,对它们在中美两国市场上的价格进行加权平均。在取样时,我们考虑了各种商品的重要性(权数)和它们价格的可获得性。必须声明我们的取样和估计是相当随意的,因此是不系统的。

二、相对购买力平价

相对购买力平价理论认为，汇率之变化应该等于两国通货膨胀率之差。如果用 $\pi_{\$}$ 和 π_{RMB} 表示美国和中国 t 期的通货膨胀率，E_t 表示 t 期汇率，则相对购买力可用公式表示为：

$$\frac{(E_t - E_{t-1})}{E_{t-1}} = \pi_{RMB} - \pi_{\$}$$

相对购买力平价的要旨是，汇率变动是由中美两国之间相对通货膨胀率决定的。如果中国通胀率大于美国通胀率，则人民币应该贬值，反之则人民币应该升值。

中美两国通胀率的变化与汇率变化之间的关系显然不符合相对购买力平价理论(图 2)。在 1980—1984 年，1990—1991 年间美国的通胀率高于中国的通胀率，其余年份中国的通胀率高于美国。当中美两国通胀率之差为负时，人民币汇率并没有如相对购买力理论所言而下降(币值上升)，反而上升(币值下降)，如 1981—1984 年，1990—1991 年(见图 1)。在人民币升值的年份，中美两国的通胀率差却为正，如 1995 年和 1996 年。美国 1994—1996 年平均通货膨胀率大约为 3.0%，而中国这三年的平均通胀率为 14.3%，比美国高出 11%。给定其他条件不变，相对购买力理论预测 1994—1996 年人民币应该每年贬值 11%。实际上这三年中人民币名义汇率是在不断升值的。可以说，在 1980—1996 年这十七年间，购买力平价理论基本上不能解释人民币汇率的变动。如果将时滞考虑进去结果也是一样：用中美两国通货膨胀率之差基本不能解释人民币对美元的汇率变化。

在使用其他国家数据对相对购买力进行实证分析时，发现了同样的问题——购买力平价对汇率变动的解释能力较差。究其原因有以下几点：一、汇率反映的是两国间可贸易商品价格水平的比率，而不是全部商品，所以用通货膨胀率差来解释汇率变动，其解释能力一定会大打

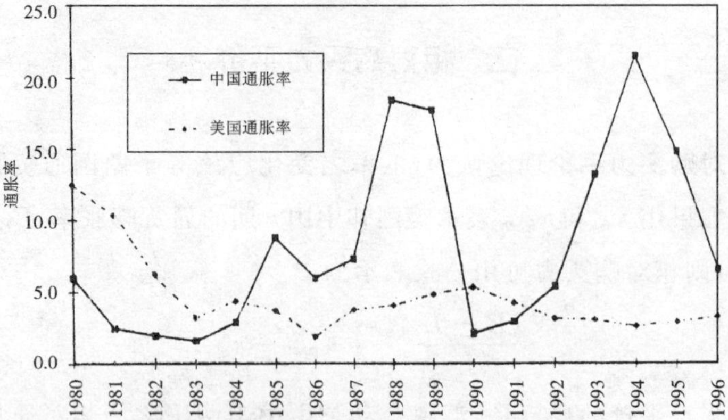

图 2　中美通胀率比较,1980—1996 年

折扣。二、名义汇率变动不仅仅与价格水平的变动有关,还与货币政策、汇率政策以及资本流动等因素有关。三、在转轨经济中,体制变化的影响远大于经济变量的影响。

购买力平价理论描述了在理想状态下(类似于物理学中讲的真空状态)汇率与两国物价的绝对水平和通胀率之间的关系。虽然现实与理想状态相去甚远,但是购买力平价的预测力仍在,汇率向购买力平价回归的力量仍在起作用。中国在 1994—1996 年期间较高的通胀率与人民币升值并存从表面上看是违反了相对购买力平价理论,其实不然。由于 1994 年初并轨汇率低估了人民币币值,所以汇率向购买力平价回归是非常自然的。当然还有其他使人民币趋强的因素,比如我国近年来在国际收支上经常账户和资本账户双顺差(1994—1996),但这些因素不在本文中讨论。

从购买力平价的角度看,有三个因素使人民币趋强。第一,在 1994 年初汇率并轨时,人民币的价值有些被低估。给定当时的不确定性和中国长期外汇短缺的历史,应当说并轨汇率略低于人民币价值接近当时的最佳选择。况且这种低估是事后才能确定的。由于人民币被低估,其汇率向购买力平价回归的升值力量大于由通货膨胀率高产生的贬值压力,这就部分解释了人民币在 1994—1996 年非但不贬,反而稳中有升的现象。我们认为在未来三至五年期间,人民币对美元汇率的最佳轨迹是名义汇率保持稳定。此间,中国的通胀率将略高于美国,所以人民币实际汇率将缓慢升值(名义汇率保持不变),人民币的实际汇率将在两三年内趋近于可贸易商品的真实购买力平价。到那时,人民币币值的低估将消失掉,不再存在来自币值被低估的升值压力。

第二,用相对购买力平价分析发展中国家时要做修正。发展中国家经济起飞时期可能有较高的通胀率而其汇率并不按比例贬值。因为在经济起飞的一段时间里,发展中国家的非贸易品(住房,服务)的涨价幅度远高于贸易品的涨幅。这意味着,即使在人民币币值完全收敛于购买力平价以后,人民币也不会按中美两国通货膨胀率之差的百分比贬值。中国仍可在通货膨胀率略高于美国的情况下,保持人民币与美元的名义汇率基本不变。自1994年以来,国内较高的通胀率有一大块是非贸易品涨价所致,也就是说中国非贸易品涨价幅度大于美国,在中国的通货膨胀中占很大比重。所以,人民币在贸易品上的实际购买力的下降幅度远小于我国国内的通胀率。

第三,发展中国家在经济起飞时期可贸易品生产力的提高速度一般高于发达国家。林毅夫等(1994)指出发展中国家在经济起飞时期多采用被市场已经证明的成熟技术,因此风险小。而发达国家承担着开发新技术的高风险任务。日本研究开发高清晰度电视的经历就是一例。日本政府大力支持高清晰度电视的研发,并在模拟技术上远远领先于美国。就在日本高清晰度模拟技术成熟的同时,美国宣布美国高清晰度电视将采用数字技术为标准,日本因此蒙受巨大经济损失。中国在未来十年从总体上还到不了技术开发的前沿,中国可贸易品生产力的提高速度会高于发达国家,这也是人民币未来可能趋强的一个重要因素。日本、韩国及中国台湾地区的经历都证实了这点。

综上所述,适合发展中国家(中国)的相对购买力平价理论应该为,汇率变化之百分比应该等于两国通货膨胀率之差,减去通货膨胀率的非贸易品调整系数,再减去生产力提高调整系数。相对购买力平价可表示为：

$$\frac{(E_t - E_{t-1})}{E_{t-1}} = \pi_{RMB} - \pi_{\$} - \alpha - \beta$$

其中 $\pi_{\$}$ 和 π_{RMB} 表示美国和中国 t 期的通货膨胀率，E_t 表示 t 期汇率，α 表示中国通货膨胀中非贸易品涨价幅度高于美国的部分，β 表示中国可贸易品生产力提高速度快于美国的部分。举个例子，在未来十年里，如果中国的平均通胀率为 6%，美国的平均通胀率为 3%，假定中国通货膨胀中非贸易品涨价幅度高于美国的部分为($\alpha=2\%$)，中国可贸易品的生产力提高速度快于美国的部分为($\beta=1\%$)，则人民币对美元名义汇率可以保持不变，即汇率变化的百分比等于 6%－3%－2%－1%＝0。在这种假定条件下，如果中国的通货膨胀率低于 6%，人民币将面临升值的压力；如果中国的通货膨胀率高于 6%，人民币将面临贬值的压力。

三、利率平价

利率平价理论指出，任意两种货币存款的预期收益率应相同。也就是说，两种不同货币存款的利差应等同于市场预期的汇率变动的百分比。利率平价可表示为

$$\frac{(E_{t+1}^{e} - E_t)}{E_t} = R_{RMB} - R_{\$}$$

其中 E_{t+1}^{e} 表示对下一期汇率的预期，E_t 表示 t 期汇率(即直接标价汇率：1 美元合多少人民币)，$R_{\$}$ 表示 t 期美元存款利率，R_{RMB} 为 t 期人民币存款利率。许多国家的实证研究表明，利率平价是解释、预测利率与汇率之间关系的优秀模型，它能够较好地解释发达国家间汇率变化的规律，与许多国家的实际数字吻合得相当好。

图 3 画出了 1980—1996 年中美两国一年期存款的利率。1986 年以前，$R_{\$} > R_{RMB}$，根据利率平价，这预示着人民币应该升值，但实际上

人民币却贬值了(见图 1)。1987—1993 年,$R_{\$} < R_{RMB}$,人民币应该贬值,人民币在此期间的确在贬值,与利率平价的预测相符。1994—1996 年,$R_{\$} < R_{RMB}$,且两者的差距加大,利率平价理论预示了人民币更大幅度的贬值,但人民币名义汇率 1994 年升值了 1.3%,1995 年升值了 3%,1996 年继续保持着稳中有升的势头,与利率平价的预测正好相反。

利率平价成立的前提条件是均衡的市场利率加货币的完全可兑换。假定这两个前提条件得到满足,在考虑了利息收益和汇率变动的收益后,两种货币存款的实际回报率应该相同。但是我们知道这两个前提条件在中国均不成立,因此利率平价在中国的解释能力不强也就不言而喻了。

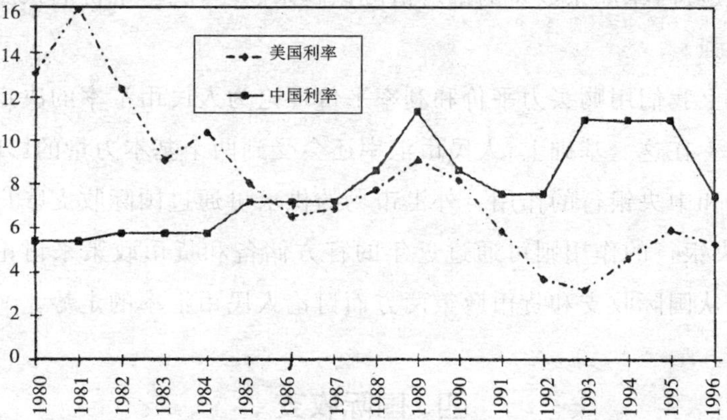

图 3 中美两国利率比较(%)

1980—1985 年美国的利率比中国高,按利率平价这意味着公众预期人民币将升值,但此时利率平价对中国基本不起作用。美国的利率高是因为当时美联储主席保罗·沃克采取坚决治理通货膨胀的紧缩措施,大幅度提高利率。而中国当时正处于改革初期,基本是由国家制定利率政策。当时中国的利率超稳定地维持在很低的水平上,既不能作为调节经济的杠杆,也不反映当时的资金价格。所以这段时期解释利率之差的主要原因是体制的差别,而不是利率平价所强调的预期。

随着我国市场化进程的发展,利率平价的作用会不断加强。因为,第一，中国的经济正在与世界经济融为一体，中国已经在1996年12月实现了经常项下人民币可兑换。随着中国向人民币完全可兑换和资本自由流动的方向不断迈进，利率平价的解释和预测能力会越来越强。第二，中国利率政策的制定也越来越多地考虑市场因素。利率的市场化是必然趋势。将来中国的利率政策和汇率政策受国际经济的影响会越来越大。

在当前条件下，汇率变动应该等于两国利率之差加一个摩擦系数：

$$\frac{(E_{t+1}^{e}-E_{t})}{E_{t}}=R_{RMB}-R_{\$}+\lambda$$

其中λ是由于体制等原因产生的摩擦系数。随着人民币向可兑换货币的方向迈进，摩擦系数λ的绝对值应该越来越小，利率平价的预测力会越来越强。

以上我们用购买力平价和利率平价理论为人民币汇率的决定确定了基准。在这一基础上，人民币汇率还会受到两个基本力量的影响：市场力量和中央银行的作用。外汇市场的供求可通过国际收支账户来分析，中央银行的作用则可通过近年的官方储备和货币政策来讨论。下面我们从国际收支和货币政策两方面讨论人民币汇率的走势。

四、国际收支

外汇的供给与需求决定了汇率的水平。国际收支平衡表系统地汇总了各年的贸易，资本变动和官方储备的变动，表1给出了中国1983—1996年国际收支账户的部分内容。

国际收支平衡表主要包括三部分：第一部分是经常账户，主要包括商品贸易账户，利息和利润以及劳务支付。第二部分是资本账户，记录所有的资本流动。第三部分是官方储备，包括中央银行持有的外国资产。现在央行的储备主要是外国金融资产，特别是美元和美国政府债券。

如果官方储备保持不变，那么经常账户余额加上资本账户余额应为零。具体说来，如果存在经常项赤字，官方储备不变，那么资本项一定会盈余。如果经常账户加上资本账户不为零，那么官方储备会发生变动。因此，经常账户，资本账户和官方储备这三项的变动余额相加之和在理论上应等于零。如果这三者加总不为零，其差额即成为国际收支平衡表上的“误差和遗漏”项。

进出口贸易是经常项的主要部分。中国在1979—1996年这十八年中贸易收支大体平衡。某些年份存在贸易赤字(1979—1980，1984—1989和1993)，其他年份贸易盈余（很明显地表现在1990—1992，1994—1996)。如果我们将1979—1997年上半年贸易余额加总，总余额为156亿美元。大多数发展中国家在经济增长时期通常都有贸易赤字，而中国是一个例外，中国这些年来在贸易项下大体平衡，略有盈余。我们知道，大量的外国直接投资和贷款是以商品的形式进入的，进口的生产资料被记为贸易账户下的进口。据估计，1983—1996年期间实际使用外资中约有850亿是以实物的形式进入的。如果没有这些进口，中国的贸易盈余会更大。贸易是经常账户的主要部分，此外，外债利息，利润和其他劳务支付也属于经常账户。如表1所示，1983—1996年间中国经常账户的总余额为正，平均每年盈余为11.65亿美元。特别值得一提的是，中国在1990—1992年和1994—1996年期间在贸易项和整个经常账户上均有较大的盈余。

表1　中国国际收支，1983—1996年

（单位：亿美元）

年份	净出口	经常项目差额	实际使用外国资本	资本往来项目差额	误差与遗漏	官方外汇储备	官方汇率元/美元	GNP增长率	通货膨胀率%
1983	8.4	42.4	19.8	−2.3	−3.7	89.0	1.9757	11.1	1.5
1984	−12.7	20.3	27.1	−10.0	−9.3	82.2	2.3270	15.3	2.8
1985	−149.0	−114.2	46.5	66.9	1.2	26.4	2.9367	13.2	8.8
1986	−119.7	−70.3	72.6	59.4	−1.8	20.7	3.4528	8.5	6.0
1987	−37.7	3.2	84.4	60.0	−14.7	29.2	3.7221	11.5	7.3
1988	−77.5	−38.0	102.3	71.3	−10.9	33.7	3.7221	11.3	18.5

续表

年份	净出口	经常项目差额	实际使用外国资本	资本往来项目差额	误差与遗漏	官方外汇储备	官方汇率元/美元	GNP增长率	通货膨胀率%
1989	-66.0	-43.2	100.6	37.2	-0.2	55.5	3.7659	4.2	17.8
1990	87.4	120.0	102.9	32.6	-31.6	110.9	4.7838	4.2	2.1
1991	80.5	132.7	115.5	2.2	6.0	217.1	5.3227	9.1	2.9
1992	43.5	64.0	192.0	-2.5	-82.7	194.4	5.5149	14.1	5.4
1993	-122.2	-119.0	389.6	234.7	-98.0	212.0	5.7619	13.1	13.2
1994	54.0	76.6	423.1	326.4	-97.7	516.0	8.6187	12.6	21.7
1995	167.0	16.2	481.3	386.7	-178.1	736.0	8.3507	9.0	14.8
1996	122.3	72.4	472.0	399.7	-155.6	1 050.0	8.3205	9.7	6.1
总额	-21.7	163.0	2 629.7	1 662.4	-677.2				
平均数	-1.6	11.7	187.8	118.7	-48.4			10.49	9.21

资料来源：

1. 净出口数据来自《中国统计摘要》，1997。

2. 经济项目、资本项目和误差与遗漏项数据 1983—1988 年来自《中国对外经济统计资料》，1989—1992 年来自《中国金融年鉴》1993，1993—1995 年来自《中国对外经济统计年鉴》1996，1996 年来自《金融时报》，1997 年 6 月 27 日。

3. 汇率数据来自《中国金融年鉴》，1994，1995，1996。

再来看资本账户。1994—1996 年，中国的资本账户顺差分别为 326.4 亿美元，386.7 亿美元和 399.7 亿美元。中国出现了前所未有的经常账户和资本账户同时顺差的情况，而资本账户的顺差是主要的。从可得到的数字看，我们粗略估计 1979—1996 年期间中国实际使用外资 2 750 亿美元，为发展中国家第一。1983—1996 年中国资本账户顺差总额为 1 662.4 亿美元，平均每年 118.7 亿美元。中国国际收支表中误差与遗漏一项通常为负，可以基本上被解释为资本以某种形式的流出。即使把所有的误差与遗漏都算作资本流出，资本账户总的说来还是顺差。

经常账户和资本账户均为顺差，必然导致央行的官方储备急剧增长，近年来，中国外汇官方储备增长量分别为 1994 年 304 亿美元，1995 年 220 亿美元，1996 年 314 亿美元。1996 年 11 月 12 日，央行的外汇储备首次突破 1 000 亿美元，1996 年底达 1 050 亿美元，1997

年 6 月底达 1 209.41 亿美元。外汇储备增多标志着中国综合国力的增强。

在现行的贸易政策,投资政策和汇率政策下,从国际收支的观点看,外汇市场上美元的供给远远大于需求,人民币存在着巨大的升值压力。为了维持汇率稳定,中国人民银行在过去的三年中平均每天购进 1 亿美元。如果没有央行为稳定汇率在外汇市场上大量购入美元,人民币会更加坚挺。人民币汇率的未来走势如何?下面我们来逐项分析。

(一)贸易项

首先,我们来看**经常账户**的主要部分贸易项。中国 1994—1996 连续三年贸易顺差,平均每年达 114.4 亿美元。1997 年上半年中国贸易顺差 117.7 亿美元。

中国近年来在贸易上顺差如此之大,超出人们的预料。这个信息所带来的除了国家竞争力增强的好消息外,还有一些问题值得注意。最主要的是出口条件恶化的可能性。在 1994—1996 年期间中国出口的有效换汇成本估计从 7.6 元到 8.5 元不等。虽然国有出口企业和国有外贸部门,从其自身利益出发,认为人民币贬值有助于扩大出口,因此他们可能会高估换汇成本。1996 年上半年当出口疲软时,来自出口部门要求人民币贬值的呼声就尤其强烈。但是无论如何,1994—1996 年期间中国的通货膨胀加上人民币的升值无疑对中国企业的出口竞争能力进行了一次真正的检验。

显然,未来汇率的走势部分是由贸易项的状况决定的。1995 年外资企业的总贸易额占中国总贸易额的 39.1%,这一比例到 1996 年上半年上升为 45.9%(李建,1996)。至此,外资企业对外贸易额第一次超过了国有外贸部门,这一趋势仍将继续。1997 年上半年国有企业外贸出口有所好转,出口 456.7 亿美元,比上年增长 25.1%;外资企业出口 329.5 亿美元,比上年增长 26%。(《金融时报》,1997.7.31)在非国有企业日益成为主要的出口力量的情况下，中国的出口增长将在可预见的未来呈现出稳定而持续的发展势头。对外资企业成为出口主力之一这一变化对中国国际收支和外汇平衡的影响亟待研究。在进口方面，中国可能在不久的将来会加入世贸组织。人们期待着在加入世贸组织后，中国会取消大多数进口限制，那么，在今后的三至五年间，中国的进口可能会迅速增长。现在看来，中国很难完全以一个发展中国家的身份加入世贸组织。同时中国亦不可能以一个发达国家的身份加入世贸组织。最有可能的情况是细致艰苦的诸项谈判。这意味着即便在中国加入世贸组织之后，对于进口限制的消除仍是一个循序渐进的过程。中国显然会朝着世贸组织要求的方向发展，但进口限制只会被逐步取消，而不可能瞬间完成。因此，国内进口急剧上升的可能性很小。毕竟，与大多数发达国家相比，中国在外贸方面还是有相当大的计划控制。无论世贸组织谈判进程如何，中国进口的开放只可能是个渐进的过程。

出口与进口的差额即为贸易差额，从对未来进出口的分析看，保持贸易顺差的可能性很大，也就是说，人民币存在升值的压力。但是否产生这样的结果还要结合资本账户来考虑。

(二) 经常账户中的其他项

在经常账户下，贸易项是大头。除贸易项以外，还有非贸易项往来和无偿转让两项。非贸易往来中有这样几项值得讨论。一是旅游收入。多年来，我国的旅游收入一直大于支出。1992—1995 四年间旅游收入总和为 247 亿美元，旅游支出总和为 120 亿美元。二是利润收入和支出。1979—1996 年间外资在华直接投资累计 1749 亿美元。按 8%的收益率算，每年利润为 140 亿美元。利润汇出却呈快速上升趋势，1992 年为 0.22 亿美元，1993 年为 2.30 亿美元，1994 年为 4.00 亿美元，1995 年为 99.53 亿美元(统计口径与前稍有差别)。可见，外资投资利润汇出在 1995 年有一个跳跃；在未来几年将会继续保持在较高的水平上。目前我国从海外的利润收入很小，可以忽略不计（1994 和 1995 年大约是每年一百万美元），所以在利润项下中国将有巨额逆差。三是利息收入。由于我国目前是一个净债务国，我国的利息支出大于利息收入。1992—1995 四年期间，我国经常账户下，利息总收入为 32 亿美元，利息总支出为 96 亿美元。经常账户的其他项都相对较小。由此可见，我国经常账户中除贸易项以外其他各项的国际收支状况不容乐观，利润和利息两项的支出大于收入将在未来几年的除贸易项以外的经常账户中占主导地位。利润和利息两项需要有每年大约 150 亿美元的资金净流出。

（三）资本账户

中国近年实际使用外资增长率如下：1992 年比上年增长 66%，1993 年比上年增长 103%，1994 年比上年增长 9%，1995 年增长 14%，1996 年增长为（－2%）。1997 年上半年实际使用外资 207 亿美元，比上年同期增长 5.35%（《金融时报》，1997 年 7 月 31 日）。很显然，外资流入中国的速度在减慢。

每年的巨额外资流入中有一部分是外债。我国外债余额 1993 年底为 836 亿美元，1994 年底为 928 亿美元，1995 年底为 1066 亿美元，1996 年底为 1162 亿美元，换句话讲，中国已进入还债高峰。据估计在今后的三至五年，中国平均每年需支付的到期外债还本大约为 150 亿美元。如果每年外债还本的 80%汇出中国，那么仅这部分就要有 120 亿美元流出中国。这些流出外汇必须靠贸易盈余，或资本流入，或官方储备来支撑。

中国是否能保证未来持续的资本流入？我们认为净资本流入不会像 1993—1996 年间那样迅速增长，今后的三五年间外资实际利用可能在每年 450 亿美元的水平上，稳中略有下降。但总量在短期内不会减少得太多，其原因有以下几点：首先，最近的外国投资下降主要是中小项目和劳动密集型产业投资的下降。项目的平均投资额从 1995 年的

202万美元上升到1996年的323万美元，上升了61%。大型跨国公司的直接投资具有滞后性。它们投资于某一项目通常需要更多的时间进行项目评估和可行性分析；同样地，一旦投资形成，也不会轻易放弃。据估计，全球前500家大型跨国公司中，已有200多家在中国投资。其中许多公司是在过去四年中进入的。因而，我们可以乐观地估计外国投资在未来可能会趋于稳定。其次，中国已经将基础设施项目向外国投资开放，诸如能源、原材料、高速公路、港口和建筑业等。所以，外资在基础设施项目上的投资会迅速增长。进入基础设施的外国投资也将成为保持外资净流入的一个重要因素。

以上国际收支分析的政策含义如下：假设存在一个适当的官方储备额，且央行力图使储备相对稳定地保持在这个水平上。这意味着经常账户和资本账户之和应等于零。如果在今后的三年到五年的时间里，中国(1)在贸易项下基本平衡；(2)每年实际使用外资（资本流入）450亿美元；(3)每年在海外投资为180亿美元（资本流出）；(4)每年因还本付息和支付利润要有270亿美元流出；(5)官方储备不变，那么中国的国际收支将基本平衡。也就是说，中国应考虑在贸易项下基本平衡，在经常账户下有赤字，在资本项下有盈余来保持市场外汇供求平衡和汇率的稳定。

五、转轨经济中货币政策与汇率政策的协调

过去的三年中，中国人民银行（央行）的资产结构发生了巨大的变化。1990—1993年，央行对国有商业银行贷款平均占其资产的70%，外汇储备只占15%，另外15%是中央政府的债务。1993—1997年第一季度央行主要资产比例如下：

表 2 中国人民银行主要资产的构成比例

(单位:亿元)

	国外净资产	%	对政府债权	%	对银行债权	%
1993	1 549.5	12.2	1 582.7	12.4	9 609.5	75.4
1994	4 451.3	26.8	1 687.7	10.2	10 451.0	63.0
1995	6 669.5	33.7	1 582.8	8.0	11 510.3	58.2
1996	9 562.2	37.3	1 582.8	6.2	14 518.4	56.6
1997.1	10 138.6	41.2	1 582.8	6.1	13 628.9	52.6

资料来源:中国人民银行统计季报,1997 年第 2 期,资产比例由作者计算。

表 3 从央行的负债方看基础货币的构成

(单位:亿元)

	基础货币	流通现金	%	对金融机构负债	%	非金融机构存款	%
1993	13 147.0	6 314.2	48.0	5 541.1	42.1	1 291.7	9.8
1994	17 217.8	7 883.9	45.8	7 468.3	43.4	1 865.6	10.8
1995	20 759.8	8 574.0	41.3	9 672.5	46.6	2 513.3	12.1
1996	26 888.5	9 434.8	35.1	14 354.9	53.4	3 098.8	11.5
1997.1	26 811.4	10 138.9	37.8	13 738.3	51.2	2 934.2	10.9

资料来源:同表 2,基础货币 =流通现金+对金融机构负债+非金融机构存款。

由表 2 可见,央行主要资产中对银行的贷款(债权)的比例在不断缩小,由 1993 年底的 75%减少到 1997 年第一季度的 52%。央行的国外净资产(主要是外汇储备)在其资产中所占比例不断上升,从 1993 年底的 12%上升到 1997 年第一季度的 41%。中央银行的资产变动为什么如此剧烈?原因就在其外汇操作上。1994—1996 年,中央银行的货币政策目标是抑制通货膨胀和保卫汇率。为了防止人民币升值,央行不断购入美元。

从很大意义上说,央行购入美元是主动的,外汇储备适当增加是中国货币当局的既定方针。1994 年我国实行外汇体制改革,当年外汇储备净增 304 亿美元。央行外汇储备的增加,意味着基础货币从央行流出。1994 年由于央行买汇而放出的基础货币为 2832 亿元人民币。如果我们假定广义货币(M_2)的乘数为 2.0—2.5,那么大约 60%的货币供给的增加来源于 1994 年央行外汇储备的增加。1995 年和 1996 年央行又分别购入220亿美元和314亿美元，由此放出基础货币2247亿元和2818亿元。

为了控制通货膨胀，央行通过减少对商业银行的再贷款进行对冲调整。随着外汇占款在央行资产的比例进一步上升，再贷款比重进一步下降，央行实行对冲调整的余地就会越来越小。考虑到央行再贷款的一部分是贷给政策银行的，这部分贷款很难收回。1997年第二季度末给商业银行的贷款只占央行资产的四分之一左右。

同时，大多观察家认为中国1997年官方储备已接近适当水平，如何估计未来外汇的供给和需求，保持汇率稳定是一个重要课题。《中国人民银行法》规定中央银行的目标是保持价格稳定从而促进经济增长。然而价格稳定主要是国内问题，人民币汇率稳定是国际问题，在实际操作中，货币当局通常给予国际问题更高的优先权。过去三年中，央行保持人民币汇率稳定的成功业绩有力地支持了这一点。

人民币汇率基础是中国物价的稳定。较高的通货膨胀将最终导致人民币贬值。这里的问题是：在今后三到五年间中央银行有能力控制通货膨胀吗？观察家们预言中央银行在1997—1999年保持紧缩的货币政策是困难的。原因有以下几点：香港在1997年7月1日回归，党的十五大在1997年秋天召开，第九次全国人民代表大会在1998年召开，澳门在1999年回归。毫无疑问，中国政府将竭尽全力在这段时间保持经济繁荣和社会稳定。这意味着中国人民银行面临着中央政府的支持经济发展的巨大压力。中国人民银行很有可能多发行货币来支持这段时期的经济增长和政府赤字，从而引起通货膨胀。但稍加分析，就可看出这种**通货膨胀**不可避免的假说是不成立的。

首先，从1996年起通货膨胀率大幅下降，只有6.1%，是过去四年中最低的。1997年上半年通货膨胀率已降到2%以下。经过近20年的改革和发展，中国市场结构已从卖方市场基本转变为买方市场。尽管仍存在某些新产品的短缺，但是从经济整体角度来看，过剩的生产能力和快速增加的存货是当前经济的主要特征。特别值得指出的是

1992—1994 年,投资高峰所形成的生产能力陆续投产,大大增加了中国的供给能力,并使技术水平有相当的提高。由短缺造成需求拉动型通货膨胀的可能性大为减少。1997 年上半年中国国内生产总值增长 9.5%,而同期用电量只上升了 4.2%。如果这两个数字都没错,那么,它们隐含了令人振奋的消息,中国经济的效率提高了。

第二,中国企业的预算约束在逐渐变硬。国有部门在国内生产总值中所占比重逐年下降,1996 年只占大约三分之一。国有部门的预算软约束和投资饥渴症在整个经济中所占比重缩小。银行体制的改革和 1996 年 8 月开始实施的《贷款通则》使国有商业银行的贷款行为日益规范。1996—1997 年间,中国普遍出现银行惜贷的现象,大多数国有商业银行没有用完贷款额度。此间,通货膨胀率下降使实际利率上升是投资疲软的一个原因,同时银行、企业的预算变硬是产生目前惜贷现象的主要原因。

第三,农产品,特别是粮食的价格近期内会比较平稳。中国近年来连获丰收,国家、国有粮食部门和老百姓都有较充足的粮食储备。随着我国农产品价格逐渐与世界价格水平接近,农产品价格的进一步上涨会在很大程度上受到国际市场价格的制约。1996—1997 期间,国际市场粮价也呈下降趋势。这些都说明近期内由农产品价格上涨所造成的通货膨胀压力会较小。

第四,中央政府赤字造成通货膨胀的威胁在减少。中国人民银行法禁止央行对政府财政透支,从法律上排除了用印钞票弥补财政赤字的可能性。从长期看,中国政府发国债的潜力很大。1996 年中国的政府债券余额只占 GDP 的 10%,而发达国家的这一比例为 40%—75%,我国周边的发展中国家的政府债券平均占 GDP 的 30%,比中国高出许多。在美国,进一步增加政府债券被许多经济学家看作是一件“坏”事,因为政府负债已经太高了。然而在中国,无论从建立现代金融市场以满足金融机构需求,还是从央行公开市场操作的需要来看,政府债券的适当增加可能是一件“好”事。但是,也必须看到,在短期内中国政府发行国债受到两大制约。一是目前中国政府开支的**债务依存度**已经很高；二是中国政府对国债的还本付息占总支出的比重也相当高了。

第五，中国人民银行在用直接手段（比如贷款额度），间接手段（比如利率和公开市场业务）和综合手段调控宏观经济方面也越来越有经验了。虽然对中国未来通货膨胀的预期比较乐观，央行仍面临许多挑战，比如，如何使中国的利率逐渐市场化？怎样在转轨经济中协调利率政策和汇率政策？如何在放弃贷款额度管理后，用准备金，再贷款利率，贴现率和公开市场业务对宏观经济进行有效的间接调控？

货币政策分析的含义如下：靠减少再贷款对冲央行买汇放出基础货币的余地已变得越来越小。假定中国货币当局有一个动态最佳外汇储备范围，并且我国现有外汇储备已经接近或者达到这一目标；再假定中国货币当局的目标是维持名义汇率基本稳定；那么可选择政策工具有：(1)用鼓励投资或放宽进口限制的方法适当增加进口；(2)考虑采取用部分自愿结汇的办法使一部分外汇分流在民间；(3)逐步使利率市场化，以减少由套利活动带来的不确定性；(4)考虑逐步开放资本账户，稳步走向人民币全面可兑换。

参考书目

郭熙保(1997)，“中美两国货币购买力与收入水平比较分析”北京大学中国经济研究中心。

景学成，王建华(1996)，《人民币可兑换性理论与政策探索》，中国金融出版社，北京。

李建(1996)，“中国外资分析与展望”，《经济预测》1996/48，pp.9—11。

林毅夫、蔡昉、李周(1994)，《中国的奇迹》，上海人民出版社。

《美国统计摘要》，美国统计局。

《美国消费物价指数报告》，美国劳动部。

任正岩(1997)，“正确认识我国的外汇储备问题”，《人民日报》1997/7/24。

吴晓灵(1997)，“我国外汇体制改革的进程”，《金融研究》1997/1。

《中国金融年鉴》，1990—1996 年，中国金融出版社，北京。

《中国人民银行统计季报》,1997/2,中国人民银行调查统计司,北京。

《中国生产资料市场统计年鉴》,国家统计局贸易物资统计司,中国统计出版社。

《中国统计年鉴》,1990—1996 年,中国统计出版社,北京。

《中国物价及城镇居民家庭收支调查统计年鉴》,国家统计局,中国统计出版社。

《中国物价年鉴》,国家统计局,中国统计出版社。

《中国对外经济统计年鉴》,国家统计局,中国统计出版社。

周小川(1996),《人民币走向经常项目的可兑换》,国家外汇管理局,北京。

Ren, Ruoen and Chen Kai (1994), "An Expenditure-Based Bilateral Comparison of Gross Domestic Product Between China And The United States", *Review of Income and Wealth*, Series 40, Number 4, December 1994.

Yi, Gang (1994), *Money Banking and Financial Markets in China*, Westview Press, USA.

对于香港联系汇率制度的分析及其改进方案评价*

香港的联系汇率制度是其货币制度的基石。1997 年夏，亚洲金融风暴在首先席卷东南亚 5 国之后，旋即向香港的联汇制发难。从事后看，一方面可以认为联汇制比较成功地得以维系，另一方面也会看到，香港经济的其他部分是为此付出了惨重代价的。由于这个代价，就有必要对香港联汇制的制度安排和制度特点渐次地进行分析。然后，本文又对香港联汇制的两个改进方案作了介绍和评价。最后，解说香港经济结构需要进行调整。

一、香港联系汇率制度简介

香港联系汇率制度是货币局制度（Currency Board）的一种形式。最早的货币局是 1849 年在毛里求斯设立的，后来大约有 70 多个国家和地区相继采取了类似的制度，其中多数是英国的殖民地。

香港联系汇率制度的逻辑很简单：政府设立一个外汇基金；有发行本币现钞资格的银行须按固定汇率（7.8 港币等于 1 美元）在外汇基金存入 100％的外汇储备，换取无息的“负债证明书”，作为发行港币的依

---

* 原文发表于《经济社会体制比较》1998 年第 3 期。北京大学中国经济研究中心宏观组，执笔人：易纲、林明，参加讨论的课题组成员：宋国青、范敏、江慧琴、赵晓、汤鹏飞、钟凯峰、黄加英、赵先信、张都兴。

据;其他持牌银行向发钞银行取得港币时,也要以百分之百的美元向发钞银行进行兑换。这样,港币与美元的汇率就联系起来了。

但是,在香港的公开外汇市场上,港币的汇率却是自由浮动的。无论是银行间的同业市场(批发市场),还是银行与公众间的现钞或存款往来(零售市场),港币汇率都是由市场的供求状况决定的。港币与美元之间固定(1∶7.8)的联系汇率水平是在外汇市场上由汇率浮动实现的。具体地说,当投机活动使市场汇率低于联系汇率水平时(譬如说,港币贬值到1∶7.9的水平),公众就会抛港币买美元,此时,发钞行就会按1∶7.8的法定汇率从外汇基金以港币换取美元,然后在市场上抛售美元。发钞行套利的结果是,外汇市场上美元供给逐渐增加,港币供给逐渐减少,从而,美元与港币各自供求关系的变化就会使得市场汇率逐渐地由1∶7.9向1∶7.8的汇率水平回拢①。在港币升值的时候,也是同样的道理。联系汇率与市场汇率、固定汇率与浮动汇率并存,这是香港联系汇率制度的自稳定机理所在。

香港自1983年10月开始实行联汇制。目前,发钞银行有三家:汇丰银行、渣打银行和中国银行,各自的发钞比例顺次为80%,15%,5%。

二、联系汇率制度的优点和弱点

香港是世界金融中心之一,而联系汇率制度就是香港金融业的基础。香港没有非常系统的货币政策,其货币政策安排与其汇率制度安排是融为一体的。如果说香港经济是一条船,联系汇率就是船锚(名义锚),它使香港经济在大风大浪中得以稳定。联系汇率的优点是显而易见的。它减少了因投机而引起的汇率波动,减少经济活动中的不确定性,使个人、企业、政府都有稳定的预期,从而有利于降低交易成本。此外,它还可以束缚政府,使其理财小心谨慎。20世纪80年代中英谈判前后和90年代香港回归过程中,联系汇率制度就起了积极的稳定作用。

联系汇率制度的弱点也是很明显的。分析如下：

第一，港币的发行是以100%的美元现钞为储备金的，而现钞只是最狭义的货币(M_0)。现钞之外，还有各种存款，共同构成广义货币(M_3)。目前，香港流通中的现钞为820多亿港币，香港的广义货币(M_3)为28000亿港币左右(1997年三季度数字)，其中有16000多亿港币存款(约占广义货币的60%)和相当于11000多亿港币的外币存款(主要是美元存款，占广义货币的40%)。所以，香港虽然有超过7000亿港币的外汇储备，但是，如果有某种强大的外来冲击使公众信心动摇(在众志成城的情况下，很难相信单凭冲击本身能造成信用危机)，而有相当比例的港币存款要挤兑美元的话，香港就有可能发生信用危机②。

第二，联系汇率制度使香港货币当局丧失了调整经济的灵活性。在货币政策方面，由于实行联系汇率制度，香港金融管理局(1993年4月以来的香港货币当局)在相当大的程度上就丧失了运用货币政策调整经济的能力。譬如，90年代以来，香港经济有过热现象，货币当局应适当调高利率，使经济降温，健康发展。但是，香港货币当局无法调高利率，因为港币与美元是固定汇率，港币的利率只能大体等于美元利率，否则套利行为将发生，迫使港币利率回到美元利率水平③。所以，当外部环境发生变化时，联系汇率制度的薄弱环节就会变得明显起来，也就容易成为投机者进攻的对象。

第三，且不谈港币利率高对香港经济的抽紧作用所带来的负面影响，就是对港币的影响也有两重性。一般说来，港币利率高有利于稳定港币。但是仔细想一想，港币与美元是固定汇率，港币为什么能比美元利率高？回答是，港币的风险高，公众认为联系汇率有可能失守，港币与美元的利差是对港币的风险补偿。如果注重于对港币汇率的分析，不妨可以这样理解这个利差：假设港币与美元利率相同，而港币汇率偏高(港币贬值)，即在浮动汇率的条件下理解联系汇率(固定汇率)下港币利率偏高的问题——对真实浮动汇率的压力被转移到利率上去了。

这样算来，港币与美元的利差越大，说明港币的汇率风险越高，联系汇率制下的港币所面临的累积的贬值压力越大。所以提高港币利率一方面对港币有稳定作用(揽存港币)，另一方面也是一个关于港币风险累积程度的预警指标（Indicator)。所以，值得注意的是，倘若利差过大，公众对港币的信心就会动摇。

联系汇率制度的优点和缺点都源于它不能动，尤其在金融动荡时不能动。香港汇率问题之解在两个极端，要么固定不变，要么完全放开。如果联系汇率可以调整，那就必须完全放开，一步到位。将联系汇率调整到另一个水平上的设想是站不住的；因为汇率一旦更动，攻击就会不断发生，金管局能动第一次就能动第二次，以至频繁更动，直到完全放开为止。可以说，这是一个两极解（Bang — Bang Solution）的典型案例，中间的解都是不稳定的。

三、改进联系汇率制度的方案

香港是小型开放经济。香港的这一经济特点决定了她比较适合采用联系汇率制。在开放条件下，因为空间狭小，就缺乏足够的回旋余地来应付各种国际冲击，也就不一定要求有力的货币政策。同时，鉴于美元在香港对外贸易和清算中无可比拟的首要位置，香港港币实行与美元挂钩的联汇制[4]。可以这样说，实行联汇制就是在货币政策上使香港经济与美元经济联系更为紧密，在亚洲的香港和远在太平洋的夏威夷一样地接受、实行美联储的利率政策。20世纪70代到80年代初的经验表明，香港不适合采用浮动汇率制，而联汇制则非常适合香港的经济特点。事实上，正是由于浮动汇率制行不通，香港才转向联系汇率制的；而联系汇率制也很快地完成了其历史使命，拯救香港于危难之中。所以，对于联系汇率制，目前大多不是讨论其存废问题，而是在肯定联系汇率制的前提下，对其某些环节提出改进建议。对此，香港理论界提出了数家改进方案[5]，其中讨论较多的方案有两个。

第一个方案是香港科技大学7位教授提出的建立**美元流动资金机制**的方案。其要点如下：商业银行可以外汇基金票据作抵押，从金管局借入为期1周、3个月、6个月及1年的美元，到期还款时可以连本带利还美元或港币（按1∶7.8汇率）。

在现行制度下，当炒家在外汇市场进攻港币时，港币供应就会变得紧张，港币同业拆借利率（Hibor）急升，影响正常经济运作。引入美元流动资金机制后，当港币银行同业拆借利率高企时，由于市场利益驱动，商业银行就会先向金管局筹借美元，而后在港币外汇市场上卖美元买港币，然后将港币拆借给银行同业，缓解港币需求，从而使同业拆息回落。

银行目前之所以不愿卖美元买港币，是因为，万一联汇制崩溃，港币大幅贬值成真，手中大量持有港币就会招致巨额损失。所以，为稳妥起见，银行宁可放弃套利机会。引入此机制后，商业银行向金管局筹借美元时，可获得金管局授予的认沽期权，借款既可以美元还款，也可按固定汇率以港币还款，所以，商业银行此时不必惧怕港币贬值，可以放胆进行市场操作，从而稳定港币汇价。

科大的教授们认为，这个方案从整体上不会使港币供给量增加，也无须动用金管局的美元储备，金管局只是一个中间人。具体地说，炒家若要借入78亿港币，银行可以先向金管局借入10亿美元，有此10亿美元作抵押，银行便可以多印78亿港币借给炒家，拆借市场利率平稳。金管局的10亿美元从何而来？在欧洲美元市场上以市场利率借入。炒家借到港币后，要求港币兑换成美元。金融体系新增10亿美元，有备无患。炒家势必无机可乘。最后，由于债项期满，炒家需要偿还港币，又得将手中美元兑换成港币，偿还银行。如此这般，银行就换回美元，接着又收回炒家偿还的港币。这个方案中，金管局与银行只是中间人，金管局鼓励银行自国际市场借入美元套取港币，从而“协助”炒家作国际市场借贷，“活跃”香港的相关市场。这个机制可以及时解决港币资金流动不足拆息高企的问题。本地同业拆息因此紧贴国际市场上的美元利率，变得较为稳定，香港不用再为捍卫联系汇率制而承受高息之苦，而炒家再攻击港币汇价时，已无法令利率飙升，也就无法在远期港币汇率及期货市场获利，相反，还要支付有关的手续费及借款利息。

科大的教授们称以上方案为“乾坤大挪移”（金庸语），意思是把炒家的压力转移到别处（国际市场）。此方案还有一个后手，即港币美元化。金管局要向公众表示，在万不得已时，宁可用外汇储备将港币全部收回，实现港币美元化，也不放弃联系汇率，从而实现真正的乾坤大挪移。

香港金管局总裁任志刚先生认为，科大几位教授的方案行不通。银行通过金管局借入廉价美元，然后卖出美元买入港币，再向同业市场上提供港币；如果炒家美元力量雄厚，就会继续购得廉价港币，加倍进攻港币汇率。金管局的美元储备总是有限的，所能筹借的欧洲美元也总是有限的[6]。所以，最终的问题还是信心问题。

第二个方案是由浸会大学教授曾澍基提出的现代货币局制度的方案。这一方案又称 AEL 方案（AEL 是阿根廷、爱沙尼亚和立陶宛三国的简称）。

现代**货币局制度**的基本框架如下：成立货币局，按照百分之百的储备来发钞和赎钞，商业银行须在货币局开设准备金账户。货币局保障按固定汇率自由兑换商业银行在货币局的准备金。也就是说，货币局保障对基础货币的自由兑换（流通中现金加商业银行在货币局的准备金）。这样港币与美元之间的套利活动可以直接在货币局（央行）和商业银行之间进行，不需要搬运货币现钞。假如联系汇率为 1 美元等于 7.8 港币。甲银行背离此汇率，使用新汇率为 1∶8，这时乙银行可以卖 100 万美元给甲银行，得 800 万港币，然后将这 800 万港币存入货币局，得到 102.6 万美元（按 1∶7.8）。这样，乙银行立即得到 2.6 万美元的利润，而所有这些交易能够在 20 秒钟内完成，不需要搬运现钞。因此，在新制度下，银行没有背离联系汇率的动机。目前，香港金管局对此方案有正面评价(非官方)。

曾教授的现代货币局方案的关键是套利活动不用搬运现钞,从而节约套利的交易成本,加快银行对市场汇率波动的反应速度。虽然香港目前的联系汇率制度不是真正的货币局,但非常接近现代货币局制度,所以,曾教授的方案对香港现行的联系汇率制度的改进是很有限的。

应该指出的是,在此方案下,银行在央行的5%储备金,对小型银行而言,有一定的困难;而且,储备金并不生息,只是变相增税,增加银行经营成本,削弱了香港作为国际金融中心的比较优势。

另外,现代货币局虽然能够形成铁板一块的联系汇率(这一点已被阿根廷、爱沙尼亚和立陶宛的经验证明),但这个固定汇率实现100%的压力转移,给经济的其他方面造成很大的负担。所以,现代货币局并不能保证经济不衰退,或者失业率不会上升。它的作用就像泄洪闸,只是把外界对联系汇率的冲击转移到经济的其他领域。事实上,阿、爱、立三国现在都不好过。

说联系汇率近期必须坚持不等于说要永远坚持。在固定汇率的条件下,以调整价格水平的方式完成经济调整,成本很高,也很痛苦。也许,最理想的状况是:在这场金融危机过后,在将来的一个闷热的星期五下班之后(或者在一个大年初二),大家放假的时候,金管局突然宣布改联系汇率为浮动汇率。

四、在坚持联系汇率制度的前提下调整香港经济

香港的经济必须调整,香港不再是购物者的天堂,香港变得太昂贵了。1983—1996年,香港的平均通货膨胀率为7.79%,美国只有平均3.55%,而港币与美元的汇率一直没变。这样港币实际升值幅度非常大。有人认为香港的通货膨胀主要是由非贸易品引起的,其贸易品价格上涨幅度与美国基本相同。即使把这一因素考虑进去,港币的实际

升值也是很明显的。这一矛盾在东南亚发生金融危机以后(各国货币平均贬值 40%以上),就更加突出了。因此,香港的经济必须调整,以增强其竞争力。

从长期来看,提高生产力也是调整的办法,但是,这需要时间。从近期来看,调整的方法主要就是两种,一是港币贬值;二是物价调整,整个楼市、股市及工资水平向下调。

在近期的背景下,联系汇率制还需要坚持。一种货币贬值本身不是大不了的事情,全世界最有影响的几种硬通货的汇率也是经常变动的,而且有时变动幅度还相当大。但是,港币有所不同。现在放弃联系汇率就会动摇公众的信心,不但不能达到调整经济的目的,反而会引起不稳定预期,而且,一旦这种预期自我加强,就有可能引起香港经济更大的动荡和损失。

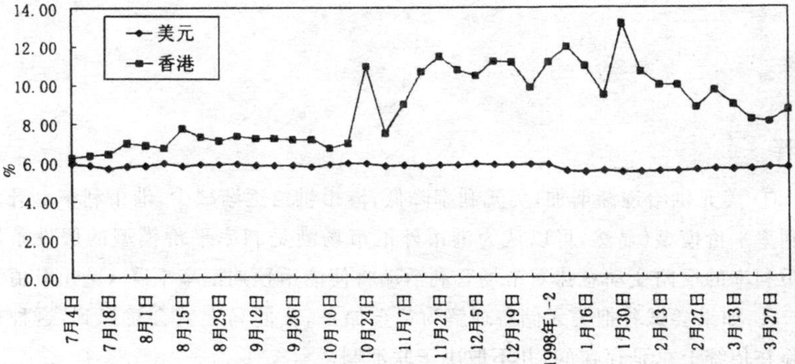

图 1　一年期美元存款利率和港币存款利率(1997.7.4—1998.4.3)

联系汇率不宜动,而香港经济又必须调整,剩下的途径就只有一条,那就是调整物价,包括楼价、股价以及工资水平。目前,香港楼市较 1997 年夏天已经下降了大约 30%左右,股市从 16 000 点掉到 11 000 点,下降了 30% 左右。与楼市和股市相比较,工资调整非常痛苦,而且粘性也很强,一时之间难以下调。这也意味着,香港工资持续上升的可能性变小了。总之,香港经济的调整过程已经开始,其物价水平(广义)正在下调。既然汇率不能动,就只此一条路了。如果中国大陆经济继续发展良好，从而香港的生产力可以进一步提高，加之物价下调，香港的经济就能较快地回到有竞争力的均衡状态。在理论上，联汇制只是一种选择。从实际数据（图 1）看，自 1997 年 7 月份以来，港币利率始终高于美元利率。从 1997 年 10 月到 1998 年 3 月，港币利率一直高出美元利率，利差最高时达到 8 个百分点。正如前文分析，这个利差意味着，市场认为联汇制有可能失守，因此要求在利率上对预期汇率风险给予补偿。同时，还可以看到，利差的时间趋势在 1998 年 2 月以后逐渐趋小。如果港币利率在将来逐渐接近美元利率，就说明市场所要求的风险补偿（用利差衡量）在逐渐缩小，也预示着香港的经济调整接近成功，香港经济在接近其均衡点。这些调整的完成可能是通过物价水平的下降，可能是通过生产力的提高，也可能是因为大陆经济看好。总之，当香港经济接近其均衡点时，是坚持还是放弃联系汇率已经无关紧要了。

注释

① 美元供给逐渐增加，美元利率降低；港币供给逐渐减少，港币利率上升。根据利率平价模型（显然，可以认为港币外汇市场满足利率平价模型的假设条件），两币利率的反向变动意味着市场套利活动将使港币预期汇率下降（港币升值）。

② 如果尝试着把美元储备理解为黄金储备，我们马上就会意识到，这种挤兑风险在传统上总是存在的，并不取决于联汇制。

③ 按照利率平价公式：Rh. k. －Ru. s. ＝（Ee－E）/ E，由于港币实行联汇制，预期汇率 Ee≡E≡7.8，这意味着，Rh. k. －Ru. s. ＝0，即是说，在联系汇率制下，套利活动最终一定迫使 Rh. k. 回到 Ru. s 的水平上来。

④ 香港的货币史很连贯地说明了这一点：1935 年货币改革以前，作为与中国进行贸易往来的货物集散地，香港实际上是追随中国大陆的银本位制度；由此到 20 世纪 70 年代初期，随着布雷顿森林体系的逐渐解体，英镑趋向弱势货币，并被迫放弃固定汇率，香港也就最终结束了英镑汇兑本位制；在 1983 年实行联系汇率制之前，港币曾在 1972—1973 年采取与美元挂钩的浮动汇率制，这是由于此时香港对中国大陆和英国的贸易比重大幅下降，而对美国和日本（贸易收支大多使用美元）的贸易比重大幅上升。

⑤ 还有一个想要指出的方案是：一篮子货币联汇制。但是，一篮子货币联汇制经济含义含糊(对普通市民而言)，操作复杂，而现行的联汇制经济含义明确，操作简单。在汇率制度的维持最终取决于公众信心的情况下，经济含义是否明确是相当重要的一环。当然，操作的难易程度也有助于说明问题。

有人也许会提出，新加坡是实行篮子货币联汇制的。我们的分析是，除了小型开放的经济因素之外，汇率制度的安排也许还取决于政府的经济哲学：新加坡政府习惯于对经济采取全面干预的政策，而香港政府则倾向于自由放任的立场。

⑥ 当然，这个评价略嫌简单了。金管局的捍卫措施主要的就是提高拆借利率，而单纯提高拆借利率，时间稍长，市场上的情况就会变得非常复杂，即使可以达到捍卫联汇制的目的，也会产生和遗留下很多的问题。的确很难找到一种尽善尽美的汇率制度安排，足以防御相关的系统风险。但是，可以认为，美元基金方案能够提高防御能力，应付较大规模的外来袭击——在很多国家(地区)的资本市场有机可乘的情况下，很难想象全世界的大部分投机资本会同时来袭击比较健全的香港联汇制。

参考书目

易纲、吴有昌，1998，《货币银行学》，即将出版。

《香港与内地 21 世纪金融市场发展国际研讨会(参考资料集)》，北京大学金融与债券研究中心、香港城市大学亚太经济研究中心。

王宇，“香港联系汇率制度浅析”，《金融时报》1997 年 11 月 3 日第 2 版。

饶余庆(H. K. UINV)，“论固定汇率制和通货发行局制”，《金融时报》1997 年 10 月 27 日第 2 版。

陈元主编，1996 年第 1 版，《香港金融体制与一九九七》。

雷鼎鸣，“不战而屈人之兵——为港元危机断症”，香港《明报》1997 年 11 月 18 日。

易纲，方星海，“东南亚国家和墨西哥金融危机对中国的启示”，《国际经济评论》1998 年 1—2。

李罗力主编，《金融风暴——东南亚金融危机透视》，贵州人民出版社。

H. K. MONETARY AUTHORITY Money and Banking in H. K. 1995。

IMF，August 1997，Currency Board Arrangements Issues and Experiences，occasional paper 151.

IMF，August 1997，H. K. ，China Growth，Structural Change，and Economic Stability During the Transition，occasional paper 152.

Tsang Shu-ki (1997) “Attack at the Safe Haven：Whither Hong Kong's Currency Board System?” H. K. Baptist University，BRC Papers on China.

汇率制度的选择*

摘要:本文简要考察了布雷顿森林体系崩溃后,汇率制度在时间上的演进。通过分析了固定汇率和自由浮动汇率以及二者之间的各种有管理浮动汇率制度安排,我们可以清楚地看到,资本账户没有开放的发展中国家不可能有完全自由浮动的汇率制度。在选择资本管制的参数体系时,问题的核心是权衡效率与稳定之间的两难。在国际货币体系的游戏规则改变之前,在资本账户开放的情况下,实行中间汇率制度将很危险,只有汇率完全市场化才是有效而保险的。一般而言,对于一个资本账户未开放的国家,无论政府名义上宣布采取何种汇率制度,事实上它都将收敛于固定汇率制。

关键词: 汇率制度;资本账户;不可能三角形

中图分类号:F821.1　**文献标识码:**A　**文章编号:**1002－7246(2000)09－0046－07

全球经济一体化是大势所趋,它的两个重要特征是:劳动分工在全球范围内的逐步确立和国际资本流动的日益迅疾;但同时,主权国家及其货币依然天然存在,人民不能自由迁徙,天下远未"大同",这就使得汇率成为维系此一体化的主要桥梁与纽带。随着一体化进程的加深,闭关锁国、自给自足的国家已越来越少,这直接表现为 IMF 第八条款国,即经常账户开放的国家逐年增多,我们这里考察的对象也将只限于此。

在此背景下,一种理想的国际货币制度应该能够促进国际贸易和国际资本流动。汇率制度则是此秩序的一个极其重要的组成部分。在布雷顿森林体系崩溃后,全球范围内的一系列的金融危机(如

---

* 原文发表于《金融研究》2000 年第 9 期。文章的资料整理和计算工作是由汤弦做的。

20 世纪 80 年代拉美债务危机，90 年代英国、墨西哥和俄罗斯的货币危机等），特别是最近的东南亚金融危机都与汇率制度的安排密切相关，从而使得汇率制度的选择问题成为一个各国所需面对的极其重要的问题。

一、不同的汇率制度安排下的宏观经济政策效果

在谈制度选择问题之前，我们先大致看一下在不同的汇率制度安排下，宏观经济政策的不同效果。对此的经典分析是凯恩斯框架下的**蒙代尔—弗莱明模型**，即开放经济下的 IS－LM 模型。这也是当前国际宏观经济学教材中的主要内容之一，并为许多政府在决策时所运用。蒙代尔也因此及最优货币区理论而荣获 1999 年诺贝尔经济学奖。

该模型揭示了在开放经济下，财政、货币、汇率等宏观经济政策搭配，对经济内部平衡（经济增长、物价稳定和充分就业）和经济外部平衡（国际收支平衡）的影响。该模型的一个重要理论贡献是，指出在资本完全流动的情况下，如果采取固定汇率安排（即追求汇率的稳定目标），则货币政策是无效的；如果采取浮动汇率安排（即放弃汇率的稳定目标），则货币政策是有效的。这就是国际宏观经济学中的一个著名理论：开放经济下的"三元冲突"，即货币政策的独立性、汇率的稳定和资本自由流动三个目标不可兼得。但财政政策的效果则正好相反。

表 1　不同汇率制度安排下的宏观经济政策效果

（小国开放经济）

	固定汇率安排	浮动汇率安排
货币政策	无效	有效
财政政策	有效	无效

由此我们认为，从经济政策角度来取舍汇率制度是困难的，除非首先能区分货币政策与财政政策哪一个更重要。

二、汇率制度的演进

在理论讨论之前，我们先看一下，后布雷顿森林体系的汇率制度在时间上的演进：

表 2　1981—1998 年间各国汇率制度的选择

年　份	1981	1982	1983	1984	1985	1986	1987	1988	1989	1990	1991	1992	1993	1994	1995	1996	1997	1998
国家总数	144	145	146	147	149	150	151	151	152	154	156	167	175	178	180	181	181	182
1.钉住汇率	94	93	90	93	95	89	92	94	93	85	81	84	73	70	66	66	66	64
a.钉住单一货币	58	55	51	50	51	52	57	55	51	44	42	50	43	45	44	44	46	47
b.钉住合成货币	36	38	39	43	44	37	35	39	42	41	39	34	30	25	22	22	20	17
2.有限灵活汇率	17	17	17	15	12	13	12	12	13	13	14	13	13	14	14	16	16	17
a.单一货币	9	9	9	7	5	5	4	4	4	4	4	4	4	4	4	4	4	4
b.合成货币	8	8	8	8	7	8	8	8	9	9	10	9	9	10	10	12	12	13
3.更加灵活汇率	33	35	38	39	42	48	46	44	46	51	61	70	89	94	100	99	99	101
a.按一套指标调整	4	5	6	6	5	6	5	5	5	3	5	3	4	3	2	2	—	—
b.管理浮动	19	22	24	19	22	22	23	22	21	23	27	23	29	33	44	45	46	56
c.独立浮动	10	8	8	14	15	20	18	17	20	25	29	44	56	58	54	52	53	45

资料来源：IMF“International Financial Statistics” & “Exchange Rate Arrangement and Exchange Restrictions” 各年。

由此可整理出图 1，纵轴为采取某种汇率制度的国家数占总数的比例。

从图中可以看出，自 20 世纪 80 年代以来，选择有限灵活性的国家比例大致不变，而选择更加灵活的国家比例则在不断地上升，选择钉住汇率制的国家比例在下降，此趋势在进入 90 年代后更为明显。另外，从相对经济规模角度考虑，对于发展中国家，1975 年时，采用钉住制的国家的贸易量占总量的 70%，而浮动制的国家只占 8%；但到 1996 年时，这两个比例则完全反过来了（IMF，1997）。所以总的来说，在布雷顿森林体系崩溃后，国际汇率体系在不断地向具有更大灵活性的安排转变。

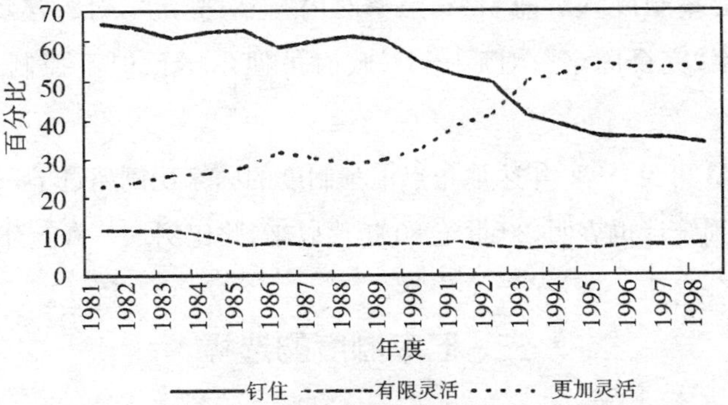

图 1 汇率制度的演化

但以上的分类也有较大的缺陷，突出地表现为 IMF 成员国所汇报的汇率制度类型往往并没有反映实质性的东西。基于此，1999 年 IMF 一改过去 20 多年来固定、浮动的两分法，对**汇率制度**进行了重新分类（见表 3），新的分类突出了汇率的形成机制和以及政策目标的差异。例如，欧元区国家被列入无独立法定货币的汇率安排（表 3 中第 1 类）；原来的管理浮动制的中国、埃及、伊朗以及单独浮动的瑞士等因为汇率基本钉住美元，波动幅度很小而被列入固定钉住制（表 3 中第 3 类）。

表 3 1999 年 IMF 新的汇率制度分类

汇率制度	国家数目	
	1999.1.1	1999.9.30
1. 无独立法定货币的汇率安排	37	37
2. 货币局制度	8	8
3. 其他传统的固定钉住制（包括管理浮动制下的实际钉住制）	39	44
4. 水平（上下 1%）调整的钉住	12	7
5. 爬行钉住	6	5
6. 爬行带内浮动	10	7
7. 不事先公布干预方式的管理浮动	26	26
8. 单独浮动	47	51

资料来源：IMF“International Financial Statistics”，1999.4&2000.1。

在下面的讨论中，根据汇率的波动幅度，我们将把表中的第 3、4、5、6、7 类通称为“**中间汇率制度**”（都是在政府控制下，汇率在一个或大或小的范围内变化，我们认为它们并没有质的区别）；第 1、2 和 8 类称为“**角点汇率制度**”（对前一个，汇率对内“绝对固定”，对外浮动；对中间一个，汇率“完全固定”；对后一个，政府虽偶尔干预但不控制，汇率“完全浮动”）。

由表 3 可见，1999 年采取角点汇率制度的国家比例超过了一半。初步的时间序列统计也表明，20 世纪 80 年代以来，此比例是一直上升的。

三、汇率制度的选择

有关汇率问题讨论的理论起点，应该是汇率的决定。只有确定了汇率如何决定，才可能分析汇率与经济体系的互动反馈关系。而对于汇率制度的选择问题，我们更应关心的是在特定的汇率制度的安排下，**长期真实均衡汇率**的决定及其如何对暂时的冲击作出调整，另外更重要的是能对不同的制度安排结果进行静态比较分析。

货币因素虽然在短期内对汇率的影响是显著的，但在长期应是中性的。Dornbusch 和 Fischer (1980)指出，资产组合对汇率的影响也是短期的，而且需通过经常账户的累积发生作用。从短期来看，国际贸易体系可以是重商主义（累积的贸易顺差）与货币霸权（发行世界货币以对其累积的贸易逆差进行融资）之间的均衡，然而从长期来看，这种均衡是不稳定的。历史的事实也一再验证了这一点（盛洪，1999）。另外，经常账户和资本账户在长期之和为零，从纯粹的技术角度看，用这两个因素来解释长期的真实均衡汇率就存在着多重共线性的问题。

因此，我们认为长期的真实均衡汇率即是使国际贸易品市场出清的相对价格，它是由贸易品的超额需求（这并不完全等同于逆顺差）所调整决定的；同时，超额需求也将对汇率的变化作出反应。

而资本流动因素和政府干预则在短期内产生随机性的扰动噪声，

使得汇率可能暂时偏离而后又收敛于长期的真实均衡水平；或者是爆炸性的结果，即金融危机。

而汇率对超额需求变化的反应灵敏度，以及外来冲击所产生的随机扰动的分布状态，则都随着汇率制度安排的不同而不同。

一般地，随着资本账户开放程度的增加和汇率由市场决定的程度的提高，汇率对超额需求变化的反应灵敏度将增大，交易成本将下降[①]，而交易效率的提高将使劳动分工深化，社会福利提高（证明见杨小凯，1998）；但同时，随机扰动的方差（即汇率所造成的风险）也将增大。所以我们认为汇率制度的选择问题的核心即是权衡效率与稳定之间的两难。

关于**资本账户**开放程度的衡量指标的构造是当前国际经济学的前沿之一。为了讨论的方便，我们假设只有开放和不开放两种状态。

当资本账户不开放时，政府就在国际金融市场和汇率之间设立了一道有效的防火墙，这时政府有足够的能力操纵噪声项；同时，一般而言，对于资本账户不开放的国家，其市场机制往往不完善，市场反应灵敏度很小，这从而使得汇率维持固定成为可能。这样政府就以极高昂的效率损失为代价，赢得了一个超稳定的结构。同时我们可以看到，当资本账户不开放时，无论政府名义上宣布采取何种汇率制度，事实上它都将收敛于固定汇率制。否则，这在逻辑上就不能自圆其说：一方面，不开放资本账户而承受了巨大的效率损失；另一方面，在能固定汇率的情况下却让其浮动而承受风险！所以现实中如有政府如此宣布，不是沽名钓誉以博得推进市场化进程的虚名，就是一种政治谋略：即保留在特定时刻突然调整汇率（然后再保持固定）的权力，而你不要说三道四。

下面我们集中讨论资本账户开放下的情况。

在过去传统的国际经济环境中，货币区、货币局的安排并不普遍（由于政治、政策自主性、铸币税等因素，在可预见的将来也不会占主流），对冲基金等国际金融大鳄也并未浮出水面。这时**大数定律**告诉我们，市场上分散决策的交易者所产生的噪声项的期望为0，并且出现大的偏差的概率极小，更不会产生系统性的偏差，除了某些特别情况（如市场大规模恐慌时出现“羊群效应”而使得大数定律失效）。这时汇率风险就主要取决于汇率制度安排本身。

由我们关于汇率制度选择的一个理论模型可以知道，虽然效率和风险都随着汇率市场化的程度的提高而提高，但只要前者增加时的边际递减速率小于后者，这时的最优选择就是角点解：固定汇率或浮动汇率，而不是其他中间的汇率（表 3 中的第 4、5、6、7 类）安排。而固定汇率或浮动汇率之间的选择则主要取决于以下参数：

1. **贸易依存度**（即国际贸易量占 GDP 的比重）。依存度越高，汇率变动对国家整体经济的冲击也将越大。为了在最大程度上稳定国内经济，贸易依存度越高的国家越倾向于选择固定汇率制。

2. 以 GDP 衡量的国家大小。大国通常在经济上更独立从而更不愿意保持固定汇率而使国内经济政策受制于别国；另外，大国的国际贸易依存度一般要低于小国，所以在其他因素相同的情况下，大国往往更少从汇率的角度出发考虑经济问题。

3. 贸易伙伴国的集中程度。集中度高的国家一般倾向于钉住贸易伙伴国的货币，以稳定进出口；而贸易伙伴分散的国家则不会垂青于固定汇率制。

表 4　选择固定汇率制和浮动汇率制国家的特点

	选择固定汇率制的国家	选择浮动汇率制的国家
贸易依存度	高	低
经济规模	小	大
贸易伙伴国的集中程度	较集中	较分散

但是，当对冲基金等国际金融大鳄浮出水面后，情况就发生了变化。

在中间汇率制度安排下，当均衡汇率对外来的一个冲击进行调整时，在某时点，政府控制的汇率必与此有较大的差别，如果某些国际金融大鳄理性预期到这一点（特别是在政府事先公布干预方式的情况下），它们就会在此时点进行攻击。很少的保证金制度为投机者提供了有效的放大杠杆,同时散布的市场舆论使得众多的投机者跟进,这时市场噪声产生了系统性的大的偏差,这时均衡汇率在市场机制下就会对此"超调"(尤其是在市场反应灵敏度高时),这样政府控制的汇率和均衡汇率水平的差别会进一步拉大,当政府反向操作的弹药(外汇储备)告罄时,中间汇率制度即崩溃。

而在角点汇率制度安排下,投机者则基本无机可乘。

关于汇率制度选择的争论由来已久,而现在则是热门话题,但在可预见的将来也不会有一致的看法。但在未来世界,Intel 公司总裁格罗夫的名言也许是对的:只有"偏执狂"才能生存!

所以,在国际货币体系的游戏规则改变之前,在资本账户开放的情况下,实行中间汇率制度是危险的,只有汇率完全市场化才是有效而保险的;而对于一个资本账户未开放的发展中国家而言,真正有弹性的、完全浮动、灵活调整的市场化汇率则是发达国家的硬通货的一种"奢侈品"。

亚洲金融危机以来,中国采取了负责的态度,坚持了人民币不贬值。

众所周知,汇率完全市场化是最有效的制度安排,也应当是汇率制度改进的最终方向和目标。但是,很多发展中国家距离这个目标还很远,达到它更要走很长的路。

为什么这样说?现在许多发展中国家没有实现货币完全可自由兑换,有的仅承诺经常项下自由兑换,资本项下仍旧实行着外汇管制。这种现实状况表明,发展中国家在汇率问题上目前还存在很多政策参数,这些参数在一定程度上影响着外汇市场的供求,从而影响着汇率的决定。例如,中国最近在个人用汇方面有所放松:过去一年只能兑换一次,现在只要出国行为和用汇需求是真实的,一年之内可根据个人需要进行多次兑换,这种用汇方面的放松管制就是调整控制参数的政府行为,会对外汇市场的供给和需求产生影响。对资本项下的长期资本、经常项下的利润和利息的汇出等类似参数的调整都会影响到外汇市场的供求，因此更精确地讲，发展中国家的汇率制度是在所有这些政策参数控制之下的、以市场供求为基础的"有管理的浮动汇率制度"。从这个角度说，发展中国家在实现货币完全可兑换之前，是不可能有真正意义上的市场汇率的。

可以用许多经济学家常用的不可能三角形来总结本文：在独立的货币政策，资本自由流动，固定汇率三者之间，当局可以选其二，而三者不能同时成立。中国目前的选择是独立的货币政策和汇率稳定；香港特别行政区的选择是资本自由流动和固定汇率。而发达国家则将资本自由流动作为不可动摇的前提，保持独立的货币政策，让汇率自由浮动。

注释

① 理解经济市场化可以促进效率的内在机制与逻辑是重要的。一般地，不存在特权的市场化的结果扩大了经济主体的可行选择集，这就保证了理性的经济主体的福利不会比原有的差，而且往往会有所提高；同时，市场化不仅使得更多的试错行为成为可能，从而增加了有效创新的可能性，而且它所导致的激烈竞争进一步加剧了更多更有效的创新。在市场优胜劣汰的选择下，也只有更有效率的才能生存下来。

参考文献

Dornbusch, R. and S. Fischer, 1980, Exchange Rates and the Current Account, AER, 70(5), pp. 960-971.

Eichengreen, Barry, 1999, *Toward a New International Financial Architecture: A Practical Post-Asia Agenda*. Washington, D.C., Institute for International Economics.

Grilli, V.and G.Kaminsky, 1991, Nominal Exchange Rate Regimes and the Real Exchange Rate: Evidence from the United States and Britain, 1885—1886, Journal of Monetary Economics, No.27, pp. 191-212.

Krugman, P., Target Zones and Exchange Rate Dynamics, Quarterly Journal of Economics, 1991/8, pp. 669-682.

汇率制度“角点解假设”的一个理论基础*

摘要:为了克服传统的蒙代尔不可能三角对汇率制度选择问题的分析局限,本文提出了扩展三角这个可供检验的假说,从而使得对此问题的全面分析成为可能。基于此假说,我们先建立了一个由政府主导时的汇率制度选择模型。模型解的结果表明,决定汇率制度选择的主要参数与最优货币区标准是大致相符的,此时没有哪一种汇率制度对所有国家以及所有时期都适用。金融衍生产品的发展,既为规避汇率风险提供了工具,也使大规模投机攻击成为可能。在此市场主导的新环境下,由于中间汇率制度试图提供免费的汇率风险保险而导致的公众道德风险行为,以及中间汇率制度作为一种行政部门的相机政策而非立法部门所制定的法律,所导致的公众对政府承诺的信任危机,从而内生地招致投机攻击,并引发公众恐慌,进而不可避免地产生了货币危机。这样通过汇率制度对公众信心的反作用,证明中间汇率制度是不稳定的。在全球经济一体化的背景下,作为规则的“角点汇率制度”将是惟一的稳定解。本文为“汇率制度角点解假设”提供了一个较为全面的理论基础。

关键词:角点和中间汇率制度;汇率制度角点解假设;扩展三角;公众预期;政策可信度;货币危机

中图分类号:F830.73　**文献标识码**:A　**文章编号**:1002－7246(2001)08－0005－13

布雷顿森林体系崩溃以来,特别是进入20世纪90年代后,全球范围内先后爆发了一系列的货币危机①,例如1992年的欧洲货币体系

* 原文发表于《金融研究》2001年第8期。作者:易纲,汤弦。感谢林毅夫、陈平、杨小凯和施建准等教授的有益评论,也感谢白金辉同学对写作本文的帮助,当然文责自负。

(EMS)、1994—1995 年的墨西哥、1997 年的东南亚、1998 年的俄罗斯和巴西、2001 年的土耳其。这些危机都与汇率制度的安排密切相关，这使得汇率制度的选择问题成为当前的一个热点。本文尝试对此问题的讨论提供一个形式化的理论框架。

一、汇率制度定义和文献综述

根据国际货币基金组织 1999 年对汇率制度的重新分类(共八类)，我们将第一类(货币联盟、美元化)，第二类(货币局制度)和第八类(单独浮动)称为"角点汇率制度"；将第三类至第七类(其他传统固定钉住制、水平带内的钉住、爬行钉住、爬行带内的汇率安排、不事先公布干预方式的管理浮动)通称为"中间汇率制度"。(易纲，2000)

自 20 世纪 80 年代以来，选择有限灵活性的国家比例大致不变，选择更加灵活的国家比例则在不断地上升，而选择钉住汇率制的国家比例在下降，此趋势在进入 90 年代后更为明显。越来越多的国家和地区的汇率制度已经从相对固定转向更加灵活的安排；从中间制度转向角点制度。现实的情况要求理论既能够解释现实世界中共存的多种制度，又能够解释其发展趋势。这使我们将注意力转到汇率制度的选择理论上来。

首先，我们来回顾一下已有汇率制度选择理论。我们将汇率制度选择理论归纳为传统的固定与浮动之争和现在的角点与中间汇率制度之争。

(一) 传统的固定与浮动之争

汇率制度对经济的影响。在 80 年代以前，与大多数国家的政府力量相比，外汇市场上投机基金的力量还比较薄弱，这时政府有能力维持某种汇率制度。因而当时的理论主要关注于，在汇率制度可维持的前提下，分析不同汇率制度对经济的影响。这主要表现在两个方面：对货币政策自主性的影响；对国际贸易与投资的影响。

对**货币政策自主性**影响进行分析的代表理论为**蒙代尔—弗莱明模型**。该模型指出在资本完全流动的情况下,如果一个小国开放经济采取完全固定汇率安排(即追求汇率的稳定目标),则货币政策是完全无效的;如果采取完全浮动汇率安排(即放弃汇率的稳定目标),则货币政策是完全有效的。这就是国际宏观经济学中的一个著名理论:开放经济下的"三元冲突":货币政策的完全独立性、汇率的完全稳定和资本完全自由流动三个目标不可兼得。

而汇率不稳定会对国际贸易与国际资本流动带来负面影响。汇率的波动性越大,则进出口双方未来收益的风险会增加。同样,投资收益的风险也会干扰生产性国际资本的流动。为讨论方便,我们将该负面影响统称为风险效应。而且由于当时金融衍生工具不发达,这些风险是很难对冲而规避的。

考虑到汇率制度对货币政策自主性的影响及其风险效应,汇率制度的选择就是基于二者之间的取舍(trade-off)。

蒙代尔的**最优货币区理论**和最优货币区标准。蒙代尔(Mundell,1961)最早提出了最优货币区理论。随后又有大量文献讨论了建立最优货币区的标准。[②]一般认为,经济规模越大、开放度越低、贸易集中度越低、经济和金融发展程度越高、资本的流动性越高,则越倾向于浮动汇率。相反,则倾向于固定汇率。

(二)现在的角点与中间汇率制度之争

20世纪80年代以来,随着金融衍生工具的发展,汇率风险已可以较容易地通过对冲来规避[③],同时外汇市场上投机基金的力量也急剧发展。当投机基金引发了多次地区性的金融动荡后,人们认识到政府力量已经不再可以维持任意的汇率制度,因而理论开始关注研究政府究竟可以维持什么样的制度。现实的情况是,发生货币危机的多为中间汇率制度的国家,而与其形成鲜明对比的是实行角点汇率制度的国家或地区大多有效地防止了危机发生。这样一个直观的猜测是发生投机攻击后，政府可以维持的是角点制度而不是中间制度（即所谓的"汇率制度角点解假设"）。围绕这种猜想经济学家展开了争论。

反对**中间汇率制度**的观点（Eichengreen，1994，1999；Obstfeld & Rogoff，1995）认为在存在投机攻击情况下，中间制度不能有效地防止货币危机。因而在新的国际环境下，中间制度的发展趋势是逐渐消亡，取而代之的将是角点制度。由于很少有国家愿意在长期内放弃货币政策自主性，最终的趋势将是向浮动汇率转化。《经济学家》杂志（1999年1月30日）指出："现在绝大多数学者相信只有极端的解决方式才有效：或者货币完全浮动，或者紧紧钉住。"

与之相反的观点认为，**角点汇率制度**下也存在着风险。比如货币局制度，从理论上说，只有外汇基金完全覆盖住 M_3 而不仅仅是 M_0 时，才能彻底避免投机攻击；而对中间制度则可以进行改进，以有效地防止投机冲击，例如可以实行监督带调整（Williamson，1999）。面对赞成角点制度者所使用的蒙代尔不可能三角，Frankel(1999) 认为没有一种制度适合所有国家以及一个国家的所有时期，制度的选择应取决于各国具体的特征，他有力地争辩道："……这并不意味着不能同时有一半的稳定性和一半的独立性"，即中间制度可以存在。更重要的是，Frankel et al. (2000) 认为角点解假设缺乏理论基础。④

二、基本模型：政府主导时的情形

本部分将蒙代尔不可能三角扩展，提出了扩展三角这个假说，使得全面分析成为可能，并为以后进行检验的实证性研究提出了一个理论框架。在此基础上，提出了汇率风险不可规避时的汇率制度选择模型，来考察一国的汇率制度主要是由哪些外生结构参数所决定的。

（一）模型的前提假定

假定一：金融衍生工具不发达。这一方面使得汇率风险不能通过对冲来规避，另一方面也使得投机攻击缺乏有力的放大杠杆。这时汇率制度是政府选择的结果。

假定二：假定资本流动程度是外生给定的，由国内的金融体系发育成熟程度所决定。[5]

（二）从不可能三角到扩展三角

我们的分析从**蒙代尔不可能三角**开始[6]，如图1所示（据 Frankel, 1999，我们略有加工）。图中三角的三边表示三个宏观经济目标，顶点则为实现与其联系的两个目标的相应制度安排（比如说若要同时实现资本自由流动和汇率稳定，则需采取货币联盟或货币局的形式）。x、y 和 m 箭头分别表示汇率稳定性、货币政策独立性和资本流动性增加的方向。

该三角清晰展示了三个政策目标的关系，但其没有表述出中间制度的影响。为了克服这个缺陷，我们通过建立一个新的指标体系对其进行扩展。我们构造指标体系（x, y, m），它们分别表示汇率稳定性[7]、货币政策独立性和资本流动性的大小[8]、标准化后都属于[0,1]。x=0 时表示汇率完全自由浮动，x=1 时表示汇率完全固定；y=0 表示货币联盟，y=1 表示货币政策完全独立；m=0 表示资本完全管制，m=1 表示资本完全自由流动。其余中间值表示中间状态。

这样每一个可能的汇率制度（x）及相关组合，（y, m）都可用一个“1—1”对应的（x, y, m）来描述。比如，（1,0,1）属于第1类制度，（0,1,1）属于第8类制度。

我们可供检验的假设是：$x+y+m=2$。

这样我们可以得到一个三角坐标系：**扩展三角**（图2）。在图2中，每个点（x, y, m）到三边（汇率稳定，货币政策完全独立，资本完全自由流动）的距离分别为（1-x, 1-y, 1-m）。图中数字表示第几类汇率制度的大致位置。如中国位于 3′；角点制度中的第1类（如欧盟和香港）和第8类制度（如美国）分别位于扩展三角顶点（y=0）和（x=0）。

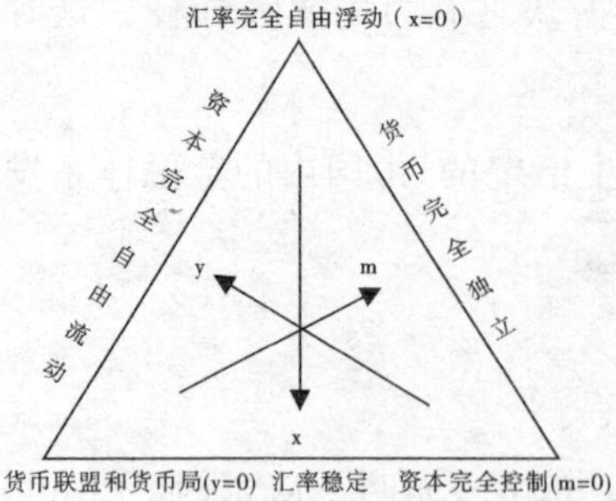

图 1 蒙代尔不可能三角

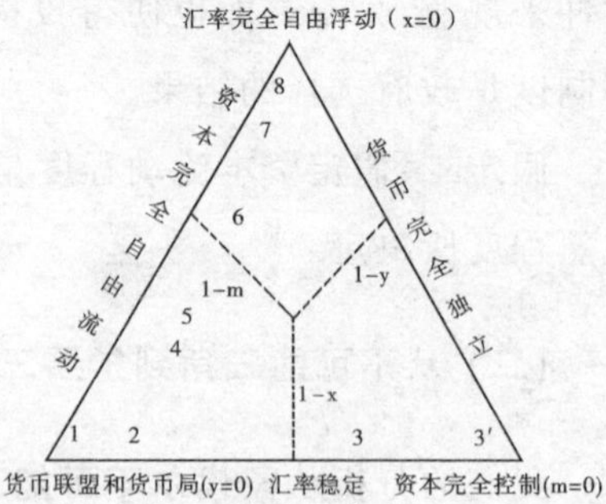

图 2 扩展三角

可见 x, y, m 中,任意两个为 1,另一个就必为 0。这样我们就把蒙代尔的开放经济下的“三元冲突”给形式化了。更重要的是,这也为我们考察上面 Frankel 的“一半一半”的观点,(即(x, y, m)=(1/2, 1/2,1)可能存在)提供了形式化的工具。

(三) 政府的目标函数与基本模型

我们假设,政府因丧失货币政策独立性而不能解决失业等问题的成本函数为:$W=c'-y^{\alpha}$,α,c'为正的参数,c' 为完全丧失货币政策独立性时的成本,α 为丧失货币政策独立性的损失指数。因$\partial W/\partial\alpha>0$,故 α 越大则丧失货币政策独立性的成本越大。

设汇率风险函数为:$r=(1-x)^{\beta}$,我们称 $\theta_r=1/\beta$ 为汇率风险指数。对相同的汇率波动性,θ_r 越大汇率风险也越大(固为$\partial r/\partial\theta_r>0$)。假定汇率风险随汇率波动性$(1-x)$的增强是边际递减的,即 $\beta\in(0,1)$。设 p 为开放度⑨,γ 为贸易伙伴国的集中程度,f 为金融体系的发育成熟程度。那么 p、γ 越大,汇率风险对整个经济所作成的冲击风险也越大,而 f 有相反的作用。可设汇率风险对整个经济所造成的风险成本函数为:$R=r\gamma p/f$。

这时政府的问题为总成本最小化:

$$\min_{x,y\in[0,1]} C=\lambda W+\rho R=\lambda(c'-y^{\alpha})+\rho\frac{\gamma p}{f}(1-x)\beta \tag{2.1}$$

$s.t.\ x+y=2-m, m\in[0,1]$

其中 ρ 为决策者主观风险厌恶系数，λ 是一个反映政府对两种成本的相对重视程度的常数。一般地，越是大国，越希望运用货币政策的独立性来解决国内失业等问题；但若政府反通胀的能力低，则货币政策独立性的价值也降低。所以 λ 与经济规模正相关；也与货币当局具有完全的货币政策独立性时的反通胀能力的高低正相关。

（四）最优化结果及解释[⑩]

通过对上述模型的推导，我们可以得到以下命题（证明见数学附录二）：

命题一：当 $\alpha\cdot\theta_r\geqslant 1$，即 $\beta\leqslant\alpha$ 时，模型必然取得角点解。具体取哪一个角点取决于具体的参数：当 $C|_{x=1}=\lambda[c'-(1-m)^{\alpha}]<C|_{x=1-m}=\lambda(c'-1)+\rho\dfrac{\gamma p}{f}m^{\beta}$ 时，$x=1$（即完全固定）；当 $C|_{x=1}<C|_{x=1-m}$ 时，$x=1-m$（即尽可能浮动）。特别地，$\alpha=1$ 时[⑪]，对 $m<(>)(\rho\dfrac{\gamma p}{\lambda f})^{\frac{1}{1-\beta}}$，有：$C|_{x=1}>(<)C|_{x=1-m}$，即会采取完全固定（浮动）制。

可见，只要损失指数和风险指数的乘积不小于 1，就是传统的固定与浮动之争。由命题一，我们可归纳出表一（每考虑一个参数，假设其他参数全都相同）。可见，这与最优货币区标准是大致相符的。

表 1　选择固定汇率制和浮动汇率制国家的相对特点

经济特点	选择固定汇率制的国家	选择浮动汇率制的国家
对风险的态度 ρ	更为规避	规避
开放度 p	高	低
金融发展程度 f	低	高
贸易伙伴国的集中程度 γ	较集中	较分散
经济规模（与 λ 正相关）	小	大
反通胀能力（与 λ 正相关）	低	高
资本流动性 m	低	高

命题二：当 $\alpha\cdot\theta_r<1$，即 $\alpha<\beta<1$ 时，如果 $\beta\leqslant 1-m(1-\alpha)$ 能够满足，模型结果也将是角点解：如果 $\beta>1-m(1-\alpha)$，若由一阶条件确定

的数值 $x^*(\alpha,\beta,m;\pi)$满足 $x^*(\alpha,\beta,m;\pi)>\frac{1}{\beta-\alpha}[(1-\alpha)-(2-m)(1-\beta)]$,结果将是角点解,两个角点之间的选择原则同上;当 $x^*(\alpha,\beta,m;\pi)<\frac{1}{\beta-\alpha}[(1-\alpha)-(2-m)(1-\beta)]$时,若 $C|_{x=x^*}>min\{C|_{x=1},C|_x=1-m\}$,结果将是角点解;反之,将是中间解。

可见,当两指数的乘积小于 1 时,如果资本流动性较低($m\leqslant(1-\beta)/(1-\alpha)$),政府就会尽可能使汇率固定或尽可能浮动;如果资本流动性较高,政府则可能选择中间制度。

命题三:如果权数 λ 充分小,结果将是 X→1。

比如意大利和阿根廷,在历史上每当具有较高的货币自主性时,即使货币当局执行了较好的货币政策,控制住了 M_2,也总是引发很高的通胀。公众对此深恶痛绝。民选政府在民意压力下,权数 λ 就很小。同时,两国的资本流动性很高,所以它们分别采取了加入欧洲货币联盟(EMU)和货币局的角点汇率制度。

(五) 比较静态分析

命题四:m 充分小时,X→1。

当资本流动性很低(比如资本账户不开放)时,政府就在国际金融市场和汇率之间设立了一道有效的防火墙。这在制度上保证汇率稳定的同时,也为货币政策的独立性提供了最大的空间。但这个超稳定结构的获得是以极高昂的效率损失为代价的。这时,无论政府名义上宣布采取何种汇率制度(比如管理浮动),事实上它都将收敛于固定汇率制。否则,这在逻辑上就不能自圆其说:一方面,不开放资本账户而承受了巨大的效率损失;另一方面,在能固定汇率的情况下却让其浮动而承受风险!所以现实中如有政府如此宣布,不是暂时作为一种过渡策略,就是沽名钓誉以博得推进市场化进程的虚名,或是一种政治谋略:即保留在特定时刻突然调整汇率(然后再保持固定)的权力。

在命题五中我们给出了在资本完全流动时的结论。

命题五：当 m＝1 时，各国根据具体情况选择中间制度与角点制度。特别地当 $\alpha \cdot \theta_r \geqslant 1$ 时政府会选择角点制度（即完全固定、货币联盟或完全浮动，见图 3 示意）；当 $\alpha \cdot \theta_r < 1$ 时，政府可能选择中间制度或完全浮动制度，但不可能选择完全固定制度（即最优解不可能在 x＝1 处取得）。

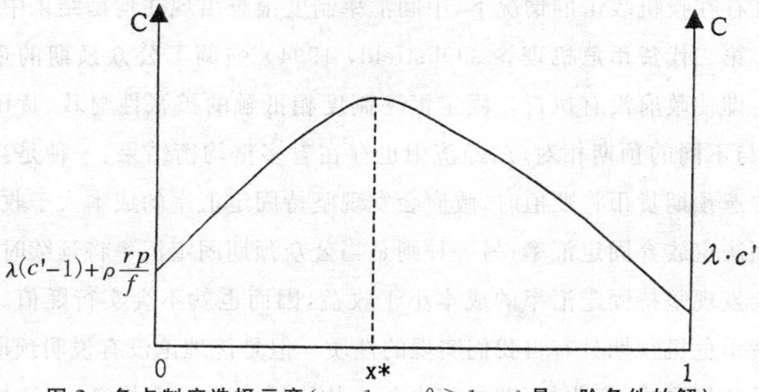

图 3　角点制度选择示意（m＝1，$\alpha \cdot \theta_r \geqslant 1$，$x^*$ 是一阶条件的解）

应用命题五，我们可以知道，对于丧失货币政策独立性的损失指数和汇率风险指数的乘积小于 1 的国家，Frankel 的“一半一半”的中间制度（即(x,y,m)＝(1/2,1/2,1)）是可能存在的。所以即使在资本完全流动的时候，也没有哪一种汇率制度对所有国家以及所有时期都适用。

本部分的分析表明，由于蒙代尔不可能三角本身只能研究角点情况，所以其不能成为“汇率制度角点解假设”的理论基础。恰恰相反，其扩展形式的扩展三角在本部分的假设条件下，支持了“没有哪一种汇率制度对所有国家以及所有时期都适用”这个结论。

三、中间汇率制度的危机：市场主导时的情形

进入 20 世纪 80 年代后，为了规避风险，金融交易者在风险管理领

域进行了金融创新，在传统交易工具的基础上创造出许多金融衍生产品。但它们是一柄双刃剑。一方面为规避汇率风险提供了工具；另一方面，大规模的投机攻击则成为可能。这样本文第二部分的前提假设已不成立。本部分的替代假设是，汇率风险可以规避并且可能存在投机攻击。

下面，我们将考虑汇率制度与公众预期形成、变化的相互关系，论证在存在投机攻击的情况下，中间汇率制度很难出现在均衡结果中。

第二代**货币危机理论**（Obstfeld，1994）强调了**公众预期**的重要性。即使政府没有执行与固定汇率制度相抵触的扩张性财政、货币政策，与不同的预期相对应，经济中也存在着多重均衡结果：一种是当公众普遍预期货币将贬值时，政府会发现坚持固定汇率的成本大于收益，从而决定放弃固定汇率；另一种则是当公众预期固定汇率将延续时，政府会发现坚持固定汇率的成本小于收益，因而也就不会实行贬值。所以货币危机预期具有自我们实现的性质。但是该理论没有说明预期到底是如何形成、变化的（即如何由一个均衡跳向另一个均衡）。这极大地削弱了该理论的说服力。如果不能说明预期的形成和变化，那货币危机产生的根源就只是上帝掷色子的结果。

下面我们就建立一个简单的模型来试图弥补这个缺憾。第二代货币危机理论考察的是公众预期对汇率制度的决定性影响，而这里我们所想强调的是汇率制度对公众预期的反作用，这样就可以考察更为一般意义上的均衡。

（一）外汇市场上代表个体的行为分析

先看中间汇率制度安排下的情况。设存在两个均衡汇率：E 和 E_1，且 $E < E_1$，E 为开始时的汇率（采用间接标价法，那么从 E 变到 E_1 即是贬值）。

假设在投机攻击出现前，外汇市场上代表性个体相信政府关于中间汇率制度可以维持的承诺。事实上，若他们不相信，根据第二代货币危机理论，中间汇率制度即刻就会崩溃。由于中间汇率制度已提供了对汇率风险的免费保险，既然相信这个保险的可维持性，那么他就没有必要再对其暴露的本币资产和外债进行套期保值。[12]这反过来又使得这个市场的金融衍生工具不发达。[13]至于可能发生的投机攻击，他也无法预测到具体时点，而要事前控制住这个不确定性事件（注意并非可计算分布的风险！）几乎是不可能的。

设投机攻击发生后，外汇市场上代表性个体认为政府不贬值的先验概率为 P_0（可以理解为一般所说的信心），贬值的先验概率为 $1-P_0$，面临的选择是是否抛售（或对冲）其所持有的暴露的本币资产 A。

设政府放弃汇率制度的成本为 C_g，汇率政策的透明度为 T，一般有：$\partial P_0/\partial C_g>0$，$\partial P_0/\partial T>0$[14]，即政府放弃汇率制度的成本越高，政府的透明度越高，个体认为政府不贬值的先验概率 P_0 也越高。

若选择抛售（或对冲），其以外币形式持有的资产值（外币价值衡量）变为：$A_1=A/E-A\cdot C$，其中 C 为单位本币资产抛售（或对冲）的成本（以外币计），主要包括：因丧失流动性而带来的成本、磨擦成本、菜单成本、对冲成本、两种资产的利差、可能的（或潜在的）托宾税（即对外汇交易征税）和再次换回本币时可能被征的智利式资本流入税。

若选择不抛售（或对冲），其以本币形式持有的资产期望值（外币价值衡量）变为：$A_2=A\cdot P_0/E+A\cdot(1-P_0)/E_1$。

他现在面临的问题是：$\max\limits_{\{\text{抛},\text{不抛}\}}\{A_1,A_2\}$ (3.1.1)

易解得不抛（抛）的主要条件是：

$$P_0>(<)1-C/(E^{-1}-E_1^{-1}) \qquad (3.1.2)$$

根据第二代货币危机理论，这也是货币危机不发生（发生）的条件。

根据(3.1.2)式，同时注意到 $\partial P_0/\partial C_g>0$，$\partial P_0/\partial T>0$，我们可以有以下结论：政府放弃汇率制度的成本 C_g 越低，政策的透明度 T 越低，抛售（或对冲）单位本币资产的成本 C 越低，可能的贬值幅度越大，就越可能发生货币危机。

这样，我们也可以从一个公认的角度之外来理解托宾税或智利式的资本流入税。一般认为，托宾税等交易成本的作用在于“在快速运转的国际金融飞轮下撒点儿沙子，让飞轮转得慢一点儿”。通过我们上面的结论，还可以看到，交易成本的存在还使得在投机攻击发生后，抛售行为并不肯定是占优策略。

（二）汇率制度对公众预期的影响

中间汇率制度本质上都是在政府[15]的控制下，使得汇率在一个或大或小的范围内波动。而角点汇率制度下的货币联盟（比如欧洲货币联盟）的形成是通过极其复杂的政治程序的，货币局制度下固定汇率也是通过立法程序确定为法律的。同样，放弃它们也是要通过复杂的政治程序，经各利益相关者的艰苦讨价还价才可能做到。所以，角点汇率制度与中间汇率制度相比，政府改变汇率制度的成本要高的多。而且，规则的政策透明度显然要高于相机抉择。Frankel et al.（2000）认为简单的角点制度比复杂的中间制度更容易核实。比如，为了检查政府是否信守简单钉住的诺言，市场参与者只需核实昨日的汇率与今日是否相同；为了检查政府是否信守完全浮动的诺言，市场参与者只需每月核实外汇储备的变化，看政府是否动用干预了市场。但对中间制度，这种核实是极其困难的。

由上面分析的结论，我们知道外汇市场上代表性个体认为政府不贬值的先验概率在角点制度下要比中间制度高，所以在角点制度发生货币危机的可能性就小。

比较中间汇率制度内部的各种制度，Frankel et al.（2000）通过计量检验发现，在中间制度内，随着允许波动幅度的增大，篮子中货币种类的增多，公众核实的难度上升。但这并不意味着货币危机发生的可能性在逐渐增加，因为还存在着两个制衡因素：一个是由于调整的及时性在增加，所以可能的贬值幅度在逐渐减小；另一个是不透明的政策也增加了投机攻击成功的难度和攻击时点的准确选择。因而，对于中间汇率制度内部的各种制度很难说谁更易发生货币危机。

对于完全浮动汇率制度，由于汇率的频繁波动，人们会经常性地根据自己的风险偏好与资产结构进行套期保值。这样就保证了投机攻击无法引发公众的心理恐慌。由于预期到公众不会跟进，投机者也就不会进行投机攻击。

(三) 投机攻击者的行为分析

投机攻击者[16]的行为主要受以下几个因素支配。

首先是其对公众预期的预期。投机攻击者会判断(3.1.2)式是怎样的。投机攻击成攻的关键仍然是能够引发公众心理恐慌。只有确信发动投机攻击后，公众会跟进，投机攻击者才会选择攻击。

其次是对攻击对象的宏观经济基本面和金融体系的判断，糟糕的基本面和金融体系将有助于攻击的成功。

再次是对攻击时机的选择。它们就会在一个恰当的时点进行投机攻击。很少的保证金制度为投机者提供了有效的放大杠杆，同时通过某些机构散布贬值舆论，从而对政府所控制的汇率施加一个初始的强大压力，进而引发公众恐慌。[17]

(四) 结果

从上面对公众和投机攻击者的行为分析，我们可以看到，投机攻击者的行为是否理性，取决于其对(3.1.2)式的判断是否正确。而公众面对投机攻击时，将基于政府放弃已有汇率制度的成本和政策的透明度来判断政府承诺的可信性来采取行动。如果可信度高，公众不会恐慌；如果可信度低，公众由于事前没有进行套期保值，所以他们将跟进，抢先抛售本币资产。而公众的跟进将使得市场噪声产生系统性的大的偏差。这时市场汇率在市场机制下就会对此“超调”，这样政府控制的汇率和市场汇率的差别会进一步拉大。当政府反向操作的弹药(外汇储备)告罄时，中间汇率制度即崩溃。[18]

四、结 论

当金融衍生工具不发达时，经济个体不能通过对冲来规避汇率风险，同时投机攻击也缺乏有效的放大杠杆，这时汇率制度主要是政府选择的结果。扩展三角假说表明，此时决定汇率制度选择的主要参数与最优货币区标准大致相符，同时中间制度解是可以存在的。所以没有哪一种汇率制度对所有国家以及所有时期都适用，具体的选择取决于具体的参数。

随着金融衍生工具的发展，规避汇率风险与投机攻击同时诞生。由于中间汇率制度试图为公众提供免费的汇率风险保险而导致了公众的道德风险行为，所以中间汇率制度所导致的道德风险和信任危机是产生货币危机的根源之一。

虽然角点汇率制度下的货币局制度也会导致道德风险，但它的固定汇率是通过立法程序确定为法律的，故较难导致信任危机。而完全浮动汇率制度则提供了对货币危机的自然免疫能力，因为它不会产生道德风险行为。而选择哪一种角点汇率制度的根据仍然是最优货币区标准。

当效率的要求使得世界各国趋向于资本完全流动时，我们会发现汇率制度的发展趋势是向更加灵活或者区域联盟转变，最终的趋势将是角点汇率制度占据绝对优势地位。那时，完全浮动将与货币联盟并存，而货币联盟对外又完全浮动。

关于汇率制度选择的争论由来已久，而现在则是热门话题，在可预见的将来也不会停息。但在未来世界，Intel 公司总裁格罗夫的名言也许是对的：只有“偏执狂”才能生存！

注释

① 货币危机一般定义为一年内本币贬值率不低于25%。

② Tavlas (1992)作了一个综述。Frankel(1999)、Frankel et al. (2000)也作了讨论。

③ Frankel 和魏尚进(1995)发现,汇率波动对国际贸易与投资的负面影响在20世纪80年代以前比较显著,但进入80年代以后,这种影响消失。

④ 但有意思的是,同时他从政策的可核实性入手,又给了角点解假设一个有力的支持。

⑤ 在短期内,一国政府可以通过行政力量偏离实际情况的要求而过快放开资本管制,但这种行动会给该国带来危机,正如俄国、印尼、泰国以及墨西哥所经历的那样。

⑥ Obstfeld 和 Rogoff(1996, p. 631)承认,对于汇率制度选择问题,凯恩斯框架下的蒙代尔——弗莱明模型仍是最好的分析工具。

⑦ 在牙买加体系的管理纸币本位制下,本币不可能相对于所有其他货币都完全固定。所以这里的汇率稳定性是指本币同与其经济联系最紧密国家货币或者世界硬通货(例如美元)之间汇率的相对稳定。我们同时假设,在没有投机攻击时,汇率的稳定性主要由汇率制度本身决定,故我们也用 x 所属特定区间来表征汇率制度。这时,从汇率稳定性角度看,传统固定钉住制和货币局制度并无本质区别。

⑧ 关于资本流动性的衡量指标的构造是当前国际经济学的前沿之一。可参见 J. Frankel, 1992。

⑨ 定义为贸易依存度的一半,即进出口均值占 GDP 的比重(IMF,1997)。γ 和 f 仍有待于构造。

⑩ 需要着重指出的是,本模型的中间解一定是中间汇率制度,但角点解($x=1$, $x=1-m$)则是扩展三角的 CE 和 CM 边上的制度;当资本具有完全的流动性($m=1$)时,两者才完全等同。

⑪ 我们令 $\alpha=1$ 是为了得到一个显式解 (closed-form solution),以方便讨论。

⑫ Eichengreen (1999)是最早提出这种观点的人之一。

⑬ Park (1999)抱怨说,在新兴市场国家,比如在韩国,中小企业进行对冲并不容易。所以引入汇率的波动来促使企业对其暴露头寸进行套期保值的提议并不是一个好主意。但我们认为他弄反了因果性。

⑭ 此假设有待证实,但对文章的基本结论没有根本性影响。Frankel et al, (2000)对政策的可核实性(是一个比透明度更窄的概念)进行了经验研究,支持了这个假设。

⑮ 再次强调,在一个分权和制衡原则得到很好贯彻的国家,这里指的是行政

部门,而非立法部门。虽然在很多发展中国家,政府(Government)和行政部门(Administration)事实上基本是同一个东西。

⑯ 这里指的是国际投机集团(如某些大型对冲基金),而非跟进的公众。

⑰ 对羊群行为的分析见 Calvo 和 Mendoza(1998)。在我们的模型中,假设了投资者是自己行动的。但若引入基金管理者,这个委托代理问题将使得羊群行为更容易发生。机制可参见 Krugman, 1998。

⑱ 第一代货币危机理论(Krugman, 1979)指出,事实上不必外汇储备全部用完,危机可能就已发生。但前提假设是不能从国际机构或其他国家得到任何贷款以弥补外汇储备的不足。

参考文献

Calvo, G.and E.G.Mendoza, 1998, "Rational Herd Behavior and the Globalization of Securities Markets", University of Maryland Working Paper.

The Economist, "Global Finance: Time for a Redesign?", January 30, 1999.

Eichengreen, B., 1994, International Monetary Arrangements for the 21st century, Brooking Institution, Washington D.C.

________, 1999, Toward a New International Financial Architecture: A Practical Post-Asia Agenda. Washington, D.C., Institute for International Economics.

Frankel, J., 1992/5, "Measuring International Capital Mobility: A Review", AEA Papers and Proceeding.

________ and Shang-Jin Wei, 1995, "Emerging Currency Blocs", in The International Monetary System: Its Institutions and its Future, edited by Hans Genberg, Springer, Berlin, 111 - 143.

________, 1999, "No Single Currency Regime is Right for All Countries of at All Time", NBER Working Paper No.7338.

________, Sergio Schmukler and Luis Serven, 2000, "Verifiability and the Vanishing Intermediate Exchange Rate Regime", NBER Working Paper No.7901.

IMF, 1997, Exchange Rate Arrangements and Economic Performance in Developing Countries.

Krugman, P., 1979, "A Model of Balance of Payment Crises", Journal of Money, Credit and Banking 11,311 - 325.

________, 1998, "Bubble, Boom, Crash: Theoretical Notes on Asia's Crises", Mimeo.

Mundell, R, A., 1961, "A Theory of Optimum Currency Area", American Eco-

nomic Review, June, 657 - 665.
Obstfeld, M., "The Logic of Currency Crises", Cashiers Economique et Monatires 43: 189 - 213.
________ and K. Rogoff, 1995, "The Mirage of Fixed Exchange Rates", NBER Working Paper No.5191.
________ and ________, 1996, Foundations of International Macroeconomics, the MIT Press.
Park, Yung Chul, 1999, "Exchange Rate System and Capital Controls in East Asian Emerging Market Economics", Keynote Speech at the International Conference on Exchange Rate Regime in Emerging Market Economies, Tokyo, 17 - 18 December 1999.
Tavlas, G., 1992, "The 'New' Theory of Optimal Currency Areas", IMF.
Williamson, J., 1999, "Are Intermediate Regimes Vanishing?", Keynote Speech at the International Conference on Exchange Rate Regime in Emerging Market Economies, Tokyo, 17 - 18 December 1999.
北京大学中国经济研究中心宏观组,1999,"对冲基金、金融风险与加强监管",国际经济评论,1999 年第 1 期。
麦金农,1993,《经济自由化的顺序——向市场经济过渡中的金融控制》(中文版),中国金融出版社 1993 年版。
易纲,2000,论汇率制度的选择,金融研究,2000 年第 9 期。

附录一:三角坐标系

若三个变量 a, b, $c\in[0,1]$并且存在一个线性约束:$a+b+c=1$,那么任何一个组合(a_0,b_0,c_0)都可投影在一个高为 1 的等边三角形 ABC 中。(a_0,b_0,c_0)的坐标位置确定如下:找到一点 D,它到三边 AB、BC 和 AC 的距离分别为:a_0,b_0,c_0。这一点的位置总可找到并且唯一确定,因为等边三角形有一性质:其内的任一点(包括边上)到三边的距离之和恒为其高。

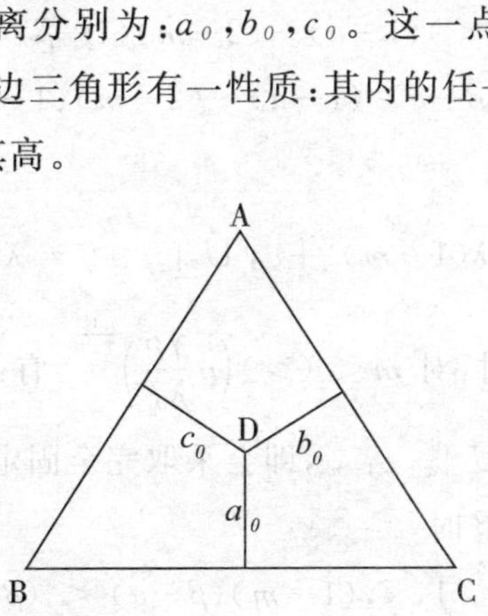

令 $a=1-x$，$b=1-y$，$c=1-m$ 即可得到扩展三角。

附录二：数学附录

$$\max_{x\in[1-m,1]} U=\lambda(2-m-x)^{\alpha}+c-\rho\frac{\gamma p}{f}(1-x)^{\beta}(\alpha>0,\beta\in(0,1)) \tag{1}$$

令 $c=-\lambda\cdot c'$，问题(2.1)等价于(1)：

当 $m=0$ 时，显然 $x=1$；下面考虑 $m\neq0$ 时的情形。

(1) 式的一阶必要条件为：

$$\rho\frac{\gamma p}{f}\beta(1-x^{*})^{\beta-1}-\lambda\alpha(2-m-x^{*})^{\alpha-1}=0 \tag{2}$$

假设(2)式的参数可使得解 $x^{*}\in(1-m,1)$。若不满足，则内点解(中间解)不可能。二阶判别式为：

$$soc=\lambda\alpha(1-\alpha)(2-m-x^{*})^{\alpha-2}-\rho\frac{\gamma p}{f}\beta(\beta-1)(1-x^{*})^{\beta-2}$$

$$=\lambda\alpha(2-m-x^{*})^{\alpha-1}[(1-\alpha)(2-m-x^{*})^{-1}-(1-\beta)(1-x^{*})^{-1}]$$

(将(2)带入)下面我们证明命题一到五。有：

(一) 当 $\alpha\geqslant\beta$ 时，

$\because 1-m<x^{*}<1$，$\therefore(\beta-\alpha)\leqslant(\beta-\alpha)x^{*}\leqslant(\beta-\alpha)(1-m)$

$soc>(<)0\Leftrightarrow(1-\beta)(1-x^{*})^{-1}>(<)(1-\alpha)(2-m-x^{*})^{-1}$

$\Leftrightarrow(\beta-\alpha)x^{*}>(<)(1-\alpha)-(2-m)(1-\beta)$

故我们只需证：$\beta-\alpha\geqslant(1-\alpha)-(2-m)(1-\beta)\Leftrightarrow(1-\beta)(1-m)\geqslant0$，而此为真。

此时，$U|_{x=1}=\lambda(1-m)^{\alpha}+c$，$U|_{x=1-m}=\lambda+c-\rho\frac{\lambda p}{f}m^{\beta}$

那么，当 $\alpha=1$ 时，对 $m<(>)\left(\rho\frac{\gamma p}{\lambda f}\right)^{\frac{1}{1-\beta}}$，有：

$U|_{x^{*}=1}>(<)U|_{x^{*}=1-m}$，即会采取完全固定(浮动)制。

(二) 当 $0<\alpha<\beta$ 时，

$\because 1-m<x^{*}<1$，$\therefore(1-m)(\beta-\alpha)<(\beta-\alpha)x^{*}<(\beta-\alpha)$

(i) $soc>0$ 只需$(1-m)(\beta-\alpha)\geqslant(1-\alpha)-(2-m)(1-\beta)\Leftrightarrow\beta\leqslant 1-m(1-\alpha)$，因而当 $\beta\leqslant 1-m(1-\alpha)$时模型取角点解。

(ii) 当 $0<\alpha<\beta$ 并且 $\beta>1-m(1-\alpha)$时，若由一阶条件确定的数值 $x^*(\alpha,\beta,m;\pi)$满足 $x^*(\alpha,\beta,m;\pi)>\frac{1}{\beta-\alpha}[(1-\alpha)-(2-m)(1-\beta)]=x_0$，则有 $soc>0$，结果将是角点解；而当 $x^*(\alpha,\beta,m;\pi)<x_0$ 时，有 $soc<0$，此时若 $U|_{x=x^*}<max\ \{U|_{x=1},U|_{x=1-m}\}$，结果将是角点解；反之，将是中间解。

（三）若 $\lambda\rightarrow 0$，显然此时的最优解为：$x=1$。

（四）根据约束条件，显然若 $m\rightarrow 0$，有 $x\rightarrow 1$。

（五）(i) 当 $\beta\leqslant\alpha$ 时，根据命题一结果只能为角点制度。

(ii) 当 $\alpha<\beta<1$ 时，$m=1$ 使得 $\beta>1-m(1-\alpha)$成立，同时满足 $x^*(\alpha,\beta,m;\pi)<\frac{1}{\beta-\alpha}[(1-\alpha)-(2-m)(1-\beta)]=1$，因而由命题二，模型可能取得角点与中间解。下面我们证明 $U|_{x=x^*}>U|_{x=1}$，即 $x=1$ 不可能是模型的解。

将 $m=1$ 代入(2)式，得：

$$(1-x^*)^{\beta-\alpha}=\frac{\lambda\alpha f}{\rho\gamma p\beta} \tag{3}$$

$$\begin{aligned}U|_{x=x^*}&=\lambda(1-x^*)^{\alpha}+c-\rho\frac{\gamma p}{f}(1-x^*)^{\beta}\\&=(1-x^*)^{\alpha}(\lambda-\rho\frac{\gamma p}{f}(1-x^*)^{\beta-\alpha})+c\\&=(1-x^*)^{\alpha}(\lambda-\rho\frac{\gamma p}{f}\frac{\lambda\alpha f}{\rho\gamma p\beta})+c \qquad \text{（将(3)代入）}\\&=\lambda(1-x^*)^{\alpha}(1-\frac{\alpha}{\beta})+c\end{aligned}$$

$$>c=U|_{x=1}(\because\alpha<\beta\Rightarrow\lambda(1-x^*)^{\alpha}(1-\frac{\alpha}{\beta})>0)$$

所以 $x=1$ 不可能是模型的解。

第四部分
金融体系

中国金融资产结构分析及政策含义*

一、中国金融资产结构概况

中国**金融资产**主要分为:流通中现金、金融机构存款、金融机构贷款、有价证券(债券、股票等)。表1列出了1978、1986、1991、1995年中国主要金融资产分布情况。

改革开放以来,中国金融资产由单一的银行资产向市场化、多元化方向发展。1981—1995年累计发行国债4794.39亿元,国家投资债和投资公司债共313.98亿元,金融机构债1182.97亿元,企业债1738.3亿元,股票(A股面值)119.56亿元,大额存单1796.28亿元(中国证监会,1995)。这些金融工具的出现为中国货币市场和资本市场的进一步发展奠定了基础。但是,中国金融资产的大部分仍是银行和金融机构的存贷款。银行和金融机构的存贷款占金融资产总量的比例1978年为93%,1986年为87%,1991年为84%,1995年为83%。这一比例改革开放以来虽呈下降趋势,但90年代以来下降缓慢,说明中国货币市场和资本市场的发展不尽人意。中国金融资产总额占国民生产总值的比重从1978年的94%上升到1995年的221%,反映了经济体制改革中金融深化(货币化)的过程。80年代这一比重上升较快,进入90年代上升速度慢了下来。

中国的**储蓄**主体在改革中也发生了变化,由以前的政府和国营企

---

* 原文发表于《经济研究》1996年第12期。

业变为现在的老百姓。据世界银行专家估计，中国改革前政府积累占总积累的比重一直在70%以上。1978年国内储蓄占国民生产总值的35.5%，其中**居民储蓄**占1.2%，**政府储蓄**占15.4%，**企业储蓄**占18.9%。也就是说，1978年社会总储蓄的96.7%来自政府和国营企业。1978年末，中国居民储蓄余额只有210.6亿元，占当年国民生产总值的5.9%，占当年社会存款总额的16.2%。

改革前，国家是储蓄主体，也是投资主体，因而不需要金融中介。国有固定资产投资主要来自财政拨款，银行贷款主要作为流动资金。银行的贷款也主要来自政府和国有企事业的存款。1978年，企事业存款和财政存款之和为1089.9亿元，占银行存款总额的83.8%。

1995年底中国金融机构存款余额为5.4万亿，其中近3万亿是居民储蓄。储蓄者和投资者分离了，最大的储蓄者是老百姓，最大的投资者是国家。银行和金融机构的中介作用变得非常重要了。国家通过对银行和金融机构的控制，用老百姓的钱投资建设国有企业。因此，国营企业的真正所有者，可以说是在国家银行里存款的老百姓。

宏观的金融资产结构必然反映到企业的资产负债结构上来。银行和金融机构贷款是中国企业资金来源的主渠道。企业很难通过发行债券、股票等直接融资方式来获得资金。从1986年开始发行企业债，到1995年，共发行企业债1738.3亿元。1995年末，股票市值(A股)约4500亿，其中只有1/3上市流通的个人股。国家股大多是靠过去已有的投入和土地价值折算的，实际现金投入不多。法人股和个人股的发行可以使企业筹到现金，但能够被批准发行股票的企业实在是太少了。这样企业通过发行股票所能筹到的资金十分有限，大多数企业只能靠银行贷款。

在主要**金融资产**之外，还有其他金融资产，比如民间借贷、民间集资和股份合作制中的股份等。这些金融资产，都有一定意义上的所有权、参与权和处理权，并以此获得收益。但目前民间借贷、民间集资还有待进一步规范化。

表 1 中国金融资产结构[1]

（单位：亿元）

年 份	1978		1986		1991		1995	
项目	数额	占 GNP 百分比	数额	占 GNP 百分比	数额	占 GNP 百分比	数额	占 GNP 百分比
流通中现金	212.0	6	1 218.4	12	3 177.8	15	7 885.3	14
金融机构存款总额	1 300.5	36	5 814.0	57	18 079.0	83	54 000.0	94
其中居民存款	210.6	6	2 237.6	22	9 107.0	42	29 662.0	51
企事业存款	902.5	25	3 264.9	32	7 065.1	33	15 419.4	27
财政存款	187.4	5	311.5	3	485.8	2	1 003.2	2
其他机构存款					1 421.1	7	7 915.4	14
金融机构贷款总额	1 890.0	52	8 116.5	80	21 021.5	97	51 000.0	88
其中国有商业银行	1 850.0	51	7 590.8	74	18 044.0	83	39 393.4	68
城乡信用社	40.0	1	525.7	5	1 766.5	8	7 492.0	13
其他金融机构					1 211.0	6	4 114.6	7
财政向银行借款			370.1	4	1 067.8	5	1 582.1	3
政府债券余额			293.4	3	896.5	4	3 500.0	6
企业债券余额			83.8	1	331.1	2	1 700.0	3
金融债券余额			30.0		123.1	1	1 100.0	2
国家投资债券余额					245.1	1	245.1	
股票市值					452.4	2	4 500.0	8
大额存单					800.0	4	1 300.0	2
国内保险费	15.0		42.0		209.7	1	453.3	1
债券股票保险小计	15.0		449.2	4	3 057.9	14	12 798.4	22
金融资产总额	3 417.5	94	15 968.2	157	46 404.0	214	127 265.8	221

资料来源：(1988—1996)《中国统计年鉴》、《中国金融年鉴》；中国证监会(1995)：《中国证券期货市场》。

中国金融资产结构可以概括为：储蓄主体在改革开放中由政府变为老百姓；国家政府收入在国民生产总值中所占比例逐年下降，由1978年的31％下降到1995年的10.8％；1985年起，国家对国有企业的投资由拨款改为贷款，直接融资的资本市场渠道狭窄；其他不动产市场刚刚起步。这就使老百姓把绝大部分积蓄存在银行里，银行把大部分资金贷给国有企业，成为国有企业长期投资（固定资本）和流动资金的主要来源，造成国有企业的资产负债比率不断升高。

二、中国的广义货币与国民生产总值之比为什么迅速增长？

中国**金融资产**的变化过程主要有两条主线，一条是货币化过程，另一条是货币市场和资本市场的发展。这里我们主要分析**货币化**过程。货币化有两种含义：一是财政赤字的货币化，即国家用印钞票的方法来弥补财政赤字。二是经济发展过程中的货币化，即在经济发展中，特别是改革转轨过程中，产生超常货币需求，从而使货币流通速度减慢。本文的货币化是指后一种意义上的。

1978 年到 1995 年，中国国民生产总值平均每年增长 9.7%，通货膨胀率平均为 7.5%，广义货币（M_2）平均每年递增 25%。广义货币增长率在这样长时期里远远超过国民生产总值增长率与通货膨胀率之和，在各国经济发展史中是少见的。据笔者保守估计，从 1978 年到 1992 年，中央政府每年的铸币收入平均占国民生产总值的 3%左右。谢平（1994）估计，1986—1993 年，中央政府每年得到的货币发行收入平均为国民生产总值的 5.4%。海外经济学家常常不理解为什么中国政府的实际综合赤字那么高（约占 GNP 的 8%—9%），通货膨胀率却不很高。其中一个重要原因就是货币化带来的铸币收入。

表 2 给出了中国货币化过程的主要指标。中国的广义货币（M_2）占国民生产总值的比重（M_2/GNP）在改革期间呈快速上升趋势。从 1978 年的 32%上升到 1995 年的 105%，上升速度如此之快在发展中国家金融深化的案例中实属罕见。在 1994—1995 年间，广义货币与国民生产总值之比美国为 59%，英国为 104%，日本为 114%，德国为 70%，印度尼西亚为 46%，韩国为 44%，马来西亚为 89%，菲律宾为 50%，新加坡为 89%，泰国为 79%（国际货币基金 1996 年报）。中国的

这一比重远远超过周边发展中国家，就是和英、美、日、德这些发达国家相比也是相当高的，仅次于日本。

中国广义货币与国民生产总值之比迅速提高，一方面是改革中金融深化的必然，另一方面也反映了中国金融资产结构的问题。在改革开放中，中国的储蓄主体由国家变为老百姓，收入分配向居民倾斜。但是，老百姓金融资产投资的选择不多，银行储蓄一直是主渠道。这主要是我国资本市场发展滞后造成的。中国广义货币与国民生产总值之比这样高不是经济主体的自然选择，而是在现有体制和政策的制约下不得已形成的。

表 2　中国货币化过程

年份	M_0（亿元）	M_1（亿元）	M_2（亿元）	GNP（亿元）	M_2/GNP（%）	M_1/M_2（%）	零售物价指数（%）
1978	212.0	948.5	1 159.1	3 624.1	32	82	0.7
1979	267.7	1 177.1	1 458.1	4 038.2	36	81	2.0
1980	346.2	1 443.4	1 842.9	4 517.8	41	78	6.0
1981	396.3	1 710.8	2 234.5	4 860.3	46	77	2.4
1982	439.1	1 914.4	2 589.8	5 301.8	49	74	1.9
1983	529.8	2 182.5	3 075.0	5 957.4	52	71	1.5
1984	792.1	2 931.6	4 146.3	7 206.7	58	71	2.8
1985	890.0	3 340.9	5 198.9	8 989.1	58	64	8.8
1986	1 218.4	4 232.2	6 721.0	10 201.4	66	63	6.0
1987	1 454.6	5 714.6	8 349.7	11 954.5	70	68	7.3
1988	2 134.0	6 950.5	10 099.6	14 922.3	68	69	18.5
1989	2 344.0	7 347.1	11 949.6	16 917.8	71	61	17.8
1990	2 644.4	8 793.2	15 293.7	18 598.4	82	57	2.1
1991	3 177.8	10 866.6	19 439.9	21 662.5	90	56	2.9
1992	4 336.0	15 015.7	25 402.1	26 651.9	95	59	5.4
1993	5 864.7	18 694.9	31 501.0	34 560.5	91	59	13.2
1994	7 288.6	20 540.7	46 923.5	46 495.8	101	44	21.7
1995	7 885.0	23 980.0	60 750.0	57 650.0	105	39	14.8
平均增长率（%）	23.4	20.2	25.2	9.7			7.5

资料来源：（1978—1996）：《中国统计年鉴》、《中国金融年鉴》。

表 2 中货币与广义货币之比（M_1/M_2）从另一个侧面印证了这一

点。货币占广义货币的比重从1978年的82%下降到1995年的39%。也就是说，不仅广义货币增长快，而且结构也发生了很大变化。广义货币中居民储蓄的比重不断升高，反映了居民所持金融资产大都压到银行存款上了。1995年现金净投放600亿元，全社会流通现金量只比上年增长8.3%；M_1 增长16.8%；M_2 增长高达29.5%，比25%的控制目标高出4.5个百分点。

中国资本市场发展滞后，还可从各国金融资产结构比较中看出。表3给出中国与周边国家和一些发达国家金融资产结构的比较。1993年中国股票市值占GDP的9%，债券市值占GDP的11%。而周边国家股票市值平均占GDP的148%，债券市值平均占GDP的30%。英、美、德、日四个发达国家的股票市值平均占GDP的75%，债券市值占GDP的74%。中国资本市场的发展不仅落后于发达国家，也远远落后于周边发展中国家。

表3　各国(地区)金融资产比较(1993年)

(单位:10亿美元)

国　别	M_2	占GDP比重(%)	银行资产	占GDP比重(%)	股票市值	占GDP比重(%)	债券市值	占GDP比重(%)
中国[②]	519	88	547	128	41	9	47	11
香港地区	119	109	200	182	385	352	6	5
印度尼西亚	69	48	85	59	33	23	13	9
韩国	139	42	229	69	139	42	138	42
马来西亚	54	88	60	93	220	342	35	54
菲律宾	22	42	28	51	40	74	24	43
新加坡[③]	51	92	92	167	133	240	38	70
泰国	98	79	118	95	130	104	10	8
平均值		73.5		105.5		148.3		30.3
德国	1 184	65	2 766	145	463	24	1 587	83
日本	4 633	111	6 338	150	3 000	71	2 887	68
英国	885	96	2 101	223	1 152	122	311	33
美国	4 013	64	3 471	55	5 224	83	6 993	112
平均值		84		143.3		75		74

资料来源：The Emerging Asian Bond Market, The World Bank, June 1995; International Financial Statistics, Various Issues, IMF.

三、中国金融资产结构畸形的后果

1. 企业负债率高。据国有资产管理局的数字,1980 年国有工业企业资产负债率仅为 18.7%。1990 年到 1993 年分别为 58.4%、60.5%、61.5%、71.7%。1994 年对 12.4 万户国有企业清产核资时,国有企业的资产负债率已上升为 75.1%,若扣除实际的挂账损失,国有企业的资产负债率高达 83.3%(吴晓灵,1995)。

2. 金融运行风险高。首先,银行信贷资金周转速度减慢,国家银行贷款年周转速度由 1993 年的 1.32 次降到 1995 年的 1.15 次,即 313 天才周转一次。第二,国有企业相互拖欠严重,国家银行应收未收利息 1995 年高达 2 200 多亿元,比上年增加近 1 000 亿元。第三,国有银行信贷资产质量逐步下降,1995 年末,不良贷款占全部贷款的 22.3%,如果按国家银行 1995 年底贷款余额为 4 万亿元算,大约有 9 000 亿元的不良贷款。第四,国有银行经营困难。中、农、工、建四大行 1992 年上交利润 343 亿元,1994 年降为 166 亿元,1995 年上半年竟出现除中国银行外的全行业性亏损。

3. 国有企业债务负担重。1996 年第一季度,全国国有工业企业在总体经济平稳发展的同时,出现了净亏损,亏损总额达 34.1 亿元。亏损企业比重从 1995 年同期的 40.8%,上升到 44.9%,在国有大中型企业中,这个比例由 1995 年的 45.1%,上升到 51.4%(石刚,1996)。1996 年的第二、三季度情况略有好转,但总体经济效益仍不容乐观。国营企业亏损的重要原因之一是债务负担重,许多国营企业资本金不足,特别是 1985 年实行拨改贷以后,有些国营企业从固定资产投资到流动资金全靠银行贷款。国营企业辛辛苦苦挣到的钱全都给银行还本付息了。

4. 影响国家财政收入。企业先向银行还本付息,剩下的才是利润。当企业连银行利息都付不出时,根本无法向国家上缴利润了。国家作为所有者从国有企业获得的净收入占中央财政收入的比重逐年下降,从1978年的51%,下降为1990年的6.34%,1993年则为-138.4亿元,1994年为-254.2亿元(吴晓灵,1995)。国有企业上缴税收占同期税收的比重也呈下降趋势。1978年,国有独立核算工业企业上缴的税金,占当年各项税收的54%;1991年下降为42.1%,1992年为42.7%,1993年为38.5%,1994年为39.9%。

5. 国有企业行为扭曲。目前,国家银行约有70%的贷款是以较优惠的利率贷给国有企业的。国有企业获利的捷径就是要贷款。国家银行1995年底的贷款余额近4万亿,其中70%贷给国营企业,即28 000亿元。假定贷给国营企业的平均利息比市场利率低8个百分点,那么每年国家银行通过优惠贷款给国营企业的利息补贴就是2 240亿元。所以国有企业的注意力主要不是放在改善经营提高效率上,而是放在争取贷款上。

6. 非国营企业行为不规范。非国营企业中三资企业的资金来源状况较好,除三资企业以外的非国营企业的资金问题一直没有规范化。首先是资本市场对他们不开放,靠发行股票或债券直接获得资金的可能较小。这些企业要发展(而且往往他们有较好的项目),需要资金,就打银行的主意。他们不得不使用各种办法来争取银行贷款,经常跨越合法线,破坏了金融秩序。

7. 银行行为不规范。我国目前利率是由中央银行决定的。老百姓储蓄多少,银行系统必须收多少。同时银行贷款的风险越来越高,国家规定的贷款利率太低,商业银行不愿意放贷。由于国家牌价贷款利率低于市场利率,于是出现了寻租等不规范行为。

四、改革的突破口在金融,金融怎样改?

中国的改革在寻找新的突破口。笔者认为突破口在金融改革,因为目前我国经济矛盾的交点在金融上。国有企业的主要问题是负债率高，资金紧，矛头指向银行。企业相互拖欠严重，信用瓦解，经济秩序混乱，谁来负责？银行系统。进一步完善税收制度和社会保险体系，需要对企业和个人收入和经济往来进行记录、监控的信用统计，又是非银行系统不可。改变企业高负债的状况需要建立资本市场，还是金融问题。可以说，新的金融体制的建立是社会主义市场经济的基础，没有它，其他现代市场经济杠杆都不能有效地发挥作用。而中国的金融体制和服务滞后，是制约中国经济发展的"瓶颈"。

金融改革是一项复杂的系统工程，金融改革应看清一步走一步。首先，积极开展金融服务，提高服务质量，这是新金融体制的基础。第二，要尽快实行"银行商业化，利率市场化"，充分发挥市场利率配置资源的杠杆作用，逐步缩小直至消灭寻租的根源——牌价利率和市场利率之差。第三，积极发展住房抵押贷款业务，提高银行资产质量。最后，也是最重要的，是积极稳妥发展中国直接融资的股票市场和债券市场，但不能马上大规模放开。

金融改革应从金融服务做起。中国现行服务与市场经济的要求相距甚远。在个人服务方面，中国居民工资的银行直存率，个人支票持有率等金融服务指标远远落后于与我们收入相同的发展中国家。在企业服务方面，中国的银行划账转账、票据贴现、支票清算周期等项基本服务都不尽人意。外汇业务也是如此。要尽快增加城市工资直存比例，发展个人支票服务。个人支票可首先用于像房租、水电、电话费和子女学费等安全业务上。工资直存、支票和信用卡业务都有利于对企业和个人的收支进行记录和监督，为最终建立完善的信用制度和税收体系打下基础。改善服务质量的最有效方式是引入竞争。中国各商业银行间的竞争应当进一步加强，并适当加快引入外资银行。

逐步实行"银行商业化，利率市场化"。麦金农和肖(1973)证明了在利率被压低的经济里，资本得不到应有的回报，储蓄会减少。在资本利用方面，由于利率低，许多项目都争着要贷款。银行很难区分哪些项目是最好的，增加了银行选择贷款对象的成本。因此利率被压低会阻碍经济成长。而在高利率下，可能产生逆向选择和道德风险问题。**逆向选择**在贷款决定做出之前发生。利率高，有些企业（特别是软预算约束的企业）会毛遂自荐。这些企业根本就不打算还钱，所以利率高筛选不掉他们。**道德风险**在企业获得贷款以后可能发生。中国的企业是负盈不负亏的。有些企业在拿到贷款后不按预定方案投资，而是把资金投入高风险、高回报的项目上。如果项目投资成功，企业获高利润；如果项目失败，反正是亏银行的钱。在利率高时，企业这种逆向选择和败德行为的可能性会增加。

大力发展抵押贷款和以抵押贷款为基础的债券市场。到1995年底，中国城市有5 000万平方米商品房待售（《金融时报》，1996年6月24日）。我国城市目前滞销房多的原因是多方面的，这里只谈抵押贷款问题。**抵押贷款**市场分这样几个层次，第一，由银行向购买者提供抵押贷款。第二，由银行将各种抵押贷款合同分组，加以标准化，然后以这些抵押合同为担保发行债券。第三，由中央政府出面制定抵押贷款管理办法，设计标准抵押贷款合同，建立抵押贷款保险公司，然后对划定范围内的抵押贷款标准合同进行保险。国家的保险可以大大降低信息成本，减少交易费用，使以抵押贷款为基础的债券的二级市场健康发展，大大提高抵押贷款资产的流动性和安全性。美国政府大规模介入抵押贷款市场是20世纪30年代大危机时开始的。那时美国有数以千计的金融机构有抵押贷款业务，合同不一，规模不同，可谓五花八门。中国现在的以国有银行为主导的金融市场格局比美国当年好得多。美国80年代发生的储贷银行危机，日本90年代发生的住宅金融危机都不足以论证中国目前不应发展抵押贷款。只要管理得好，开展规范的商品房抵押贷款业务很可能提高我国银行的资产质量。

逐步开放**资本市场**，增加直接融资的比例是走向市场经济的必由之路。市场经济发展到这个阶段，有要求资本市场的内在动力。开放资本市场有风险，但不开放风险更大。不开放资本市场，中央把得很死，造成的结果是地方政府和企业联合起来对付中央。中央开放一块，地方政府和企业就把它搞乱。像国债回购本来属于货币市场的业务，企业却用来作为长期融资手段，用于长期的投资项目。地方政府和企业对资本市场的要求如同洪水，仅靠堵是不行的，疏导、规范这种需求才是长久之计。要积极发展中国急需的用来直接融资的股票市场和债券市场，但不能操之过急。

中国上市公司的业绩如何？股份制改造是不是中国国有企业改革的主要道路？中国综合开发研究院（深圳）曾经对1995年我国上市公司情况做过一次调查分析，1995年上市公司经营业绩大滑坡，利润大幅度下降。1995年在深沪两大交易中心挂牌的300家上市公司的平均净资产收益率为5.74%，远远低于同期我国银行存款利率。其他指标，如税后利润，每股税后利润等均不如人意。一向经营业绩好，素质高，经过精挑细选的上市公司是股份公司的榜样。这一报告至少提醒我们，认为经过严格筛选上市的公司的经营机制已经得到转变的想法是不切实际的。

国家体改委生产司司长吴天林1996年9月在北京召开的中日金融证券研讨会上介绍了中国国有企业股份制改革的情况。中国共有股份制试点企业3.6万多家，其中股份有限公司9 000多家，从业人员716万，股本总额5 970亿元，其中国家股占43%，法人股占25.10%。吴天林报告有以下几个要点：第一，国有资产保值增值能力通过股份化改造显著增强，1994年9 000多家股份公司的净资产平均增长率为42.4%，1995年可统计的1 600多家的净资产平均增长率为12.5%。第二，公司规模迅速扩大，经济效益明显提高。1994年股份公司中有107家进入全国500家最大的工业企业，有62家进入全国500家最大服务企业。1995年以来，深沪上市的323家公司的平均净资产总额5.76亿元/户，而国有大中型企业的固定资产净值平均为9 294万元/户。1995年在深沪上市的股份公司平均税后利润为6 338万元/户。第三，开辟了国有企业直接融资的渠道，降低了企业**资产负债率**。据对全国9 000多家股份公司统计（包括境外上市和发行B股企业），共向社会筹资约1 500亿元，向内部职工筹资约350亿元，筹集外资约600亿元。直接融资降低了企业的资产负债率。首批境外上市的九家企业，改制前资产负债率平均为50.9%，1995年改制后为36.7%。对全国1 600多家股份公司初步统计，1995年资产负债率平均为57.8%，比同期全国国有企业平均资产负债率低10个百分点。

许小年(1996)分析了深沪两市300多家上市公司的业绩与**股权结构**的关系发现，公司业绩与**国有股**比例成反比，与**法人股**比例成正比，与**个人股**比例没有显著的统计关系。他认为国家股形成不了对企业的有效监督与制约，国家股所有者从一定意义上说缺位。法人为了自身的利益有积极性也有能力去收集信息，监督企业，因此法人股比例高的上市公司的业绩好。但个人股与企业业绩无关则比较难解释。

我国的企业债券市场也存在许多问题，最大的问题是很多企业不能按时还本付息。据估计，目前约有60%的企业债券还本付息困难。发行企业债券时是由银行担保的，所以国家银行不得不替企业先垫付还债资金。这些问题使得企业债券的进一步发展、二级市场的建立时间表向后推迟。

中国未来几年进一步发展**国债市场**的潜力很大。中国目前国债余额不足GDP的10%，与发达的市场经济相差甚远。如果说改革的前十几年中央政府从货币化拿到了一大块资源，从20世纪90年代开始到20世纪末，中央政府将从发展国债市场上拿(借)到一大块资源。发展国债，使得国债余额占GDP的比例进一步提高，是优化中国金融资产结构，进一步发展公开市场业务的需要。与此同时，也要大力发展国债基金，以解决买卖国债难，用不同债种分散风险等问题。

虽然起步不久，中国的资本市场已在市场经济中起到重要作用。尽管股票债券与中国金融资产总量相比还是很小的百分比，但中国资本市场的雏形已具，笔者期待着十年后再来分析中国的金融资产结构。

注释

① 表1中将银行和金融机构的存款与贷款都记入金融资产内，有重复计算之嫌。但这样计算有助于我们全面把握金融资产，本文所有分析都以占GNP比重为基准。

② 只包括国家银行和农村信用社的数字，未包括非银行金融机构的数字。

③ 只包括储蓄存款银行的数字。

参考文献

石刚(1996)，《当前国有工业企业效益问题分析》，《中国经济体制改革研究会1996年宏观经济形势分析会论文选(二)》。

武良成(1996)，《1995年我国上市公司情况分析》，中国综合开发研究院(深圳)。

吴晓灵(1995)，《中国国有企业——银行债务重组问题》，《经济社会体制比较》1995年第3期。

谢平(1992)，《中国金融资产结构分析》，《经济研究》1992年第11期；(1994)，《中国转轨经济中通货膨胀和货币控制》，《天津金融月刊》1994年第9期。

易纲(1996)，《中国的货币、银行和金融市场：1984—1993》，上海人民出版社。

McKinnon, Ronald I. (1973), Money and Capital in Economic Development, Washington, D. C.: Brookings Institute, 1973.

Xiaonian Xu (1996), Ownership Structure and Firms Performance: The Case of Chinese Stock Companies, Department of Economics, Amherst College.

投融资体制扭曲所导致的后果分析及政策建议*

摘要:党的“十五大”指出:非公有经济是我国社会主义市场经济的重要组成部分;要探讨公有制实现的多种形式;要改革投融资体制。

按所有制划分,中国的经济类型可分为国有、集体和非公有;股份制是各种所有制的有机组成的重要形式。如果按效率由高到低的次序排列,大体上是:非公有、集体、国有。但从得到资金的容易程度上讲(由易到难),则次序刚好与前面相反,这就是我国投融资体制扭曲的主要表现。

这种扭曲的投融资体制在不强调防范金融风险的计划体制下,必然导致重复建设、生产过剩;在强调提高银行资产质量的今天,必然导致投资下降,甚至有可能导致通货紧缩。本文对我国目前投融资体制的扭曲和所造成的后果进行分析并提出政策建议。

一、当前的投资形势与政策取向

1996年宏观经济“软着陆”之后,中国宏观经济的一个总体趋势是疲软的国内需求同持续的通货紧缩迹象呈互相加强的态势,经济增长率持续走低。其中投资增长率尤其是民间投资增长率下降幅度巨大,成为总需求疲软的主要因素。中央政府自1996年开始有意识地放松1993年夏季以来一直从紧的货币控制,① 但没有阻止住经济下滑的势头。1997年亚洲金融危机爆发后,国内和国际经济周期双重叠加,政府最终调整了

---

* 原文发表于《财贸经济》1999年第2期,北京大学中国经济研究中心宏观组,执笔人:易纲、赵先信。

宏观经济政策取向，采取了积极的财政和货币政策。[②]目前的政策走向表明，政府对金融风险的关注已经让位于对总需求不足的担心，刺激投资需求是此次启动政策的核心着力点。与以往历次经济启动相比，新一轮的投资扩张更加强调政府投资，投资领域集中在基础设施、基础产业及部分高科技产业上，融资方式以财政发债为主，配套资金由银行信贷提供，反映了政府对以往历次投资扩张和经济过热的警惕。

尽管如此，仍然存在着对新一轮投资膨胀的担心，认为盲目的基础设施投资扩张可能导致金融系统形成更多新的不良资产（王雪冰，1998；刘世锦等，1998）。另一种观点则认为，如果民间投资没有起色，单靠国家投资根本无法支撑国民经济的长期稳定增长（吴敬琏，1998）。我们认为，全面考察**投融资体制**是分析目前的投资需求形势及评价现行财政、货币政策效应的关键，投融资体制的深层次结构性扭曲真正值得关注。投融资体制扭曲不但直接导致了生产过剩、金融风险和有效投资不足，而且会扭曲正常的货币政策传导机制，使得货币政策的扩张效应大打折扣。在扭曲的投融资体制下，单靠财政投入和货币投放虽可取得一时的所谓“速度”，却会导致更多的效率损失，进一步加剧金融风险，并且无助于民间投资的显著增长。因此，深化投融资体制改革和国有企业改革，理顺投资转化渠道，是促进有效投资、建立健全间接的宏观调控体制并确保国民经济持久健康发展的关键。

二、我国投融资的基本格局和主要特征

1.“单一主体、单一渠道”的投融资格局逐渐为多元化的投融资格局所取代。

改革开放以前，政府是投资主体，财政拨款成了企业投资资金来源的惟一渠道。改革开放以后，这种“单一主体，单一渠道”的投融资格局发生了很大变化，逐渐为多元化的投融资格局所取代。首先是投资主体的多元化，投资领域由传统的国有经济一统天下变为多种经济成分

并存、大中小型企业共同发展的竞争性的新格局。从所有制结构看，尽管国有经济固定资产投资支出仍占全社会固定资产投资支出的半数以上，但其份额却呈逐年下降趋势，集体经济、个体经济及其他类型经济投资份额上升很快，1997年四者的比例达到了53∶15∶13∶19。在国有经济的政府投资部分，1992年以后随着投资决策权和审批权的下放，地方政府已经代替中央政府成为新时期政府投资的主体，1997年中央项目只相当于地方项目的48.6%。投资主体的多元化意味着原有的投资需求模式发生了变化，各主体对投资资金的竞争性需求提高了总体投资效率，非国有投资主体开始对利率、汇率等价格信号作出反应，并成为投资领域市场化的微观基础。

其次是融资渠道多元化。鉴于财政拨款在**国有企业**“投资饥渴”及“预算软约束”方面存在的弊端，1978年改革一开始即对旧有的融资体制进行了调整。1979年国家试行基建投资由预算拨款改为银行贷款，简称“**拨改贷**”，1985年预算内基建投资全部实行拨改贷，从此财政预算内资金所占比重急剧下降(1995年这一比例为3.1%，即使加上预算外资金，其比例也不超过6.8%)，银行信贷开始成为企业投资资金的重要来源。另外，随着对外开放的扩大和企业股份制改革的加快，外资流入逐年增加，**资本市场**初步建立，外资及资本市场也开始成为企业投资资金供给的主要来源。1996年全社会固定资产投资中财政预算内资金、银行信贷资金、外资、自筹及其他形式的融资(包括股权融资、财政预算外资金、自有资金及从非正规金融市场得到的融资等)四者的比例分别为2.6∶19.5∶11.7∶64.2。单就外部融资而言，银行信贷资金占绝对比重，资本市场的规模明显偏小。1997年全国银行贷款余额8万亿元(贷款余额不同于累计贷款，前者不包括已经收回的贷款)，累计利用外资合3万亿元人民币，股票融资累计只有4千亿元。由于国有商业银行占据了全部银行存贷款的60%—70%，间接融资实际上又是以国有商业银行为主的，因此可以说国有银行系统是现阶段企业外部融资的最主要来源。

2. 投融资体制以国有经济导向为主。

首先，尽管投融资格局已经多元化，这种多元化仍然是以国有经济为主导的，投融资体制继续通过计划手段维持国有经济在投融资领域的主体地位。突出的表现：一是在投资上国有经济所占比例过高，投资领域宽泛。如前所述，虽然改革以来国有经济的投资份额逐年下降，其比重仍超过半数，1997 年国有经济占全社会固定资产投资的比例为 53%，是投资的主体。从投资分布的领域看，一方面国有经济并没有完全从竞争性投资领域撤出，同时继续在钢铁、能源、交通、电信等基础产业和基础设施等领域维持其行政性垄断或主导地位。据统计，全国现有国有企业 30.5 万户，几乎遍布所有行业，行业资产份额最高 99%，最低为 11%，平均行业比重为 61%。由于布局分散，效率低下，尽管有政府长期的资金和政策支持，国有经济的投资效益仍然很差。相比之下，许多高效率的非国有企业却因为国有经济的行政性垄断及投资政策在产业准入方面的限制而被排斥在许多投资领域之外，其发展空间往往被限定在狭窄的乡镇或“三产”范围内。

其次，通过计划手段对国有经济进行融资倾斜，国有经济是金融机构主要和优先的服务对象。与投资体制相对应，政府仍然保持着对金融市场的计划管理，对国有经济进行融资倾斜。政府对金融市场实施计划管理的方式主要是对银行系统实行贷款规模控制和对资本市场实行严格的计划管制。在 1997 年 1 月中国人民银行宣布对商业银行实行资产负债比例管理和资产风险管理之前，中央银行一直通过指令性的信贷额度计划对银行系统的信贷行为进行控制。同银行系统相比，资本市场的计划色彩可能更浓厚一些，从总体的发行额度的确定，到具体的上市公司的选定，都是在计划框架内通过行政分配的方式进行的。政府对金融市场进行计划控制除了被认为是有利于确保货币政策的贯彻实施和货币控制外，更重要的一点在于计划控制有利于保证政府对资源配置的控制能力，以确保对国有企业的补贴和融资支持。事实上，政府从未放弃过对国有企业的补贴和融资支持。在改革初期以至 80

年代，补贴采取了财政支出及供应平价生产资料等方式，财政和银行则将国有企业作为主要的融资对象予以支持。[③]80年代以后，随着财政预算内投资资金的急剧下降及生产资料价格的逐步放开，政府实际控制的资源只有土地和金融两大块。由于土地的使用相对固定，政府实际上不可能通过土地的再分配对国有企业进行有针对性的补贴，这时候通过计划手段实行金融控制对政府来说就显得非常重要。[④]

以国有经济为导向的计划和干预必然会导致资金更多地流向国有企业，将非国有经济排斥在正规的金融市场之外。对国有企业的融资倾斜不但体现在管理当局对国有商业银行制定的一系列信贷政策上，也体现在国有商业银行在信贷发放过程中的“唯成分论”倾向上。由于国有银行和国有企业同属于国家，同样一笔贷款失误发生在国有企业和发生在非国有企业（特别是私营企业）往往会招致不同的责任后果，前者可能只是工作失误，后者的性质则严重得多，对责任人的处罚也严厉得多。这必然会促使信贷人员偏离商业原则，更加偏向国有企业，而对非国有企业敬而远之。近年来国有银行的借贷偏向问题引起了理论界的广泛关注。围绕国有商业银行的信贷政策是否有**借贷偏向**（lending bias），即是否更加偏向国有企业这一问题，曾经有过一系列经验研究（Wei，1997；Zhu，1997；Chow & Fung，1998），结果都给出了肯定的回答。统计发现，尽管国有工业企业增加值只占全部独立核算工业企业增加值的50%，但在金融机构贷款余额中，国有企业所占比例却高达70%—80%（刘立峰，1998）。另外，通过分析固定资产投资资金来源也可以发现，1981—1995年，国有企业固定资产投资中的信贷资金占全社会固定资产投资中信贷资金的比重一直在60%—80%之间，同时国有经济固定资产投资中国内信贷所占比重远高于全社会固定资产投资中国内信贷所占的比重，显示出国有经济更加依赖于银行信贷。直接融资的融资倾斜更严重，资本市场基本上没有对民营企业开放。以乡镇企业、股份制企业的股票和国债为主要交易品种的淄博证券交易所尽管曾一度极为活跃，也由于运行中的若干问题而关闭，能够在债券市场和股票市场进行融资的几乎都是清一色的国有企业。

三、投融资体制扭曲的主要表现

现行投融资体制的扭曲主要表现在以下三个方面:

1. 以国有经济导向为主的投融资格局同现实的经济增长格局和投资绩效不匹配。

改革开放以来,我国经济增长的宏观格局在所有制构成和企业规模构成方面发生了非常显著的变化。**国有经济**的产出份额越来越小,**非国有经济**逐渐成为经济增长的主体;中小企业发展迅速,在支撑经济增长和有效吸纳就业方面发挥着基础性作用。从所有制类属看,尽管在投资领域一直占主体地位,并且有来自政府的各类形式的资金投入和补贴以及金融机构的融资倾斜,1979 年以后国有经济的产出份额和就业比例仍然呈显著下降趋势,利润下降、增长缓慢及高额亏损始终是国有经济面临的突出问题。国有工业企业产值占全部工业企业总产值的比例从 1979 年的 78.5%降至 1997 年的 26.5%;在全部城镇就业人口中所占的比重从 1978 年的 78%降至 1996 年的 57%。在城镇新增就业人口中所占的比重下降得更快,从 1978 年的 72%下降到 1996 年的 34.4%。1995—1997 年国有工业企业职工人数净减少了 360 万;其利润占比 1994 年为 50.5%,1996 年则降到了 29.3%,1998 年 1—5 月国有工业企业的利润实际上为负数。从亏损情况看,亏损额、亏损面及亏损率一直处于上升状态。[5]这必然会导致国有经济的增长速度减慢,对整个经济增长的拉动力越来越弱。1996 年国有工业企业增加值仅比上年增长 6%,在全部工业增加值增长的 12%中,国有经济的贡献率仅为 3.3%。[6]国有经济投资的低效益更多地反映了制度失效。

同国有经济的上述困境相反,尽管在投资中所占的份额不足一半,并且面临着正规金融市场的融资歧视,非国有经济(主要指集体经济、个体经济及私营经济等)仍然通过"自筹资金、自我积累、自我发展、自我约束”的方式取得了良好的投资效益，并逐渐成为国民经济的主体。1996 年非国有经济在全部工业企业总产值中所占比重为 71.5％，占城镇新增就业人口的比重为 65.6％，占商业零售额的比重达到了 72.8％（见表 1）。这表明非国有经济已经成为最具活力的主要增长点，也是国有经济存量重组的主要支撑点。

从企业规模看，改革的增量效应和重组效应正在形成一个庞大的中小企业群体。目前我国**中小企业**户数已占全部企业户数的 99％以上，工业产值占 60％，实现利税占 40％，就业人数占 70％，新增就业机会占 80％以上（尚福林，1998）。统计还发现，全国农村社会增加值的 2/3，全国出口创汇的 38％及财政收入的 1/4 均来自城乡中小企业。改革开放以来中小企业的增长速度是**大中型企业**的 4 倍以上。企业规模结构的变化是改革与发展的必然结果，也符合国际经验。[7]目前的形势表明，广大中小企业发展壮大不仅有利于解决目前的下岗职工再就业问题，从长期看对促进增长和增进就业也有着不可估量的重要意义。

表 1　中国非国有经济主要指标概况

（％）

	1978	1985	1990	1991	1992	1993	1994	1995	1996
占全部工业总产值的比重	22.4	35.2	45.5	47.1	51.9	56.9	66.9	69.1	71.5
占全部工业增加值的比重		50.5	62.5	56.3	67.5	68.7	89.6	91.7	91.2
占全社会就业人口的比重	80.9	81.9	83.8	83.5	83.4	83.5	83.3	83.4	83.6
占城镇新增就业人口的比重	28.0	31.7	39.5	52.6	50.2	56.1	58.9	63.9	65.6
占国家财政收入的比重	14.1	34.4	28.7	28.7	28.7	28.4	28.6	28.9	
占固定资产投资总额的比重		36.3	33.9	33.6	32.0	39.4	43.6	45.6	47.8
占流动资金占用额的比重		24.0	29.4	30.3	34.5	38.3			
占商业零售额的比重	48.6	59.6	60.4	59.8	58.7	62.5	68.1	70.2	72.8

资料来源：《中国统计年鉴》1993、1994、1997。

显然，以国有经济和大企业为导向的融资格局同新的经济增长格局和投资绩效是倒置的，这种倒置必然带来效率上的损失。中国的增量改革之所以能取得今天的成就，就在于背靠着这样一个坚实的逻辑：市场机制下的效率改进是在边际上进行的(易纲，1988)。正是由于国有经济之外出现了更有效率的新经济成分，增量改革才会有如此巨大的效应。投融资格局同经济增长格局不匹配不但抑制了经济增长的活力，阻碍了国有经济的结构重组和整体经济的结构升级，也影响了金融资产质量的提高。⑧

2. 国有经济仍然存在"投资饥渴"和"**预算软约束**"。

国有经济投资主要包括国有企业投资和政府投资。1990年以前的中国市场基本上一直是卖方市场，供给增长就等于经济增长(杨目、赵先信、钟凯峰，1998)，投资需求是拉动GDP成长的最有力因素，国有企业有着强烈的投资冲动。不仅如此，由于官办经济有着根深蒂固的开支最大化偏好，扩大投资往往成为企业谋取个人和集体利益的最直接的方式。因为投资效益并不完全来自市场回报，投资决策就不一定非得以市场需求为基础。就政府投资而言，由于投资体制在明晰产权及明确政府经济职能方面未取得实质性进展，地方政府只享受投资收益而不承担投资决策的任何风险和责任，对兴办投资项目有强烈冲动，热衷于铺摊子、上项目，搞外延扩张；同时又由于条块分割和地区壁垒形成低水平重复建设，致使项目效益低下，资源浪费巨大。从资金的供给方面看，预算软约束是国有企业过度投资得以实现的必要条件。在传统的计划经济中，由于存在着所谓的"父爱主义"机制，国有企业的预算约束不可能得到硬化。改革以后，财政预算内资金越来越少，企业投资资金主要经由银行提供。由于企业和银行同属于国家，企业的预算约束也不可能从根本上得到硬化。加之改革以后的金融系统逐渐成为相对独立的利益主体，金融机构在追求自身利益的同时，并不具备足够的风险防范意识和自我约束机制，因而不能构成对企业投资需求的有效约束。这样，企业的投资冲动就很容易演变成实际的投资膨胀，直接造成经济波动。所以我们总是能够看到这样一个现象:在典型的市场经济中,苦于需求约束,宏观政策总是致力于刺激企业的有效**投资需求**;而在公有制经济中,中央政府总是苦于同投资膨胀作斗争。

3. 国有银行系统还没有真正商业化,风险和收益不能兼顾。

高效率(明晰的)的**产权**安排有助于金融机构将风险和收益内部化,促使其产生足够的风险防范意识和利润最大化动力,从而达到风险和收益的均衡点。虽然改革以后的银行系统及其他金融机构已成为相对独立的利益主体,但由于商业化改革滞后,国有银行系统缺乏有效的产权约束和产权激励机制,很难将风险和收益内部化。其行为容易在两个方向上走极端:要么置风险于不顾,片面追求资产规模和资产收益;要么过于惧怕风险,利润动机和创新动力不足。最终倾向于哪一端,很大程度上取决于管理当局对风险的态度。这里面的道理很容易理解。打个比方:假如东家交给你一笔钱,让你负责贷出去,并讲明赚了归你,亏了归他。这时你很可能将钱拿去放高利贷。可是有一天东家突然改变了策略,告诉你说,如果再亏掉1分钱,不但要解雇你,而且还要让你吃官司。这时你多半会把钱藏到褥子底下。大体来说,1996年以前银行的行为以前者为主要特征。[⑨]分析固定资产投资资金来源也可以发现,1986—1995年间,固定资产投资中绕规模发放的银行信贷资金大约等于计划的信贷规模(卓韦,1998)。这一时期国务院没有对国有商业银行的资产质量制定硬性规定,人民银行对商业银行资产质量的监管也不是很严;1996年以后随着金融风险的加大及管理当局对资产质量的重视,国有银行的行为又渐渐倾向于后者。

四、投融资体制扭曲的直接后果:生产过剩与金融风险

1. 固定资产投资膨胀和信贷膨胀造成经济波动和资源浪费,经济增长不可持续。

1993年经历的经济过热就明显是由投资需求膨胀和金融秩序混

乱这两个源头互相推动引起的。这次**经济过热**的主要特征被概括为“四高四热”,即高投资、高货币投放、高物价、高进口,房地产热、开发区热、股票热、集资热。从固定资产投资来看,1993年上半年全社会固定资产投资3542亿元,比上年同期增长61%,增幅比上年同期高31.8个百分点。其中国有单位投资2190亿元,比上年同期增长70.7%,新开工项目、在建工程投资总规模均超过上年同期一倍多。与此同时,金融秩序极度混乱,全国普遍出现了乱集资、乱拆借现象(据估计金额达2000亿元),大量资金绕过监管,流向沿海地区和经济发达地区,用以炒作房地产和股票,经济泡沫越来越大,这反过来又挤占正常的生产资金,迫使银行追加贷款,扩大货币供应。从现金投放看,一般是上半年(春节以后)净回笼,下半年投放。1979—1992年14年中只有1988年上半年净投放12亿元。1993年由于高投资拉动,现金投放一反常态,上半年净投放528亿元,6月末与上年同期相比,M_0上升了54.1%,M_1上升了34.2%,M_2上升了26.5%。货币扩张给通货膨胀带来巨大压力,6月份35个大中城市居民消费价格总水平比上年同期增长21.6%,生产资料的价格上涨更快。由于国内资源不足,各方面进口资源急剧上升,汇价大幅度下挫,人民币汇率由年初的1美元兑换7.4元人民币跌至6月中旬的1美元兑换11.1元人民币。种种迹象表明,国民经济已经严重过热,但资金的体外循环和金融秩序混乱几乎使得人民银行无能为力,最后还是行政控制起了关键作用,1993年下发的6号文件瞄准投资膨胀和金融秩序混乱两个要害提出了16条具体措施。16条的颁布成为1993年经济、金融的转折点。这次投资膨胀和信贷膨胀不但直接导致了一些领域的过度投资和**生产能力过剩**,也助长了经济泡沫,给金融系统增加了更多的不良资产。

改革开放以来所经历的四次经济过热都是由固定资产投资(包括地方政府部门的投资)膨胀和信贷膨胀引起的。经济波动不仅造成了资源的极大浪费,而且使经济增长不可持续,其危害无需赘述。

2. 国有经济在经济核算意义上已经成为一种亏损经济,对亏损经济进行融资倾斜必然会恶化金融资产质量，加剧金融风险。

虽然国有经济产生了巨大的社会效益并且对国民经济作出了历史性贡献，但效率低下却是一个长期存在的问题。**国有企业**的根本问题在于缺乏效率。效率是个相对的概念。无可否认，与过去相比，国有企业的运行效率有了很大提高，假如同样是生产杯子，杯子的花色品种、质量、成本肯定都大大改进了，但由于竞争者生产的杯子在花色品种、质量、成本方面又更胜一筹，国有企业的杯子仍然卖不掉。正所谓"计划赶不上变化"，市场已经将国有企业拖入了一场没有终点的马拉松赛跑，除非其相对效率能够赶得上竞争的均衡水平，否则其产品就会一直卖不出去，就会一直亏损。我们知道，在一个信用经济里，金融债权的实质是与其名义值相对称的实物索取权。如果一个负债经营者发生了亏损，就说明他没有实现与其所借得的这份金融债权相对应的实物，从而意味着加总的金融债权的贬值，尽管名义的金融债权值未发生变化。很显然，效率的含义在这里非常明确，就是指你的偿债能力。因此，**泡沫经济**的实质是名义的金融债权（实物索取权）的自我膨胀，而实体经济未发生变化；**亏损经济**的实质是金融债权（实物索取权）名义值未变，而实物经济的规模在销蚀、萎缩，两者之差即为国民财富的净损失。很显然，为了停止或防止这种损失，惟一合理的办法就是将亏损者淘汰出局，以终止其进一步的亏损。在健全的市场经济环境中，借助于硬的债务约束，金融市场存在着一种自动的纠错机制，金融机构出于风险——收益的考虑就会终止对亏损部门的净资金流入，改变资源的误配置状态。由于我们前面提到的原因，我国目前的投融资体制并不存在类似的自动纠错机制，资源仍然继续流向亏损部门。如果这种资源误配置状况不能从根本上得到扭转，亏损经济最终将会导致巨额社会金融债权的悬空，从而酿成严重的金融危机或货币危机，前者会造成金融体系和信用关系的崩溃，后者则意味着政府不得不发动一场通货膨胀来抹平所有的债权和债务。

不仅如此，如果金融机构继续将资源导向低效率的国有部门，还将使本来已经虚弱的财政更加难以为继。在现有的投融资体制下，银行系统的不良资产实际上是国有部门巨额亏损的账面反映，国有企业、银行和财政是一根管子连着的三个瓶子，一处漏水会将所有的水都漏掉（宋国青，1998）。1993 年以后，政府已经意识到这三个瓶子之间的关系，认识到改革投融资体制和国有企业对稳定财政、银行及宏观经济的决定性意义。但这种认识是渐进的，因而改革也是渐进的。改革首先以 1993 年夏季“软着陆”的形式对投融资体制进行调整，在大规模削减固定资产投资的同时全力整顿金融秩序；但政府并没有放弃对国有大中型企业的融资倾斜政策，继续对亏损的国有企业进行补贴。只是到了 1995 年以后政府才最终认识到国有企业改革和投融资体制改革滞后可能造成的严重后果，并最终促成了 1996 年以来国有企业改革和金融体制改革攻坚方案的出台。正是这些改革措施连同外部经济环境导致微观主体的行为发生了变化，从而促成了通货紧缩和投资需求不足的出现。

五、从投融资体制扭曲看目前的通货紧缩与有效投资不足

投融资体制产生的效率损失首先反映在商品市场和金融市场上。由于 1992—1993 年间的过度投资，1995 年之后商品市场开始出现**结构性过剩**，由卖方市场转为买方市场，许多领域生产能力闲置，企业投资预期看淡。[10]与此同时，金融风险也开始显现，银行系统存贷款比率过高，整体资产质量下降，系统性风险加大。由于企业的资产负债比率过高，流动比率偏低，银行面临的信用风险也越来越大。为了强化财政，稳定金融系统和宏观经济，投融资体制改革和国有企业改革的步伐开始加快。投资体制方面实行了投资项目法人责任制、建设项目资本金制度，建立了严格的投资决策责任制。金融体制改革出台的措施较多，诸如通过审贷分离等具体措施强化银行信贷风险责任制；成立政策性银行；放松银行准入，以加强同业竞争；清理非银行金融机构；中央银

行改变对金融机构的计划管理，改用资产负债比例管理和资产风险管理；依审慎监管原则强化对金融机构的监管等。[11]

国有企业改革采用“**抓大放小**”战略。政府在承诺继续抓好1 000家重点国有企业及10 000家国有大中型企业的同时，将对近800 000家中小型国有企业进行重组。1997年全国111个优化资本结构试点城市中，国有企业破产终结675家，被兼并企业1 022家。[12]

上述改革措施必然会导致外部环境发生相应变化，并进一步影响到企业和金融机构的投融资决策。“抓大放小”加大了国有企业重组的压力。企业重组必然伴随着债务重组，实践中普遍发生了企业借改制之机逃避银行债务的现象。另一方面，由于社会信用观念淡薄，不但无偿债能力的企业不还贷，即使有还贷能力的企业也能不还就不还。从地方政府的角度讲，企业是地方的，银行是中央的，企业不还贷，地方没什么损失。这就使得地方政府对制止企业逃债行为抱消极态度。“起诉不受理，受理不执行”，银行信贷资产安全受到很大威胁，信用风险急剧上升。从银行方面看，由于普遍强化了内控制度建设，金融机构特别是银行系统的风险防范意识和自我约束机制较以前大大增强。针对越来越高的风险压力，银行系统开始收缩信贷规模。受其影响，1993—1996年的4年间，广义货币供应量增速总共下降了8个百分点；狭义货币供应量增速总共下降了9个百分点。1997年银行信贷首次没能完成信贷指标，各季度信贷增长率均低于往年。广义货币供应量增速较上年下降了8个百分点，狭义货币供应量增速下降了2.4个百分点，两层次货币供应量回落的势头一直持续到1998年年初。反映货币流通速度的指标 M_1/M_2 也一直呈显著下降趋势。值得注意的是，同1996年以前的紧缩相比，1996年以后的货币政策实际上是逐渐放松的，货币政策的扩张之所以缺乏足够的响应，除了信用风险过高以外，跟前面分析的国有银行系统过于规避风险及缺少足够的利润动机和创新动力有关。所以我们看到，尽管中央银行连续下调了利率并且扩大了信贷规模，信贷收缩仍在继续。从投资主体看，由于生产能力过剩及市场预期看淡，虽然资金供给有保证，国有大中型企业缺少投资意愿；大量被放掉的中小型国有企业正处于重组过程中，信用风险很高，这促使银行一方面加快贷款回收，同时紧缩其信贷发放。非国有经济中效益好的大型企业由于受行政性垄断及产业准入方面的限制，缺少投资方向；大量中小型非国有企业虽然可能有潜在的投资机会，也因为事实上的融资歧视及资信条件差等方面的现实原因，很难从正规的金融市场得到融资。这样，改革措施连同外部环境的双重压力一方面控制了无效投资，同时也由于投融资体制的扭曲抑制了有效的投资需求，总的实际投资支出的下降当然在所难免。

实际投资支出下降导致了总需求的下降，迫使总体价格水平走低，加剧了商品市场的过剩程度，同时加大了通货紧缩的压力。这时的**通货紧缩**开始具内生性，并且呈放大效应。通货紧缩一方面加重了企业的债务负担和资金成本，同时又通过所谓的资产净效应减少了外部资金的供给，增加了企业进行外部融资的难度，从而导致实际投资的下降。[13]企业对资产需求的下降又进一步加深了通货紧缩的程度，从而引发新一轮的投资下降。过程的实质即通货紧缩与投资下降互相加强，产生放大效应。这也就是通常所说的企业越困难，银行越不愿意借；银行越不愿意借，企业就越困难。需要特别指出的是，通货紧缩对不同的企业在损害程度上是有区别的。大企业和资信条件好的企业较小企业、资信条件差的企业更容易得到外部融资，面临的借贷约束要小得多。因而通货紧缩往往会导致资产从后者向前者转移，从而改变既有的资源配置格局。就中国的情况而言，通货紧缩对非国有企业、小企业的影响似乎更大些。经验表明，每次大的紧缩之后受冲击最大的往往是非国有企业和小企业。

六、政策建议

以上分析表明，目前的投资需求不足源于改革过程中的投融资体制扭曲。同整体经济的市场化程度相比,作为市场经济核心的投融资体制仍然保持着计划体制下的一些主要特征。支配了绝大部分信贷资金的正规金融体系继续将国有企业作为主要和优先的服务对象,而对高效率的非国有企业则给予二等公民待遇。这一方面影响了国有经济的结构重组和整体经济结构的升级,同时还直接导致了效益低下、生产过剩和金融风险。如果不从根本上改变投融资体制的扭曲状况,单靠财政和货币投入,只会导致资金更多地流向低效的国有部门,造成更多的资源浪费,并进一步加剧风险。因此,刺激有效投资需求的最关键办法只能是继续改革投融资体制和国有企业,拓宽非国有经济的投资领域和融资渠道,解除对有效投资的各类金融抑制和非金融抑制。具体是:

1. 缩小政府投资领域,拓宽非国有经济的投资领域和投资渠道。

投资体制改革要解决的无非是弗里德曼的老范式"花谁的钱,为谁花"的问题。目前的政府投资基本上属于"为自己花别人的钱"或"为别人花别人的钱"。要提高花钱的效率最好是"为自己花自己的钱",这就意味着投资体制必须在明晰产权和明确政府经济职能方面有突破性进展。首先要弱化政府的投资权限,使企业真正成为责权利统一的投资主体。其次是要进一步缩小政府在经营性领域里的投资比重,扩大非国有经济的投资领域。当前关于政府投资领域的提法是竞争性项目以企业投资为主,基础设施项目和公益性项目以政府投资为主。这种划分并不准确,因为许多基础性项目完全可以引入竞争机制,允许非国有经济参股进入。通过采用 BOT (Build-Transfer-Operation) 等多种项目融资方式成立项目公司,非国有经济可以发挥更大作用,也有助于提高基础设施的投资效益。

2. 打破行业垄断,收缩国有经济规模,积极促进竞争。

国有经济的核心问题在于效率低下,在我国所谓有"效益"的国有企业大多集中在资源垄断性行业。垄断"利润"实际上是来自消费者和相关企业的净转移支付,是以损害消费者福利和总体经济效率为代价取得的。相比之下，尽管非国有经济成长迅速，其发展空间往往被限制在狭窄的乡镇或“三产”范围，许多产业和领域尚不允许其进入。因此，必须加快收缩国有经济规模，打破行业垄断，积极促进竞争。只有这样才能终止国有经济的继续亏损，才能强化财政，降低金融风险，稳定宏观经济，从而有利于国有经济的存量重组和国民经济持久增长。

3. 解除对非国有经济的融资歧视，为非国有经济创造平等的融资环境。

要让金融市场在资源配置上发挥核心作用，就必须尽快改变我国投融资体制的扭曲状况，改善非国有经济，特别是有效益的部门和企业的融资条件，创造一个公平的以效益为导向的融资环境。首先要从根本上改变国有银行信贷发放过程中的“唯成份论”倾向，同时进一步发展和完善银行体系，提高金融服务水平和服务质量。其次是尽快解除对资本市场的计划控制和行政干预，在直接融资上给予非国有经济平等的进入条件，由市场而非政府来决定企业的上市资格。三是从法律上保护非国有经济的投资权益，提高其利用外资的能力。四是引导并规范非正规金融市场的发展，逐步消除金融市场的分割状况。

4. 进一步推进金融改革和金融深化，为广大中小企业提供一个适应其需求的多样化的融资服务体系。

中小企业负债率高，资信条件差，只依靠银行贷款风险较大。当前在强调提高银行信贷服务的同时，应考虑开放第二板块资本市场，在条件具备的地区设立低标准的股权交易市场，为符合条件的中小企业开辟直接融资渠道。第二板块资本市场的运作应该完全采取市场取向，避免不适当的行政干预。除此以外，从政策方面完善对中小企业的金融服务也很重要，如对中小企业贷款实行利率浮动；建立中小企业贷款担保基金等。目前上海市已经建立了类似的贷款担保基金，上海的经验有待于进一步完善和推广。

5. 加快国有银行的商业化进程，理顺国有银行系统的经营机制。

产权约束和产权激励机制是国有银行系统得以将风险和收益内部

化的必要条件。只有建立了高效率的产权安排，才能避免国有银行系统陷入两头走的极端倾向，才能真正扭转“唯成份论”倾向，间接的货币政策传导机制才具备微观基础。因此必须积极推进国有银行的股份制改革和股份制改造，建立审慎的监管体制，促使国有银行以效益为导向，走贷款立行之路，努力提高资产运作效率。

6. 加快政府机构改革，清理各种税费，减轻企业负担。

机构、人员和开支膨胀是地方政府向企业伸手的直接原因，税费不分、管理混乱又为各种乱摊派、乱收费提供了借口和便利。必须加快推进政府机构改革，减员增效，增收节支，取消各类不合理收费，只有这样才能切实减轻企业负担，保护企业利益，提高企业投资的积极性。

注释

① 针对国有企业的企业亏损状况，1996 年以来中国人民银行逐渐加大了资金支持力度：(1) 1996 年 5 月和 8 月两次降息，同时降低了流动资金贷款利率的浮动幅度。(2) 央行推出 10 条具体措施，推行主办行制度，从提供流动资金、实行优惠利率、拓宽融资渠道、加强信息服务等方面促进国有大中型企业的发展。(3) 央行与经贸委联合下文向重点企业实行流动资金倾斜。(4) 1997 年 10 月人民银行宣布重新界定流动资金贷款期限，新增 1—3 年中期流动资金贷款(过去发放的流动资金贷款期限最长为 1 年)。(5) 1997 年 10 月 23 日人民银行再度降低存贷款利率。

② 财政方面：1998 年 5 月 18 日财政部宣布发行 450 亿专项国债，6 月 10 日发行 450 亿凭证式国债；8 月人大四次会议审议财政部的中央预算调整方案，决定增发 1 000 亿特别国债用于基础设施建设专项基金，同时中央财政预算赤字由年初的 460 亿扩大到 960 亿。货币政策方面：1998 年 1 月份中央银行加强了对国有独资商业银行的再贷款，同时取消了贷款限额管理；3 月份改革了存款准备金制度；3 月、7 月和 12 月连续三次降息；5 月份恢复了央行债券回购业务，发布《关于改进金融服务，支持国民经济发展的指导性意见》；为配合财政政策，央行对国家银行全年的贷款指导性计划进行了调整，从 9 000 亿增加到 10 000 亿，其中固定资产投资贷款由 2 700 亿增加到 3 700 亿。

③ 国有企业作为净赤字部门，其赤字的弥补除了借助于财政补贴，银行系统外所占比例最大。根据世界银行(1996)的估计，1987—1995 年间，我国国有企业

历年储蓄—投资赤字占 GDP 的比例一直在 7.0%—10.5%之间，整个公共部门赤字(政府预算赤字加国有企业赤字)总额占 GDP 的比例为 8.7%—13.1%，其中的 60%—80%是通过银行部门融资的；每年对国有企业的补贴最高时(1987 年)占到了 GDP 的 10.2%。

④ 金融资源之所以重要，不仅因为其是政府目前能够直接控制的最后资源，也因为金融资产的规模越来越大。研究表明，随着经济货币化程度的加深及金融市场的不断发展，1995 年我国 M_2 与当年 GNP 之比为 106.06%，银行资产与当年 GNP 之比为 93.12%，与 80 年代美国、韩国等国的水平接近(易纲，1996)。

⑤ 亏损面=亏损企业个数/全部企业个数，亏损率=亏损企业的亏损总额/盈利企业的盈利总额。

⑥《中国统计年鉴 1997》，第 673 页。

⑦ 无论是发达国家还是发展中国家，中小企业都具有非常重要的地位。数量众多的中小企业不但创造了相当份额的国民财富，而且提供了超过半数的就业机会。统计表明，1982 年美国中小企业就业人数比例为 55.8%，创造了 45%的 GNP；意大利中小企业的比例为 99%，创造了 35%的工业总产值；日本中小企业的比例为 99.4%。在广大发展中国家，由于资本装备水平低及普遍存在的大量剩余劳动力，以劳动密集型为主要特征的中小企业的发展则显得尤其重要。

⑧ 以"三资"企业为例。1995 年同 1985 年相比，企业户数由 282 个增加到 59 311 个，年均增长速度超过 100%；从业人数由 7.8 万人增加到 898.3 万人，年均增长 80%；工业总产值由 27.1 亿元增加到 12 021.2 亿元，年均增速 200%。1995 年末，"三资"企业单位数占全部企业数的 0.8%，但从业人员数占 13.6%，工业总产值占全国的 13.1%。

⑨ 绕规模放款是这一时期银行行为的突出特征。据初步统计，从 1984 年到 1995 年的 12 年间，平均每年贷款突破规模 44.4%(王振营，1998)。

⑩ 据第三次全国工业普查对 94 种主要产品的统计，1995 年底生产能力闲置 1/3 到 1/5 的产品有 26 种，占 7.7%。生产能力闲置一半左右的产品有 17 种，占 18.1%。生产能力利用率不足一半，处于半停产或停产的有 18 种，占 19.1%。

⑪ 1993 年以来，国有银行的经营责任和贷款损失责任在不断加强。1995 年夏，银行召开经营管理会议，提出了银行不良贷款比重过高、亏损严重的问题。朱镕基副总理提出了银行要在 3 年内扭转亏损的要求。1995 年 6 月，全国人大常委会制定了《关于惩治破坏金融秩序犯罪的决定》。其中规定：因贷款失误造成损失，要追究有关人员的刑事责任。与此同时，中国人民银行也开始加大金融监管力度，整顿金融机构，规范业务行为。1996 年完成了对非银行金融机构的重新登记工作，全年撤销合并的各类金融机构及其分支机构达 5 589 家。实行分业经营原则，要求国有商业银行与其所属的信托投资公司脱钩，撤并了 150 家信托投资公司。禁止商业银行挪用流动资金搞固定资产贷款，禁止银行资金进入股市。商

业银行逐步建立了法人集中管理体制，实行法人授权、授信制度。按“清算登记、核实审批、规范核算、严肃纪律”的要求，对国有商业银行的绕规模资金运用和账外账行为进行了清查、并账和登记。

⑫《中华人民共和国国家统计局关于1997年国民经济和社会发展的统计公报》，《中国统计》1998年第3期。

⑬ 关于通货紧缩抑制投资决策的传导机制，宏观经济学给出了三种著名的解释：A. 资本成本效应（Capital cost effect, Ivring Fisher, 1933），通货紧缩引致实际利率升高，加大了企业的债务负担和外部融资成本，从而减少了企业的投资需求。B. 资产净值效应（Balance sheet effect, Ben Bernake, 1985）。通货紧缩导致企业的资产净值缩水，使其潜在的可抵押物价值下降。这样，借款违约的风险增加，外部融资者面临的代理成本上升，就会紧缩信贷规模，引致实际投资的下降。C. 银行传导效应（Banking Channeling Effect, Ben Bernake 1985）。

参考文献

Irving Fisher, 1933, "The Debt—Deflation Theory of Great Depressions", Econometrica. Oct. 1933(5) p. 200-205.

Ben Bernake and Mark Gertler, 1989, "Agency Cost, Net Worth, and Business Fluctuations", AER, March 1989.

Shangjin Wei and Tao Wang, 1997, "The Siamese Twins: Do State-owned Banks Favor State-owned Enterprises in China?" China Economic Review, Wol 8, Number 1, Spring 1997.

杨目、赵先信、钟凯峰：《中国的经济增长：速度、效率和可持续性》，《改革》1998年第4期。

易纲：《中国的金融资产结构分析及政策含义》，《经济研究》1996年第12期。

易纲：《市场效率与产权界定》，《中国：改革与发展》1988年第12期。

宋国青：《债务—通货紧缩》，CCER working paper 1998.

刘世锦等：《当前加强基础设施应当重视的几个问题》，《经济研究参考》1998年第44期。

世界银行(1996)，《中国经济：治理通胀，深化改革》，中国财经出版社1996年版。

吴敬琏、汪丁丁：《关于改革前途的对话》，《财经》1998年11月号。

全球金融一体化对我国的影响及对策*

摘要:本文从当前金融一体化趋势的四个主要特征——金融市场的一体化程度加深,私人资本流动成为国际资本流动的主力,跨国银行呈现出"全能化"发展趋势,以及大规模的银行兼并风起云涌——入手,首先介绍了中国融入世界经济的过程和现状,对中国银行业、保险业和证券市场的发展作了具体的分析。在此基础上,分析了金融全球化对中国金融业可能产生的影响,包括对银行业、保险业、证券市场、货币政策和金融监管等几个方面。最后,文章阐明了在面临世界经济一体化的格局下,我们可以采取的对策:1. 加快实现国有银行的商业化进程,增强国际竞争力;2. 加快发展多元产权结构银行体系,建立并完善公司治理结构;3. 加快保险业以及证券市场的发展,增加直接融资的比例;4. 进一步发挥货币政策的作用,推进利率市场化进程并完善汇率管理体制节;5. 完善我国的金融监管体系,着重实现三个方面的转变——即从以行政管理为依托的监管体制转向依靠依据审慎监管原则确立的规范的现代金融监管体系,从着眼于国内的监管视角转向监管的国际化,从分业监管模式转向加强三个监管当局的协调,及时解决分业监管中出现的新问题。

经济全球化已经构成当代世界经济发展最主要的趋势性特征,作为推动这一趋势的两股主要力量,跨国公司的全球投资以及全球资本的跨国流动也引起了普遍关注。人们常常把前者称之为生产一体化(或全球化),把后者称之为**金融一体化**,其中又以金融一体化的发展尤为引人注目。概括地说,当前的金融一体化趋势有几个比较明显的

* 本文的部分内容发表于《发展论坛》2000 年第 11 期。

特征：一是金融市场的一体化程度加深。各个地区之间的以及全球不同类型的金融市场相互贯通，联系密切，金融风险的“传染”效应增大。二是私人资本流动成为国际资本流动的主力，大约占全球资本流动的3/4，其中相当大一部分流向了新兴经济地区。三是跨国银行呈现出“全能化”发展趋势，业务趋于综合化。四是大规模的银行兼并风起云涌，仅1999年就发生了七起大规模的金融机构兼并案（王雪冰，2000年）。我国当前正在通过不断的改革与发展谋求融入世界经济、贸易和金融体系。全球金融的一体化在给我国的金融业带来机遇的同时，也将带来挑战，因而有必要结合我国金融开放的进程，认真分析，提早应对。

一、全球金融一体化进程中的中国金融业

1978年以来的改革开放为我国的经济发展注入了持久的活力，使其成为世界上增长最快、并且最具增长潜力的经济体。1978—1999年我国的实际GDP增长速度创下了世界之最，20年间经济规模增长了6倍，而同期世界经济仅增长了2.2倍。按购买力平价计算，1998年我国GDP相当于发展中国家的30.1%，全世界的12%。按汇率折算，占世界的3.2%。商品与服务出口总额占到了发展中国家的17.5%，全世界的3.1%（见表1）。由于改革与开放并行不悖，成功的对外开放政策大大提高了我国经济的外向化程度，使其越来越深地融入世界经济一体化的进程之中。1979—1998年间，全世界出口额增长了3.3倍，而我国的出口增长了13.5倍（国际货币基金组织，1999年；1999/2000《中国对外经济贸易年鉴》）。1998年中国出口总额为1838亿美元，占世界出口总额的3.4%，成为世界第9大出口国。1999年我国出口总额进一步增加到1 949亿美元，较上年增长了6.1%。得益于劳动力成本优势及巨大的市场潜力，中国成为对外国直接投资最具吸引力的国家。1997年中国吸收的外国直接投

资为452.6亿美元,仅次于美国,居世界第二位。1998年增加到了454.6亿美元,1999年为404亿美元。1999年中国的进口、出口和FDI分别占当年GDP的16.73%、19.67%和4.08%(见表2)。与此同时,我国的境外直接投资也在稳步增长。我国经济呈现出越来越明显的国际化趋势。

表1 中国经济占世界经济的比重(1998年)

	GDP		商品与服务出口总额		人口	
	占发展中国家的比重(%)	占世界的比重(%)	占发展中国家的比重(%)	占世界的比重(%)	占发展中国家的比重(%)	占世界的比重(%)
发展中国家	100.0	39.8	100.0	17.7	100.0	77.5
中国	30.1	12.0	17.5	3.1	27.4	21.2

资料来源:国际货币基金组织(1999年),p.154。

表2 中国经济的国际化程度日益加深

	出口		进口		外国直接投资	
	总额(10亿美元)	占GDP的%	总额(10亿美元)	占GDP的%	总额(10亿美元)	占GDP的%
1990	62.09	17.44	53.35	14.98	3.49	0.98
1991	71.91	19.09	63.79	16.93	4.37	1.16
1992	84.94	20.60	80.59	19.54	11.01	2.67
1993	90.97	21.06	103.09	23.87	27.51	6.37
1994	121.05	22.44	115.68	21.45	33.71	6.25
1995	148.80	20.38	129.11	17.69	37.52	5.14
1996	151.20	17.60	138.94	16.17	42.35	4.93
1997	182.88	20.27	142.19	15.05	45.26	4.79
1998	183.76	19.15	140.17	14.61	45.60	4.75
1999	194.90	19.67	165.80	16.73	40.40	4.08

资料来源:CEIC。

在贸易和投资的带动下,我国的金融业也开始逐步融入世界金融体系。1980年4月中国恢复了在国际货币基金组织(IMF)的成员资格,同年5月恢复了在世界银行的地位,随后又成为国际清算银行的成员。这标志着我国已经是现存国际金融体系的重要参与者。但由于市场开放程度不高,在1996年我国实行人民币经常项目下的自由可兑换以前，全球金融一体化对我国的影响尚不明显。1996 年以后，国际金融体系对中国国内金融和经济的影响开始加深。通过不断引进外资金融机构、开放 B 股股票市场以及越来越多的海外借款和债券发行，国内金融市场间接地将自己与国际金融市场联系起来。从目前与 WTO 各缔约方谈判的进展情况看，我国有望于年内加入 WTO，金融市场的开放也会随之加快。预计到 2020 年，中国有可能全方位地融入全球贸易和金融体系。届时，中国与国际金融体系的联系将会更加直接和密切。

（一）银行业

近二十年来，遵循稳妥、有序的原则，我国逐步扩大了银行业的对外开放。从 1981 年引进第一家外资银行以来，**外资银行**在华业务一直处于健康发展状态。1997 年亚洲金融危机之后，我国金融的对外开放并没有因此而放慢。1999 年 3 月，中国人民银行又取消了对外资银行的地域限制，允许其在中国境内所有中心城市设立分支机构。7 月，又进一步扩大了上海、深圳外资银行经营人民币业务的范围。

我国银行业的对外开放政策取得了明显的成效。统计表明，截至 1999 年 4 月末，我国境内共设立外国银行分行 154 家，当地注册银行 13 家（含合资银行 7 家，独资银行 6 家），外资财务公司 7 家，外国银行代表处 257 家，几乎汇集了世界上所有最有实力的大银行。这些在华外资银行主要分布在大城市和沿海城市，其中上海、深圳分别占 47％和 14％。截至 1999 年 10 月底，外资银行资产总额为313.36亿美元，其中贷款总额为 222.49 亿美元；负债总额为 286.11 亿美元，其中联行及附属机构来账 206.69 亿美元，占 72.24％，存款为 49.97 亿美元，占 17.74％，资本（或营运资金）为 26.93 亿美元。外资银行已经成为中国金融市场上的一支重要的力量，在促进中国经济、金融发展中发挥了积极作用。

（二）保险业

与快速开放的银行业相比，中国保险业的开放相对谨慎一些。从外资保险机构的设立情况看，自1992年美国国际集团成为首家获取在华营业资格的外资保险公司以来，外资保险公司一般以每年1—2家的速度进入中国市场。截至1998年年底，7年来总共批准了12家外资保险公司的营业性机构，但开放区域仅限于上海、广州两个城市。1999年4月5日，中国一次批准了美国丘博保险集团、美国恒康相互人寿保险公司、英国保诚保险公司和加拿大永明人寿保险公司等4家外资保险公司进入中国市场，在华外资保险机构达到了16家。从保险业务来看，1998年，国内保费收入1247亿元人民币，其中外资份额为1%。

（三）证券市场

由于过分强调筹资功能，我国证券市场的一个主要特点即发行市场发展迅速，而交易市场发育缓慢。相应地，这一特征也反映在证券市场的对外开放上。统计表明，截至1999年12月底，我国共有43家H股公司在香港联交所发行股票和上市，有一家公司在纽约股票交易所发行股票和上市，有1家公司在新加坡交易所发行股票和上市。上述发行累计筹资119.76亿美元，其中H股市值占到了香港股市总值的1.26%（1998年年底）（王雪冰，2000年）。除此以外，我国还有49家红筹股公司在香港联交所上市（香港国际金融中心课题组，1999年）。在国内股票市场，另有108家公司发行外资股B股股票（其中有27家只发行B股股票），累计筹资47.45亿美元（王雪冰，2000）。但与此同时，股票的流通市场却发育缓慢。受证券市场自身发展阶段、监管水平以及人民币资本项目下不可自由兑换的影响，外国证券投资者及证券中介机构在进入我国证券市场时要受到严格的限制，外国证券投资者只能将外汇资金投资于B股市场。证券市场的不平衡开放态势仍将持续一个较长的时期。

二、全球金融一体化对我国金融业的影响

金融开放已经使我国在吸引外资及促进经济增长方面获得了巨大收益。从长期看,逐步扩大金融开放,并最终融入全球金融体系不仅可以使我国继续获得这些收益,也有助于加快国内金融业的改革与发展,增强国际竞争力。不过同时也应看到,由于一体化是以全方位的高度开放为前提的,这一过程必然会使我国的银行、保险及证券等相关行业在国内金融市场面临日趋激烈的国际竞争,从业务、人才、管理等方面给我国金融产业的各个领域带来直接冲击,并将进一步对我国的宏观金融调控和金融监管提出新的挑战。因此,对我国的金融业而言,全球金融一体化既是机遇,也是挑战。

(一)对银行业的影响

从长期看,我国银行业将从逐渐融入全球金融一体化进程中获得多种收益,诸如有助于减少我国银行业在国际市场准入方面受到的限制,有利于国内银行拓展海外业务,实现跨国经营等。除此以外,最大的收益还体现在制度改革与制度创新方面。融入全球一体化一方面意味着我国的银行业将要面对资金实力充足、管理先进、服务高效的国际大银行的有力竞争,有助于从外部增强我国银行业改革与发展的压力和动力,加快我国银行业的改革和现代化进程;另一方面也意味着我国的银行业,包括中央银行的监管方式,必须与国际标准接轨,有利于推进我国银行业改革的规范化。

但是从短期看,甚至从中短期看,这种融入并不是没有成本的。我国银行业的现状是,虽然在经历了十多年的改革开放之后已经取得了长足的发展,但银行体制改革与发展的最终目标还远未实现,许多深层次的制度性问题,如商业化程度较低,激励机制扭曲,创新能力不强,不良资产比例高等,仍然没有得到根本解决。许多方面远远落后于国际

先进水平。差距悬殊下的市场竞争必然会给国有银行带来负面影响。可以预见，一旦现有的各类保护性措施取消后，国内银行业将出于非常不利的竞争地位：

首先，向外资银行开放中资企业的人民币业务不可避免。由于外资银行的资金成本低、贷款开发能力强、贷款质量高，有可能导致大量效益好、讲信用的优质客户向外资银行转移，而效益和信用评级较差的客户，以及一些政策性业务继续留在国内银行，出现“逆向选择”的现象。这可视为对中资银行的最大威胁。

其次，外汇业务方面的限制也将逐步取消。依托通过国际市场筹集低成本资金的优势，外资银行就能以较低利率对国内客户提供外汇贷款，从而凸现其外汇业务的优势，对国内银行的外汇业务产生较大冲击。

第三，人民币业务的地域限制也将最终解除。目前，在华外资银行主要分布在大城市和沿海城市，仅上海、深圳、北京三地就集中了在华外资银行总数的70%。随着人民币地域限制的放松，外资银行将会向更多的沿海城市扩展，加强对优质客户的争夺。

第四，在开放其他金融服务方面，外资银行将居于垄断地位。外资银行在金融数据处理和咨询服务以及混业经营方面具有绝对优势，它们熟悉国际金融领域，长期分析国际金融形势，注重市场开发，有丰富的市场竞争经验，具备很强的技术和金融产品开发能力，尤其是在个人资信系统方面，能够提供优良的服务。因此，在提供其他金融服务方面，外资银行将处于垄断地位。

最后，外资银行出于开拓国内市场方面的考虑，将吸引走大批国内银行界优秀的管理和专业人才，给国内银行的经营管理形成一定的冲击。

以上竞争格局必将对国内银行业产生重大影响：

一是市场份额出现流失。我们可以比照加入世贸组织作一个简单的估计。根据预测，中国加入 WTO 五年之后，外资银行的外币存款市场份额将上升到15%。人民币存款的市场份额将上升到5%至10%(宫占奎,2000年;王雪冰,2000年);其外币贷款市场份额可超过1/3,人民币贷款市场份额将达到15%左右;中间业务的市场份额很有可能超过50%;外资银行将获得绝大部分金融衍生产品交易业务以及投资银行业务的市场份额。十年之后,外资银行将占有整个银行业市场1/3的份额(王雪冰,2000年)。

二是盈利能力下降。伴随着中资银行市场份额的缩小和优质客户的减少,其盈利能力必然随之降低,最终将影响到中资银行的收益。如果考虑到中资银行特别是国有商业银行同时还肩负着沉重的历史包袱,这种状况将使中资银行处于十分危险的境地。

三是影响中资银行的流动性。资金来源逐渐从中资银行分流到外资银行,必将对中资银行的流动性产生不利影响。鉴于中资银行特别是国有商业银行的不良资产比例已经很高,流动性损失不仅会恶化国内银行的风险状况。甚至有可能对中资银行的生存构成威胁。

(二)对保险业的影响

尽管我国保险业在改革开放后获得了迅猛的发展,但与具有几百年发展历史的外国保险业相比仍显得十分稚嫩。1998年底,我国的保险深度(即人均保费)为12美元,列世界第六十位;保险密度(保费占GDP的比重)为1.57%,居世界第五十五位(胡颖,2000年)。此外,我国的保险业缺乏一个完整的包括代理人、经纪人、公估行在内的中介体系以及以“松散监管”为特征的现代保险监管体系。国内各保险公司在经营机制、风险处理技术、科技运用水平、资金运用能力、产品创新以及售后服务等方面也远远落后于国际知名的保险公司。这种差距固然意味着国内保险公司可以通过融入国际保险市场,通过与国际大型保险公司展开竞争与合作而不断增强竞争力,但同时也意味着非常不利的竞争地位。

与银行业的状况类似,从短期看,这种竞争劣势也将导致国内保险公司业务流失，市场份额下降。由于我国保险业尚处于初级阶段，市场份额的缩减将给民族保险业的长期发展带来巨大压力。同时，外资公司还将凭借其灵活的管理机制和优厚薪酬待遇吸引国内保险公司的高层管理人员，造成国内保险公司人才流失。除此以外，保险业的开放必将进一步促进市场主体以及保险业务的多元化，对中国现行的保险管理体制和监管制度提出更高的要求。

（三）对中国证券业的影响

与国际上比较成熟的证券市场相比，我国证券市场存在的差距是相当明显的。这种差距主要体现在以下六个方面：

一是市场规模较小，资本市场的深度不够。截至1998年底，中国股市市场价值占GDP的比重还不足25%。而1996年美国的这一数字为115.6%，英国为151.9%，日本67.2%。一些发展中国家，如韩国、泰国、墨西哥和印度也分别达到了28.6%、53.9%、31.8%及34.4%（周道许等，2000年）。资本化比率低不仅说明了我国的证券市场仍处于初级阶段，也反映了其较低的抗风险能力。

二是市场结构不合理。在股票市场和债券市场这两大构成中，我国的证券市场过度偏重于股票市场，而债券市场又主要集中于国债市场。截至1999年11月，国内上市的企业债券仅有11支。这与发达国家形成了鲜明对比。1970—1985年间，在美国，债券融资额约为股票融资额的10倍（深圳证券交易所，1999年）。

三是市场分割严重。比如A股、B股的割裂；国家股、法人股、个人股的割裂；产权交易市场与证券市场的割裂等。市场割裂严重破坏了证券市场的完整性和统一性。

四是市场流通性不够。目前，国家股、公有法人股的流通问题仍然没有解决，A股中60%—70%的股票是不能流通的。

五是各市场主体行为的高投机性。国有企业倾向于上市"圈钱"；券商负盈不负亏，违规操作，过度承担风险。个人投资者追涨杀跌，盲目跟风。整个证券市场呈现出高风险的特征。

六是中外证券中介机构在竞争实力上差距悬殊。国内证券中介机构在经营管理机制、服务水平、创新能力、资金实力等方面远远落后于国际知名的证券中介机构。单从资产规模来看，目前我国最大的证券公司——国泰君安的总资产大约300亿元。而1998年末，美林证券公司总资产达2998.04亿美元，摩根斯坦利的总资产更高达3175.90亿美元。它们任何一家券商的资产规模，比我国全部的90家券商的资产总和还大出许多（周道许等，2000年）。竞争力之悬殊显而易见。

上述问题决定了我国证券市场还远远不能适应对外开放的要求。在条件不成熟时过快开放资本市场，将会导致一系列消极后果。发展中国家在金融自由化过程中所遭遇的一系列金融危机，特别是1994年发生的墨西哥金融危机以及1997年发生的亚洲金融危机，就是这种后果的集中体现。但差距并不意味着我们可以无限期地推迟证券市场的开放进程。这不仅不符合金融一体化的总体趋势，也不利于我国证券市场自身的发展。在这个意义上，金融全球化实际上意味着对我国证券业发展与规范的更高要求。

（四）对我国货币政策的影响

全球金融一体化将促使我国货币政策的制定和实施更多地依赖于市场手段，加快实现宏观调控方式从直接向间接的转变。但从近期看，鉴于我国的经济转轨仍要持续一个较长的时期，金融一体化将对我国既有体制下货币政策的有效性产生不利影响。主要体现在以下几个方面：

一是货币政策控制力减弱。相对于国内银行，货币政策对外资银行的控制能力要弱些。外资银行的资金来源主要来自国外金融市场，它们受利率管制、窗口指导信贷政策等货币政策的约束很小。当国内货币政策的意图发生变动时，它们会通过转向国外市场加以规避。这必然会缩小货币政策的直接覆盖面，使货币政策的作用发生“泄漏”，弱化其政策效果。

二是**货币政策中介目标**的有效性减弱。目前，我国货币政策是以货币供应量为中介目标，但是我国现在的货币供应量统计遗漏了两项内容：一是国内金融机构外汇存款；二是外资金融机构存款。这两项内容所涉及的金融业务量（以资产度量）占国内全部金融业务量的14%，对货币供应量中介目标的实现会产生一定的影响。并且随着外资银行业务量的扩大，这种偏差也会随之放大。另外，随着金融机构多元化及其业务多元化的发展，微观的货币需求模式也会随之发生变化。而金融创新的发展，利率市场化压力的增大也都会削弱货币供应量作为中介目标的有效性。

三是部分**货币政策工具**的效率有所减弱。我国现行的主要货币政策工具有公开市场操作、利率管理、准备金制度、再贷款、再贴现等。金融开放除了有助于增强第一项工具的效果外，对其他政策工具都有抵销作用：

首先是利率管理的有效性减弱。外资银行外汇贷款利率基本不受中央银行管制，外资银行业务量占比的增加实际上意味着不受利率管制的金融业务量越来越大。结果必然会减弱央行利率管理的有效性。

其次是存款准备金调整的效率弱化。外资银行在中国境内的贷款通常不受其存款来源的制约，它们可以从国际金融市场获得资金，因此，就总体而言，外资银行的发展倾向于削弱准备金制度的有效性。

最后是再贷款、再贴现机制作用下降。这些政策工具对国内银行业的资金支持具有积极作用，但对外资银行的调控作用不大。

四是货币政策的外在约束增强。国际金融机构的介入，将使货币政策的对外依赖程度有所增加。这样，中央银行在决定货币政策时，需要密切关注国际金融市场的变化情况，尤其是主要发达国家与发展中国家货币政策的取向，采取相应对策，以便将外资银行对货币政策的不利影响减少到最低程度。

（五）对金融监管的影响

在全球金融一体化的大背景下，金融市场以及金融机构的发展会更加迅速，**金融创新**也更加活跃，对我国的金融监管是一个严峻挑战：（1）多元化的金融机构不断对其金融产品进行分拆组合，创造出新的金融工具。历史的经验表明，金融创新常常是作为金融监管的对立面而出现的，并且是推动金融监管发展变化的主导力量。（2）**混业经营**的程度越来越深，银行业、证券业、保险业相互交叉的情况越来越普遍，彼此之间的界限更加模糊。如何对金融机构的整体风险进行全面监管至今仍然是个世界性的课题。（3）巨型金融集团应运而生，它们的业务范围更广，金融品种更多，机构设置遍及全球。如何对这些金融集团进行有效监管需要更高层次的国际合作。（4）一些传统的注重隔离风险的"防火墙"措施已逐渐失去作用，国际金融市场风险不仅可以在世界范围内迅速转移和传播，同时还具有倍数放大作用，破坏力更大。作为这些挑战的一个集中展示，对冲基金在亚洲金融危机中所表现出的高举债、极度投机和不受监管就是一个生动事例。考虑到我国的市场化进程还不够深入，金融监管仍然出于从计划到市场、从传统到现代的转变过程之中，高效的监管体制尚未形成，监管当局的监管能力还相当有限，挑战不言而喻。

三、面对全球金融一体化的对策

针对全球金融一体化带来的机遇和挑战，我们应该未雨绸缪，积极准备，以趋利避害，加快我国的经济发展和金融现代化进程。这要求我们除了要积极审慎地扩大对外资金融机构的开放外，更重要的是要采取切实措施加快我国金融业的健康发展，改善货币政策的调控机制，提高金融监管水平。

（一）加快实现国有银行的商业化进程，增强国际竞争力

首要任务是理清产权关系，建立有效的银行法人治理结构，加快国有商业银行的商业化改革。与此同时加快进行不良资产重组。实现银行的资产重组可以通过成立资产管理公司的方法，剥离和处置不良资产。需要强调的是，存量不良资产的处理固然是一个方面，但更关键的问题是防止边清理边产生，甚至新增速度超过化解速度。这意味着银行自身的改革无论如何都是最根本的。

其次是加快形成有效的竞争机制。工、农、中、建四大国有商业银行无论从资产数量、人员数量、营业网点还是从业务份额上都在我国银行业占有绝对比例。这样的垄断机制既不利于通过竞争提高商业银行的经营效率，也不利于中央银行的间接调控。因此，可以考虑通过适当放松市场准入的方法，引进外资银行，发展区域性银行以及面向中小企业的中小银行，以培育新的竞争主体，加强市场竞争。

第三是对国有银行现有的组织机构进行调整，撤并无效机构，清理包袱，提高竞争力。国有商业银行改革进展缓慢的一个相当重要的原因就是机构臃肿，冗员太多。截至1998年底，工、农、中、建4家国有商业银行累计拥有机构14.4万个，金融从业人员近167万人（见表3）。以机构和人员论，堪称世界之最。其中中国工商银行更是以其员工数量之巨堪称世界银行之最。但其中很大一部分比例是冗员，非业务部门人员的比例超过1/3，而在华外资银行的这一比例只有1/10，差距显而易见。机构臃肿、人浮于事严重影响经营效率。根据1999年第7期英国《银行家》杂志的统计，尽管中国国有商业银行的一级资本与世界上几家最大的商业银行差距并不很大，但是资产回报率却相差悬殊。

表 3　1998 年末中国主要商业银行人员和机构数量

	中国工商银行	中国农业银行	中国银行	中国建设银行	总计
年末从业人数(人)	567 230	524 484	197 547	378 523	1 667 784
年末机构总数(个)	39 986	58 466	15 227	30 469	144 148

资料来源:《中国金融年鉴 1999》。

表 4　1998 年部分商业银行的一级资本数量、资本回报率和人均利润

银行名称	一级资本(百万美元)	资产回报率(%)	人均利润(美元)
花旗集团	41 889	1.39	50 130
汇丰控股	36 877	1.36	49 820
中国工商银行	22 213	0.11	735
中国农业银行	—	0.05	210
中国银行	14 712	0.14	2 153
中国建设银行	—	0.09	525

资料来源:《中国金融年鉴 1999》,《银行家》杂志(《The Banker》)1999 年第 7 期。

第四是要建立合理的人才激励机制。金融全球一体化的到来,将使国有商业银行出现严重的人才流失,因而有必要改革国有商业银行旧有的激励机制。目前人才竞争的格局已经出现。外资银行钱多人少,为网罗人才,不惜工本。初步估计,目前在北京和上海,外资银行的高级管理人员中大约有 1/3 来自中资银行,他们都是各个部门的业务骨干。另有 1/3 来自外方,1/3 来自海外归国人员。这种格局已经为国有银行的激励机制敲响了警钟。

如何才能建立合理的人才**激励机制**?不外乎以下五个方面:

产权机制　市场经济中拿什么来承担责任,拿什么来承担风险?靠的就是产权。用自己的财产来承担投资风险的人,最有积极性关心投资收益。玩自己的钱和玩别人(公家)的钱不仅风险偏好不一样,投资效果也截然不同。

经理市场　在市场经济中做老板的毕竟是少数,绝大多数是打工族。为什么这些没有物质资本或物质资本不多的人也在玩儿命工作？靠的就是经理市场。经理市场说穿了就是人才市场，是给人才定价的一种机制。通过经理市场，优秀的专业人才就可以建立起自己的声誉，衡量、显示并且变现自己的人力资本。从最根本的意义上说，经理、医生、律师、会计师、大学教授等职业的繁荣都是建立在经理市场的基础上的。正因为有了经理市场，才会不断涌现出类似李·亚科卡（曾任福特公司及科莱斯勒公司总裁）、杰克·威尔治（任通用电气总裁）这样的经营巨擘。

奖励机制　小到奖金、补贴，大到股票期权都可以视作奖励机制。奖励机制更加富于技术性，应用范围最广，方式更为灵活。

乌纱帽机制　也就是官僚科层体制，这可以视为与经理市场平行的一种激励机制。现阶段国有银行对高级经营管理人员的激励和约束就主要靠这种机制。这种机制的好处是有助于避免在转轨时期出现治理真空，缺点是对人才的定价信息不公开，不利于人力资本积累。

思想政治工作　这一条可以视为当代中国对现代管理的一条贡献。它不仅被历史证明是我党行之有效的重要法宝，在今天仍然具有重要的现实意义。

大体上说，建立国有银行人才激励机制可以从这五个方面着手，最终逐渐过渡到主要依靠前三种机制。

第六要积极拓展业务领域，不断提高经济效益。目前，我国商业银行的业务范围主要以存贷款业务等传统银行业务为主。而外资银行除了经营存贷款业务之外，也在积极开拓国际结算业务、投资银行业务和服务收费业务。外资银行借助其先进的技术手段，实现了从传统银行业务向现代银行业务的转变，给国有商业银行造成了新一轮冲击。因此，在新的形势下，国有商业银行必须加强业务开拓，加快金融创新。金融当局也应该就国内银行混业经营的可行性进行研究，提出对策。

（二）加快发展非国有银行体系

受整体经济体制（特别是国有企业）改革进程的制约以及特定宏观经济形势的影响，国有商业银行所担负的政策性职能还不可能很快解除，政府干预还将继续存在。另外，国有银行自身的产权改革、资产重组以及现代法人治理结构的建立都需要时日。这在客观上决定了要增强我国银行业的竞争力，就不仅要依靠改革，也要注重发展。发展的思路就是以增量带动存量，以竞争促进效率。为此需要在审慎监管的前提下，在银行业的对内、对外开放方面采取更加积极的措施，进一步充实现有的银行体系。其中发展各种新的区域性银行、面向中小企业的中小银行以及各种股份制银行就是极其重要的战略性抉择。

发展**非国有银行**体系的积极意义至少体现在以下几个方面：一是有利于促进竞争，尽快改变四大国有银行垄断的格局，形成良性竞争的市场环境，这对于增强我国银行业的整体竞争力是至关重要的。二是有利于尽快解决资源配置扭曲的问题。当前国有工业企业提供的产出不足30%，但耗用的信贷资金却占国有银行信贷资金的70%左右，扭曲之大显而易见。这种扭曲固然有资金使用者方面的问题，也有资金分配者的问题。如果非国有银行体系发展起来了，资金分配者的行为就会发生变化，资金配置效率必然大幅度提高，这对于改进整个经济体制的配置效率、防范金融风险意义重大。第三，银行体系的分散化也有利于强化中央银行的金融监管。相对于大型银行，当小银行出现问题时，被关闭或清算的可能性要大大增加，这对于抑制银行的道德风险意义重大。从已有的统计数据看，目前我国非国有银行已经取得了较好的经营绩效（见表5）。

表 5　四大国有商业银行与其他商业银行 1998 年绩效比较

	所有者权益/资产(%)	税前利润总额/资产(%)	税前利润总额/所有者权益(%)	资产/职工人数(亿元/人)
中国工商银行	0.0568	0.0011	0.0188	0.0571
中国农业银行	0.0667	0.0005	0.0068	0.0386
中国银行	0.0564	0.0014	0.0252	0.1253
中国建设银行	0.0522	0.0009	0.0164	0.0508
交通银行	0.0482	0.0055	0.1144	0.1088
中信实业银行	0.0597	0.0150	0.2507	0.2262
中国光大银行	0.0813	0.0174	0.2141	0.2800
华夏银行	0.0618	0.0099	0.1600	0.2008
中国民生银行	0.0656	0.0097	0.1478	0.2014
广东发展银行	0.0421	0.0025	0.0601	NA.
深圳发展银行	0.7944	0.0218	0.0274	NA.
招商银行	0.0596	0.0145	0.2431	NA.
福建兴业银行	0.0992	0.0155	0.1558	NA.
上海浦东发展银行	0.0382	0.0133	0.3482	NA.
烟台住房储蓄贷款银行	0.0256	0.0018	0.0683	NA.
蚌埠住房储蓄贷款银行	0.0540	0.0035	0.0650	NA.

资料来源:《中国金融年鉴 1999》。
说明:NA 表示数据无法找到。

(三)加快保险业以及证券市场的发展

我国的保险业不仅与国际水平相比非常稚嫩,即使与国内银行业相比,也仍然处于发展的初级阶段。所谓“稚嫩”既是指规模较小,资金运用能力差,服务水平落后;也意味着经营风险高,抗风险能力差。因此,面对全球金融一体化的大趋势,我国保险业一方面要通过规模扩张壮大自身实力,加速培养一批经营先进、效益优良的大型保险公司和保险集团,壮大竞争实力。同时逐步实现保险资金运用的多元化。目前我国保险资金运用率只有 10%,而发达国家的资金运用率普遍达 85%以上。应该调整国内资本市场结构,逐步发展包括寿险基金在内的机构投资者，允许寿险基金直接经营证券业务，以分散投资风险。另一方面，也需要借助于规范的市场监管和完善的内控制度建设降低和规避经营风险，通过提高抗风险能力增强国际竞争力。在这两个方面，政府的调控与监管作用都至关重要。

我国证券市场的对策一是发展，二是规范，并以此为依托，不断增强国内证券中介机构的竞争力，提高市场监管水平。首先，我国政府可以通过深化整体金融体制改革促进证券业的发展与壮大。我国金融体制改革的一项长期目标就是要促进直接融资以及资本市场的发展，不断强化资金配置的市场化机制。与世界上大多数发达国家及发展中国家相比，我国的证券化比例仍然很低。这在客观上决定了我国金融体系的发展方向。其次，通过加强金融监管促进证券市场的开放与发展。目前我国的证券市场基本上没开放，但从长期看，证券业的开放将无法回避。根据1998年12月13日世贸组织70个成员国通过的"全球金融服务协议"，各缔约国不仅要互相开放证券和金融信息市场，允许缔约国在国内建立证券服务公司参与竞争，享受与国内公司同等的市场准入权利，同时还要取消跨境服务的限制，允许缔约国在投资项目中的比例超过50%。另外，人民币资本项目的自由化虽然没有具体的时间表，但从长期看，人民币资本项目的自由化将是一个大趋势。这都将对我国的证券市场监管提出很高的要求。高效率的市场监管不仅有助于国内证券机构的发展，也有利于保持国内证券市场及整个宏观经济的稳定。第三，加快市场结构调整。在发展股票市场的同时，积极促进企业债券市场的发展。尽快解决公有股的上市流通问题，提高证券市场的流通性，消除市场割裂状态，规范交易行为。

（四）完善我国的货币政策

改革利率体制和汇率体制是两个关键环节。目前，中国对利率实行管制，利率管制的不利之处在于，(1) 外资银行不受利率政策约束，国内银行业处于不利的竞争地位；(2) 人民币对外币的多种交易产品难以确定均衡的市场交易价格，多种外汇业务无法开展；（3）利率不能随市场灵活变动，中央银行的货币政策难以起到调节货币供应量的作用。为克服这些缺陷，有必要加快利率市场化改革。

由于目前全国物价持续走低，经多次降息后，总体利率水平不高，可制定实施五年内利率全面市场化的战略步骤。中央银行在实现利率市场化的进程中，可以采取先放开货币市场利率，再放开贷款利率，最后放开存款利率的顺序。在放开货币市场利率时，应该注意确立再贴现利率的基准利率地位，使同业拆借利率成为基准利率形成的关键参照指标，加强基准利率对货币市场的导向作用。对银行贷款利率的放开，可以从放松对商业银行贷款利率浮动幅度开始，直至银行自行决定利率水平。在此基础上放开存款利率，由银行行长决定存款利率，向中央银行备案，接受中央银行监管。

货币市场是货币政策经由利率机制产生作用的中介。因此，有了市场化的利率体系，还需要进一步建立和发展统一、灵活、高效、大容量的**货币市场**。与资本市场相比，我国的货币市场发育严重滞后，还不能适应金融体系发展及宏观调控的要求。

我国现行的汇率制度是1994年汇率并轨以来所形成的以市场供求为基础、有管理的浮动汇率制度，并且提前3年达到了国际货币基金组织协定第八条款的要求，实现了人民币经常项目下的可自由兑换。但现有的汇率体制仍然存在许多问题，如央行干预外汇市场具有被动性，汇率变化缺乏弹性等，外汇体制的改革还需要进一步深化。在“有序、积极、稳妥”的原则下，人民币**资本项目可兑换**可以从有条件的可兑换开始，逐步过渡到完全可兑换，并且可以保留资本管制的相机实施权。具体可采取“积极稳妥、先易后难、宽入严出”的方针，比如先放宽长期资本流出入的管制，再放宽短期资本流出入的管制；先放开直接投资的管制，再放开对间接投资的管制；先放开对境外筹资的管制，再放开对非居民境内筹资的管制；先放开对金融机构的管制，再放开对非金融机构及居民个人的管制等。

从国际经验看，在实现经常项目可兑换后，再逐步推进到资本项目可兑换，大约需要10年的时间，考虑到我国提前实现了经常项目可兑换，并且考虑到这一过程的循序渐进性，人民币资本项目可兑换有可能在2015年完成（吴念鲁，2000年）。

（五）强化我国的金融监管体系

要着重实现以下三个方面的转变：

一是从传统的以行政管理为依托的监管体制转向依靠依据审慎监管原则确立的规范的现代金融监管体系。积极向国际金融监管的规范靠拢，监管约束与市场约束并重，加强信息披露和交易主体的内控建设。

二是从传统的着眼于国内的监管视角转向监管的国际化。我国的金融监管必须按国际惯例对外资金融机构及我国在海外设立的金融分支机构的业务活动实行严格与规范的监管，加强国际合作。

三是从分业监管模式向全能监管模式转变。我国现阶段实行分业监管分业经营、分业管理制度，央行监管货币市场、证监会监管证券市场、保监会监管保险市场。在金融一体化的环境中，全能银行将会非常活跃，它们的业务投向决不会像中国的国内金融机构那样被限制在一个狭窄的范围内。为避免监管领域出现真空，致使被监管对象有机可乘，有必要实现从分业监管模式向全能监管模式转变。

参考文献：

王雪冰主编，1999—2000国际金融报告，经济科学出版社，2000年1月。

香港国际金融中心课题组，《香港作为国际金融中心面临的机遇与挑战》研究报告，1999年7月。

宫占奎主编，WTO规则与中国产业命运，天津人民出版社，2000年1月。

胡颖，加入WTO：中国保险业面临的挑战和对策，金融研究，2000年第1期。

周道许等编著，加入世贸组织与中国金融，时事出版社2000年1月。

深圳证券交易所，证券市场导报 1999 年 10 月号。
中国金融年鉴 1999，中国金融年鉴编辑部 1999 年版。
吴念鲁，2000，论人民币汇率机制及人民币自由可兑换的前景，中国国家行政学院学报，2000 年第 1 期。
IMF, 1999, World Economic Outlook, October 1999.

金融不是虚拟经济*

自从 1997 年东南亚金融危机爆发以来,金融的不稳定性及由此可能带来的对国民经济的负面影响成为国内各界关注的话题。"金融是虚拟经济"的看法就是在这个背景下产生的。**"虚拟经济"**这个词本身就包含着一定的负面的价值判断,容易让人联系到"虚幻"、"泡沫"、"不稳定"等等。

我们不赞成"金融是虚拟经济"的提法。因为,金融在经济中起到了提高资源配置效率和降低风险的作用,是经济中不可或缺的一部分,是现代经济的核心。更为重要的原因是,这种提法给人们的思想所造成的障碍会直接反映到实践中,不利于中国金融业的健康发展。

1997 年爆发的东南亚金融危机,中国由于实行资本管制,所以幸免于难。中国在这次危机中并没有受到直接的金融打击,但是东南亚国家的惨痛教训无疑给中国敲响了警钟。中国的金融体制本质上并不比受到金融危机打击的国家更为健康或更为稳定,幸与不幸的差别就在于:中国的金融体系基本上是封闭的,不允许外国投资者进入中国的股票和债券市场。但是,随着全球经济、金融的一体化进程以及中国加入 WTO,中国迟早要融入全球经济及金融体系中。在这种背景下,人们开始对中国金融体系感到忧心忡忡。国内经济学界因而展开了有关中国金融体制及其稳定性的讨论。并且,有许多学者提出了"金融是虚拟经济"的命题,认为金融的虚拟性会导致泡沫的产生;所以,中国要

---

* 原文发表于《经济社会体制比较》2002 年第 1 期,北京大学中国经济研究中心宏观组,执笔人:陈晓秋,王智勇,易纲。

“加强对虚拟经济的宏观调控”。关于“金融是虚拟经济”的讨论就始于此时。

虽然，这些关于“金融是虚拟经济”的讨论有其合理之处，但我们不主张使用“虚拟经济”一词来描述金融，更不同意把金融活动及其载体看作是游离于实体经济之外的。我们认为，将金融定义为虚拟经济不仅在逻辑上是不严密的，更会在实践上造成人们的思想障碍，不利于中国金融业的健康发展。

一、国内对虚拟经济的理论讨论

在阐述我们的观点之前，有必要回顾一下国内理论界对于虚拟经济的相关讨论。

国内对虚拟经济（fictitious economy）的定义往往是基于马克思的“虚拟资本”这个概念。马克思在《资本论》第三卷中提出了**“虚拟资本”**的概念，英文是“fictitious capital”，德文是“fiktives kapital”。它包括银行的借贷信用、有价证券等。马克思认为“虚拟资本”本质上是资本主义商品经济中信用制度和货币资本化的产物，信用化的过程即是虚拟化的过程。

需要指出的是，在20世纪90年代，由于互联网的兴起，国外出现了与**真实经济**“real economy”相对称的虚拟经济“virtual economy”的概念。而此“虚拟经济 virtual economy”，非彼“虚拟经济 fictitious economy”（李剑阁，2001）[①]。本文中所讨论的**虚拟经济**指的是 fictitious economy。

国内关于虚拟经济的定义可以分为两种。一种是指与虚拟资本有关的、以金融系统为主要依托的循环运动的经济活动；通俗的讲，就是以钱生钱的活动，虚拟经济的产品就是各种金融工具，包括各种衍生工具（成思危，2001）。在这种定义中，整个经济活动被划分为两部分：实体经济和虚拟经济。**实体经济**是指物质产品、精神产品的生产、销售及提供相关服务的经济活动，不仅包括农业、能源、交通运输、邮电、建筑等物质生产活动，也包括了商业、教育、文化、艺术、体育等精神产品的生产和服务；而虚拟经济则是指相对独立于实体经济之外的虚拟资本的持有和交易活动。虚拟资本是市场经济中信用制度和货币资本化的产物，包括银行信贷信用如期票和汇票，有价证券如股票和债券、产权、物权及各种金融衍生品等(李晓西，2001)。而另一种关于虚拟经济的定义则与上述定义略有不同：虚拟经济的内涵是信用制度膨胀下金融活动与实体经济偏离的那一部分形态，并没有将建立在信用化制度下的全部金融活动视为虚拟经济；而实体经济指人类的生产、服务、流通和消费活动。其中的"生产"是一个广义的概念，不仅包括物质生产，也包括精神产品的生产，如教育、文化、艺术、体育等(秦晓，2000)。

大体上，国内对虚拟经济的定义分为以上两类。一类是将整个金融划分为虚拟经济；另一类是将金融活动中与实体经济偏离的那一部分看作虚拟经济。无论是哪一种定义，基本上都是为了说明金融的不稳定性及金融的过度膨胀可能给整个经济带来的不良影响甚至是灾难性的后果。"我们还应看到虚拟经济过度膨胀引致的泡沫经济，对实体经济发展造成的巨大危害。泡沫经济产生后，无论其持续时间有多长，最后均会发生破裂并引致严重的金融危机，对实体经济的发展造成多方面的损害。"(李晓西，2001)

在下面的文章中，我们只针对第一种定义进行讨论和辨析，而对于第二种定义不再作讨论。因为，第二种定义中，将金融活动中与实体经济偏离的那一部分称为虚拟经济，可操作性不强，金融活动是一个整体，将其分为偏离所谓实体经济和未偏离实体经济是非常困难的；而且，实体经济活动本身也依赖于金融活动的顺利进行，则金融是否偏离所谓实体经济是无法准确判断的。但是，第二种定义有一定的现实意义：提醒人们密切注意金融的健康发展，对于恶性膨胀的金融泡沫提高警惕，防患于未然。

二、金融是现代经济的核心，不是虚拟经济

什么是金融？“金”指资金，“融”指融通，“金融”是社会资金融通的总称。**金融体系**是有关资金的集中、流动、分配和再分配的一个系统。它由资金的流出方（资金盈余单位）和流入方（资金短缺单位）、连接这两者的金融中介机构和金融市场以及对这一系统进行管理的中央银行和其他金融监管机构共同构成。

金融对于现代经济的运行至关重要。邓小平同志在1991年视察上海时指出：“金融很重要，是现代经济的核心。金融搞好了，一着棋活，全盘皆活。”概括地说，金融在经济运行中起到了两个最根本的作用：一是提高资源配置的效率，二是分散风险。

金融通过融通资金、传递信息、提供流动性支持等方面提高了资源配置的效率。

资金融通。在市场经济中，任何时刻都存在资金盈余单位和资金短缺单位，两者之间有合作的可能：资金盈余方把多余的资金以获得一定利息回报为条件借给资金短缺方，而资金短缺方在得到资金后可以顺利地进行生产或消费，并为此付出一定的利息；这样一来，双方都从这个交易中获得好处，是帕累托改进。由于资金盈余单位的钱可能是十分分散的，任何一个盈余单位都无力进行大的投资。通过金融中介——银行，可以把这些分散的资金集中起来，进行许多有利可图的大项目，达到经济学中所说的规模经济。这样，通过资金的融通活动，社会中的资金从生产率较低的部门（个人）流向了生产率较高的部门（具有规模经济的生产部门），从而提高了资源配置的效率，增加了整个社会的福利。

信息传递。金融提高资源配置效率的作用还通过其信息传递的功能得以实现。各种金融工具，如股票、债券、期货合约等等，不仅是金融交易的载体，而且它们的价格还起到传递信息的作用。随着社会分工

的日益深化，经济活动越来越复杂，任何一个投资人都无法了解经济中的每个行业和行业中的每个企业。但是，社会中总可能有这样的情况：一些投资人了解某些行业和企业，而另外一些投资人了解别的行业或企业；他们运用自己的知识，形成对某行业或企业的盈利能力的判断，并据此在金融市场上买卖相关的股票和债券。这样，相关金融工具的价格在一定程度上反映了行业或企业的生产和经营信息。在这样的金融市场中，资金朝着盈利能力好的行业或企业流去，因此提高了资源配置的效率。

当然，在现实生活中，的确能够看到金融工具的价格在某个时期并不能反映真实信息，尤其是存在经济泡沫的情况下。但是，并不能据此就不发展金融了，甚至关门大吉。相反，还应当坚持发展金融，通过市场机制来最终找到真正的价格。这就好比要寻求真理，就应让大家大胆发表意见，其中有许多谬误，但最终真理可以战胜谬论，被大家接受。如果一旦发现谬误，就立即停止所有人的发言，真理就不可能产生。当然，此过程需要秩序、法规和监管。

提供流动性支持。金融市场和各种金融工具的存在还为经济活动提供了必要的流动性支持，使得人们或企业可以更好地安排生产和消费活动，从而提高了资源配置的效率。举个简单的例子来说明这一点。一个企业在生产之前需要原材料，但是由于缺乏资金而无法从供货商那里取得原材料；而该企业生产的产品有着很好的市场前景，生产出来之后一定能产生较高的收益。如果这个企业拥有一定数量的金融资产，如股票、债券或汇票等，它可以在金融市场上卖出金融资产，然后购买原材料，进行生产。金融资产与其他资产相比，容易兑现，可以为拥有者提供很好的流动性。这样，一个有实际生产能力的企业通过金融活动使得自己的生产得以顺利进行。由此可见，金融通过为经济提供流动性支持提高了资源配置的效率。

金融除了可以提高资源配置的效率，还通过大数定律、提供专业化服务和套期保值来有效地分散和降低风险。

根据大数定律来分散风险。金融中的保险业增强了社会各个单位抵御风险的能力。比如，一个人一生中遇上车祸的几率极小，而一旦遇上，损失几乎是不可承受的。因此，许多人愿意现在付出一定的代价，用以换取在未来遇到灾难时获得赔偿的权利，保险业由此应运而生。保险的存在使得人们只需平时拿出少量的资金投保，就不必担心遇上灾难时出现需要资金而不得的情况。这样，保险通过把许多人联合到一起而为他们提供了抵御风险的能力。这对于企业也是一样的。

金融提供专业化服务来降低投资风险。“不要把鸡蛋放在一个篮子里”，这是金融市场上广为人知的一句谚语，意思是要进行多样化投资。但是如果把鸡蛋放入几个不同的篮子，意味着要同时照看几个篮子，人的精力是否足够呢？因此，单个的投资者要实现投资的多样化有一定的困难。另外，投资者还需要具备投资的知识、能力和信息，这些都是单个的投资者从精力、金钱和时间上难以承受的。而金融中介机构，如基金，则可以把单个投资者的钱集中起来，集中充足的奖金和人力来实现多样化投资和专家投资，从而降低风险。

通过套期保值降低风险。**套期保值**是指投资者为预防不利的价格变化而采取的抵消性的金融操作。它通常的做法是在现货市场和期货市场上进行两组相反方向的买卖，从而使两个市场上的盈亏大致相抵，以此达到防范风险的目的。比如，一个企业生产钢材，由于钢材属于大宗商品，企业的利润受价格波动的影响较为严重，所以风险较大。企业可以进入期货市场，通过套期保值交易消除因钢材价格波动所带来的收益风险。又比如说，一个进出口企业不仅面临着产品价格变动的风险，而且面临着汇率波动的风险。它可以进入外汇市场，通过外汇的远期或掉期交易来消除外汇风险。因此，金融市场为这类企业提供了套期保值的工具，企业可以通过套期保值，来降低生产和销售中存在的风险，使得生产活动能得以平稳的进行。

从以上的论述可以看出，金融在提高资源配置的效率和降低风险中起着重要作用。特别是当人类社会发展到现今高度分工的阶段，没有金融活动的支持，是难以进行社会化大生产的。金融与整个经济的关系是血液与生命的关系，而不是润滑油与机器的关系。所以，我们不同意从概念上把经济分为“虚拟经济”和“实体经济”两个相互对立的部分的做法，不同意“金融是虚拟经济”的提法；我们认为金融与整个经济根本就是一个有机体，是无法分割的。

三、金融业本质上是服务业

大量讨论虚拟经济的文章都把非金融的服务业归为实体经济，而又把金融归为虚拟经济。我们认为，这是不科学的，因为金融业本质上就是服务业。

金融业是指为经济中其他行业提供金融服务的行业，与非金融服务业具有相同的性质，都是专业化分工的结果，其存在都是降低交易成本、提高生产效率或消费效率。例如，餐饮业是实体经济，因为它满足了消费者的需求，同时节约了那些不愿意做饭或没有时间做饭的人的时间。同样，以前居民需要到自来水公司交水费，到煤气公司交气费，到电信局交话费；而现在在银行就可以把所有费用都缴纳了，节约了消费者的时间，非常的方便。同样提供了服务，同样节约了时间，没有理由说餐饮业是实体经济，而金融业是虚拟经济。

下面，我们从银行、保险和证券三个行业的实际业务入手分析金融业，看看它在经济中是如何发挥作用的，看看它究竟是游离于经济的其他行业而独立存在的，还是与整个经济血脉相融、不可分割的。如果所谓的“虚拟经济”是整个经济正常运行不可缺少的经济活动，那么完全没有必要冠以“虚拟”两字。

（一）银行业

金融市场的核心是商业银行，商业银行既是最古老、又是最现代的金融机构。商业银行主要通过发行支票存款、储蓄存款和定期存款来筹措资金,用于发放工商业贷款、消费者贷款和抵押贷款,购买政府债券,提供广泛的金融服务。银行所提供的大部分业务都是和实体经济密切相关的。从存贷款业务来看,它是商业银行的核心业务。在市场经济中,在任何时刻资金盈余单位和资金稀缺单位都会共同存在。商业银行通过其存贷款业务把两者联系到了一起:盈余单位把资金存放到银行中(即存款),再由银行以贷款形式将资金转移到短缺单位手中(即贷款),完成了资金的融通。这对于企业、个人和政府都具有重要的意义。

对于企业而言,企业是市场经济中生产活动的主体,同时也是资金稀缺的单位。企业的经济活动离不开物流、资金流和信息流,三者缺一不可。例如,要兴建一栋大厦,这项工程需要有钢筋、水泥(物流),还需要工程师的设计(信息流),但资金如果不到位,大厦是永远不会建立起来。资金可以是企业自身积累来的,但绝大部分需要从银行贷款,对于流动资金更是如此。可以说,资金的融通对企业至关重要,没有它,企业就像没有血液的身体,一分钟也活不下去。

对于个人而言,个人也需要银行的存贷款业务。举一个常用的例子来说,一对中年夫妇,正在积攒一笔钱,准备将来供他们的孩子上大学,但钱放在家里不用,终归有它的机会成本;而对于一个刚参加工作的人,要想凭借自己的积蓄来购房,即便薪水十分可观,也要经过一段漫长的等待。解决这个问题的一个方法就是前者把钱存进银行,后者从银行取得贷款。这样一来,前者无收益的资金就变成了能够生息的资产,而后者也有了住房。交易双方通过银行的信贷服务都获得了好处,实现了各自的需求。

国家的中央政府,在许多时候也是资金稀缺的单位,片面追求自身资金收支的平衡也并不总是可取的。在国家财力紧张的情况下,通过发行国债借入适量资金,对制约国民经济发展的某些“瓶颈”部门加以投资,往往能够更好地促进经济的发展。

从中间业务(包括**表外业务**)来看,商业银行往往以中介人的身份代客户办理各种委托事项，并从中收取手续费，因此处于服务者的地位。从性质上讲，中间业务和服务业是完全一致的。譬如说银行汇兑，付款人将现款交付给银行，由银行把款项支付给异地收款人，银行收取其中的手续费。其提供的服务，和在邮局寄信是同一个道理。同样，我们认为，结算业务、租赁业务、信托业务、信用卡业务等中间业务都是有价值的，都是实实在在于经济中发挥作用的，因为它们本身就是银行给客户提供的一种服务。再如**银行承兑汇票**，假设A企业在未来将会有一笔收入，而现在又急需用资金来购买原料。于是A企业向其开户行申请开出承兑汇票，把该汇票“背书”后用来购买原料，并承诺把未来的收入支付给银行。从本质上讲，这是一种银行对企业的短期贷款，没有这张汇票，A企业的生产无法得以进行，它起到了资金融通的作用。同时，这张汇票产生后，还可以带动一系列的生产：A企业支付给B企业，B企业支付给C企业……在这样的信用链条上，每一个企业都因此而获得好处，可以有效地安排生产。

从上面的分析中，我们可以看出，无论是商业银行的存贷款业务，还是中间业务（包括表外业务），都是在为经济中的各个单位提供这样或那样的服务，帮助它们更有效地安排生产和消费，是经济运行不可或缺的部分。

（二）证券业

证券业是金融业重要的组成部分。从**一级市场**即发行市场来看，完成了有价证券由发行者向投资者转移，以及资金由盈余单位向短缺单位转移的过程。为企业的资金融通提供了有效的解决途径。我们知道在企业的高速发展时期，仅仅依靠内部积累往往不能满足企业的资金需要，心须从外部获得资金。企业要么向银行借款，要么发行股票或者债券。同银行贷款和债券相比，利用股票融资不但可以增加企业的资本金以供企业长期使用，而且企业经营的风险也由股东承担，可以降低资产负债率，减少偿债压力，改善公司的治理结构，简单地说就是优化了资源的配置。

从**二级市场**即交易市场来看，它是已发行的证券在投资者之间流通的市场。在一级市场发行的证券，必须能够在二级市场上顺利地流通，才能对投资者具有足够的吸引力，从而使证券的发行能够顺利进行，使企业融通资金变得可能。这一点对于风险投资有着特别的意义，如果没有二级市场提供流通性极高的退出通道，风险资本就不会介入高科技创业投资，高科技的突飞猛进就是不可想象的。

有效市场理论告诉我们，有价证券交易的价格可以反映宏观经济状况和上市公司基本面，起到信息传递的功能。当然，即使在一个成熟的、强有效的市场，价格和基本面也往往有所偏离，而对于像我国这样新兴的证券市场而言，这种偏离还可能更大。但是无论上市公司如何粉饰，这种偏离终究会消失，股票价格最终要向真实的价值回归，市场以连续 14 个跌停来回应银广厦事件就是一个很好的明证。

从金融衍生工具市场来看，包括期货、期权市场等，其产生的原因是为了规避商品或金融资产价格变动的风险。例如期货，期货交易最早是在商品交易中出现的。农产品的生产是有较长周期的，农民在播种季节做出生产决策，但是等到产品收获的时候可能市场行情已经发生了很大的变化。价格如果上升，自然有利于农民，但是万一价格下降，农民就可能蒙受很大的损失。为了克服这种不确定性，期货合约和期货交易所便应运而生了。期货的产生给生产者提供了一种避险的工具，使得生产活动的风险能够从生产者向期货的购买者以及期货市场上的投机者转移。诺贝尔经济学奖得主詹姆斯·托宾（James Tobin）在 20 世纪 50 年代研究发现，在全世界成熟的期货市场上，实物交割量只占总交易量的 1%—5%，但这决不意味着 95%—99%的交易都是毫无意义的投机。如果没有那些愿冒风险的投机资本的参与，在高度放大的交易量中提供规避风险和发现价格的功能，那 1%—5%的实物生产和流通就会遇到很大的阻滞，承受很大的风险（李剑阁，2001）。当然，当出现金融指数期货期权以后，情况变得更加复杂，但金融衍生产品的基本原理和功能没有改变。

（三）保险业

保险业主要可分为寿险、财险和再保险三种业务。无论是寿险还是财险，一方面它们都通过接受客户的保单获得资金，然后再把资金投资于股票、债券、基金等，构成了资金融通的主要渠道之一；另一方面，它们最为重要的作用就在于个体提供了克服不确定性、规避风险的工具，为“实体经济”的运行提供了有力的保证。随着经济的发展，出现了一些高风险、高收益的行业。例如运载火箭的发射，如果没有保险的话，一次火箭发射的失败所带来的损失足以让任何投资者望而却步。

四、泡沫经济和金融没有必然联系

经济泡沫是指在经济发展过程中经常出现的不均衡现象，具体表现为上下起伏的经济周期。泡沫经济是指经济过度膨胀引致的某种资产的价格迅速的膨胀；其形成过程为一种或一系列资产在一个连续过程中陡然涨价，价格上涨的预期吸引了大量新的买主，这些新买主一般只是想通过投机获取价差、牟取利润，而对所买卖的资产的实际使用价值或盈利能力不感兴趣；由于新买主的不断介入，价格节节攀升，形成**泡沫经济**现象；一旦价格上涨的预期发生逆转，价格暴跌，泡沫破裂，便引发支付危机并导致整个经济衰退。

从历史中我们可以看到，泡沫的产生、膨胀及破灭不只是发生在金融领域。发生在 17 世纪的荷兰的郁金香泡沫便是一个典型例证。1635 年，那些珍贵品种的郁金香球茎供不应求，加上投机炒作，致使价格飞涨 20 倍。在投机的巅峰时期，其价值甚至抵得上一幢好房子。但是，1636 年由于供应增加，郁金香价格又狂泻 90％。到 1637 年 1 月，荷兰郁金香市场俨然已变成投机者伸展拳脚的、无序的赌场。当局痛感市场投机的危险，最终采取了一些极端措施来制止任何形式的投机行为。以史为鉴知兴衰。荷兰在17世纪的空前繁荣,成为当时西欧标准的资本主义国家。但是自17世纪末起,荷兰由盛而衰,在18世纪甚至一蹶不振,完全失去了昔日的经济霸权地位。分析其原因,很重要的一条就是荷兰当时贸易的极不稳定,商业缺少有力支撑。由此可见,严重的经济泡沫所导致的泡沫经济未必一定与金融相联系。

日本经济在20世纪80年代末期产生的泡沫和美国经济90年代末在股市上产生的泡沫对我们也有重要的借鉴意义。这些泡沫与金融有关,但不一定是由金融引起。在80年代中期的广场协议后,日元大幅升值,日本房地产和金融资产泡沫严重。90年代初在股市和房地产泡沫破灭后,日本经济一蹶不振,陷入了长达十几年的萧条,至今不能自拔。究其原因,房地产和金融究竟是什么样的动态机制是一个十分复杂的问题。美国的信息产业和股市及风险投资的动态机制也有待进一步研究。把金融作为经济泡沫的罪魁祸首的结论过于简单,为时过早。

应当指出,由于金融业服务的载体具有一些不同于其他服务业的特性:金融工具没有保存的问题,流动性极强,且交易活跃。金融及金融工具的这些特性使之成为现代经济中最容易产生泡沫的领域之一,因此也对金融业及金融市场的监管提出了高于一般服务业的要求。

五、建立公平、公正、有效的金融监管是积极的金融发展战略

由于金融活动对整个经济的重要性及金融工具所具有的特性,加强**金融监管**是金融发展的应有之意。完善的金融体系意味着一个发达的金融市场和一个公平、公正和有效的监管体系。如果一个国家没有一个有效的金融监管体系,金融就极可能成为经济不稳定的源头之一。金融的发展过程就是一个监管与规避监管之间不断冲突和妥协的过程。监管从来就不是面面俱到的,它在不断地发展着;针对市场出现的

新的情况，采取新的应对措施；而它的原则却是基本不变的，那就是公正、公平和效率的兼顾。从美国金融业从分业经营走向混业经营的演变过程可以看出，监管制度一直在这三者之间寻求一个最优的平衡。有效的监管可以减少市场中的欺诈行为，让“看不见的手”充分发挥市场调节的作用，有利于金融更好地发挥提高资源配置的效率和分散风险的作用，有利于整个经济的平稳运行。

所以，与一味地强调“严格控制金融的发展，管住金融业”的思路相比较，建立一个发达的金融市场和公正、公平、有效的金融监管体系是一种更为积极的金融发展战略，一种更为有效的防范金融风险的方法。或许，我们的全部讨论的意义就在于此吧。

注释

①“virtual”源自拉丁文“virtus”，其含义是“尽管表面上不相似，其实质上是同一回事情或同一样东西”，或者说是物理形态或感官形态上的不一致，而在逻辑上和功能上完全一致。正是在这个意义上，“virtual”这个词现在通行于英语世界。例如，管理学中的虚拟企业（virtual enterprise）是一种适应知识化、信息化、网络化的新型企业形式；计算机专业使用的虚拟内存、虚拟网络，具有与真实内存、真实网络几乎一样的功能。而“fictitious”根本就不是一个意思，原意应译为虚假的、虚幻的、虚构的、假象的。“fictitious economy”更接近常说的“泡沫经济”（bubble economy）的含义。

参考文献

陈淮，《全新观点透视虚拟经济》，2001。
成思危，《虚拟经济和金融危机》，2001。
李剑阁，《对资本市场的几点认识》，2001。
李晓西、杨琳，《虚拟经济、泡沫经济与实体经济》，2001。
刘骏民，《从虚拟资本到虚拟经济》，山东人民出版社，1998。
马克思，《资本论》，第三卷。
秦晓，《金融业的异化和金融市场中的虚拟经济》，2000。

王国刚,《虚拟经济与资本市场发展》。
谢太峰,《正确认识虚拟经济》。
易纲、吴有昌,《货币银行学》,1999。
张宗新,《虚拟经济认识上的五个误区》,2001。

中国国债市场的四个问题*

近来，我国**国债市场**取得的进步和成果是有目共睹的。但从长期来看，国债市场发展中依然存在若干重要问题，以下四个方面值得特别加以关注。

第一，我国国债市场缺乏长期的基准利率。

回顾我国国债发展的历程，目前，我国还没有长期固定的基准利率，这个基准利率在整个货币市场与利率体系中起着不可替代的作用。近来我国发行的记账式国债大多数是浮息国债。**浮息国债**是在中央银行制定一年期定期存款的利率基础上，上浮多少个基点，通过投标机制来形成浮息国债利率。比如，目前，我国大多数长期浮息国债，每年利率是根据中央银行制定的一年期定期存款利率的变化而变化的。由于没有长期固定的利率，使在中国债券市场上很难计算收益曲线。

为什么我国没能连续发行**固定利率的长期国债**呢？原因之一是要使发行者的成本最小化。目前，在利率水平接近历史最低点的时候，如债券发行者（财政部）要使当期（本年度）成本最小化，发浮息债券是最佳选择。但如要使发行者在整个债券服务期的成本最小化，则固定利率债券是必不可少的。回顾我国国债发行历史，在利率较高时也发行过固定利率的长期国债，如：696 国债。由于 696 发行之后利率一直在下降周期，所以投资者获得了较高的收益，而发行者付出了较高的成本。对债券市场而言，696 在多年运行中是个对投资者有吸引力的好品种。目前利率较低，而现在发行长期固定利率国债反而有所顾虑和

* 原文发表于《国际经济评论》2001 年第 1 期（1—2 月）。

犹豫。国债发行成本是否要最小化？当然要，这是国债发行最起码的要求，也是无可争议的。目前(低利率时)发行固定利率长期债券的本年度利率肯定要比浮息债券的本年度利率高，但考虑整个债券服务期(比如十年)就不一样了。现在发行固定利率的债券，可在未来十年锁定较低的利率，可能使整个债券服务期的发行者成本最小化。

如果再考虑长期基准利率对市场所造成的外部社会效益，发行固定利率的长期国债就更有必要了。这种效益是很重要的，是任何方式都无法替代的。我国债券市场还要继续发展，如住房抵押贷款、住房抵押债券等等，将来发行金融产品和金融衍生品都要以国债利率作为基准利率。我国现在还没有较为简单的长期基准利率，像美国固定利率的30年国债那样，能够清晰地计算收益曲线。

建议每年至少发行一次固定名义利率的十年期国债(如固定年利率为5%)，按年付息。此债券在一级市场的招标价格和二级市场的收益率，既是市场对长期利率的预期，也是市场的长期基准利率。同时还可以研究发行20年期的固定利率国债。

第二，目前我国国债市场处于被分割的状态。

我国现在有银行间国债市场、赁证式国债买卖场所(银行柜台)和上海交易所国债市场，这几个国债市场处于被行政分割的状态。建立统一的国债市场是非常重要的。李扬先生讲过银行间国债市场与交易所国债市场的价格是不一样的，而且不存在套利机会。它们的价格不一样是对的，但是不是都没有套利机会，这个问题还需要认真研究。财政部、中央银行、税务总局、中国证监会、中央国债登记有限责任公司、上海外汇交易中心和国债参加者以及金融机构在市场中都有各自的角色，在其中发挥不同的作用。如何建立统一的国债市场？我所说的统一市场，是指要建立起一座桥梁，使国债市场的参加者根据他们的需要，自由选择参加哪个市场，并有从一个市场到另一个市场有效过渡的手段。在这个问题上争议很大。目前国债市场价格形成机制不一样。交易所场内机制是集中撮合来形成价格，其效率较高，用很少的债券可以做很多回购；银行间债券市场采用的是询价交易系统。场内的集中撮合方式和场外的询价系统都是国际惯例。大家对场外询价系统的主要批评是价格形成机制不够有效，且流动性不够。为什么国际惯例的询价系统在发达国家运用很有效，而在我国就没有效呢？现在是计算机网络发达的时代，能否运用计算机系统打破场内一定是集中撮合，场外一定是询价系统这种天然的界限？我觉得这个问题是应该思考的。中国在国债市场方面能否走出一条新路，比一些国家甚至是发达国家做得更好？我国交易所设备相当先进，我国国债市场就好比一张白纸，能画出很美很新的图画。现在主要问题是各部门沟通不够。交易所、银行间市场方面要互相沟通，在联席会议上商量，共同解决问题，使中国有统一的国债市场。这个统一市场是分层次的，由各个不同特点的市场组成，统一的意义是使整个市场之间有一座有效的桥梁。

第三，国债市场的托管支付清算系统落后。中央国债公司托管的债券已超过13000亿元。上交所、深交所原来也都托管了债券，我国国债托管系统和支付清算系统的联系还有待于改进。上交所托管支付清算系统是相当有效的。上交所、深交所、银行间市场要做通盘考虑，目前托管和转托管与支付清算系统的连接是很落后的。我们最终目标要做成DVP这种系统。在DVP之前，如何控制风险？从托管到清算，央行、中央登记公司、交易所和市场的参与主体能做什么？这是需要考虑的问题。许多风险和问题恰恰是发生在托管和清算环节上。如果没有安全、有效的托管支付清算系统，国债市场就少一条腿。我们可以把国债交易看作是市场的前台，把国债的托管和清算看作为市场的后台。在建立国债市场中对前台、后台做通盘考虑，后台有效性和安全性大有文章可做。请专家们出主意想办法，如何建立一支高效、安全的后台，使托管支付清算系统和中国国债市场的发展相匹配。

第四，中国发行**短期国债**（短期国债指1年以内）是否有必要性和可能性？财政部要建立一个高效率头寸管理系统。从发达国家情况来看，发行短期国债是必要的。从货币政策实施和头寸管理来考虑，短期国债的作用也是不可替代的。发行短期国债是有国际惯例可循的。主要是用贴现招标方式发行，这种发行机制被证明是行之有效的，发行的技术问题已经解决了。在中国发行短期国债是否必要？我作为一个问题提出来。我自己的倾向性十分明显：我国需要发行短期国债。

以上就国债市场存在的问题择其要者讲了四个方面，仅代表个人观点。

第五部分
银行改革

“存款立行”还是“贷款立行”？*

“老银行”常给我讲“存款立行”的道理。

在计划经济的体制下，中国人民银行是大一统银行（既是央行，也是商业银行），占全国金融业务的93%。那时无所谓存款立行还是贷款立行，反正老百姓存钱只此一家，企业贷款也只此一家，银行基本上不需要经营。

1984年中国人民银行成为中央银行，形成了以工农中建四家国有商业银行为主的多层次的银行体系。银行一多就有竞争，争什么？争存款。存款是银行资金的主要来源，多存就能多贷，银行为多吸收存款，必须改善服务。

为什么不争贷款呢？因为，第一，那时中国是短缺经济，资金更是短中之短，不愁放不出去。资金的价格（贷款的利息）大大低于市场均衡价，利率是国家定的，基本上没有弹性。就贷款而言，银行是大爷，企业求银行；银行信贷负责人可以不出门，企业要千方百计地做银行的工作，争取贷款。第二，那时大多数贷款放给国有企业，带有较强的行政色彩，银行不担心还本付息，也没有风险意识。第三，贷款的官定利率和市场利率之差就是银行手中的权利，银行可以用此权利为经济发展服务，也可以用来以权谋私。因此，以前一家银行只要有存款，就可以稳吃稳坐，存款是立行之本。

近年来，我国经济发生了非常深刻的变化，不仅在低水平上出现了商品市场的买方市场，在资金市场上也在相当大的程度上出现了结构

* 原文刊登在1999年2月12日的《南方周末》。

性的买方市场，即银行开始系统地改进为企业的服务，争取为效率好风险低的企业贷款。资金市场出现以下特征：第一，1995 年《中国人民银行法》和《商业银行法》颁布以后，银行的风险防范意识大大加强，初步建立了一整套审贷分离，分级管理的措施；贷款供给更加谨慎和程序化了。第二，随着改革开放不断深化，明显的高利机会已经不多。利润要么来自艰苦细致的经营（辛苦钱），要么来自产业升级（产品更新换代），而这又意味着大规模的投资和高风险。同时，由于直接融资市场的逐步发展，许多优质企业可以从资本市场和海外直接得到资金，对贷款需求开始挑剔了。这说明在贷款的需求上企业也更加精打细算了。资金供给和需求的这些变化，必然反映到资金市场上来。从全国范围看，1995 年以前银行系统一直是贷差，1996 年开始一直是存差（即总存款大于总贷款）；其结果是银行为争取优秀安全企业贷款的竞争越来越激烈。

在新形势下，存款立行的经营理念显然已经落伍。这不是说存款不重要，没有存款，何谈贷款？但是，现在光靠存款还立不了行，存款是要付利息的，银行的利润来自贷款。存款做好了只是必要条件，真正的挑战在于贷款。贷款服务的质量好才能保持住优质客户，争取到新客户，按时收回本息才有保障。

银行是干什么的？从本质上说，银行是经营风险的，银行的每一笔贷款出去都有风险。经营风险是一项艰苦细致的工作，需要银行各级管理人员尽职尽责。要把贷款工作做好，一要靠调动银行行员的积极性，二要靠严密内部管理系统。古今中外，调动人的积极性有五件法宝，一是产权制度，二是经理市场，三是金钱，四是乌纱帽机制，五是思想政治工作。我们要在这五件法宝的组合上下功夫，最大限度地调动银行各级管理人员的积极性。银行的内控系统有国外的经验，可以借鉴。

贷款有风险问题，也有效率问题。贷款的收益要能补偿其成本并略有盈余才能持久。现在贷款的风险高，所以，银行多用抵押担保贷款，这无疑是正确的。需要指出的是，强调抵押担保贷款并不排除信用贷款。事实上，信用贷款是贷款的最高境界，是最优选择。前面讲银行是经营风险的，同时银行也是经营信用的，如果能遵守合同，信用贷款的交易成本最低。抵押担保贷款是次优选择，其交易成本高，是不得已而为之。

中国的银行业进步之快超出了多数人的预料。从无需经营到存款立行是伟大的进步；从存款立行到贷款立行则是更伟大的进步。问题是中国银行业能及时有效地完成这一转变吗？比贷款立行更高的境界是什么？

中国的银行竞争：机构扩张、工具创新与产权改革*

摘要：改革开放以来，中国银行业有过两次大规模的竞争。第一次竞争发生在 1984 年至 1997 年间，以机构扩张为主要竞争手段；第二次竞争发生在 1997 年之后，以金融工具创新为主要特征。第一次竞争所依托的是行政层级；第二次竞争主要是对西方现代银行已经发明的金融产品的模仿。中国银行业必须过渡到以投资收益为最终目的、以制度创新为依托的竞争阶段，才能在加入 WTO 后得以生存和发展。历史表明，没有多元化的股权结构，没有以明晰产权为基础的现代公司治理结构和激励制度，国有银行的"创新"只能停留在模仿阶段，以投资收益为目的的竞争只能是一句空话。

关键词：竞争　扩张　创新

一、银行竞争中的规模、范围与产权

竞争是市场经济条件下企业必须面对的生存法则，而竞争致胜的全部基础在于经营绩效的提高。因此，竞争优势的本质是效率优势，正确的竞争策略应能最大限度地提高竞争者的相对效率。关于效率，流行的理论认为规模经济和范围经济对提高效率至关重要。

规模经济的含义是，给定固定成本支出，随着资产规模的扩大，银行机构的平均成本会随之下降，相应地，平均收益也将随之增加。因

* 原文发表于《经济研究》2001 年第 8 期。作者：易纲、赵先信。

此，谋求竞争优势的关键在于扩大资产规模。伯恩思顿（Benston，1972）最早研究了银行业的规模经济效应，结论是，不管自身规模大小，给定其他条件不变，银行规模扩大1倍，平均成本将下降5%—8%。

范围经济的核心仍然是规模经济中的平均成本递减概念，即，给定的产品组合由一个机构生产，其成本要比由多个专业化的机构分别生产所花的成本低。平均成本递减的原因除固定成本分摊外，信息互补导致的成本节约也很重要。例如，企业存款账户的变化往往能反映企业的财务状况和信用质量，因此，一家银行同时提供存款账户和信用贷款所花费的成本要比单一经营存款账户或信用贷款所花的成本来得节约。再比如，银行往往对其客户企业有比较深入的了解，当其客户企业进入资本市场时，由该银行提供中介服务显然比另择投资银行更能节约信息成本。所以范围经济的含义是：谋求竞争优势的关键是扩大业务范围。

以上两种理论在金融界有着广泛的影响，被视为银行兼并及实行混业经营的主要理论依据。但进一步的分析表明，这两种理论的适用性（robustness）不应被过分夸大：

首先，规模经济理论的有效性很大程度上取决于对成本函数形式的假设。伯恩思顿（Benston，1972）假设成本函数是柯布—道格拉斯形式的，但事实上，金融机构的成本函数极有可能是对数形式的。由于管理成本随规模的增加呈几何级数递增，其平均成本曲线不是简单的递增、不变或递减，而是U形或非常平缓的U形。平均成本递减只适用于规模很小的机构，对中等及大型机构，其平均成本曲线是平直以至上升的。

其次，范围经济可能夸大了信息互补带来的成本节约。就银行、证券、保险三类机构而言，每一类机构的业务几乎从一开始就实现了覆盖所在行业的多元化经营，比如我们找不到只放贷款、不吸收存款的银行。另外，**混业经营**，如让银行进入证券业，虽然会节约信息成本，但同时却隐藏了深刻的利益冲突，诱发逆选择行为，这将有可能危及整个金融体系的安全。

最后,也是最重要的,规模经济和范围经济理论假设不存在委托失效和代理成本,机构总是处在成本最小化或利润最大化的生产边界上。给定最小成本曲线,反推最佳的规模和范围。这显然是一个很强的假设,事实上,由于金融机构经营的是风险,委托-代理费用不仅存在,而且可能相当高。图 1 反映了金融机构的这一特性。

简单地说,我们认为金融机构在两个方面创造价值:一是提供金融产品和服务,收取服务费用;二是充当金融中介,经营风险并获得风险收益。因此,金融机构的绩效就取决于其产品和服务质量以及风险控制水平。给定成本水平,产品和服务质量越好,风险控制水平越高,则该机构的经营绩效越高。图 1 中的曲线就表示了这种与特定成本水平相对应的绩效边界,DD 对应的绩效边界要远远高于 FF。

两个因素决定了金融机构的风险控制水平:委托人对风险的态度,以及代理人引致的代理成本。以银行机构为例,凯利 (Keeley, 1990)认为,银行的"执照"价值 (franchise value)中包括私有的客户关系等,很难通过市场全部变现,当银行倒闭时,破产成本会很高。因此,足够高的"执照"价值会避免股东承担过高的风险。假设银行为政府所有,或者有足够的市场垄断力,不存在破产威胁,则股东(代表政府行使所有权的机构)和银行管理层,都可能表现出更大的风险偏好。此外,给定股东的风险偏好,当代理人能够以股东或债权人的利益为代价追求自己的目标时,银行无疑将面临更高的风险。由此可见,公司治理结构(所有权与控

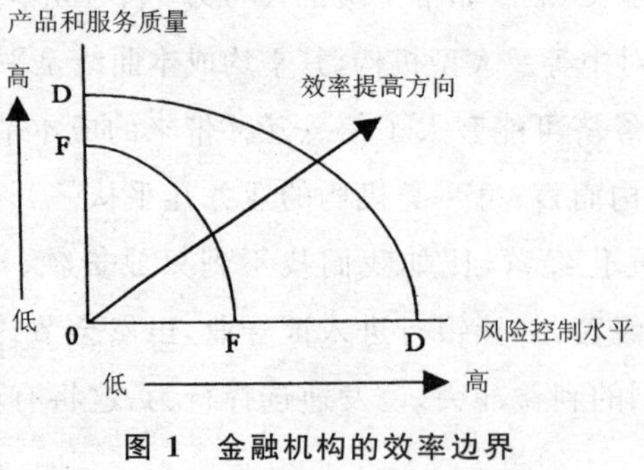

图 1　金融机构的效率边界

制权的安排)的确是决定金融机构风险控制效率的关键因素。

许多计量检验支持了我们的结论。伯格等(Berger 和 Humphrey, 1994)的研究表明,规模或范围不经济导致的无效率不超过总成本的 5%。大银行的存贷款之间几乎不存在信息互补带来的成本节约。福林(Folin, 2000)对德国全能银行的研究结果显示,不论是从范围经济的角度还是从市场垄断力的角度,都没有足够的证据表明德国的银行比它们的美国同行拥有更高的盈利能力。相反,管理效率,即所谓的 X-效率被证明是决定金融机构经营绩效的至关重要的因素。[①]伯格等对美国银行业的研究表明,管理无效率导致的效率损失约为总成本的 20% 。此后的经验研究虽然致力于放松关于成本函数形式的设定,但规模经济和范围经济不显著的结论从未发生根本性的改变。在中国,虽然中国农业银行的资产规模和业务范围都比农村信用社大得多,但都表现为亏损。这说明,金融机构在提高效率、增强竞争力方面,面临的不是规模约束,也不是范围约束,而是产权约束,金融机构在谋求竞争优势方面,可依赖的不是资产规模,也不是混业经营,而是良好的公司治理。至于观察到的利润与规模、范围之间的正相关,是第二、第三重要的。管理效率的提高才是问题的核心,而管理效率提高的基础是产权制度,这是第一重要的,至少对目前的中国是这样。主流文献中讨论规模经济和范围经济较多,是因为产权清晰在发达国家是给定的前提,不是问题。

中国的银行业经历了一个竞争不断增强的过程,加入 WTO 又进一步强化了未来的竞争预期。中国的银行业应该如何应对,扩大规模,扩张范围,还是改革产权?本文将用前述理论框架具体分析中国银行业的竞争态势。本文结构如下:第二、三部分分析中国银行业已经经历和正在经历的两个竞争阶段,第四部分讨论加入 WTO 后中国银行业面临的竞争格局,第五部分是政策建议。

二、第一次银行竞争：以机构扩张为主

1978 年至 1984 年间，政府开始分离中国人民银行担负的商业银行职能，逐步分设了四家专业银行。1984 年以后，以四家专业银行为主体的市场竞争格局初步形成。在吸收家庭储蓄方面，早期的银行经营更多地体现了中央政府和地方政府在控制和竞争金融资源方面的需求。随着商业化改革的不断深入，银行自身的利益得到了越来越充分的体现，银行之间的竞争也越来越表现为各自利益的竞争。

这一时期的**银行竞争**主要是通过机构和人员的迅速扩张来实现的，因而可以将这一时期的银行竞争称之为**机构竞争**。依托现有的行政层级，各家银行的机构网络获得了迅速扩展。1984 年，国家银行的机构总数为 53 898 个，人员总数为 84.7 万人；1995 年国家银行的机构个数和人员总数分别增加到 16 万个和 192.3 万人，分别增加了 1.97 和 1.27 倍。在大量机构网点的支撑下，四家国有银行的资产规模迅速膨胀。1985 年至 1997 年间，资产增长了 11 倍，其中贷款增长了 11 倍，存款增长了 16.3 倍（见表 1）。

以银行为主体的资源竞争在动员家庭储蓄、支持经济增长方面发挥了巨大作用。不过，这种竞争所依赖的仅仅是机构网络方面的实力，而不是资金运作效率或者信贷资产质量的提高。由于在公司治理机制以及内控制度方面的固有缺陷，国有银行的资产增长实际上是一种不计风险的粗放式扩张。从表 1 可以看出，1989 年至 1998 年间，四大国有银行的信贷资产余额增长了 11 倍，但利润总额仅增长了 26%，而管理费用增长了 8.9 倍。管理费用与利润的增长完全不成比例且在统计意义上基本呈反方向变动。1989 年国有银行的资产利润率为 1.01%，资本利润率为 18.44%；1998 年这两项指标为 0.08% 和 1.07%。这些还只是未经风险调整的账面利润指标，如果考虑到国有银行的巨额不良资产存量，国有银行的经营绩效就更不乐观了。[②]

除此以外，银行主导的资源竞争和资源配置还使得金融资产结构更加单一，金融体系趋于僵化(易纲，1997)。中国金融机构存款占当年GNP的比例从1978年的36％上升至1995年的94％；金融机构贷款占当年GNP的比例从1978年的52％上升至1995年的88％。中国

表1　中国四大国有银行的基本情况(1985—1999)

	1985	1989	1993	1996	1997	1998	1999
机构数(个)	58 364.0	94 563.0	138 862.0	160 142.0	N.A	N.A	80 334.0
指数(1985＝100)	100.0	162.0	237.9	274.4			137.6
雇员数(人)	924 828	1 343 310	1 769 196	1 922 984	N.A	N.A	1 943 709
指数(1985＝100)	100.0	145.2	191.3	207.9			210.2
贷款余额(亿元)	5 905.6	12 409.3	25 342.8	41 702.3	47 303.2	56 241.1	65 029.3
指数(1985＝100)	100.0	210.1	429.1	706.1	801.0	952.3	1 101.1
存款余额(亿元)	4 264.9	9 013.9		42 402.1	51 905.5	59 477.8	69 334.0
指数(1985＝100)	100.0	211.4		994.2	1 217.0	1 394.6	1 625.7
资产总额(亿元)	6 374.5	23 114.4	58 125.0	79 027.7	70 059.4	79 286.0	91 762.9
指数(1985＝100)	100.0	362.6	911.8	1 239.7	1 099.1	1 243.8	1 439.5
资本金(亿元)		1 259.8	2 203.0	2 650.3	2 804.6	5 620.5	5 711.9
指数(1989＝100)		100.0	174.9	210.4	222.6	446.1	453.4
税后利润(亿元)		232.4	230.3	179.6	85.1	59.9	116.4
指数(1989＝100)		100.0	99.1	77.3	36.6	25.8	50.1
经营管理费用(亿元)		120.3	413.0	894.5	1 048.1	1 073.0	1 100.6
指数(1989＝100)		100.0	343.3	743.5	871.2	891.9	914.8
资本回报率(％)		18.44	10.46	6.78	3.03	1.07	2.04
资产回报率(％)		1.01	0.40	0.23	0.12	0.08	0.13

注：a. 机构和人员数除四大国有银行外，还包括中国人民银行和交通银行。

b. 存贷款数只包括四大行境内机构的人民币存贷款数。

c. 1998 年发行了 2700 亿元特别国债补充国有银行资本金，导致 1998 年资本金大幅度增加。

资料来源：《中国金融年鉴》1992—1999；Moody's(2000)。

资本市场发展较快是在最近两年，银行一直是最主要的融资中介。

金融资产结构单一以及金融体系僵化严重阻碍了经济体制的改革进程，削弱了宏观的资源配置效率。强大的银行网络为政府补贴国有企业提供了资金来源，一定程度上缓解了国企改革的紧迫性。但是，通过银行进行的预算软约束是不可能持久的。由于国有企业的绩效问题尚未解决，其高额负债会很快转化为不良债务，并由此导致银行资产质量的下降，金融风险迅速增高。因此，从宏观资源配置的角度看，四大国有银行虽然历史地承担了在转轨时期资源配置的责任，其效率却是极其低下的。

三、第二次银行竞争：以金融工具创新为主

此次银行竞争的突出背景是国内**资本市场**的崛起。经过近 10 年的发展，中国的证券市场已经具备了相当的规模。近年来受利率持续走低以及一系列扩张流动性政策的影响，股票市场的发展尤其迅速。截至 2000 年年底，境内上市公司市价总值达 48 091 亿元，约占 GDP 的 52%，投资者开户数达 5 800 万户，其中机构投资者开户数为 26 万户。1991 年至 2000 年，深沪两市累计筹资 6 560 亿元。

随着证券市场的快速发展，中国的金融体系开始迅速地“市场化”：资本市值占全部金融资产的比例快速增加，银行资产所占比例大幅度下降。1994 年银行资产与资本市值的比例为 20∶1；到了 2000 年 9 月底，两者的比值下降为 4∶1。

表 2　发展中的中国金融结构(1988—1999)

	银行资产/GDP	中央银行资产/GDP	资本市值/GDP	银行信贷/GDP	流通市值/GDP	银行资产/资本市值
1988	121.6	31.0	N.A.	70.7	N.A.	N.A.
1992	178.6	38.2	3.9	81.1	N.A.	N.A.
1996	125.7	39.0	14.5	85.8	4.2	8.7
1997	103.7	42.0	23.4	94.5	7.0	4.4
1998	111.1	39.2	24.5	102.9	7.2	4.5
1999	125.8	43.6	32.3	111.8	10.0	3.9

资料来源:《中国金融年鉴》1992—1999;中国人民银行季报 2000.1。

证券市场的发展意味着直接融资对间接融资一定程度上的替代。因此,其对银行部门的竞争是双向的:既包括负债方,也包括资产方。在负债方,由于越来越多的储蓄存款流入股市和债市,银行储蓄存款增长缓慢,储蓄存款中活期存款比重上升,存款结构出现明显的短期化趋势。③

这一方面减少了可用于中长期贷款的资金来源,同时降低了存款的稳定性,加大了银行的流动性压力。在资产方,证券市场的发展扩大了企业的直接融资渠道,减少了对银行贷款的有效需求,缩小了其资产运作空间。目前我国的证券市场很大程度上还仅限于股票市场和国债市场,随着企业债券市场的逐步发育和股票市场的进一步扩容,对银行贷款的有效需求还将进一步缩小。

此外,证券市场的崛起为各类投资型(非银行)金融机构的发展奠定了基础,拓宽了居民的金融投资渠道。证券投资的高回报增强了储蓄资金的逐利动机。这一时期储蓄资金已不再满足于传统储蓄账户所提供的服务,而是寻求更加多元化的投资服务和更高的投资收益。对银行机构而言,谁能最大限度地满足这一需求,谁就能占有最多的储蓄存款。

目前以国有银行为主体的储蓄性金融机构已经感受到了资金和业务的部分流失,以及潜在的流动性风险。但这还只是开始。2000 年 9 月末,中国的银行资产与资本市场之比为 4：1,而 1990 年至 1997 年,同一比例的平均值在日本为 1.7：1，在美国、英国、加拿大、澳大利亚为 1：1，在韩国为 1.6：1，泰国为 1.4：1（Kunt and Huizinga，2000）。与这些国家的金融结构相比，中国金融结构的市场化还有很长的路要走，金融资源的分配格局还将有更大程度的变动。

如何应对？发达国家的经验有助于理解中国金融业目前的竞争格局。1970 年以来，受资本市场快速发展的推动，在一些主要的发达工业化国家，商业银行在金融体系中的主体地位遇到了其他金融中介机构的有力挑战。以美国为例，1969 年至 1999 年，美国公司债券与股票市值之和增长了 23.5 倍，由此推动了金融资产结构的巨大变化。不考虑表外资产，1969 年，美国各类储蓄性金融机构（银行业）占全部金融机构总资产的比例为 61.4%，1999 年末降至 25.8%。而在同一时期，以人寿保险公司、养老金公司为代表的各类契约型金融机构的占比从 26.7% 上升到 32.8%，以共同基金、货币市场共同基金为代表的投资型金融机构的占比从 3.7% 上升到 17.4%（见表 3）。后两类金融机构的投资回报远高于银行存款，大量存款从银行流入非银行金融机构，再经由非银行金融机构投资于证券市场。此即广为人知的金融脱媒现象。

非银行金融机构的竞争引发了银行业的**工具创新**浪潮，彻底结束了美国银行业的“3-6-3”时代。[④] 为了提高收益率，规避利率和汇率风险，1970 年代以来，美国银行业实施了一系列大规模的金融工具创新，增加产品和服务种类，以对抗非银行金融机构的竞争。统计表明，1969 年至 1994 年间，美国银行业主导的金融工具创新超过了 29 项，内容涉及存款账户、利率工具、金融衍生品、住宅抵押贷款以及资产证券化等许多方面。尽管如此，银行业的平均资产收益率仍远低于其他非银行金融机构的水平，其在金融机构总资产中所占的比重呈逐年下降趋势。

表 3 美国各类金融机构的资产规模和占比(1969—1999)

单位:10 亿美元

	1969		1979		1989		1999	
	总额	占全部(%)	总额	占全部(%)	总额	占全部(%)	总额	占全部(%)
货币当局	80.7	5.3	166.7	4.0	315.5	2.3	696.9	1.9
储蓄类金融机构	932.0	61.4	2 532.5	61.5	5 774.3	42.6	9 344.4	25.8
其中:商业银行	471.4	31.0	1 355.2	32.9	3 231.4	23.8	5 989.3	16.6
契约类金融机构	404.7	26.7	1 161.8	28.2	4 110.6	30.3	11 845.8	32.8
其中:人寿保险公司	191.3	12.6	419.3	10.2	1 245.5	9.2	3 067.9	8.5
私人养老金公司	114.0	7.5	413.1	10.0	1 634.3	12.1	4 959.3	13.7
政府雇员退休基金	53.2	3.5	167.7	4.1	727.8	5.4	2 928.9	8.1
投资类金融机构	56.2	3.7	104.9	2.5	1 066.8	7.9	6 299.7	17.4
其中:货币市场基金	0.0	0.0	45.2	1.1	424.7	3.1	1 578.8	4.4
共同基金	47.6	3.1	51.8	1.3	589.6	4.4	4 553.4	12.6
封闭式基金	8.6	0.6	7.9	0.2	52.5	0.4	167.5	0.5
政府类金融机构	39.5	2.6	260.4	6.3	1 533.5	11.3	5 635.2	15.6
其他金融机构	86.0	5.7	60.4	1.5	1 068.7	7.9	3 034.7	8.4
全部金融机构	1 518.4	100.0	4 120.0	100.0	13 553.9	100.0	36 159.8	100.0

资料来源:Board of the Governors of the Federal Reserve System, 2000.

目前中国银行业的竞争基本上处于与此相似的工具创新阶段。与美国的经验相比,国内的金融工具创新主要集中在两个方面:账户服务功能及个人消费信贷。前者所要解决的是为存款户提供集储蓄、消费、支付、汇划、证券投资等多种功能于一身的新型账户服务,以此稳定和扩大银行的存款市场份额;后者所要解决的,是在公司贷款有效需求不足的情况下,为银行信贷资产寻找新的增长空间。

这两个方面的创新都获得了非常迅速的发展。据中国人民银行统计,截至 2000 年年底,全部金融机构的个人住房贷款余额为 3 380 亿元,比年初增加 1 952 亿元,增长 1.37 倍;其他个人消费贷款比年初增加 640 亿元。目前消费信贷已经成为新的银行信贷增长点。

工具创新是金融机构对市场竞争力以及市场约束力增强的直接反映,客观上有助于推动国有银行转向集约化经营,提高服务质量,分散信贷风险,也有助于其他商业银行通过新型债务工具扩大负债规模,增强竞争力，但仍不足以从根本上改善国有金融企业的经营绩效，因为：

第一，金融竞争从机构扩张过渡到工具创新更多地反映了外部市场环境的变化，特别是资本市场的较快发展，而不是金融机构自身内部治理机制的变革；

第二，目前的金融创新大多数是模仿发达国家已经相当成熟的金融产品或业务，还不是真正意义上的创新，称之为技术模仿可能更确切些；

第三，如同规模竞争一样，工具创新的直接动机仍然是争夺储蓄资源，以支持资产扩张，缓解流动性压力，其公司治理机制没有改善，风险控制水平也没有明显增强。

经营风险并获得风险收益是金融机构创新价值的主要方向，而良好的公司治理机制和激励机制是保证风险收益的关键因素。只要公司治理机制没有显著改善，风险管理水平没有得到根本提高，产品和服务多元化就不足以从根本上改善竞争者的经营绩效。

四、即将到来的第三次银行竞争

中国加入 WTO 必将导致竞争环境的又一次变化。在金融开放的大格局下，外资金融机构将不可避免地加入竞争者的行列。这将是一场凭投资回报和经营绩效决胜负的争夺，可依赖的竞争优势不是规模经济，不是范围经济，而是良好的公司治理结构。后者恰恰是中国金融机构所缺乏的。

我们可以国有银行为例，分析一下国有金融机构的公司治理缺陷，以及在加入 WTO 后可能面临的冲击。国有银行机构的公司治理缺陷突出表现为代理费用高昂和管理不到位，国有独资是导致这两个问题的主要原因。

第一，国有加垄断决定了国有银行很难被真正破产或关闭，即便出现巨额损失，也可以通过财政加以弥补。这无疑会助长代理人的道德风险，偏好高风险，并以此追求自己的利益。

第二，目标多元化。政府作为委托人不仅要求代理人追求商业目标，同时还要实施政策性目标。当出现经营损失时，代理人总可以用政策性目标为自己推卸责任。由于信息不对称，委托人很难计量代理人的绩效和责任。

第三，政府所有等于提供了一种隐含的存款保险，债权人，包括存款户就不会有激励监督代理人的风险承担。

第四，政府所有会导致代理人的选拔与考核偏离经理市场准则，扭曲正常的选拔和任命机制。

第五，政府所有导致政企不分和行政干预，扭曲正常的税收制度和补偿机制，不利于实行审慎的会计准则和对员工进行激励。

第六，由于继续采用与行政层级相对应的总分支行制，国有银行代理链条繁且长，管理效率低下，鞭长莫及。这可能是为什么同是中国雇员，外资金融机构鲜有经济案件，而国有金融机构经济案件层出不穷的主要原因。

高代理费用和管理不到位决定了公司治理的失效以及经营绩效的低下。当国有银行凭借这样的产权安排和公司治理结构跟外资银行竞争时，亏损几乎不可避免。当资金、业务和人才可以在不同金融机构间流动时，决定其流动方向的将是回报率、服务质量以及激励机制。由于国有银行与外资银行在经营绩效和激励机制方面存在明显差距，国有银行将不可避免地出现资金、优质客户及人才流失。

以人才流失为例，国有银行按照平均生产率付工资，外资银行根据边际生产率付工资。假设国有银行有 10 名员工，其中 1 名员工的生产率为 110 元/小时，另外 9 名每人的生产率为 10 元/小时，假设无利润，国有银行付给每人的工资是 20 元/小时。现在设想外资银行以 100 元/小时的工资将生产率为 110 元/小时的人才挖走，则可获取剩余 10 元/小时为利润。国有银行工资很难降下来，继续按 20 元/小时的标准支付平均工资，必将亏损 90 元/小时，因为剩下 9 人的生产率总共只有 90 元/小时。这便是人才流失的后果。

最糟糕的情况是，国有银行剩下来的只有逆选择导致的劣质客户和低效率员工，以及资金流失带来的流动性或支付压力。这一状态显然应该竭力避免。

中国银行业必须过渡到以投资收益为最终目标、以产品创新、制度创新为依托的竞争阶段，才能在加入 WTO 后得以生存和发展。各国金融制度和金融危机的历史表明，没有多元化的股权结构，没有以明晰产权为基础的公司治理结构和激励制度，国有银行的“创新”只停留在模仿阶段，以投资收益为目的的金融竞争也只是一句空话。

五、产权如何改?

公司治理是关键环节，建立现代公司治理结构和**激励机制**的核心是**产权改革**。

国有金融机构股权多元化的目的和合理性在于，通过引入战略投资者，重建控制权结构，降低代理费用，真正改善其公司治理结构。简单地上市或引入多个国有法人股东虽然可以促成股权多元化，但达不到改善治理结构的目的。分散的股东没有能力也没有兴趣关心公司治理，引入其他国有法人股等于是董事会中多了几个国家代表，也无助于公司治理的改善。

合格的**战略投资者**有两类：一是境外的战略投资者。世界银行的国际金融公司（IFC）参股上海银行，高盛和摩根斯坦利参股平安保险，都是外资进入境内金融机构的典型案例。外资股虽然不是控股股东，但其公司治理机制已经发生明显改善；二是民营战略投资者。金融开放应秉持内外并重的原则，慈禧太后的“宁予洋夷，不予家奴”的开放政策应坚决摒弃。

我国曾经在 1990 年代早期向民营资本开放过城市信用社的市场准入，后因风险暴露不得不关闭撤并。导致这一问题的根本原因不在于民营资本天生不可信赖，而在于政策预期不稳。举例说来，农民分到承包地后可以选择栽树，也可以选择砍树。如果他预期承包政策难以持久，就会选择砍树而不是栽树，而我们的政策往往是等不到树长大就会变化。

引入境内外战略投资者会不会削弱中国的金融安全？答案是：不会。第一，国家将依法监管，只要监管有效，金融风险就可以得到控制。第二，国家依法征税，享有主权收益。第三，体现金融控制力主要不在于金融服务是谁提供的。各国经验表明，国家的金融控制力主要体现在金融市场的清算、登记、托管和交易系统，只要国家牢牢掌握这些系统，就可以随时获得货币流向、股票和债券的市场信息，从而保持控制力。不仅如此，由于战略投资者是在以自己（总公司）的资本承担风险，在一定程度上还有利于分散国家的综合债务负担。

打破国有垄断，放松市场准入，我们不应惧怕外资银行进入中国的零售业市场。零售业的投资类似于直接投资，外资银行用真金白银建立起来的零售网络是固定资产，不易撤走，有利于开放条件下的金融稳定。

注释

① X-效率衡量的是管理层进行成本控制和最大化利润的能力，独立于规模经济和范围经济效应(Leibenstein, 1966)。给定任一产出或利润水平，X-效率衡量该机构距离成本最小化的生产边界有多远，以反映管理效率的相对水平。

② 中国《金融时报》2000 年 11 月 30 日的报道，新成立的四大资产管理公司已经从四大国有银行划转了 13 939 亿元的不良资产。目前还没有关于已查明的呆坏账及新账不良的准确数字。而 1999 年末四大国有银行的资本金之和仅为 5 712亿元。另据《金融时报》2001 年 1 月 17 日报道，中国人民银行行长在答记者问中披露，四家国有银行不良资产剥离后，不良贷款比例平均下降了 10 个百分点。2000 年年底，这四家银行逾期未收回的不良贷款比例为 25％，其中呆账占 3％ 左右。

③ 1978 年至 1996 年,金融机构储蓄存款余额年均增长 33.6%。1996 年后增速逐年回落,1999 年为 10.8%,2000 年为 7.9%,其中 77% 为活期存款。当然,1996 年至 1999 年的七次降息也对这一趋势起到了重要作用。

④ 指在利率管制时期,存款利率被固定为 3%,贷款利率被固定为 6%,银行总裁每天下午 3 点准时去打高尔夫球。

参考文献

易纲,1997:《中国金融资产的结构分析及政策含义》,《经济研究》第 1 期。

谢平,2001:《对银行不良贷款的评价》,《经济学消息报》2 月 9 日。

Asle Kunt and Harry Huizinga, 2000, Financial Structure and Bank Profitability, *World Bank Working Paper*.

Board of Governors of the Federal Reserve System, 2000, *Flows of fund accounts of the United States*, September.

Berger, A.and Humphrey, D., 1994, Bank Scale Economies, Mergers, Concertration, and Efficiency: The U.S.Experiences, *The Wharton School Working Paper*.

Benston, G., 1972, Economies of Scale of Financial Institutions, *Journal of Money, Credit, and Banking*, 4(May)1: 312-341.

Fohlin, C., 2000, Banking Industry Structure, Competition, and Performance: Does Universality Matter? *California Institute of Technology*, *Social Science Working Paper* 1978.

Leibinstein, H., 1966, Allocative Efficiency verses X-inefficiency, *A.E.R.*, No. 56.

Michael Keeley, 1990, Deposit Instrance, Risk, and Market Power in Banking, *A.E.R.*80, *No*.5.

Moody's Investor Services, 2000, *Banking Statistical Supplement China*, September.

中国银行业改革思路*

摘要:本文首先简要分析了中国银行体系存在的主要问题以及产生这些问题的原因。然后,在此基础上进一步提出了中国银行改革应该遵循的原则和一些具体的改革设想。最后,文章还对银行业的对内开放进行了讨论。

一、中国银行体系的问题

改革开放以后,中国的银行业得到了长足的发展。以国有商业银行为主体的商业银行体系得到建立和完善。20 多年来,银行存款和贷款保持了比较快速的增长,为国民经济的发展提供了大量的资金支持。银行金融服务的品种逐渐丰富。在为经济增长做出巨大贡献的同时,我国的银行体系还保持了稳定,没有发生过大的银行危机。中国加入 WTO 标志着银行业将正式对外资银行开放,为我国银行业的发展带来了新的机遇。但是早在 1993 年,当时发生的严重信贷扩张就暴露了银行体系存在的问题。1997 年的亚洲金融危机引起了更多对国家金融安全的关心。在融入全球经济、贸易和金融一体化的大趋势下,是否拥有一个健康和富有竞争力的银行体系对于中国而言显得比任何时候都更加迫切。但当前中国的银行体系仍然存在着一些比较突出的问题,主要体现在以下三个方面:

---

* 原文发表于《经济学季刊》2002 年第 2 卷第 1 期。作者:易纲,郭凯。作者从北京大学中国经济研究中心宏观组关于本文的多次讨论中受到了有益的启发。蔡辉明的工作为本文提供了帮助,李岩、宋红海和莫倩对本文亦有贡献,在此一并致谢。本文系作者个人观点,并不代表作者所在的单位。

（一）不良资产率高，潜在金融风险较大

国有商业银行从建立之初起就担负了大量的政策性贷款，这些贷款大多贷给了经营低效的国有企业而成为难以收回的**不良贷款**，这是当前国有银行不良贷款的主要来源。据中国人民银行行长戴相龙2001年11月透露，截至2001年9月末，中国四大国有独资商业银行本外币贷款折合人民币总额为6.8万亿元，其中不良贷款为1.8万亿元，占全部贷款总额的26%，实际已经形成的损失约占全部贷款的7%左右。当然，这还并不包括四大国有商业银行已经划转给四家资产管理公司的1.3万亿元不良贷款。而从理论上说，早在1994年国有商业银行就不再承担政策性贷款而由三家新成立的政策性银行代为承担了。因此，除了政策性负担，还有更为深层次的原因导致了国有银行的不良贷款。这中间，大约有70%可以归于环境，环境包括产权结构、信用文化、执法力度等，剩下的30%才归于银行体系内部经营管理上的原因。不然的话，就不能解释，为什么所有的银行在浙江不良资产率都低，而在其他一些省份，所有银行的不良资产率都高。

国有银行的信誉实质上是国家信誉，从这个角度说，当前国有银行并不存在大规模挤兑的危险。但高额的不良资产无论如何都意味着一定的潜在金融风险。当前，银行之所以能够继续运作无碍，很大程度上是由于中国的证券市场还没有充分发展起来，以至于居民在金融资产配置上缺乏选择空间：尽管中国经济、进而居民收入持续、高速增长，居民储蓄（广义）却基本上只能是选择银行存款的形式。从国际范围看，目前我国国有商业银行的不良资产率，要高于亚洲金融危机前受危机影响最大的几个国家的银行不良资产率。当时的中国之所以没有被卷入危机，不是因为中国的金融系统抗风险能力强，而是因为中国实施了审慎的资本项目管理，资本项目不可兑换。中国成功抵御亚洲金融危机的经验很简单：我们没有输球，因为我们没有参加比赛。国际经验教训表明，银行稳定是金融稳定的关键。即便金融危机的爆发点不在银

行(比如在货币、汇率或股票市场),但随之而来的银行危机给经济带来的损害往往最大。例如20世纪30年代美国的大萧条并非归咎于1929年股票市场的崩溃,而在于1933—1934年大规模的银行倒闭。亚洲金融危机也表明,银行系统崩溃是导致经济大幅衰退并阻碍经济复苏的直接原因。中国的银行业不仅规模巨大,目前全部银行存款大约为16万亿元,约占中国GDP的160%,而且银行在中国的金融体系中占有支配地位。一旦中国发生银行危机,其对中国经济的打击可能要比别的国家更大。

(二)银行资源配置效率偏低,货币政策传导不畅

近几年来,我国的**货币政策**一直比较宽松,广义货币1998—2001年四年的平均增长率是14.6%,几乎是我国GDP增长率的两倍;商业银行的头寸也已经处于历史上最宽松的时期,银行间的同业拆借利率仅比在中央银行的准备金利率高六个基本点,接近于实行零利率政策的日本;国有商业银行对十年期国债的投标利率也仅为2.9%。但是从另一方面看,中小企业贷款难和农民贷款难的现象仍然十分突出。这样一种"宏观松,微观紧"的状况说明了我国的**货币政策传导机制**是不畅的。究其原因,问题出在货币政策传导机制的中间环节上。这样导致的结果就是,在中央银行放松银根的状况下,很多具有发展潜力的中小企业却因为缺乏资金支持而得不到应有的发展。

银行的基本职能是将资源配置到最具有生产力的企业和行业,配置到能创造最多有效就业机会的企业和部门。一个低效的银行体系对于资源的有效配置会造成十分不利的影响,阻碍货币政策的传导只是这种不利的一种体现。我国的银行体系是以四大国有商业银行为主体的,虽然把大银行和大企业相对,小银行和小企业相对,认为大银行不能给中小企业贷款的观点有点偏颇,但给小企业贷款确实不是大银行的比较优势。国际经验表明,小银行和社区银行有复杂的区域性信息,他们收集当地信息的成本较低,更适合于给当地中小企业贷款。我国

目前的银行体系并不能够有效的将更多的资源配置给中小企业。

（三）中资银行被“边缘化”的危险

与中国银行业已经存在的问题相比，中国即将开放银行业所带来的各种潜在风险也十分迫切。根据入世协议，5年之内中国将逐步取消对外资银行业务范围和地域的限制。5年之后外资金融机构将与中资银行展开直接的全面竞争，这将是一场凭投资回报和经营绩效决胜负的争夺。中资银行特别是国有商业银行的低效决定了它们在这场竞争中并不占优势。如果不抓紧这最后4年多时间对我国的银行业进行改革，可以预见，一旦现有的各类保护性措施取消后，中资银行将会面临被外资银行**“边缘化”**的危险。这主要表现在：

1. 客户“边缘化”

它是指中资银行失去质量高、信用好的优质客户，而只拥有质量较差的客户。在银行业中，丰厚的利润通常是由少数优质客户创造的，客户边缘化的直接结果将是中资银行的利润下降。

事实上，尽管银行业尚未完全开放，但中外银行的客户争夺已经开始。2002年3月，在华的花旗银行和汇丰银行宣布对低额存款客户收取账户管理费。花旗银行把收费标准定在“日平均存款低于5 000美元每月收费50元人民币”。而汇丰表示，“6个月以下平均存款余额不低于2 000美元的不收费，2 000美元以下的则收取20美元服务费。”这无疑是外资银行定位高质客户战略的具体体现。而且，中资银行原有优质客户流失的现象也已经出现。2001年，南京爱立信公司陆续归还江苏省内各家中资银行的贷款19.9亿元（含有追索权保理业务），至2001年末，南京爱立信在江苏省内金融机构的所有贷款已全部还清；同时南京爱立信与汇丰银行上海分行、渣打银行上海分行签署了8.27亿元的无追索权保理业务协议。南京爱立信从中资银行转向外资银行的这一事件可以看作是未来中资银行客户“边缘化”的一个征兆。

2. 价值链“边缘化”

它是指中资银行将失去风险低、附加值高的业务，如信用卡、信用证、国际结算、银团贷款等，而只能保留风险大、附加值低的业务。中资商业银行目前仍主要以存款、贷款、结汇等传统业务为主，产品品种少，利润来源单一，缺乏核心竞争力。而外资银行大部分已进入现代银行业务阶段，风险小、成本低、利润高的国际结算等中间业务已成为其重要的利润来源。目前中国四大国有商业银行的收入构成中，利息收入均在80%—90%以上，而美国银行的非利息收入平均起来已经达到40%。外资银行进入中国市场后，必将利用其竞争优势向一些处于价值链高端的业务领域进军。目前在部分地区，国际结算领域外资银行的份额已经高达40%，预计这一比例在此后几年还会有大的增加。这样的行为将会把中资银行推向价值链的低端，使得中资银行在价值链上被“边缘化”，其最终的结果将是中资银行的利润下降，风险上升。

3. 金融创新“边缘化”

它是指中资银行将在金融创新中处于被动模仿的地位，而失去利用金融创新创造利润、占领市场的主动权。任何一种金融创新在其创新的初期，由于缺乏竞争者，都能够为创新者带来可观的利润和市场份额。总体说来，目前中国的国有商业银行缺乏自主创新的能力，所谓的金融创新大多停留在模仿阶段；而外资银行由于其熟悉国际金融领域，长期分析国际金融形势，注重市场开发，有丰富的市场竞争经验，因而具备很强的技术和金融产品开发能力。南京爱立信转向外资银行的起因，就是相关中资银行难以提供“无追索权保理业务”这一金融产品。在金融创新上的“边缘化”将会导致中资银行在未来的竞争中失去先机，中资银行的盈利水平也会因此大受影响。

4. 人才“边缘化”

它是指中资银行优秀的管理和专业人才将流向外资银行。出于开拓本地市场的需要，外资银行将会展开与国内银行人才的争夺。外资银行有着优厚的报酬和合理的激励机制，而国有银行目前的用人体制和激励制度则相对僵化。国有银行按照平均生产率付工资，外资银行却根据边际生产率付工资。这样，国有银行容易使优秀人才流失，而外资银行需要的正是这些优秀人才。现在，一些对外资银行开放的城市已经出现了银行人才流失的现象，他们中的很多人成为了外资银行的管理人员，并且带去了原来的客户。如果这一状况一直持续下去，将会对国内银行的经营管理造成不小的负面影响。

"边缘化"带给中资银行的冲击是十分巨大的，中资银行将直接面临着市场份额的流失、盈利能力的下降、流动性的恶化以及人才的流失等危险。对于状况已经不佳的国有商业银行而言，这种冲击将会危及银行的生存。当然，这说的只是一种可能性，并不一定就会发生。

中国银行业存在的巨大问题和银行业开放后所可能面临的潜在危险，使得我国银行业的改革已经势在必行，而国有商业银行的改革无疑将是整个银行改革的关键所在。2002 年 2 月全国金融工作会议明确指出：对国有独资商业银行进行综合改革，是整个金融改革的重点。

国有商业银行如何改革？在提出我们对于改革的设想之前，有必要先分析一下是什么原因导致了我国国有商业银行如此之多的问题。这样，我们的改革才能对症下药，有的放矢。

二、问题的根源：产权和治理结构的缺陷

（一）产权缺陷

国有商业银行的各种问题究竟是来自于规模约束还是**产权约束**？我们的回答很简单，问题主要来源于产权约束，然后才是规模太大导致的各种弊端。

国有商业银行惟一的所有者是国家，银行所有的损失最终将由国家通过财政来承担，而真正的破产或关闭则基本不会发生。同时，政府目标的多元化造成了国有银行除追求利润最大化外还担负着许多政策性的负担。而在银行和政府主管部门之间存在着信息不对称，这就引发了对经营者进行绩效评估的困难，国有商业银行的经理们完全可以

利用政策性负担来解释经营上的失败和追求个人的其他利益。这无疑将助长代理人的**道德风险**。具体表现在不计成本、不计风险或者不关心盈利。一些国有商业银行经理的行为不是银行利润最大化，而是仕途最优化或者努力最小化。

理解了国有商业银行的产权状况，就不难理解为什么过去经常盲目扩张信贷的国有商业银行现在却发生了**“惜贷”**的行为。20 世纪 90 年代初期，国有银行风险暴露的还比较少，国家对于银行的风险强调也比较少。那时，一些国有商业银行的经理出于个人利益上的考虑贷出了大量的关系贷款，对利用银行资金进行投机炒作的行为也没有有效制止。正是这些行为造成了过去国有银行不计风险扩张信贷的事情屡屡发生，而所有这一切造成的损失则是今天国有商业银行高额不良资产的重要根源。随着银行风险的暴露，国家开始强调控制银行风险，将风险水平作为考核银行经理的重要指标。于是，国有银行经理为避免风险，不去努力开拓中小企业贷款客户，尽管这样的贷款需求较大而且有利可图。努力最小化成为当前国有银行的主要行为方式。所以，应该看到，银行过去不计风险的扩张贷款和当前的惜贷行为都是其产权状况所导致的结果，是一个硬币的两面。

（二）公司治理结构缺陷

产权缺陷必然导致**公司治理结构**的问题，国有银行治理结构和内控激励制度存在着很多的缺陷。这也是各种以改善治理结构，建立现代企业制度为目标的改革方案所依赖的理论依据。

首先，国有银行太大，管理层级过多。规模过大带来的直接后果就是管理成本过高和由此导致的低效。在组织体系上，国有商业银行采用的是与行政层级对应的总分行体制，总分行体制由以下五级构成：总行，省级分行，市、地区分行，县支行，县辖办事处、分理处及储蓄所。过长的代理链条加上国有商业银行过大的规模使得总行对于下级分支行的控制力很弱。最近披露的中国银行一个县级支行的三任行长在九年内利用管理上的漏洞向国外转移了 4.83 亿美元的案例，正是这一问题的突出表现。为了避免总行控制力太弱带来的各种风险，各家银行不得不上收下级分支行的贷款权限。目前，四家国有银行的县级支行大都是主要做负债业务而贷款权很小，这是导致当前县级企业和农民贷款难的原因之一。

其次，在人事安排和激励制度上，国有银行沿用了很多政府机构的方式从而缺乏效率。银行高层管理人员的任命和职位的提升都和行政级别挂钩，这种选拔和考核通常偏离经理市场准则，对正常的选拔和任命机制造成扭曲，银行管理人员的工资标准也是比照公务员的标准制定的。高层管理人员并不直接负责选拔和提升职员，也很难处罚、解聘和替换工作人员。这些制度安排造成了国有商业银行看起来更像一个政府机构，而与真正的商业银行相比，仍然差距很大。

国有商业银行在内部控制、内部审计、管理信息系统以及外部审计这些内部治理结构的基础设施上，也与一个成功的银行差距很大。总而言之，国有银行诸多问题的根源，是它们在产权和治理结构上的缺陷。这同时也为我们的银行改革指明了目标。

三、改革的原则和思路

银行改革的目标十分明确，就是要通过对国有银行的改革，解决国有银行自身问题以及由此引发的银行体系的问题，具体说来是四条：一是使国有银行的产权清晰；二是在国有银行建立有效的公司治理结构和内控制度；三是不良资产率降到 5% 以下；四是通过调整结构，建立起一个多层次的银行体系，从而优化资源配置、支持经济发展，全面提高我国银行业的竞争力。

国有银行的改革是个系统工程，它不仅牵扯到银行自身的产权结构，组织体系以及银行、政府和企业之间复杂的利益关系，更需要金融监管、货币和财政政策以及国有企业改革等相关领域的配合。我们认为，无论何种改革方案都必须尊重历史和当前已经形成的国有银行的产权格局，这是国有银行改革的一条重要原则。由此派生出来的一个原则是，在体制改革（产权多元化）之前，不要轻言注资。

（一）尊重历史形成的产权格局

从中国过去的改革实践看，政府似乎倾向于通过重组和划拨等行政命令的方式来进行一些大规模的改革，国有银行改革也大致属于这种类型。既然被重组的机构都是国有的，对于一个强势的政府而言，重组划拨是一种省事而且易行的改革模式。这样的改革可以"重组"出一些在概念上符合改革要求的机构，从而迅速实现预定的改革目标，但这样改革的结果往往却不如人意。

在行政命令下重组国有机构，和按照市场规则发生的购并非常不同，这样的重组很容易为各种各样的机会主义行为提供机会。国有机构在产权上是归属于国家的，这一产权安排决定了很难有人会对国有机构的损失以及过去的所作所为真正负责。事实上，即使在法律或者行政上可以追究一些人的责任，这种追究通常也只是名义上的，最后承担责任的还是这个国有机构。一旦国有机构被撤并或者重组，那么这些损失和应负的责任只能由国家指定一个其他机构来承担，或者被划转入新的机构由新的机构承担。但是无论是别的机构还是新的机构，都不会有任何激励承担这些损失和责任。它们也可以找到足够的理由不去承担。它们可以把一切责任推给那个已经不复存在的国有机构，它们甚至可以以此为借口为新产生的损失开脱。

中国银行业改革的实践已经为我们提供了许多这样的案例，改革中所发生的每一次资产划拨几乎都不可避免的伴随着巨大的损失，而这些损失最终又不得不由政府来承担。

我们必须接受**"路径依赖"**这一事实，这正是我们强调尊重历史和现状的原因所在。任何一个国有机构一旦形成，其自身的历史就不能被轻易忽视。因为所有的信息都是与历史相联系的，如果机构不复存在，这一切的信息也就不复存在。在国有的情况下，名义的"所有者"是缺位的，真正的"所有者"却可以随着机构的消失而不必负担其应负的责任。这时，所有的损失和责任还必须由其名义"所有者"国家来承担，而与之相关的信息却无可挽回的损失了。这是巨大的信息不对称，会引发巨大的道德风险和机会主义。这正是通过行政命令进行重组划拨总是造成巨大损失的原因。

因此，承认路径依赖意味着我们在银行改革的过程中绝不能轻言重组和划分。即使有必要进行重组和划分，也必须充分考虑当前已经形成的产权格局。选择彻底的"推倒重来"或者"重新洗牌"不仅可能代价巨大，推倒之后是否能够真正重来本身也是一个问号。

由此派生出来的一个原则是，在体制改革（产权结构多元化）之前，不要轻言注资。提出注资的根据是要满足**巴塞尔协议**，达到 8%的资本充足率要求。这个目的之一是防止银行所有者和经营者的道德风险，二是增加公众的信心。在现有体制下，仅靠注资不能改变国有银行公司治理结构和经营者的行为；在银行信用基本等于国家信用条件下，注资与否对公众信心影响不大。

当资产和负债情况基本搞清后，国家可以承诺注资的金额。潜在的战略投资者可以做尽职调查，根据资产质量和国家承诺的注资额，决定是否投资。各国的经验表明，在产权多元化之前的注资事倍功半，收效甚微。

（二）国有商业银行改革思路

关于国有银行的改革已经有很多的讨论，总体说来，大致有两种意见比较集中：一种是整体**改制**的方案；另一种是**拆分**的方案。对于这两种方案的讨论自 20 世纪 80 年代末就已经开始。下面我们将对这两个方案做出一些比较，然后提出我们自己关于银行改革的一些想法。

整体改制的方案是在维持当前国有商业银行完整性的情况下，将国有银行改造为股份制商业银行。按照一些学者的提法，整体改制可以分步进行：首先，将国有银行改为有多元化投资主体的有限责任公司，再改为股份有限公司，最后成为上市公司。拆分的方案是，将我国的国有银行按一定的方式拆分成若干家银行，然后再通过在国内外上市的方法改造成为上市公司。无论是整体改制还是拆分上市，这两种改革方案无疑都注意到了国有商业银行在产权结构和公司治理结构上的诸多缺陷，这也正是我们所指出的国有银行的问题所在。

整体改制的优点在于，它对目前的银行体系冲击最小。同时，国有银行现在的规模可以得到保持。一旦改制成功，过去的规模不经济很可能可以转化为规模上的优势，使得改制后的银行在竞争中处于较为有利的地位。但整体改制是有条件的，并不是所有的国有银行都可以通过整体改制的方式进行改革。进行整体改制的银行至少要满足下面三个前提条件：一是有较好的信贷传统和文化；二是银行一级法人的控制能力强；三是银行的机构网点要相对少。

拆分方案的优点在于，注意到了一些国有银行规模巨大，整体改制难以进行。拆分可以缩小银行的规模，一些规模太大带来的问题通过拆分可以得到解决。拆分还意味着许多改革可以分期分批地进行，从而使得改革具有可操作性。但是，拆分方案也有缺点。拆分是一个大手术，方方面面牵扯很多，会极大地改变我国银行业的格局，可能会带来一定的风险和较高的成本；拆分在技术上的难度也比整体改制大；新分出的银行在信用等级上可能会下降。这些都必须要有充分的考虑。

根据前面提出的尊重当前产权格局的改革原则，我们倾向于国有银行改革应主要采取整体改制的方式，把这些银行有步骤、有次序的整体改制为股份制商业银行。能够整体改制的就整体改制，这样才能在最大程度上尊重当前的产权格局，最好是一家也不拆。

同时，我们注意到了有的国有银行并不完全满足整体改制的三个前提条件，整体改制可能难度较大。对于实在难以进行整体改制的国有银行，拆分也是可供考虑的方式。对于拆分的方案已经有了很多的讨论，但深入分析的结果通常是，因风险太大而被否定。综合过去的讨论，有一个拆分方案可能会具有一定的借鉴意义，它包括六个要点：

第一，将目标行按照省、直辖市、自治区进行拆分，形成30家省级银行。拆分不能在不同的省之间进行资产和负债的调整，完全按过去一个时点(如2001年12月31日)将各省资产负债的原有格局冻结，在总行存放的资金也将全部返还。

第二，由货币监管当局对拆分后的30家银行的资产负债进行初步评估，国家将据此对各省级银行进行注资。注资的原则是“一次划定，分期拨付”。注资的多少将根据各省级银行的资产状况在拆分之时一次划定，对于资产状况较好的省级银行国家可以不注资，由它们自己解决困难；而对于那些资不抵债的省级银行，国家将进行注资。全部的注资大约需要数千亿元。由于数目巨大，可以分三年拨付。

第三，在一次性划分清30个省级银行的资产、负债和注资额度之后，这些银行在产权上的界限就基本划分清晰了。这个信息必须透明，使潜在的投资者可以根据这些初步的信息来判断拆分后银行的价值，并进而决定是否投资。在这些银行成为真正独立的银行之前的过渡期中，它们将继续由总行进行管理，但总行的作用仅仅限于对这些银行进行业务上的管理、协调和监督，而不能再对这些银行的资金进行跨地区的调拨。在整个过渡时期中，地方政府负有领导责任，要处理好各种关系并应付各种可能发生的情况。

第四，拆分之后进一步的工作就是，对这30家省级银行进行股份制改造，使它们成为真正意义上的股份制商业银行。这个过程应在各省地方政府的领导下进行，具体的方案由地方政府会同中国人民银行制定。中国人民银行负责方案的审批、市场准入、高管人员的资格认定和组建后的金融监管。

第五，由于各省的具体情况不同，各省级银行的股份制改造虽然是同步进行，但速度可能有快有慢，成熟一家，成立一家，哪个省级银行找到了合适的投资者，哪个银行就可以组建为独立的股份制银行。条件不成熟的，就继续在总行的管理下运行。新成立的省级银行的组织关系在地方，受货币监管当局监管，并严格按《公司法》和《商业银行法》运作。在可以预见的将来，这些省级银行不允许跨地区经营。

第六，该行的总行将逐步转化为一家金融服务公司，成为这些省级银行的服务中心，集中提供信用卡、支付系统和联行服务。30 家省级银行之间的资金往来仍使用原有的系统。该金融服务公司可以对 30 个省级银行持股，但要尽量避免相对控股，不许绝对控股。凡是涉及全国范围的系统和设备，都放在该公司，比如信贷登记系统和数据中心，这样有利于保留原有的服务网络。该公司提供有偿服务，各省级银行付费使用。该公司和各省级银行之间已不再是原先的隶属关系，而是独立经营独立核算自负盈亏的合作关系。

股份制改造时对于投资者和控股方不应有过多的限制，现有股份制商业银行、企业、个人、各级地方财政和外资均可入股。在股份制改造过程中，还应避免简单上市或者仅仅只是引入多个国有股东的做法，这样对于银行治理结构的改善效果不会太明显。通过引入战略投资者来实现股权多元化将是一种行之有效的股权多元化的方式。合格的**战略投资者**有两类：一是境外的战略投资者。世界银行的国际金融公司（IFC）和香港上海汇丰银行参股上海银行、高盛和摩根斯坦利参股平安保险，都是外资进入境内金融机构的典型案例。[①]外资股虽然不是控股股东，但其公司治理机制已经发生明显改善。二是民营战略投资者。金融开放应秉持内外并重的原则，凡对外开放的金融领域原则上都应对内开放。

地方政府也可以对省级银行入股，但政府的作用往往具有两面性。政府入股在发生风险时对稳定民众的信心会有很大的帮助，特别是在各省级银行组建的初期阶段。但政府入股也会带来不必要的政府干预，这一点是不利的。合适的做法是在组建初期，政府可以参股，在适当的时候政府逐步退出在银行的股份。

引入境内外战略投资者会不会削弱中国的**金融安全**？答案是：不会。第一，国家将依法监管，只要监管有效，金融风险就可以得到控制。

第二，国家依法征税，享有主权收益。第三，金融控制力的体现主要不在于金融服务是谁提供的。各国经验表明，国家的金融控制力主要体现在金融市场的清算、登记、托管和交易系统，只要国家牢牢掌握这些系统，就可以随时获得货币流向、股票和债券的市场信息，从而保持控制力。不仅如此，由于战略投资者是在以自己（总公司）的资本承担风险，在一定程度上还有利于分散国家的综合债务负担。打破国有垄断，放松市场准入，我们不应惧怕外资银行进入中国的零售业市场。零售业的投资类似于直接投资，外资银行用真金白银建立起来的零售网络是固定资产，不易撤走，有利于开放条件下的金融稳定。

这一拆分方案的可取之处在于。第一，它首要的考虑还是尊重历史形成的产权格局。在中国，大的商业银行业务都是按照省市行政区域划分的，如果按照省市拆分，不会破坏原来的银行业务上的连续性。第二，拆分有利于引进外资和民间资本，改变现有的产权结构和公司治理。第三，拆分可以解决国有银行规模过大、管理链条过长的弊病。拆分后管理半径由过去的全国范围缩小到各省区域内部，管理半径减少了大约一半。拆分弥补了我国没有省级银行的空白，各省级银行可以根据各省的具体情况，有针对性的设计其内部的层级结构。第四，拆分能够有效的解决货币政策传导不畅的问题，拆分后资金的调度将由原来的全国范围缩小到省内，省级银行将能够更加有效地为中小企业提供服务，为省域经济和县域经济服务。第五，拆分并没有丧失原有大银行网络的功能，同业拆借等商业活动仍旧可以在全国范围内进行。只是此时总行金融服务公司和省级银行之间是商业关系。

全国性银行拆成省级银行后，可能产生信用等级下降等问题，那么这些银行能否生存下去？我们认为信用等级的下降并不会是永久的，而对于这些银行生存问题的担心则是多余的。美国有 9000 多家银行，即使考虑两国在经济总量和金融发达水平上的差距，中国的银行仍然是太少了而不是太多了。目前我国城市商业银行都能存活，拆分后的省级银行的生存和发展应该有相当广阔的空间。

对拆分方案的讨论的意义在于，从另一个角度来思考银行改革的问题，从而得到一些启示。我们相信绝大多数国有银行是可以通过整体改制获得成功的。

四、银行业对内开放

我国 20 多年成功改革的一条重要经验就是渐进改革。中国的改革实践表明，改变国有部门的行为是非常困难的。在没有大规模私有化的前提下，从原有的公有制体制之外生长出的非公有制经济，却带来了意想不到的结果。正是非公有制经济的高速发展，带动了我国的经济增长，促进了就业，并且迫使国有部门参与竞争。在非公有经济成长的过程中，尤其值得注意的是表现出众的国内民间资本。可以说国内资本的表现毫不逊色于国外的资本。然而，这个成功的经验却很难在银行业推广，因为银行业没有在现实的意义上对内资开放，或者说银行业对内资开放虽然在法律法规上没有明文禁止，但事实上民间资本进入银行业非常困难。新希望集团的刘永好先生入股民生银行只能算是一个特例。

中国的银行业目前已经向外资银行开放，这使得我国的银行业在整体上呈现出一个要么国有要么外资的奇怪格局。既然我们已经允许银行业向外资开放，我们就没有理由不像对外开放那样对内开放银行业。也许不向内资开放的一条重要理由，是担心内资短期行为会导致金融风险。的确，我国曾经在 20 世纪 90 年代早期向民营资本开放过城市信用社的市场准入，后因风险暴露不得不关闭撤并了许多。但导致这一问题的根本原因，不在于民营资本天生的不可信赖，而在于政策预期不稳。举例说来，农民分到承包地后可以选择栽树，也可以选择砍树。如果他预期承包政策难以持久，就会选择砍树而不是栽树。而我们的政策往往是等不到树长大就会变化，这恰恰使得砍树的短期行为占便宜，而使种树的长期行为吃亏。如果在城市信用社投资的绝大多数民间投资者都是坏人，可能要检讨的就是我们的政策和社会文化环境了。如果政策使那些讲信用、有长期行为的民间投资者得到较好的回报，好人应该是大多数的。

银行业向内资开放的形式可以是多种多样的。主要的形式将是吸引民间资本对现有的中小银行进行改造。这些中小银行是指城市商业银行、农村和城市信用合作社。很多学者呼吁大力发展民营银行，也可以考虑设立一些民营银行。但从头建立民营银行需要很长的时间，作用可能很有限。改革的主要方向还是通过引进民间资本，对现存的中小银行进行产权和治理结构改造，通过民间资本来增强中小银行的资本实力，进一步完善中小银行的公司治理机构，推动中小商业银行在竞争中找准市场定位，完善服务功能，提高竞争力和抗风险能力。

我们希望通过对民间资本开放银行业，使中国 20 多年改革的成功经验能够在银行业得到重复。当然，对内资的开放必须与对国有银行的改革和加强金融监管同时进行。从头建立新的民营银行是一剂中药，见效较慢，而我国银行体系现存的许多问题更需要的却是一次手术。总的看来，中药和手术都是需要的。

中国的银行业改革面临着很多现实的困难，未来的一些变化可能还会给银行改革带来新的困难，比如说利率市场化，汇率制度的变化以及资本项下的可兑换，这些的到来也许会比我们想像的还要快。必须抓紧当前的机会进行银行改革。随着银行业开放五年过渡期的结束和各种保护的逐渐消失，银行改革的难度会越来越大，今后几年也许是我们用较小成本改革银行业的最后机会。我们相信，如果货币和监管当局可以比较正确地处理改革中的关键问题而避免犯大错误，中国有可能在不经历大的银行危机的前提下，实现银行业的成功改革。

注释

① 1993 年摩根斯坦利和高盛参股平安保险后，平安保险成为中国第一家有

外资参股的全国性保险公司。在平安保险的股本结构中，中方持股 84.74%，外资股份占股 15.26%。1999 年 9 月上海银行首次引入国际金融公司参股。2001 年 12 月，香港上海汇丰银行以 5.18 亿人民币参股上海银行，使上海银行成为中国第一家由多家外资金融机构参股的商业银行。截至 2001 年底，包括香港上海汇丰银行、香港上海商业银行和国际金融公司在内的三家外资参股上海银行的比例达到总股本的 18%，其中，香港上海汇丰银行参股比例为 8%，香港上海商业银行参股比例为 3%，国际金融公司参股比例为 7%。

参考文献

Guo, Jingping and Xiaoqiu Chen, "Opportunities in financial markets of China" Mimeo, October, 2001.

经济发展战略研究组，"中国金融体制改革的回顾和展望"，中国经济研究中心内部讨论稿 No.C2000005, 2000 年。

焦瑾璞，《中国银行业国际竞争力研究》，北京：中国人民大学出版社，2002 年。

林毅夫和李永军，"发展中小金融机构，促进中小企业发展"，中国经济研究中心内部讨论稿 No.C2000016, 2000 年。

Ma, Guonan and Ben S C Fung, "China's Asset Management Corporations" BIS Working Paper, January, 2002.

Pieter Bottelier, "Financial Sector Reform in China" Mimeo, August, 2001.

钱颖一和黄海洲，"加入世贸后中国金融的稳定与发展"，《经济社会体制比较》，2001 年第 5 期，第 35—43 页。

徐滇庆(主编)，《金融改革路在何方：民营银行 200 问》，北京：北京大学出版社，2002 年。

谢平，"中国金融改革中的'推倒重来'"，《财经》，2002 年第 10 期，第 60—61 页。

许小年，"分阶段系统改革"，手稿，2001 年 4 月。

易纲和赵先信，"中国的银行竞争：机构扩张、工具创新与产权改革"，《经济研究》，2001 年第 8 期，第 25—32 页。

易纲，"市场效率和产权界定"，《中国：发展与改革》，1988 年第 12 期，第 14—20 页。

张继伟，"开平之劫"，《财经》，2002 年第 9 期，第 30—47 页。

银行业监管的逻辑*

1998年11月，中国人民银行进行了一项重大改革：撤销人民银行省级分行，跨行政区设置了九家分行。这次改革意义重大，意义之一是有利于保证中央银行依法独立、公正地履行其金融监管的职责。下面我们谈一谈对银行进行监管的逻辑。

银行的金融风险主要是指放出去的贷款收不回来。这种风险主要源于信息不对称。**信息不对称**是指银行不完全了解客户的风险特征。于是产生了两类问题：一是逆向选择；二是道德风险。

逆向选择问题是在贷款之前发生的。申请贷款的人有好人（准备做好项目，将来按时还本付息），也有坏人（想骗银行的钱）。好人与坏人都会把项目的可行性报告做得漂漂亮亮，银行很难区分。特别要指出的是，利率的高低对好人有制约作用，因为好人要核算成本。利率对坏人没有制约作用，利率再高，坏人也敢借。因此，过高的利率会使逆向选择的概率提高。

道德风险是在贷款合同签定以后发生的。借款人拿到贷款以后可能忠实地执行合同，也可能去冒险。这种不履行合同（甚至为自己的利益有意破坏合同）的行为被称之为道德风险。道德风险一词是从保险上来的：司机上了汽车保险后可能开车就不如没上保险时小心了。一个最极端的例子，如房子的保险额高于它的市值，房主就有可能自己将房子烧毁，然后向保险公司索赔。

银行解决逆向选择和道德风险的关键在于如何收集信息。信息分

---

* 原文发表于《财经》1998年第12期。

两种，一是静态，二是动态。静态的信息是搞清贷款申请人的历史，努力分清好人与坏人。动态信息是指关于市场不断发生着的变化的信息。人的犯罪心理有时是随环境而变化的。有人在开始申请贷款时没想骗银行，但后来情况发生了出乎预料的变化，反正也还不起银行钱了，只好准备赖账。

以上分析主要是针对贷款客户的，下面我们来看看银行管理人员的问题。这里问题的关键是如何使银行各级管理人员尽职尽责，做好贷款的管理工作。古今中外，能使人努力工作的方法可归纳如下：一是产权，如果玩自己的钱，自然认真负责；二是有经理市场，成功负责的人可以赢得名望和更高的市场价值，可以到更大的银行做总裁；三是金钱，把个人工作的效率与工资奖金直接挂钩；四是靠思想工作，靠精神的力量；五是用乌纱帽机制，做好了升官，做砸了革职。

银行是干什么的？银行是经营风险的。经营风险是一项艰苦细致，非常精确的工作。在产权不清和没有经理市场的情况下，银行的行为是两头走极端（抓防范金融风险前后），比较一下《商业银行法》颁布前后银行行为的变化可以说明这一点。是不是银行的经理们无能？不是，这里有着深层的体制原因。目前用乌纱帽机制、思想政治工作与奖金制度，可以解决部分问题，但不能治本。

在体制上存在着这样的缺陷，监管的意义就更为重要。中国人民银行负责对银行和除证券保险以外的非银行金融机构进行监管。目前，老百姓对中国人民银行是干什么的不太清楚。作为中国的中央银行，中国人民银行不与老百姓和企业直接打交道，老百姓和企业存钱贷款找商业银行，如工商银行、农业银行、中国银行、建设银行等。**中央银行**是商业银行的银行，商业银行钱多了可以存在中央银行，钱不够时可以找中央银行贷款。

在中国的金融体制从计划经济向市场经济过渡阶段，由于体制在变化，法律框架刚刚建立起来，规章制度不健全，中央银行监管就特别重要。监管遇到的最大的问题是人情大于法。而究其根源，许多“人情”的来源是地方政府的行政干预,和中央银行系统属地化。这次跨行政区设人民银行、大区分区,有利于中央银行独立行使监管职能,同时撤销省会城市的人民银行机构的重叠设置也有利于划清责任,有效监管。

银行业监管的逻辑如下:银行的首要职能是在为贷款客户做好服务的前提下看住他们,尽可能按时收回本息。银行要想方设法收集信息,全面了解其贷款客户的风险状况,及时发现问题,防患于未然。为此银行要设计一套精密的管理体制,最大限度地调动其经理和行员的积极性和负责精神,同时要有科学的内控和风险防范制度。银行要解决好两个问题:一是其贷款客户的逆向选择与道德风险问题;二是银行管理人员的激励制度和内控问题。中央银行是银行业的管理者与执法人。谁来监管中央银行?除了乌纱帽机制外,央行有内审司,主要负责审查央行官员是否依法监管;同时舆论、媒体对央行也能起到监督与制衡作用。

债转股：走在信用经济与“赖账经济”的十字路口*

一、何谓债转股？

1999年3月，第九届全国人民代表大会第二次会议通过的《政府工作报告》明确指出，要“逐步建立资产管理公司，负责处理银行原有的不良资产，对银行新增贷款质量实行严格的责任制”。4月，经国务院批准，中国第一家专业化经营商业银行不良资产的公司——中国信达资产管理公司宣布成立，注册资本100亿元人民币，由财政部全额支付，标志着包括债转股在内的银企重组工作的启动。

所谓**“债转股”**，是债务重组的一种方式，顾名思义是银行将对企业的债权转换为（资产管理公司的）股权。在我国，债转股具体指的是在国有商业银行组建金融**资产管理公司**（AMCs），依法处置银行的不良资产，对部分企业的银行贷款，以金融资产管理公司作为投资主体实行债权转股权。由上述债转股的含义可知，债转股后，金融资产管理公司将成为企业的股东，对企业持股或控股，派员参加企业董事会、监事会，参与企业重大决策，从而带来一系列债权债务关系以及公司治理结构的变化。

债转股并非银企债务重组的全部内容，也并非所有的企业都适用于债转股的债务重组方式。从波兰的做法看，**债务重组**的通道是多样的，除债转股外还包括“银行和解协议”、“法庭和解协议”、“破产和清

---

* 原文发表于《国际经济评论》1999年第5期（9—10月）。

算”、“债务出售”以及“债务归还”等许多种，发达国家如美国则特别注重“债务证券化”的办法。然而，在目前中国的银企重组中，国家对债转股格外寄予厚望，主要是希望通过债转股达到重建商业银行信用，同时实现国有大中型企业三年解困的双重目标，即一方面盘活商业银行不良资产，加快不良资产的回收，增加资产的流动性，防范和化解金融风险；另一方面加快实现债权转股权的国有大中型亏损企业转亏为盈，促进企业转换经营机制，加快建立现代企业制度。

这样重大的双重历史使命使得债转股在当前中国银企重组中具有与它在其他国家不同的意义。可以预料，它将牵涉到历史上以千亿计的呆坏账的处理以及重大利益调整，搞得好是国企解困的“杀手锏”，并将国民经济推入“信用经济”的轨道；搞得不好则隐含着极大的风险，反使国民经济陷于“赖账经济”的泥潭。从这个意义上讲，债转股已使中国经济走在“信用经济”与“赖账经济”的十字路口。

二、从亏损经济、坏账经济走向信用经济：债转股的制度创新意义

如前所述，债转股是我国银企重组中的重点内容。对于银企重组，多数人主要从解决银行不良资产的意义上来加以认识，即商业银行的自身努力已难以化解历年累积的信贷风险（这是一种特殊类型的“市场失败”），因而要采取银企重组这一国家干预的特殊手段。认识到这一点显然是重要的，然而，要更加深刻地认识债转股，还有必要考虑债转股对于中国经济赖以运行的信用制度变迁的意义。

众所周知，**银行重组**的内容可以分为两个相互联系又相对独立的部分：一是旨在使被重组银行的财务恢复健康的财务重组（financial restructuring）；二是旨在恢复银行赢利能力的运行重组（operational restructuring）。一般来说，无论是通过再资本化的办法还是资产管理的办法，只要能给银行注资，就能实现财务重组的目标。相对而言，更

为困难、更为重要的是恢复银行的盈利能力，否则将出现第二次财务重组。

实现银行的运行重组需要许多条件，对于像中国这样的转轨经济国家，国有企业的重组是一个至关重要的问题。这注定了中国的银行重组不可能是单一的银行重组，而只能是与企业重组二合一的银行—企业重组。

长期以来，中国经济的一个特点就是，庞大的国企部门是经济运行的核心，金融制度成为内生于国企制度及相关制度的一项辅助的制度安排，银行要为国企服务。改革到今天的地步，仍有相当大比例的国有银行贷款流向了国有企业。然而，随着市场竞争的加剧，国有经济从20世纪90年代起开始出现净亏损，沦为"亏损经济"或"补贴经济"。由于国有企业与国有银行的关系，国有企业风险必然要向银行转移，其结果便是"坏账经济"的形成——最终，"亏损经济"与"坏账经济"导致宏观经济中积累了巨大的风险，并成为当前通货紧缩出现的信用根源。

中国的**通货紧缩**越来越引起世人的关注和争论。笔者以为，通货紧缩从本质而言是信用不断被破坏的过程，而扭曲的银企关系及其导致的"亏损经济"与"坏账经济"则是造成信用关系无法维持的根源所在。因而通过债转股之类的措施来改革信用关系就成为必要。银行重组和与之相关的企业重组是20世纪80年代以来十分重要的世界性现象，智利、哥伦比亚、美国、加纳、阿根廷、马来西亚、挪威、瑞典、芬兰、匈牙利、波兰等许多国家都进行过银行重组、企业重组或银企重组。在我国，国企改革自从80年代中期城市改革以来一直是改革的重心所在，银行改革在90年代中期后也日渐加快，但两者相结合，进而推动改革的全面进展则基本上是近期的事情。对于这一重大变革，从制度创新的层面上理解，就是借助于债转股等方式向"亏损经济"和"坏账经济"开战，以走向"信用经济"。

值得注意的是，没有国有企业的相应配套改革，银行重组很难进行下去或改革成果无法巩固的论点不仅在国外屡屡验证，也已为中国的事实所证明。1998 年,财政部发行了 2 700 亿特别国债,将 4 家国有独资商业银行的资本充足率都补充到了巴赛尔协议规定的 8%以上,但是,由于此后国有银行的资产和负债增长都十分迅猛,同时由于国有银行的效益不佳,消化自身不良资产的压力又很大,也无力用经营利润补充资本金。因此如不改变目前的被动格局,资本充足率会很快又回落到 8%以下。

三、对中国实施债转股的艰巨性与长期性的估计

由于以下原因,我们估计,中国的债转股工作不会一帆风顺,而将碰到许多挑战,其目标的实现十分艰难:

——中国银行的呆坏账率较高。除少数国家外,大部分国家银行业在发生问题时,**不良贷款**占贷款总额的比例一般不超过 30%。如美国(FDIC 承保的商业银行)的不良贷款比率为 3.7%、匈牙利为12.4%、波兰为 28%。相比之下,中国目前的不良贷款的比率约为 25%,占全年 GDP 的四分之一。

——中国的债转股既涉及到银行又涉及到企业,是典型的银行—企业重组,远比单纯的银行重组或企业重组复杂。

——中国的企业重组既涉及到债务,又涉及到其他问题,是一种“整体 (Global)”重组,而不是类似于美国 S &L 的“边际 (marginal)重组”。

——中国的债转股缺乏可供借鉴的先例。中国目前所进行的银企重组与美国 RTC 的例子相似性较小,可供借鉴的主要是匈牙利和波兰等转型国家的案例。然而,在匈牙利与波兰的情形中,银企重组成功的关键是私有化。有了私有化,对银行的再注资才成为“最后的晚餐”,从而避免了“道德风险”出现。换言之,匈牙利和波兰的银行债务重组不过是私有化的一个前奏,其目的并非“搞活”国企,维持国有银行,而是为私有化创造条件。然而,在中国的债转股中没有“私有化”的位置,

这使得匈牙利模式或波兰模式均失去示范意义，中国债转股只能孤独地走在无人走过的路上。

——中国实施债转股还缺乏一些重要的条件。一是成熟、规范、配套的法律制度在目前尚不具备；二是债务资本市场较小，不成熟，能够容纳的资金量有限，尤其是债务市场没有得到很好的发育。

债转股的债务解决通道在中国之所以受到重视，是为了实现大中型企业三年解困的目标。然而，从波兰的例子看，经债转股重组的债务占整个银行体系参加重组的债务总额的比重仅为0.9%，其作用可以说是微乎其微。显然，如果中国债转股在参加重组的全部债务中的比例过小，则对于大中型国有企业的解困将不会有重大影响；如果比例太大，就有个可行性的问题。

大中型国有企业解困的目标定在三年，至今时间已过半。而刚刚开始的债转股的改革需要一个较长时间才能取得效果，据国外的经验，至少是3—4年。时间的紧迫性也将进一步加大债转股的实施难度。

国际经验还表明，不良贷款的回收比率普遍低于预期值（经验数据仅10%—23%），这意味着改革成本加大而收益比想像的低。匈牙利为完成债务重组所支付的成本大概相当于整个GDP的12.2%，智利则高达33%。需要考虑的是，中国如通过债转股来实现银行风险下降与国有企业搞活的双重目标，需要支付的成本是多少，是否有足够的财力？

四、警惕债转股实施不当走向“赖账经济”的危险

我们在以上的讨论中暗含了债转股的双重目标是可以实现的假设，现在来讨论一下这一假设。

这一假设的根本问题就是：债转股究竟应该是单一目标还是双重目标？单一目标即只服务于银行重组，尤其是致力于运行重组的成功。

双重目标是既服务于银行重组，又服务于国有企业解困。仔细分析，可知这两个目标并不完全一致。在不完全一致的情况下，如何取舍就是一个大问题。在此谈谈我们的看法。

十五大确立了国有企业要实行战略性重组的目标，国有企业需要从一些行业退出来。股份制没有姓“公”与姓“私”的问题，是国有企业战略性重组可供选择的制度形式。将债转股与国有企业战略性重组的改革联系起来思考，我们就可以设想，债转股后资产管理公司的目标不应是单个国有企业的搞活问题，而是国有经济整体实力的提高，是国有经济布局更加合理化。因此，资产管理公司应有权更灵活地处理其拥有的股权。对于不在军工、造币、铁路、基础电讯等特殊领域，而是处于竞争性领域的国有企业而言，关键的问题其实并不是解困，而是在债转股的过程中，引进战略性的投资者（即 Strategy Investor，区别于财务投资者，即 Finance Investor），从而成功地实现国有企业的退出，使国有经济的布局合理化的问题。

尽管债转股的方向和初衷都是要走向信用经济，但是，债转股是一项政策性和业务性都很强的工作，如果债转股的机制设计不好，或在实施中出现差错，成为变相豁免企业债务（“债务大赦”）的话，就会导致赖账经济出现的危险。**赖账经济**出现的可能性不可低估，理由如下：

首先，债转股容易给地方政府和企业造成某种程度的债务豁免的预期，他们会千方百计地争取这顿“免费的午餐”。目前此苗头已出现，许多企业在地方政府的帮助下在国家有关部门积极活动，有些企业干脆不还银行的中长期贷款，希望将来能债转股。每个欠债不还的亏损企业都可以论证其亏损是国家政策造成的，而不是自身经营的结果，从而理直气壮地要求加入“债务大赦”的大军。在实践中，我们很难论证哪一笔债务应当豁免，哪一笔应当坚决追回。在目前防止通货紧缩的压力下，地方政府和企业债转股的积极性不可低估，道德风险可使债转股变味。第二，银行会在债转股中不知所措。本来银行是债权人，怎样处理债权资产应当以银行为主导。现在，地方政府、企业、国家有关主管部门都有发言权；“防止通货紧缩、支持国有企业脱困”都可以成为与银行谈判的筹码，银行显得非常被动。在产权约束不强的情况下，银行也有道德风险，即放弃资产保全的战斗，听之任之。一笔贷款是否能收回与银行的努力程度关系极大，如果银行在巨大的压力下厌战，不能奋力保全，那么我国的不良资产会迅速上升。第三，豁免亏损企业的债务是对好企业（按时还本付息的企业）道德的打击，债务大赦足以摧毁“借债还钱”的道德信念，这将使按时还钱的好企业越来越少，赖账的企业越来越多。这样的结果便是赖账经济出现。

如何防止“赖账经济”的出现是目前中国经济面临的首要问题。

当前债转股面临的主要问题*

本文讨论债转股的目的不是为了否定它，而是为了更好地运用债转股这一"杀手锏"，建设好"信用制度"这一社会主义市场经济的基础。当前债转股面临的问题主要来自以下三个方面：一是在政策和操作上把服务国企脱困、减轻债务担负当作债转股的主要目标，把债务重组演变成债务豁免，导致债转股走偏；二是有关各方的道德风险激励不容忽视，操作不当有可能将债转股变为一场逃废债行动；三是债转股的操作难度，特别是资产管理公司的退出问题不容乐观。文章最后就债转股及国企脱困问题提出了有关政策建议。

一、债转股的积极意义和潜在问题

1999 年 4 月，经国务院批准，中国第一家专业化经营商业银行不良资产的公司——中国信达资产管理公司宣布成立。此后不久，国务院又正式批准了《关于实施债权转股权若干问题的意见》。9 月，根据国家经贸委公布的实施标准，在国家经贸委首批圈定的 108 家债转股国有企业中，北京水泥厂率先与信达资产管理公司正式签订债转股协议，此举标志着酝酿已久的包括债转股在内的银企重组工作正式启动。

对照当前国有企业、国有商业银行以及整个宏观经济面临的严峻局面，同时考虑到我国现阶段进行债务重组在经济、法律、制度等方面

---

* 原文发表于《经济社会体制比较》1999 年第 6 期，北京大学中国经济研究中心宏观组，执笔人：易纲、赵先信。

受到的约束，债转股对于尽快推动银企重组，进而推动整个国有经济的改革与发展的确有着十分积极的意义，也较其他的债务重组方式更为现实可行。因为从世界各国进行债务重组的经验来看，除了债转股之外，**债务重组**还可以采用“银行和解协议”、“法庭和解协议”、“破产和清算”、“债务出售”、“债务归还”（如波兰及其他东欧前社会主义国家，金融危机之后的部分亚洲国家等）以及“债务证券化”（如美国等发达国家）等多种手段。但我国的现实情况是，银行的不良贷款比例高，国有企业负债高，亏损严重，由此决定了我国的债务重组只能是一种银企合一的“整体（Global）”重组，这与许多国家的主要针对银行或主要针对企业甚至个别银行和企业的“边际（Marginal）”重组有显著区别，与前东欧社会主义国家以私有化为最终目标的债务重组也有本质上的区别。这种整体重组既不能太“硬”，如大规模地诉诸破产清算等强硬方式，也不能太“软”，如大规模地采用如展期、免息、挂账、本金打折乃致债务豁免等和解方式。另外，由于缺乏发达的资本市场及健全的法律制度作为依托，我国目前还不具备通过债务证券化实施债务重组的条件。所有这些客观上都限制了我国对重组手段的选择。相比之下，债转股在实践中比较容易推行，有利于将我国的银企重组工作尽快地做起来。

基于上述考虑，有关各方对债转股寄予厚望是可以理解的。广为接受的看法是，如果进展顺利，债转股不仅可以帮助国有企业尽快摆脱财务困境，实现既定的三年脱困目标，成为国企解困的“杀手锏”；同时还有可能为盘活银行不良资产、化解金融风险探索出一条成功的模式，实现真正的银企“双赢”。此外，正如北京大学中国经济研究中心宏观组（1999a）在最近的一篇文章中所强调指出的，越来越多的银行坏账归根结底来源于国有企业的长期巨额亏损，是投融资体制长期扭曲及正常的银企间信用关系被破坏的必然结果。这客观上决定了中国目前所面临的资产重组除了要实现通常所理解的重组目标外，更核心的目标还在于要通过银企重组改善和加强国有企业的治理结构，转换经营机制，重建银企间信用关系。因此，债转股如果做得好，确实有可能达到一石三鸟的效果。

但是，同评价所有其他的改革措施一样，我们在看到债转股积极作用的同时，也应当充分认识到现实中的不利因素，对其潜在的负面效应及实施过程中的操作难度予以充分估计，客观看待债转股在国有企业改革及银企重组中的地位和作用。虽然债转股有可能较前述其他重组方式更易于推行，但也可能更容易受现行经济环境和经济政策的影响，较其他方式遭遇更多、更复杂的问题和困难，与债务重组的本意偏离得更远。什么是债转股面临的主要问题？或者说什么是债转股必须充分重视的问题？概括起来，大致有以下三个方面：

首先是目标定位上有可能出现偏差，将债转股简单地等同于减轻国有企业的债务负担。这可以视为债转股面临的最大危险。债转股的核心目标是什么？是服务于三年国企脱困，减轻国有企业的债务负担，还是通过债转股改革国有企业的经营机制和治理结构，恢复和重建银企间正常的信用关系？一般说来，这两个目标并非完全一致，不同的侧重会导致截然不同的效果。为了避免舍本逐末，非常有必要对债转股的核心目标予以特别关注。

其次是对债转股的负面效应，特别是对操作过程中存在的道德风险予以充分评估，防止因操作不当形成“赖账经济”。从下文谈到的当前债转股存在的两个二律背反来看，在当前政府—银行—资产管理公司—企业四者之间既定的信息结构和利益结构中，债转股过程中存在的道德风险不仅仅是潜在的，而是现实的，操作不当会造成严重后果。

第三是充分估计债转股的操作难度。从技术上看，债转股能否顺利运作关键取决于资产管理公司能否寻找到合适的退出通道。作为资产重组的核心环节，资产管理公司的使命即在于通过资产运作将资产盘活或出手，最终消灭自己。足够有效的资产运作手段是资产管理公司不辱使命的关键所在。

本文的基本观点是：债转股应当以改革和完善国有企业的经营机

制和治理结构、恢复和重建正常的信用关系为主导目标，避免陷入“救国企”这类短期目标陷阱；鉴于客观上存在引发大面积道德风险的可能性，债转股的潜在成本可能较大；受行政干预，投融资体制扭曲以及国有企业绩效不佳等问题的制约，资产管理公司面对的资产运作空间不会很宽裕，操作难度不容忽视。这提醒我们要准确认识债转股的积极意义和作用，充分估计债转股任务的艰巨性和复杂性。事实上国有企业长期以来存在的效益低下问题除了资产负债比率高以外，更加根本的原因还在于国有企业的资产盈利能力低下，而这显然是由更深层次的制度性原因造成的。如果不能通过债转股转变企业的经营机制和治理结构，则债转股就成为暂时减轻企业财务费用的治标之举，而非治本之策。因此，加快投融资体制改革和国有企业微观机制的根本性变革才是债转股的根本目的之所在。

二、债转股的目的是改革国有企业的治理结构，建立现代企业制度

目标定位是债转股的核心问题。是服务于三年国企脱困，减轻国有企业的债务负担，还是通过债转股改革国有企业的微观机制（经营机制和治理结构），恢复和重建银企间正常的信用关系？由于这两重目标并不完全一致，就存在一个有所取舍、有所侧重的问题。选择和侧重点不同，必然会导致不同的政策结果。

我们的观点是，无论是债转股本身的顺利实施，还是国企脱困，客观上都要求以改革微观机制、重建信用关系为债转股的核心目标。因为从目前国有企业和地方政府对债转股所表现出的二律背反现象来看，以降低企业财务费用作为主要目标不仅不能改善国有企业的治理结构，相反，只能助长国有企业的债务豁免预期，与债转股的初衷相背离。另外，国有企业之所以长期陷入财务困境，归根结底是由于缺乏健全有效的微观运行机制。如果不对这些制度性因素加以彻底的改革，

债转股虽然可能取得短期的账面效果，比如有可能实现国企三年脱困的目标，但注定不可能持久，并且会造成更大的扭曲，再次发起一场新的脱困行动。

（一）从债转股表现出的二律背反现象来看，以减轻企业财务负担作为债转股的主要目标，只能助长国有企业的债务豁免预期，将债务重组演变为债务豁免

目前国有企业和地方政府对债转股的热烈反应就很能说明问题。这种反应同完全市场条件下面对规范的债转股操作的企业的正常反映是完全不同的，或许可以视为一种二律背反：

二律背反1：债转股意味着用高成本融资取代低成本融资，等同于放弃（或减少）财务杠杆带来的资金成本节约；国有企业偏好债转股意味着国有企业偏好高成本资金。

熟悉公司财务理论的人都知道，同**债务融资**相比，**权益融资**面临的风险大，要求的报酬较高，因而资金成本较高。如果进一步考虑到债务资金在纳税上的优惠，则权益融资的资金成本还要更高一些。因此财务理论上有一种传统观点认为，企业事实上可以通过提高负债比例来降低平均资金成本。从理论上说，企业存在着一个最优的资本结构即负债-股权资本比例，在到达这一最优比例之前，企业总可以通过增加负债比例节约资金成本；超过这一比例时，债务融资的成本大幅度提高。过高的债务比例使公司的管理层有用破产的方式侵犯债权人利益的道德风险，因此债务融资的成本陡然上升。后来莫迪里亚尼和米勒提出 MM **不相关定理**，证明了企业市值与融资结构无关，但并没有否认权益融资成本高于债务融资这一事实。米勒在他1963年的一篇文章中也承认，债务优惠的确存在。因此可以认为债务融资的资金成本的确要低于权益融资。

既然债务融资的资金成本的确要低于权益融资，地方政府和国有

企业为什么会甘愿放弃债务融资的好处，而对债转股趋之若鹜，甚至于情愿将所有的债务都转作股份呢？答案只有一个：即国有企业面对的权益融资是一种所有者虚置或廉价的权益资本，其资金成本显著低于负债融资。

二律背反2：债转股往往会导致管理层对企业控制权的丧失，这经常是企业管理层最担心的事；国有企业偏好债转股说明国有企业偏好（或无差异）丧失控制权。

在激烈的市场竞争中，敌意兼并是企业管理层不得不时刻防范的。事实上连IBM及通用（GM）这样的巨型公司都不能高枕无忧。为了防止敌意接管，企业常常会求助于“毒药丸”[①]及其他反接管手段。对有可能导致股权变动的债转股运作更是慎之又慎。这同当前国企的厂长经理们“必欲债转股而后快”的心态是迥然不同的。为何国企管理层与西方私有企业管理层在对待债转股的态度上会有如此大的差异？答案只能是，对国有企业的管理层而言，债转股并不会导致其对企业控制权的丧失。

债转股存在的这两个二律背反现象说明了两个非常值得注意的问题：至少在国有企业管理层的预期里，债转股后的国有股资金要比银行贷款廉价得多；债转股并不会危及到原管理层对企业的控制权。这种现象也从另一个侧面反映了国有企业和地方政府的债务豁免预期。显然，如果债转股仅仅被用作国企脱困的权宜之计；如果债转股后的国有股权益是虚置的，廉价的，并且债转股并不足以导致债转股企业经营管理机制的改变，则这种债转股实质上就等于债务豁免。并且无助于国有企业经营绩效的改善，与债转股的初衷背道而驰。

（二）除非着力于改革国有企业的微观运行机制，否则债转股不可能从根本上解决国有企业的亏损问题

众所周知，长期以来，资本金不足、资产负债比率高经常被用来解释国有企业的亏损问题。一个反复被讲述的故事是：国有企业的亏损

是因为资产负债比率高，利息和税收负担重；而资产负债比例高是因为国家投入的资本金不足。因此，为了解决国有企业的亏损问题应该增加国家资本金注入，降低负债比例。

这种判断顶多说对了一半。事实上类似国有资本金不足的感觉是似是而非的；同世界上一些主要发达工业化国家相比，我国国有企业的资产负债率确实偏高，但远没有人们所想像的那样高，更没有理由将国有企业的长期亏损完全归咎于资产负债率。

先来看一下国有资本金不足的问题。1984 年**“拨改贷”**的本意是希望通过将财政拨款改为银行贷款，增加企业的经济核算意识，提高资金的使用效益，抑制投资饥渴。由于 1995 年以前通货膨胀问题比较突出，将企业融资由拨款改为贷款并不会对企业的资金使用成本产生太大影响。相反，在实际利率为负的情况下，企业可以通过增加借贷获取更多的转移收入。因此，用资本金不足来解释国有企业的长期亏损问题似乎并不具有说服力。另外，从公司运作的实践来看，从没有《公司法》或商业合同规定出资人有不断投钱的义务。中外许多优秀企业都是在资本金极低的情况下做成功的。比如方正是 40 万元起家，四通、联想是 20 万元起家，制造业中鲁冠球的万象集团是 4000 元起家，而微软等于是无本起家。由此可见，企业的成长主要取决于经营绩效及自我积累能力，过分夸大资本金的作用显然是不适当的。

其次是负债问题。表 1 是 1994 年 28.2 万户国有企业清产核资的统计资料。从表 1 可以看出，清产核资前国有企业的平均**资产负债率**为 69.42%，确实相当高，但清产核资后这一比率下降到了 60%左右。而相近时期（1992 年）西方发达工业化国家的这一数据分别为：美国 64.22%，日本 79.72%，德国 61.35%，法国 57.68%，加拿大 49.01%（《中国工业统计年鉴》1994）。考虑到美国企业的短期化因素，即评估增值的频繁性，则美国企业实际的资产负债率可能要稍高于 64%，而日本企业由于受主银行体制及会计制度中加速折旧、资产负债表中负债方预提养老金等因素的影响，实际的资产负债率可能要稍低一些。

考虑到这些不可比因素后不难得出结论:我国企业的资产负债率同日、德、法、美相比差距并不大。虽然此后国有企业资产负债率的总体水平再度开始上升,1996 年为 65.29%,1997 年为 65.09%,1998 年为 64.4%(源自《中国统计摘要》1997—1999 对独立核算工业企业的统计数据),但也远不如人们想像的那样已经高到了极限[②]。

表 1 1994 年前后国有企业的资产负债率(%)

	清产核资前比率	清产核资后比率
全国合计	69.42	59.92
其中:大型企业	64.93	57.03
中型企业	74.53	63.63
小型企业	80.15	65.78
其中:工业	69.39	59.73
商业	80.79	72.51
交通运输业	50.86	40.82

资料来源:《企业财务百科全书·公司财务管理卷》,人民中国出版社 1998。

由此可见,国有企业长期陷入困境的根本原因不在于资本金不足,也不在于负债比例过高,关键在于资产盈利能力低下,缺乏效率。长期的经营不善导致企业整体资产质量恶化,形成了大量的非营运资产(Nonperforming Assets),严重削弱了资产的盈利能力。一个企业承受债务的能力归根结底取决于企业投资报酬率的大小,如果资产的盈利能力每况愈下,陷入财务困境而难以自拔自然是指日可待。事实上国有企业所演绎的正是这样一个逻辑。

表 2 不同所有制工业企业总资产利润率比较
(1988—1998)

	1988	1990	1992	1994	1995	1996	1997	1998
总体平均	20.5	12.2	9.5	10.2	9.5	8.5	7.8	7.1
国有企业	20.6	12.4	9.2	9.7	8.5	7.5	6.6	5.7
集体企业	19.8	11.5	9.8	11.9	12.5	11.9	11.4	11.3

注:1993 年以前总资产中等固定资产是净值,据此估算的资产利润率可能偏高,但不足以影响到资产利润率的长期趋势。

资料来源:历年出版的《中国统计年鉴》。

表 2 反映了近年来我国工业企业毛资产利润率(息前税前利润对

总资产的比率)变动趋势。从表2可以看出,剔除个别异常点,90年代以来,国有企业的资产利润率基本上呈下降趋势。1993年为13.7%。1998年下降到了5.7%。国有工业企业的资产利润率不仅低于总体平均水平,也显著低于集体所有制工业企业。1993年两者相差2个百分点,在此之前两者基本上相差不大。而到了1998年,两者之间的差距扩大到了5.6个百分点,国有企业的资产利润率仅相当于集体企业的二分之一。显而易见,资产的盈利能力虚弱才是导致国有企业陷入财务困境的最根本的原因。

众所周知,企业**资产盈利能力**的高低直接取决于企业的投资效率和经营效率,而这又取决于投融资体制及国有企业的微观运行机制,包括投资体制、金融体制以及企业的产权结构和治理结构等。这进一步提醒我们,彻底改善国有企业的运作效益必须从根本的问题入手。简单的财务处理虽然会取得一时的账面效果,但注定不会收到长期的成效,甚至有可能导致更大的扭曲。

但是,受现实经济环境及经济政策的影响,债转股也有可能以服务三年国企脱困,减轻国有企业的债务负担为核心目标;而将改革微观机制、重建银企间信用关系这一目标置于次要或辅助位置,从而本末倒置,将通过债转股重建银企信用关系的努力变成一场实质上的"债务大赦"。众所周知,债转股的政策建议及方案讨论早在1993年就开始了(周小川,1993;吴晓灵,1995),但真正考虑实施却是在1999年上半年,距离预定的国企三年脱困目标的实现剩下不到一半的时间。由于长期以来国企绩效持续下滑,总体经济增长速度放慢,加之国企脱困目标的最后期限日益逼近,此时出台债转股措施,国企脱困当然是一个非常重要的考虑因素。因此,为了能从根本上解决国有企业的亏损问题,为了防止把债转股演变为逃废债行动,避免陷入国企脱困的陷阱,将债转股的核心目标明确为改革国有企业的经营机制和治理结构,恢复和重建银企间正常的信用关系的确是至关重要的。

三、道德风险:表现及危害

所谓**道德风险**指的是由于信息不对称,合同不完备及合同实施障碍等原因导致的当事人在追求自身利益或效用的同时损害他人或社会利益的一种机会主义行为。我们的分析表明,在当前政府—银行—资产管理公司—企业四者之间既定的信息结构和利益结构中,银行、资产管理公司和企业都可能具有较强的道德风险激励。如果操作不当,不仅资产保存会成为问题,甚至有可能造成赖账预期,使国有企业的预算约束进一步软化,给正常的信用基础带来严重破坏。

(一) 企业和地方政府

企业和地方政府是债转股的直接受益者,因而申请实行债转股的积极性最高。从理论上说,如果实施债转股的企业存在硬的预算约束预期,比如出现资产管理公司主导下的企业资产结构、治理结构及经营策略的重大调整,则企业的道德风险就可以得到有效遏制。但就目前的情况看,由于事实上存在的行政干预及一定程度的内部人控制问题,加上资产管理公司及银行本身也存在道德风险,上述条件并不满足,企业和地方政府都具有较强的道德风险激励:

一是产生债务豁免预期,千方百计地争取这顿"免费午餐"。债务豁免预期的直接后果是人为推迟甚至拖欠债务偿还,以期在将来实行债转股。这必然会导致银行形成更多的新增不良资产。从多数国家的经验来看,在政府宣布成立处理银行不良资产的专门机构之后,不良贷款的回收往往变的更加困难。目前国内已经出现这股苗头,许多企业在地方政府的帮助下在中央有关部门积极活动,以期加入"债务豁免"大军。

二是经理人员的努力程度减弱。正如现代企业理论所揭示的那样,企业的资本结构—债权/股权比例不仅体现了对筹资费用的权衡,更在一定程度上反映了企业产权结构和治理结构的特定安排。债务的存在一方面加大了企业还本付息的压力,为企业提供了一个强硬的破产退出机制,同时也有利于企业投资、经营活动等相关信息的披露。所有这些都会促使经理人员更加努力工作,用心经营。相比之下,债转股在一定程度上等于是削弱了这种激励,使得经理人员有可能继续"虐待"债转股后得到的廉价资金(作为阶段性股东,资产管理公司的主要目的并不在于分红派息,而且将资产尽快出手),导致企业绩效继续恶化,造成更多的亏损企业[③]。

三是形成软的预算约束预期。**预算软约束**长期以来一直是国有企业存在的主要问题,也是导致国有企业长期亏损、成为亏损经济并进而将亏损向银行部门传递、形成"坏账经济"的直接原因。广为接受的结论是,政治上的考虑(如维持就业和保持社会稳定等)是促成国有企业预算软约束的重要原因。但是迪瓦特彭和马斯金(Dewartripont and Maskin, 1995)对一个集中体制下的信贷市场所作的分析表明,即使不存在政治因素,由于信息不对称,纯粹的"经济"因素同样可以导致预算软约束。对于一个需要连续贷款的投资项目而言,即使贷款银行事后发现该项目是个坏项目,但因为先期贷款已经发生,即已经产生了"沉淀成本",此时停止贷款对银行来说也可能不是最优的。于是只好继续为坏项目融资,软化企业的预算约束。

迪瓦特彭和马斯金的逻辑可以很容易地延伸到更加宏观的银企关系。因为对于与违约企业已经发生信贷关系的银行而言,企业拖欠的资金等同于一种"沉淀成本",也可以称之为"人质",此时企业负债越多,亏损越多,银行(政府)就越不可能中止对企业的贷款。企业预期到这种情况,就越有可能进行逆选择或诱发道德风险,进一步恶化银企关系,从而将预算软约束变成一个自实施的过程,将亏损经济自动引向坏账经济。中国自1996年以来国有企业亏损与商业银行不良资产的同步上升基本上反映了这种情况。

债转股在某种程度上等于是验证了国有企业的预算软约束自实施

预期，并且进一步强化了这种预期，结果只能是国有企业在“吃完财政吃银行，吃完银行吃股民”之后，回过头来重新吃财政。因此，从强化国有企业预算约束这个意义上说，债转股等于是重新又回到了 1984 年以前。

四是对好企业形成逆向示范。豁免亏损企业的债务是对好企业(按时还本付息的企业)的惩罚，也是对“借债还钱”这一道德信念的打击，过去按时还钱的企业会产生“后悔”心理，形成赖账预期。这样好企业越来越少，赖账企业越来越多，其结果只能是信用破坏，赖账经济出现。

除此以外，道德风险更严重的后果还在于有可能导致宏观经济的更大的扭曲，为通过投融资体制改革重建信用关系带来更多的障碍。如同北京大学中国经济研究中心宏观组(1999b)所强调指出的，当前整个金融体系累积的巨额不良资产以及宏观经济面临的严峻局面，很大程序上是投融资体制长期扭曲的结果，即融资能力与投资绩效不匹配[④]。债转股在一定程度上等于是继续对国有经济实行融资倾斜，不仅重新扩张了国有企业的投资能力，形成更多的不良资产，也严重抑制了非国有经济的投资能力，加剧通货紧缩，抑制经济增长。

(二) 资产管理公司

资产管理公司的**道德风险**主要表现在得过且过，不能积极履行所有者职能，最大限度地保全国有资产。促成资产管理公司道德风险的原因可以归纳为以下两个方面：

一是风险压力不足，或者说负面激励不足。资产管理公司专门负责处理从银行剥离出来的不良资产，这些问题资产注定会产生价值损失。由于受市场不完善及信息不对称等问题的制约，资产盘活率或保存率带有很大的不确定性，国家作为最终所有者实际上不可能准确知道。这样就很难确立对资产管理公司业绩的考核标准。促使资产管理公司更加偏好于“偷懒”而不是努力。另外，从资金来源来看，资产管理公司的资金来源主要来自于财政及商业银行注资、中央银行再贷款、发行财政担保债券等。这意味着资产管理公司的经营损失最终由公共资源来填补，或者求助于征收通货膨胀税，或者求助于提高财政税赋。这都会相应削弱资产管理公司的风险激励。

二是正面激励不足。由于多重政策目标之间的冲突，过分强调国企“解困”就必然不利于银行资产保全，给资产管理公司的正常运作带来政策上的阻力。国有企业同各部门、地方政府之间错综复杂的利益关系，以及国企内部人控制问题，也会加大资产管理公司对债转股企业实行有效控制和监督的难度，当事者个人所冒的风险也相应较大。另一方面，就资产管理公司而言，它同银行、企业一样同属于国有企业，同样存在激励不足的问题。风险和收益的不对称也会倾向于减弱资产管理公司的积极性。

（三）银行

银行的道德风险是显而易见的。因为预期到不良债务向资产管理公司的转移，并且是按账面价值划拨，银行催收不良债务本息的积极性有可能减弱，而来自国家及地方政府的类似“防止通货紧缩，帮助国企脱困”的压力和干预则会使得银行在资产保全方面更加被动。在阶段国有商业银行普遍没有建立起有效的治理结构、完善的内控制度及健全的风险管理程序，并且缺少有效的外部监管的情况下，国有商业银行与国有企业存在同样的“坏账逻辑”：即亏得越多越安全，政府是最后的救助者，最终损失也将通过公共资源来弥补。显然，这种道德风险足以给现有的金融体系和信用制度造成毁灭性的破坏。

四、充分估计资产管理公司的操作难度

严重的道德风险为债转股的顺利实施设置了障碍。其实即使不考虑道德风险，单独从外部因素，比如资产保全的纯技术角度考虑也同样可以

发现,受资产质量及各种外部环境因素的制约,债转股的实际效果远远小于人们的预期。这一点不独中国为然,而且早已为国际经验所证实。

一般说来,债转股运作效率取决于资产管理公司作为阶段性持股人能否成功退出。如果能成功退出,则意味着一定程度的资产保全,否则便只能是将烂在银行的不良债权转为烂在资产管理公司的不良股权。而**资产管理公司**的成功退出又取决于以下几个方面的因素:一是不良资产的质量;二是资产管理公司的技术效率;三是法律和制度环境;四是外部经济环境。综合考虑这四个方面的因素即可以发现,作为资产重组的一种手段,债转股的实际效果很可能不如想像的那样乐观。

1. 不良资产的质量较差。这次从商业银行划转过来的不良资产全部是 1995 年底以前发生的。由于是多年积累,情况十分复杂,账面价值与实际价值差距相当大。其中很大一部分是国有企业无抵押、无担保的信用贷款,资产质量更差。这不仅给价值评估造成很大困难,也减少了诸如通过资产证券等多样化手段盘活资产的可能性。

2. 资产管理公司的人才构成与技术效率无法胜任操作要求。由于是新近组建,又面对着一个无先例可循的业务领域,许多具体问题如如何引进专门人才、如何有效利用国内外特别是国外的中介服务等都有待于很好地解决,对资产管理公司的运作效率作过高的期望显然是脱离实际的。

3. 缺乏相应的法律和制度环境。由于政企不分及国有企业内部错综复杂的利益关系,资产管理公司在对债转股资产进行重组时很可能面临两个"陷阱":一是管理公司不具有资产重组、调整企业管理机构及参与企业经营重大决策的实际能力;二是管理公司虽然能够就上述问题作出主导性安排,但由于行政干预等原因在实际操作中无法执行。凡此种种都会吓退潜在的战略投资者,给资产管理公司的退出造成障碍。

4. 处理不良资产时的外部经济环境,其中股票市场的承受能力是一个非常关键的问题。众所周知,当前支撑股市的主要因素不是上市公司的经营绩效,而是变幻莫测的炒作题材。部分上市公司的现金分红也主要来自资本所得而非经营所得，投资者对股市扩容的心理承受能力十分脆弱。这也是制约国有股及法人股迟迟不能上市流通的主要因素。这种情况下让投资者会对总额达数千亿之巨的包装后上市的垃圾股感兴趣几乎是不可思议的。

即使资产管理公司真能成功上市运作，股本金的来源仍然是一个严重问题。长期以来在**居民储蓄**问题上一直存在着一个错觉：即数额巨大的银行储蓄存款可以为股市的迅速扩容提供强大的资金支撑。这种观点的谬误之处在于两点：(1) 如果居民储蓄存款指的是余额，则忽略了银行资产负债表上存在的一个基本事实——体现在负债方的居民储蓄存款已经在资产方运用出去了，其中绝大多数形成了企业贷款，并且有相当比例已成为不良贷款，银行持有的流动性实际上相当有限；(2) 如果指的是新增存量，则忽略了另一个基本事实：银行体系积累的不良资产比例十分庞大[5]，正是由于大量新增居民储蓄存款的持续流入才使得银行系统安然无恙，不至于出现支付危机。从表3可以看出，假定银行不良贷款比例为15%，则每年新增存款的比例基本上可以覆盖坏账的亏空。由此可见，所谓银行存款可以刺激股市的观点不仅夸大了居民的资金实力，也忽视了居民储蓄波动对触发金融风险的潜在威胁[6]。

表3　金融机构信贷收支表

（单位：亿元）

	1994	1995	1996	1997	1998
金融机构各项贷款（年底余额）	39 976.0	50 554.1	61 156.6	74 914.1	86 524.1
其中不良贷款（假定为15%）	5 996.4	7 583.1	9 173.5	11 237.1	12 978.6
各项存款（年底余额）	40 502.0	53 882.0	68 595.0	82 390.0	95 697.0
当年新增	6 097.5	3 380.0	14 713.0	13 795.0	13 307.0
其中城乡储蓄存款（年底余额）	21 518.0	29 662.0	38 520.0	46 279.0	53 408.0
当年新增	3 099.1	8 144.0	8 858.0	7 759.0	7 129.0

资料来源：《中国统计摘要》1994—1999。

综上可知，由于受多种因素制约，资产管理公司在重组债转股资产时的退出通道实际上相当狭窄，指望通过债转股盘活数千亿的不良资产是不切实际的。

五、政策建议

本文的结论可归纳如下：

作为一种债务重组方案，债转股对于当前尽快推动银企重组，进而推动整个国有经济的改革与发展的确有着十分积极的意义，也较其他的债务重组方式更为现实可行。但是，我们同时也应充分注意到债转股面临的问题。诸如如何确保将债转股这一“杀手锏”应用于改革国有企业的微观运行机制，而不是权宜性地用作国企解困的财务手段？如何有效遏制债转股过程中的道德风险，克服赖账现象和赖账预期？如何提高资产管理公司的运作绩效，而不只是将不良资产从左口袋转移到右口袋，甚至漏出更多？问题的复杂性决定了债转股任务的艰巨性和长期性，这也提醒我们应客观看待债转股在国有企业改革及银企重组中的地位和作用。

为此，本文提出以下建议：

(1) 将服务银行重组，尤其是致力于通过银企重组恢复和重建银企间正常的信用关系明确为全部债转股工作的惟一目标或核心目标。只有这样才能保证债转股不被相机性地用作国企解困的政策工具，才能从政策上削弱国有企业和地方政府的债务豁免预期，抑制道德风险，真正使债转股收到预想的政策效果。这也是衡量全部债转股工作成功程度的关键标准。

(2) 针对国有企业和地方政府的债务豁免预期和搭车预期，严格掌握债转股的适用范围、标准、规模和进度。除部分“御林军”企业，如部分国有重点企业、大型以及特大型企业外，一般不考虑债转股，对大量中小企业的不良债务可以通过多种方式，如债权拍卖等加以解决。

对可以转换的债务划定严格的时间界限(比如只能是《中国人民银行法》和《商业银行法》颁布实施以前发生的债务)。为防止"萝卜快了不洗泥",对债转股操作不作严格的时间限制,比如不要求在一定时期内转完等,以利于把债转股工作做实、做细。

(3) 为了有效抑制企业和地方政府的道德风险,通过债转股切实有效地改善国有企业的治理结构,转换经营机制,债转股应当考虑采取以下原则:

债务全转原则 转作股份的债务不能只是本金,而应该包括所有的本金、利息以及汇率升水(贴水),否则等于变相的债务豁免。

控股原则 即保持资产管理公司(以下简称 AMC)对债转股企业的绝对控股权。为了保证 AMC 能对债转股企业拥有充分的资产处置权,控股原则是绝对必要的。只有这样才能保证 AMC 有能力进行资产重组,才能引进战略投资者,也才真正谈得上改善企业的经营机制和经营绩效。需要强调指出的是,控股原则不仅体现在协议签订的开始,而且贯穿于操作的全过程,这是 AMC 在进行类似股权回购这样的操作时尤其需要注意的,北京水泥厂与信达资产管理公司签订的债转股协议也说明了这一点⑦。

"惩罚"原则 惩罚的目的是为了真正通过债转股改革国有企业的治理结构。根据《公司法》的有关规定,由大股东行使企业的管理权和资产处置权,包括撤换原企业管理层等,甚至追究地方行政长官的相关责任,以加大债转股企业(管理层)以及地方政府的"疼"感,真正改善债转股企业的治理结构。

剥离的原则 债转股以后要对债转股公司进行彻底的剥离,AMC 一般不能在集团或总公司一级控股,但一定要在(改制后的)债转股企业(独立法人)一级控股,以确保资产管理公司的控制能力。

退出原则 AMC 可以通过进入股市、引入战略投资者、协议转让特别是回购安排等方式实现退出。这样既有利于 AMC 提高资产回收率,也有利于防止债转股企业恶意经营,逃废债务。比如债转股企业有可能在债转股以后恶意经营，转移资产，在资产盗空后宣布破产。为了防止类似情况的出现，通过回购方式实现退出比较有利，但一定要遵循前述控股原则。

发挥中介机构的作用 如法律、会计、券商等。目前国内中介机构的服务水平有待提高，而国外中介机构收费昂贵，如何有效发挥中介机构的作用是一个需要认真考虑的问题。

(4) 为了解决 AMC 的道德风险和人才问题，最大限度地提高公司的运作绩效，有必要对 AMC 建立起有效的激励约束机制，包括引进专门人才，打破国有企业所习惯的大锅饭式的分配制度，建立与工作绩效紧密挂钩的员工收入分配制度，加大监督力度，量化考核标准等。相对于国有资产来说，员工的收入只能算小钱，花小钱，挣(保)大钱是值得的。

除此以外，正如本文所反复强调的，导致国有企业长期陷入财务困境的是一些更具根性的制度性因素，只有彻底改革这些制度性因素，债转股才能真正对国企脱困起到促进作用。改革这些制度性的因素主要包括：

(1) 按照党的十五届四中全会对国有企业改革作出的重大战略部署，坚决推进国有经济的产业退出和结构重组。只有这样，才能淘汰掉国有经济内部大量低水平的过剩生产能力，硬化国有企业的预算约束方面，从源头上抑制国有经济的低效益或者无效益扩张。

(2) 加快推进建立现代企业制度。行之有效的产权结构和治理结构是转换国有企业经营机制、改善企业经营绩效的制度保证。通过股权回购、售股变现、收购兼并、债务重组、破产清算的资本市场运作，实现国有企业的股权多元化和国有资本从低效企业向高效企业，从一般竞争性行业到战略性行业的集中。通过建立新的国有资产管理体制和完善的法律体系，将政府与企业的关系纳入制度化，法律化的转道，彻底实现政企分开。

(3) 建立健全市场经济条件下的社会保障体制，剥离国有企业的社会职能，硬化其预算约束。一个健全的社会保障体制不但对国有企业的退出和重组是必要的，对私有经济的进一步发展壮大也是必要的。

(4) 加快投融资体制改革，为银企重组以及重建银企间正常的信用关系建立起一种内生性的制度创新机制，以实现良性循环。资金的分配和使用应当以资金的使用效益为惟一标准，只有这样才能不断优化银行的资产质量，降低和化解金融风险。这意味着必须彻底理顺非公经济的融资渠道，积极培育和发展高效益的信贷市场，加快推进金融组织机构与金融市场体系的改革与发展。

注释

①一般采用给现有期权持有者一个在一定条件下购买公司股权的期权。当公司被外人敌意收购时，公司可以启动期权，使现有股东的权益按比例突然放大，因此加大了敌意收购者的成本和不确定性。

②说国有企业的资产负债比例没有人们想像的那样高，并不等于说国有企业的负债不存在问题。国有企业在负债方面存在的主要问题是负债结构不合理，流动负债比例过大。一般来说，国际公认的流动比例标准为 2，即流动资产负债率为 50%。事实上我国的流动资产负债率要比这高得多，1996 年为 106.3%，1997 年为 105.2%，1998 年为 102.5%(《中国统计摘要》1997—1999)。由于短期债务具有期限短、风险大的特点，即使总的资产负债比例不高，流动负债比例过大也会加大企业的偿债能力和偿债风险，使企业疲于应付。

值得注意的是，流动资产负债率高不仅仅是国有企业的问题，非国有企业也同样存在。这似乎更多地反映了我国宏观融资结构主要依赖于间接融资这一事实。如何通过资本市场提供长期债务合同不仅对国有企业是重要的，对非国有企业也同样迫切。

③根据香港《信报》的报道(1999 年 10 月 5 日)，1997 年底制定国有企业三年脱困方案时，共有 16 874 户企业，其中亏损企业 6 599 户。到 1999 年底再统计时，发现 6 599 户亏损企业中的 3 000 户可以脱困，但又有另外大约 4 000 家企业陷入亏损，使亏损企业的总数达到了 8 599 户。而且脱困企业一旦不享受优惠政策，重新陷入困境的可能性极大。

④根据 1996 年《中国金融统计年鉴》对国家银行信贷资金的统计，1995 年各项贷款合计 39 249.6 亿元，其中对国有企业为 23 050.9 亿元，占全部贷款的

58.73%;另有 9 881.8 亿元,约 25.18%的信贷资金作为固定资产贷款投向了周期长、回收慢的国家重点项目。两者合计占到了 84%以上。而同年国有工业企业提供的产出份额仅为 34%,资金利税率为 8.01%,是各经济类型工业企业中最低的。

⑤有关中国商业银行系统不良资产比例的准确数字目前还无法得到。《经济研究》1997 年 7 月的一篇文章估计这一数字为 22.3%。另外有的学者估计为 15%左右,并且每年增长 1%到 2%。而人民银行行长戴相龙提供的数据则表明,1998 年底,国有商业银行账面反映,需要注销的呆账占贷款总额的 2.9%。此外,在呆滞贷款中要注销的呆账约占贷款总额的 5%左右。对不良贷款比例估计的殊异也许更多地反映了不良贷款定义的差异。但不管怎样,中国银行系统不良贷款比例给人的印象始终是相当高的。

⑥事实上在 1999 年 6 月 25 日深沪股市的暴涨中这种威胁已经有所体现。受股市行情驱动,6 月 16 日和 17 日两天上海居民为炒股而提取的存款量达到了 250 亿人民币。1999 年前五个月北京市每月储蓄存款增量为 60 亿元。但 6 月份只增加了 5.9 亿,减少了 90%。几家商业银行的储蓄存款都出现了负增长。南京等地的银行机构一度出现头寸紧张(徐镇庆,1999)。这足以证明所谓银行存款过大实在是一个可怕的幻觉。

⑦根据《经济日报》(1999 年 10 月 21 日)报道,与信达资产管理公司签订债转股协议时,北京水泥厂的总资产为 9.67 亿元人民币,总负债为 11.35 亿元人民币,资产负债率 117.4%。债转股后信达持有 70%的股份,水泥厂的母公司,北京建材集团持有 30%。预计债转股后水泥厂今年可望扭亏为盈,2000 年年利润将达到 2000 万元。根据协议,北京建材集团将分期分批购回股份;不能购回的,由信达自行处置。

现在的问题是,假定北京建材集团在购回 21%的股份,即拥有 51%的绝对控股权后停止回购,信达该怎么办?看来只好"自行处置"了。显然,控股权的丧失是信达陷入被动的关键。

参考文献

周小川,1993,《企业与银行关系的重建》,《改革》1993 年第 6 期。

吴晓灵,1995,《中国国有企业与银行重组的对策研究》,中国人民银行政策研究室报告。

北京大学中国经济研究中心宏观组,1999a,《债转股:走在信用经济与赖账经济的十字路口》,《国际经济评论》1999.9—10。

北京大学中国经济研究中心宏观组,1999b,《投融资体制扭曲的后果分析及政策含义》,《财贸经济》1999 年第 1 期。

徐滇庆,1999,《亚洲经济真的复苏了吗?》,《国际经济评论》1999.9－10。
Mathias Dewartripont and Eric Maskin, 1995, Credit and Efficiency in Centralized and Decentralized Economies, Rev. Econ. Stud., 1995, 67, pp.541－555.

第六部分

1997—1999 年宏观经济政策

寻求多重经济目标下的有效政策组合*

——1998年中国宏观经济形势分析与建议

摘要：当前宏观经济中存在的主要问题是有效需求不足、就业压力大、经济有下滑趋势以及真实利率趋高所导致的内生性通货紧缩的危险。1998年中国宏观经济政策有四大目标：继续保持适度经济增长；坚持推进国有企业改革并做好下岗分流和再就业工作；提高银行系统资产质量，防范金融风险；保持人民币汇率稳定并防止通货膨胀再度出现。多重目标使可选择的政策组合的空间十分狭小。本文的政策建议如下：1. 扩大财政支出以增加总需求。2. 对投资减税以促进有效供给。3. 财政增支减收之不足部分可考虑以下两种办法，一是出卖以上市公司国有股为抵押的可转换债券；二是特批少数中心城市的地方政府发城市基础设施（如地铁）建设专项债券。4. 适当增加货币供给，优化利率结构。

1995—1996年期间，中国宏观经济"软着陆"的成果明显，1997年接近于零的物价水平以及8.8%的增长速度标志着中国经济进入了一个十分难得的"高增长低通胀"的新阶段，今后宏观经济政策的关键在于，如何通过灵活的政策操作保持这一发展态势。

1998年中国宏观经济政策有四大目标：继续保持适度经济增长；坚决推进国有企业改革并解决好下岗工人的安置与再就业问题；提高银行的资产质量，防范金融风险；维护人民币稳定，防止通货膨胀再度

---

* 原文发表于《经济研究》1998年第4期。北京大学中国经济研究中心宏观组，执笔人：易纲、赵晓；参加讨论的有林毅夫、宋国青、周其仁、赵耀辉、胡大源、梁能、江慧琴。

出现。本文将讨论在多重宏观经济目标下的有效政策组合,共分四个部分:一、中国宏观经济“软着陆”及其意义;二、当前宏观经济中存在的问题;三、原因分析:有效需求不足还是经济结构问题;四、多重宏观经济目标下的有效政策组合。

一、中国宏观经济“软着陆”及其意义

1993年下半年以来,中国政府实行了以治理通货膨胀为首要任务的宏观调控,到1996年,初步达到预期目标。1997年以来,中国宏观经济“**软着陆**”进一步取得成效,管理当局表现出相当高的政策操作水平。1996—1997年中国经济连续两年保持了“高增长低通胀”的态势。表1给出了中国经济“软着陆”的主要数据。

自1979年以来,大部分的年份里,经济增长与物价上升走势相同,两者呈现出高度正相关,即经济增长时物价上升,物价回落时增长速度下降,显示出中国经济典型的**短缺经济**状态下的增长特征。1992年以来,市场竞争增强,生产能力过剩,表明短缺经济已告结束,仅靠投资的扩张已不可能带来效益的提高。

从世界经济格局的变化看,中国经济的“软着陆”还有更重要的意义。1997年夏爆发的金融危机对亚洲许多国家和地区造成严重危害,中国大陆却奇迹般地置身度外,免受侵袭。中国经济和政府的出色表现,在此事件中得分很高,中国在世界经济格局中的地位大大提高(朱文晖、王玉清,1997)。对于中国大陆免受金融危机不利影响的内在原因的一般说法是中国资本市场尚未开放。但我们认为资本市场未开放只是挡住外部冲击的四道防线之一(易纲、方星海,1998),而1993年以来的中国宏观经济“软着陆”的成功是其更深层的原因。

评价1993年以来中国经济的“软着陆”,可以说“怎样评价,也不会过高”。评价一个经济政策,要综合考虑以下方面:方向、时机、力度、效果,最后是成本收益分析。

表 1　中国宏观经济“软着陆”情况

特征	指标	1993	1994	1995	1996	1997
1.宏观经济稳定增长	GDP 增长率(%)	13.5	12.6	10.5	9.6	8.8
	工业总产值的增长率(%)	23.6	21.4	16.0	13.1	10.9
2.有效控制通货膨胀	零售价格增长率(%)	13.2	21.7	14.8	6.1	0.8
	消费价格增长率(%)	14.7	24.1	17.1	8.3	2.8
3.固定资产投资增长趋缓	固定资产投资增长率(%)	58.6	31.4	17.5	18.2	9.0
4.货币供应量增长平滑下降	广义货币增长率 M_2 (%)	37.3	34.4	29.5	25.3	17.3
	狭义货币增长率 M_1 (%)	38.9	26.8	16.8	18.9	16.5
	现金货币增长率(%)	35.3	24.3	8.2	11.6	15.6
	M_2/GDP(%)	100.4	103.9	110.9	119.6	121.7
5.国际收支状况改善	进出口总额(亿美元)	1 957	2 367	2 809	2 899	3 251
	出口(亿美元)	918	1 210	1 487	1 511	1 827
	进口(亿美元)	1 040	1 157	1 321	1 388	1 424
	贸易差额(亿美元)	−122	53	166	122	403
	外汇储备(亿美元)	212	516	736	1 050	1 399
6.稳定的人民币汇率	汇率(人民币/美元)	11.9	8.7	8.4	8.3	8.279
7.外国直接投资(FDI)	FDI 流入(亿美元)	275.15	337.67	375.21	417.26	452.78

资料来源:《中国金融展望(1997)》及国家统计局有关资料。

1992 年和 1993 年曾一度出现房地产热、股票热、开发区热和社会集资热以及投资膨胀的局面,特别是房地产投资急剧上升,分别上涨了 118%和 165%,如果不是适度从紧的宏观政策下的大规模清理,任由过热的态势蔓延,后果会难以设想。1994 年物价上涨率达 21.7%的顶峰,然后逐年回落,1995 年为 14.8%,1996 年为 6.1%。到 1997 年 10 月亚洲金融危机最严重的时刻,中国大陆却出现了**通货收缩**,出现了物价的负增长。1997 年 10 月到 1998 年 2 月物价水平连续 5 个月下降(与上年同比),而且幅度不断加大,分别为−0.4%、−0.8%、−1.2%、−1.5%、−1.9%。这 5 个月正是港币、人民币都受到巨大贬值压力的时期。通货收缩本身并不是好事，但此时出现通货收缩无疑对人民币与港币的稳定起了积极作用，而且时机令人叫绝。

从港币与人民币的流通关系看，大陆尤其是华南地区已经有数百亿港币在流通，同时香港也有100亿左右人民币在使用。由于港币与美元直接挂钩，实行**联系汇率制**，香港的金融市场不是与大陆而是与美国的资本市场联系得更紧，这样，中国的资本市场名义上虽然尚未对外开放，实际上已经放开了一个口子，没有良好的宏观经济局面，是很难保证在这样一场大风暴前完全风平浪静的。适度从紧的政策使中国摆脱了经济过热以及“泡沫经济”的阴影，并在短短的几年中，积累起抵抗金融危机的另外三道防线：经常项目的高额盈余、巨额**外汇储备**以及名列世界第二的外国直接投资流入量。在亚洲金融危机发生以后，一度曾有争议的巨额外汇储备明显利大于弊——中国的外汇储备在投机家和公众的预期形成方面的价值是难以估量的。

再就是1996年下半年和1997年上半年，中国股票市场和回购市场异常活跃，股票价格狂升，市场风险急剧加大，政府及时采取各项措施，包括舆论引导，以及1997年5月间出台的禁止银行对证券公司提供贷款的政策，加强了市场规范和监督，赶在东南亚危机来临之前有效地抑制了股市泡沫的上扬，宏观调控的力度也相对到位。

综上所述，我们认为，中国资本市场未开放形成了一道防止金融危机输入的防线，宏观经济“软着陆”所带来的较好的基本面却构成了防止金融危机输入的多道屏障，因而从根本上保证了中国经济在金融危机中的稳定。

二、当前宏观经济中存在的五大主要问题

（一）总需求不足

关于**总需求不足**一直有种种争议，我们认为1998年初已有充分证据表明宏观紧缩政策已到位，如不采取有效对策，下一步供求矛盾必然

加剧，将明显出现总需求不足的状况，引发宏观经济的失衡。1992—1996年总需求的增长速度呈逐年下降趋势，目前的需求不足主要表现在：

1. 经济增长在高速增长的下限运行，低于多年平均增长水平（表2），经济有下滑趋势。从GDP增长来看，1997年出现明显的增速下降趋势，1997年上半年GDP增长速度为9.5%，而到下半年逐渐下滑，12月份下降到8%。

表2　1996年和1997年经济增长、物价水平与往年平均水平比较

	1981—1991	1986—1991	1991—1995	1996	1997
国内生产总值增长率(%)	10.1	9.7	11.6	9.7	8.8
零售商品价格总指数(%)	8.3	10.8	11.4	6.1	0.8

资料来源：《中国统计年鉴(1996)》、《中国统计年鉴(1997)》。

2. 消费品存在严重的供大于求现象。内贸部的调查结果表明，1997年第2季度主要商品供给过度增加。在调查的613种商品中，1季度只有5.3%是供给过度的，而到2季度增加到31.8%，而36种家庭设备供给过度的比率从5.6%增加到55.3%。企业普遍感到销售困难，盈利下降。

3. 企业生产能力放空，产品积压，相互拖欠现象进一步加剧。据国家统计局1996年调查资料第134期，被调查的17种工业产品**生产能力利用率**低于60%的有8种，其中一些产品如化工原料、空调器的利用率低于40%。由于市场销售不好，1997年工业企业的产销率虽然有所好转，也只达到96.2%，产品积压严重。一些企业担心丢掉市场，仍然在买方不给钱或拖欠货款的情况下发货，使得相互拖欠继续增加。1997年1—11月企业应收账款净额达10888亿元，比去年同期上升17.2%。

4. **企业亏损**依然严重，盈利水平只是恢复性增长。1997年1—11月亏损企业亏损额高达1243亿元，比上年同期增亏110亿元，其中国有企业亏损状况仍然严重，亏损面高达45%，比全部工业企业亏损面高出18个百分点，而地方国有企业仍净亏损40亿元。全国10大盈利大户主要是基础类能源企业,其效益增长主要得益于调价、调税以及降息等因素,效益增长的根基并不牢固。

5. 进口需求不旺。1997年出口增长快于进口,贸易顺差403亿美元,为历史最高。

(二) 失业正接近临界点

宏观“软着陆”的成功也不是没有任何成本的,一是前述经济增长速度下降的代价,二是失业人口增加的代价。据国家统计局统计,1997年底城市登记失业人口为3%,比上年增长0.3%。1997年乡镇企业经营相对不佳,1997年集体工业完成增加值11 726亿元,比上年增长7.15%,回落6个百分点,其中乡办工业增加值4 236亿元,比上年增长12.4%,回落6.3个百分点。乡镇企业发展缓慢减少了农村的就业机会。与此同时城镇下岗待业的职工人数有较多增加,**失业**问题趋于严重。据劳动部快报,1997年全国企业下岗职工人数1 151万人,比上年增加336万人,增长41%;其中国有企业787万人,占全国企业下岗人数的68%。最近的一项调查表明,约有52.3%的专家认为目前我国城镇失业率在8%以上,其中有25%的人还认为实际失业率在10%以上(深圳综合开发研究院,1998)。按照国际通行的经验,一国失业率若高于12%即为恶性失业,因此我国的失业率可能正接近临界点水平。

1998年**国有企业改革**攻坚战必然带来下岗人员的增加,但是减人增效,**下岗**分流是改革的必由之路。因为如果一个企业生产的东西在市场上卖不出去,继续让这个企业生产,会浪费更多的社会稀缺原材料和能源。这时马上停产是节约社会资源的最好选择。这一调整过程是痛苦的,但别无它路。宏观政策的目标是将此阵痛程度降到最小。同时还要考虑社会的承受程度。有时,政府不得不为此牺牲一些效率,以维持就业,保持稳定。所以,失业既是经济账,又是政治账。在社会可承受的范围内主要算经济账,超过此范围,政治因素就更主要了。

(三) 出口阻力增大

出口是中国经济增长尤其是1997年中国GDP增长的重要动力。中国权威部门对1997年出口对于增长的贡献估计较高，认为8.8%的GDP增长中有2至3个百分点是由出口带动的。而国内需求在1997年上半年比上年同期只增长6.8%，是自1991年以来最低的。1998年1—2月，中国出口顺差仍然很大(70亿美元)，但这主要是中国国内需求不足所致，相信汇率所带来的出口竞争压力会逐渐显示出来。

(四) 真实利率所导致的通货紧缩效应

危险还在于，1996年以来**真实利率**所导致的**通货紧缩**效应比人们想像的严重，在其导致的分配格局变化中，企业面临极其不利的局面，如不采取相应对策，有可能引发通货紧缩。20世纪80年代末期以来，由于**通货膨胀**的变化幅度越来越大，在名义利率变动不大的情况下，真实利率的波动加剧，由此导致财富的转移并引发一系列宏观效应。不同利益主体在真实利率作用导致的转移支付的波动中获益，恰恰是这些年来国民收入分配格局中变化最大的部分，而这一点往往为人们所忽略(宋国青，1997)。

1997年居民的真实利息收入大概为3 000亿元，相当于全部独立核算国有工业企业利润总额的6倍，如果1997年下岗职工1 151万，平均每人收入比正常工资少得5 000元，总额也只有大约600亿元，相对而言，真实利率所导致的分配波动要激烈得多。所以，过高的实际利率对企业的负面效应要比人们所想像的大得多。有人认为，1996年两次**降息**，1997年10月第三次降息而且幅度都相当大，企业由于降息而少付了至少1 500亿元的利息，降息大大减轻了企业的负担。这话没错，这说明1996—1997年期间三次降息都是非常正确的。但是通货膨胀率下降得更快、幅度更大，致使企业的实际利息负担接近改革开放以来的最高峰。

当前的货币政策存在着导致**内生性通货紧缩**的危险。高昂的真实利率水平给企业营造的是相对严峻的金融环境，一方面导致企业负担上升从而投资下降，另一方面导致货币供应量减少从而总需求下降。这也正是导致美国1929—1933年史无前例的**大萧条**的根本原因。当时美国的名义利率为1%—2%，而物价指数为−9%左右，这样真实利率达10%—11%，远远高于美国历史上的平均真实利率。

中国自1996年以来，个人债权的真实增长率远高于全社会资本的真实增长率，是推动企业负债率上升的非常重要的因素之一。在自有资本率为1/3即负债率为2/3的情况下，真实利率上升1个百分点，企业自有资金的名义利润率将反向变化3个百分点，另外，针对企业负债率和银行呆坏账的上升，1993年以来建立了一系列控制银行贷款回收率的规则，在这些规则的约束下，企业越困难，银行越惜贷，反过来，货币增长率的下降进一步引起通货膨胀率的下降，使原来贷款的真实利率进一步上升，更加引起企业的困难。企业的负债率越高，受真实利率上升的影响就越大。1998年3月25日的第四次降息无疑会缓解真实利率高昂的态势。

（五）中国银行体系的不良资产问题

银行体系的不良资产是困扰中国当前及今后经济的一个大问题。但是，中国的银行体系有多少不良资产？众说不一，世界银行、国际货币基金组织、亚洲开发银行等国际金融组织的经济学家们对此有过许多估算。标准普尔评级公司和许多投资银行（如美林证券等）对此也有过不少研究。既然是看法不一，估算的结果也不一样，我们在这里取一个大家估算的众数，即24%，因为24%出现的频率最高。这里我们想讲以下几个问题。

第一，概念问题。中国的银行系统不良资产包括三类：逾期、呆滞和呆账。这三类的划分完全是按贷款的到期日来决定的。到1997年底，这三类大概是这样划分的：一笔贷款到期不能偿还则为**逾期**；**呆滞**

的定义是逾期两年以上；**呆账**的定义是按财政部规定的原则（基本一条是根本找不到债主了）。而世界大多数国家是按照巴塞尔协议的五类原则对银行资产进行分类。由于目前中国采用的**一逾两呆**的不良资产统计与世界通行作法不同，数字不可比，直接拿中国的不良资产与其他国家比较容易产生误导。中国将于1997年底按国际惯例实行**五类资产划分法**（戴相龙，1998）。

第二，在24%的不良资产中，我们估计呆账占2%，呆滞占4%，加在一起为6%左右。认为整个24%都是收不回来的死账显然不符合实际。理解中国银行系统的不良资产既要向后看，也要向前看。向后看是要搞清不良资产产生的原因。其中有一部分是银行的体制问题造成的经营不善，甚至是金融犯罪造成的，但其主要部分是历史上积累下来的银行代替财政职能而形成的。可以说银行不良资产的相当一部分是过去中国的**隐性财政赤字**。向前看的意思是说，中国银行系统的不良资产的大部分是可以通过改革逐步收回、消化、解决的。

第三，要分清偿债能力（Solvency）、流动性（Liquidity）和利润（Profit）三个概念。是不是有**偿债能力**的分界点是看用市价来衡量的净资产是否大于零。美林投资银行的研究报告讲中国工、农、中、建四大银行已在技术上破产，根据就是中国工、农、中、建四大银行的净资产远远小于按24%计算的不良资产，所以其净资产为负数，于是技术上破产了。但是，一家银行是否破产主要是看其**流动性**（能否按时偿付）。只要它的流动性不发生问题，就可以继续运转下去。在老百姓和企业的储蓄率正常的情况下，中国主要国有银行的流动性不会发生问题。当然说流动性重要并不意味着偿债能力不重要。中国政府宣布1998年财政部要发2700亿特别国债，用于对四大国有银行注资，目的是使资本充足率达到8%（戴相龙，1998）。而**利润**是指企业的收入大于成本的那部分。我们经常说到国有企业亏损还是盈利，就是这个概念。我们分析银行的不良资产，要将其偿债能力、流动性和长期盈利的可能综合起来看。

中国过去20年的高增长，非常得益于银行的贷款支持，但其重要特点是投资成功了归投资者，失败了烂的是银行的账，这和财政赤字一样，可以维持一时却不能长久。现在，提高银行贷款回收率已经成为无可置疑的基本政策。这相当于逐步撤销对投资的补贴，当然会引起投资增长率的下降，从而导致经济增长率下降。

三、造成上述问题的原因分析：有效需求不足还是经济结构问题？

当前宏观经济中的供需矛盾包含需求与供给的双重原因。一方面是中国特有体制因素导致的重复建设、结构失衡等造成的总供给的问题，如无效供给及超量生产等；另一方面是总需求不足，并面临通货紧缩的危险。

1996年初，就有许多学者提出中国是否存在有效需求不足的问题。学者们主要有两种意见，一派认为中国生产能力相对过剩，有效需求不足，主张政府应适当放松货币政策与财政政策，以推动社会的总需求。另一派认为中国主要是体制和结构的问题，主张政府应坚持适度从紧的政策，把效率低下的企业逼到墙角，迫使他们破产或重组。这两种观点均有道理。如果你坚持一种观点，你大约可以对一半，错一半。我们从以下几个方面理解这两种观点。

（一）表面与深层

有效需求不足是表面现象，大量商品卖不出去，工人下岗，当然是需求不足。但是只要分析有效需求不足背后的原因，就会发现是体制和结构的问题。体制和结构所导致的有效供给不足，经常被过度供给的矛盾所掩盖。什么是有效供给不足？举例来说，美国的麦当劳在中国红火，台湾的永和豆浆也是生意兴隆。如果说麦当劳有相当高的技术含量，永和豆浆的技术含量却绝没有超出中国人的理解水平，为什么到现在中国大陆还很少有自己的精品快餐连锁店呢？中国餐馆在城市过剩，需求相对不足。在这种情况下，问题就不是如何采取措施扩大社会对餐饮业的需求，而是如何鼓励出中国自己的精品，并占领市场的问题。因为事实上中国还是需要快餐馆的，关键是你提供什么样的餐馆而已。这一问题也正是当前的经济体制转换与结构调整中的一个重大课题，其本质上是要求中国经济从粗放型增长转向集约型发展道路上来。

（二）长期与短期

强调经济体制和结构问题的同仁们是指长期，要解决结构问题需要时间。强调总需求不足是指短期，工厂停工，工人工资发不出，现在日子就过不下去，必须马上解决。绝不能天真地认为等体制和结构问题都解决，其他问题就迎刃而解了。看来长期短期都不能扔，问题在于寻求兼顾长期和短期的对策。

（三）失业与通货膨胀哪个问题更重要？

认为中国主要是体制和结构问题的人往往强调**通货膨胀**是天下第一敌人，主要理由是通货膨胀扭曲了各类资源的价格，使资源得不到最优配置，通货膨胀是对老百姓（特别是穷人）征税，通货膨胀对经济的最坏的影响在于它的不确定性。认为有效需求不足的人则指出，失业比通货膨胀问题更严重，通货膨胀使转轨的成本由全社会负担（对所有人征税），失业却把这种成本加在一小部分人身上，这样就使失业工人走投无路，会造成社会问题。从道理上讲，两害相权取其轻，分清通货膨胀与失业何者更为严重有利于抓主要矛盾，但在实际决策中，却往往只能寻求平衡，因此兼顾才是上上之策。

（四）中国是否存在稳定的菲利普斯曲线？

就政策含义而言，以上争论的实质为是否需要采用较松的货币与财政政策解决当前经济中的矛盾。主张有效需求不足和**失业**问题更要认真对待的学者希望能通过放松的货币与财政政策的配合来启动需求,缓解失业的压力。反对宏观政策放松的人则认为,这样可能会引起一定程度的通货膨胀。无论这些经济学家是否承认,在他们的脑子里其实是有一条**菲利普斯曲线**的,不然的话,他们为什么认为一定的通货膨胀可以换取较低的失业率呢?根据我们对中国体制的分析,用较松的财政和货币政策是可以在短时间内(半年左右)换取较低的失业率。其传导机制为增加贷款,工厂可以维持生产,工人暂时不下岗,于是生产出更多的缺乏市场需求的存货,工厂对银行的负债增多,按时付息更困难。但这个过程维持不了多久就必须停下来。当停下来时,工人还得下岗,失业率还得上升,而这时我们面临的是更高的通货膨胀,人们不禁要问,到那时是否还要用较松的政策刺激经济以减少失业呢?

目前中国有许多闲置的资源,并且不存在通货膨胀这个敌人。我们的问题是通货紧缩,而不是通货膨胀。中国目前所有的宏观经济指标:经济增长率、失业、物价、进出口、投资、消费乃至汇率都表明中国面临着**通货紧缩**的危险。这一点已越来越成为大家的共识。本文要强调的是启动需求应该有利于结构调整和体制改革,而不只是全面的启动需求。

(五)中国是否会出现类似于美国30年代的大萧条?

中国避免发生通货紧缩的根本在于政府和公众都充分认识到经济增长在目前所具有的政治意义,看到目前中国社会存在着通货紧缩的可能,认真吸取历史的(包括美国大萧条)经验教训。当大多数人认识到通货紧缩的危险并努力防止它时,真正的通货紧缩发生的可能性其实很小。有人说通货紧缩已经发生了,那么,通货紧缩再进一步恶化的可能性将由于宏观政策的调整而大大减小。

四、1998 年中国宏观经济政策的目标和对策

1998 年中国宏观经济政策有四大目标：(1) 继续保持适度经济增长，防止可能的经济萧条；(2) 坚决推进国有企业改革、迈出三年解困的重大步伐并解决好职工下岗和再就业问题；(3) 提高银行资产质量，有效地加强金融监管、防范金融风险；(4) 维护人民币汇率的稳定，防止过高的通货膨胀出现。然而，这四大目标使得我们可选择的政策组合的空间十分狭小。增加财政支出(赤字)受人大立法限制；增加银行贷款受提高银行资产质量防范金融风险限制；降低利息要受维护人民币稳定的限制。

宏观经济学指出实现 N 种目标需要有 N 种相互独立的有效政策工具，这个理论对我们有一定的参考价值。在制定宏观经济政策时，各项目标都需要兼顾，同时又都要有所牺牲，这就必然需要多重政策工具。1998 年宏观政策成功的要点就在于找到平衡点，找出政策的最佳组合。

有人把 1996—1997 年经济增长速度放慢的原因归结为货币政策过紧，他们问在中国目前失业率较高、需求不旺的情况下，为什么还要坚持“适度从紧”的货币政策？其实，1996—1997 年起货币政策一直不紧，而是向着相当宽松的方向发展。近两年中央银行连续四次降息，1997 年国有商业银行的贷款额度均未用完，1998 年 1 月 1 日开始取消对国有商业银行的贷款限额控制。

这一切都表明过去两年中国的货币政策并不紧。在目前的情况下(银行系统不良资产比例高，国有企业改革尚未完成，重复建设无效投资多)，过松的货币政策其实是撒“胡椒面”，虽然企业会普遍感觉松了一些，但这样不易保持对困难企业的“改革压力”。其结果是日子暂时好过了几天，然后就是库存增长，再后是又陷入困境。

中国的财政与银行一向存在替代关系，银行实际上是**第二财政**，财

政赤字可以用银行的贷款弥补。世界银行和其他学者的研究表明中国政府的实际赤字在改革开放期间平均占 GDP 的 8%—9%，而不是公布的 1%—2%。他们将银行系统的政策性贷款划为**财政赤字**。从某种意义上说，我国银行系统的不良资产中有一大部分是因为替代财政的政策性贷款积累而形成的。因此，中国事实上存在显性与隐性两种赤字，这些年经济增长的主要推动力量之一正是来自银行的"财政赤字"。经过亚洲金融危机，金融体系的健康十分重要，因此银行的不良资产一定要刹车。但在目前中国经济存在经济过冷危险的情况下，在不能再增加银行的隐性赤字的前提下，只有将银行隐性的"财政赤字"变为财政的显性赤字。使财政赤字显性化至少有两个好处，一是符合国际惯例，便于比较；二是我国公众和政府机构对显性赤字的监督相对健全。我国目前的情形是，如果财政赤字多了 100 亿元，许多人会出来说话，但若为了不出现 100 亿元赤字，改用银行贷款，就可能在将来造成 500 亿元的不良资产。由于用银行贷款把问题暂时掩盖起来了，所以很少人出来说话，大家不知情。这样下去我们的金融系统就危险了。

考虑到 1998 年的多重经济目标，我们建议的政策组合如下：

扩大财政支出　1998 年政府支出可以成为支持经济增长的重要动力。用财政政策来扩大总需求，需要政府增加财政支出。需要回答的第一个问题就是钱从哪来？目前我国政府债务的余额相对于 GDP 并不高（大约占 10%，大大低于欧盟国家 60% 的债务存量标准），但中央政府收入的**债务依存度**已经相当高了（每年债务收入占财政总收入的比重）。在中央政府发债不能过快增长的情况下（九届人大要求 1998 年财政赤字比 1997 年下降 100 亿元），财政融资方式可以考虑如下选择：

第一，发行中央特许、地方财政担保的"公共工程专项投资债券"。根据**财政平衡法**，未经中央政府批准，任何地方政府不能发债，但政府可以试行地方发行项目融资债券，把项目看作是一个法人，以公司制管理方式实行封闭运行，专款专用。国家从宏观上严格把关，对项目融资债券进行严格的资金管理，增加其运行的透明度。其实，中国已有类似的债券。例如上海城市建设投资开发总公司发行的“市政建设债券”。这类债券现在被划为企业债，建议把它变成地方政府债。铁道部发行的“铁路建设债”则是“条条”发行此类债的例子。

第二，将一部分**国有资产**存量在市场上变现，用现金投入到公共基础设施中，实现国有资产实物形态的置换。李剑阁曾提出过将上市公司的**国有股**用可转换债券的形式卖给公众。这种债券以上市公司的国有股权为抵押，给债券的持有者如下选择：若干年后可以还本付息；或按一定比例折成上市公司的股份。这样做有几个好处：一是国家马上就能从公众手中筹一笔钱用于基础设施投资。二是平稳解决国有股权上市流通的问题，给投资者一个过渡消化时期。将来无非有两种可能：一是该公司业绩好，股价较高，债券持有者选择持股。二是公司业绩差，股价低，债券持有者选择要国家还本付息（这时要财政担保）。

第三，允许非国有（特别是民营）企业进入公共工程领域。对一些回报比较稳定的项目（如高速公路）等，现在是允许外资进入，但是民营企业进入十分困难，这也是一种不平等竞争。在目前中国资金并不紧张的情况下，民营企业要上公共工程是相当有把握的，不应在政策上歧视它们，并应在银行贷款等配套措施上给予支持。

税收政策　目前提得比较多的是扩大公共支出的财政政策，这只是财政政策的一个方面。我们认为还有必要考虑采取减轻企业税收的财政政策。中国目前实行的生产型**增值税**，税率为17%。欧洲一些国家的增值税率也是17%，但他们是消费型增值说。我国17%的生产型增值税大约相当于欧洲的25%的消费型增值税。中国企业的税收负担重，中国国有企业的税负尤其重（要计算在中国投资的税负有多重，应该计算一下每100元投资有多少是交了税）。退税的国际惯例，欧洲是按用途分，用于投资的可以退税。中国法制不健全，变生产型增值税为消费型增值税的最大困难是如何对付骗税，故建议有关部门对此作研究。消费型增值税的好处是有利于国内外企业公平竞争。国外的机器设备进口是免税的，而我国自己生产的设备则不能退税，这显然不利于我国制造业的发展。如果消费型增值税全面推广有困难，可考虑先对国家产业政策鼓励的一些生产资料实施税改。从长期来看，这样做有利于中国装备工业的发展，从而有助于中国实质经济增长，提高国际竞争力。

货币政策　多重的宏观目标把货币政策可选择的空间限制得十分狭小。维持经济增长的目标和解决下岗工人的再就业都需要适当的**货币供应量**，但是提高银行的资产质量、防范金融风险、稳定汇率目标却要求在选择增加货币供应量的渠道和方式时特别小心，谨防出现新的不良资产。

维护**人民币汇率**的稳定是对货币政策的一个很强的制约，从理论上讲，在固定汇率制度下，货币当局基本上丧失货币政策的功能。我国1994—1997年人民币升值的压力大，央行大量买入美元，外汇占款成为放出基础货币的主要渠道。为不使货币增长过快，央行前几年一直靠收回对商业银行的贷款来对冲。如果维持固定汇率是目标，那么货币政策的操作就要围绕这一目标来进行。当汇率目标与经济增长目标、失业率目标、通货膨胀等目标发生冲突时，只好权衡轻重进行取舍。在维持固定汇率的前提下，货币当局不仅在货币发行量上要围绕着外汇占款而操作，在利率政策上也基本上失去主动权。利率平价在中国是否成立有许多讨论。从过去的数字上看，利率平价在中国是不成立的（易纲、范敏，1997），但是向前看，利率平价显然是越来越重要了。

关于利率作用值得讨论一下。许多学者认为中国的**利率弹性**低，所以经济对利率的反应十分有限。在分析1996年、1997年几次降息的影响时，大多数学者认为，经济中的实际变量（消费、投资）对利率变化的反应小，而对名义变量（如老百姓是存款还是买股票、债券）的影响较大，1996年降息后对股市的影响就是一例。分析其原因有以下几条：一是中国目前耐用消费品和住房贷款少。降低利率不会像西方那样使耐用消费品和住房的实际分期付款数量下降（尽管其价格没变），从而刺激消费。在投资上，中国国有企业和各级政府存在投资饥渴症，多高的利息也敢借，借款时根本就没想还本付息。这时资金的配置不能靠价格（利率），必须靠额度。

这些因素现在都在变化。在不久的将来我们会看到对汽车、住房的贷款将增加。企业与银行的改革加上非国有经济所占比例越来越大，使得企业投资行为对利率已经敏感起来。不难看出，在目前和不远的将来，在中国经济中不仅老百姓和企业的投资行为对利率将会敏感，就是利率的变化对实际变量（消费、投资、进出口）也会有重要影响。

当经济过冷的危险在加大时，在实际利率接近改革开放以来最高点的时候，降低利率对促进经济增长、减轻负担、增加投资无疑是一个最有效的选择。但是降低利率与维持汇率稳定相悖。目前人民币利率和美元利率水平很接近，如果此时将人民币利率降到明显低于美元利率的水平，会对人民币汇率产生巨大的压力。1998 年解决中国宏观经济政策的关键在于对付实际利率过高的问题，而解决实际利率过高的问题关键又在于怎样兼顾人民币汇率的稳定。

参考文献

戴相龙，1998：《戴相龙答中外记者问》，《金融时报》3 月 18 日。

易纲、范敏，1997：《人民币汇率的决定因素及走势分析》，《经济研究》第 10 期。

易纲、方星海，1998：《东南亚国家和墨西哥金融危机对中国的启示》，《财贸经济》第 1 期。

宋国青，1997：《债务—通货紧缩》研究课题，北京大学中国经济研究中心内部文稿。

朱文晖、王玉清，1998：《东南亚金融危机与世界经济格局》，《战略与管理》第 1 期。

中国社会科学院经济研究所宏观经济学科课题组，1998：《总量态势、金融风险和外部冲击》，《经济研究》第 3 期。

Gerald Gundersun (1976), A New Economics History of America, McGraw-Hill, Inc; 杰拉尔德 · 冈德森，1994：《美国经济史新编》，中译本，商务印书馆版。

深圳综合开发研究院，1997：《130 位专家点评中国经济大趋势》，《开放导报》12 期。

宏观政策调整与坚持市场取向*

——1998 年中国经济政策回顾与思考

一、1998 年宏观经济形势与政策回顾

(一) 一个有意思的问题:1997 年的中国人怎么看 1998?

总体上,1997 年的中国人是非常看好 1998 的[①]。对于国内经济,不少人认为,1998 年有"宏观软着陆"奠定的良好局面,又是香港回归和党的十五大后的第一年,各地将大干快上,经济会很快探底回升,新的增长周期即将开始。基于上述判断,包括国家权威部门在内的各家普遍看好 1998 年的经济增长,GDP 增长的平均预测值超过了 8%,部分预测在 9% 以上。对于国际局势,特别是对于亚洲金融危机,主流的意见是,经过第一波(东南亚)、第二波(香港、台湾)和第三波(韩国、日本)的震荡,到 1998 年 2 月,亚洲金融危机已经见底回升,形势在向好的方向转化。对于国际局势变化对中国经济尤其是出口的影响,多数人认为,由于中国经济发展主要靠内需,又是个半封闭的大国,因此外部冲击对国内的影响不会太大,经过努力,中国的出口仍然可以维持高速增长(权威部门估计 10%)。

现在看来,"看好"的意见不全错,但明显存在三个"低估":一是低估了国内经济矛盾的暴露以及所面临的困难,二是低估了亚洲金融危

---

* 原文发表于《改革》1999 年第 1 期。作者:易纲、赵晓、江慧琴。

机将扩大的可能性以及严重性，三是低估了外部冲击对我国经济发展的影响（从而低估了我国 20 年对外开放所取得的成就）。

（二）1997—1998：宏观经济政策取向的变化

针对国内外环境发生的变化，中国政府在 1997 年第四季度开始部署并在 1998 年作出了重大的政策调整，相比"宏观软着陆"时期，以及"九五"计划的基本方针，宏观经济政策取向有明显变化。对于变化后的 1998 年的宏观政策的基本取向，可以概括为两句话：一是以保持国民经济的快速增长为目标；二是以实施积极的财政货币政策**扩大内需**为手段。

观察宏观政策的演变，从对总需求的紧缩到扩大内需，从适度从紧的财政货币政策到积极的财政政策配以适当的货币政策，确实是具有转折性的意义。如果扩大内需的政策成为今后的一项基本政策（郑新立，1998），这种转折性更是具有中长期的意义。

宏观政策取向的变化经历了一个起承转合、逐步形成的过程。

——先是继承"宏观软着陆"下的形势判断，继续**适度从紧的政策**取向。主要标志一是年初出台的减免税收、鼓励进口的政策，这是 1998 年的第一个宏观政策。二是 1998 年 3 月，九届人大通过了新的财政预算案，要求 1998 年中央财政的支出预算增长率比上年降低 3.2 个百分点，预算赤字减少 100 亿元，显示出宏观政策仍然是适度从紧的取向。九届人大通过的财政预算案虽然滞后，但说明中国宏观调整已经开始走上了法治的道路，人大开始对政府形成约束。

——然后是政策取向的初步调整。1—2 月份的经济指标显示，预期中的新增长周期并未启动，经济在下滑。国民经济越过"高增长低通胀"下限，出现了增速不高（一季度 GDP 增长仅 7.2%，远远低于上年同期 9.4% 的增长）、物价为负（全国商品零售价指数增长 −1.53%，1997 年第一季度为 2.6%）的情形，形势非常严峻。宏观经济政策面对国内外环境的变化，作出了扩大内需的重大决策，主要标志是开始放宽项目审批以鼓励地方投资从而扩大内需的具体措施。

——接着是**积极的货币政策**的启动。由于体制及市场环境的变化，地方并未对扩大内需的信号作出足够反应。于是才有了调增贷款计划，以及 3 月份和 7 月份短时期内的两次降息等一连串积极的货币政策措施的出台。

——最后是**积极的财政政策**酝酿和出台。早在 5 月，积极的财政政策就在酝酿之中，6 月财政部负责人公开撰文，陈述财政政策对于当前宏观经济的作用，财政政策的出台已是呼之欲出。1—6 月的数据显示，以货币政策为主导的扩大内需政策还未产生足够的政策效应，经济好转的迹象仍不明显。GDP 增长速度进一步下滑至 7.0％，全国商品零售价格指数增长 －2.1％，居民消费价格指数从 2 月出现负增长，至 6 月累计增长为 －0.3％。如果不出台更强有力的宏观调控措施，1998 年经济增长 8％ 的目标将难以实现。这样，8 月底积极的财政政策终于出台，确定增发 1000 亿元国债，纳入 1998—1999 年国家预算；其中 1998 年列入中央财政支出 500 亿元，中央财政赤字将由年初预算的 460 亿元扩大到 960 亿元。至此，不同于“宏观软着陆”双紧政策的新宏观政策取向完全形成。

（三）一个有争议的问题及评价

一个有争议的问题是，宏观政策的调整是否太晚，或者说“宏观**软着陆**”是否为时太长，如果早就（比如说 1996、1997 年）实行扩大内需的宏观政策，中国经济是不是就不会有衰退？我们的看法是，如果政策调整得早，客观上效果确实会更好一些，但这是事后看，事前的认识未必能统一。原因有以下几点。一是在我国，总需求问题与体制、结构问题纠缠在一起，很难分清三者各自的边界究竟在什么地方，当供需缺口增大，出现增速放慢、库存增加、企业开工不足、就业率下降等一系列现象时，可能是由于**总需求不足**，也可能是长期积累的体制性、结构性矛盾释放的结果，确切的判断需要时间。二是众所周知，总需求问题是短期问题，无法解决经济运行中的深层次矛盾，因此当改革面临攻坚，政府正致力于治理一些深层次问题时，突然转向扩大需求的政策取向无疑需要更大的决心，实际上除非总需求问题充分暴露否则难以作如此大的调整。

更为可能的是，即使较早地实施了扩大内需的需求管理政策，中国经济也未必能避免增长速度的衰退。关键原因在于，制约中国经济增长除了需求外，更主要的是长期积累起来的体制性、结构性矛盾，再加上国际经济周期的叠加，可以说大调整的结局无法避免。这就是为什么在 1998 年对中国经济增长速度的极为热烈的讨论中，面对增长乏力的事实，几乎无人不同意总需求不足是导致经济下滑的一个重要原因，也无不赞同扩大内需的政策，但许多专家学者却仍然明确地表示不同意将增长下滑的原因全部归结为总需求不足，也不认为"需求管理可以包打天下"，而是更多地着眼于从中长期经济调整和长期总供给的角度来看待中国经济增长的原因。

我们曾指出，对于当前供需矛盾的尖锐，坚持总需求不足因而主张政策导向是需求管理的意见与坚持体制和结构是主要矛盾因而主张政策导向是供给管理的意见，大约都是对一半、错一半（北京大学中国经济研究中心宏观组，1998a）。从经济学上讲，需求不足指的是**"有效需求不足"**。所谓**"有效需求"**，是指有现实购买能力的需求。据此定义，可以争辩说，中国老百姓主要不是"有效需求不足"（居民存款 1998 年已达 5 万亿以上），而是消费欲望不足，或者消费欲望得不到满足。消费欲望不足的含义是指目前该买的东西都买了（如城镇居民的"几大件"），消费欲望得不到满足的含义是目前的生产商不能生产出适销对路的产品来，供给结构与需求结构之间存在偏差，无效供给太多。但也可以作相反的争辩，即认为相对于想要购买住房、汽车等重型消费品而言，居民的有效需求仍然是不足。

因此，表面上看，总需求不足是因为投资下降，往深里看，投资放慢的背后是消费的放慢，消费的放慢有消费者的因素，也有生产者的因素，隐含的是结构矛盾。短期看，扩大内需能使产品卖出去，长期看只有生产“对路”的产品才能卖得出去。在消费无热点的情况下，投资下滑既有必然性又有合理性，至于投资的上升是依靠政府扩大支出来马上启动，还是依靠消费传导来逐渐启动，人们也会有不同的看法。

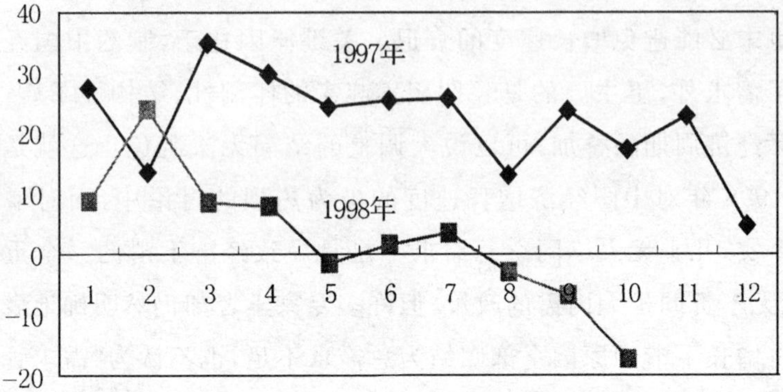

图 1　1997—1998 年各月出口增长趋势比较（%）

一个有意义的问题是，如果没有外部冲击，内需问题是否会如此严重呢？显然，如果没有亚洲金融危机这样特大型的外部冲击，1998 年中国的出口不会急转直下，不会从 1997 年的年增长 23.2% 一直下滑到接近于零增长（图 1），考虑到 1997 年净出口对 GDP 增长的贡献是 22.5%，出口掉下来才使得总需求问题充分暴露。因此，与此相关的一个问题是如果内需问题不是如此严重的话，是否需要宏观政策取向作如此重大的调整呢，“适度从紧、灵活微调”的基本政策取向是否仍有可能持续呢？

综上所述，早在 1998 之前就指出需求不足的意见确实难能可贵，但提出需求不足的依据还不足以导致宏观政策取向的改变。只有当外部冲击对经济的负面影响凸显，需求不足的问题才完全、充分地展露，这时，政府果断调整政策取向，也仍然称得上是难能可贵。但是客观地说，从适度从紧向积极的宏观政策的调整大约比最好时机晚了三个季度的时间，虽然货币政策从 1996 年就开始事实上地放松了。

（四）1998 年的宏观经济形势：成效与问题

从 1998 年全年的经济形势看，积极的宏观政策的成效已经逐步显现，大多数经济指标呈逐季好转之势。最大的特点是**固定资产投资**快速增长。据国家统计局公报，1998 年 1—10 月份国有单位固定资产投资与上年同期相比增长了 21.2%，其中 10 月份当月比上年同期增长了 28.4%，已接近 20 世纪 90 年代的较高水平。其次，可以清楚地看到，固定资产投资增长带动了工业增长，尤其是下半年工业增长速度明显加快，1—10 月工业生产增长 8.2%，其中上半年增长 7.9%，10 月份当月的增长速度达到 10.6%，一些先行指标如水泥、钢材、平板玻璃的生产出现了较为明显的增速回升（1998 年 10 月水泥、钢、平板玻璃分别增长 14.9%、8.2% 和 12.1%，见《金融时报》1998 年 12 月 5 日）。考虑到工业增长对 GDP 增长的主要贡献，可以认为扩大内需的政策通过投资和工业的传导确实起到了保证国民经济快速增长的效果。三是其他一些重要的经济指标较好，尤其是人民币汇率保持稳定，货币供应量稳步上升，外汇储备有所增加。

但是，宏观经济运行也存在一些突出的问题，显示出扩大内需政策的局限。一是外贸出口总体上呈急剧下降的趋势，1—10 月份增幅仅 1.3%，有四个月出口负增长，八、九、十连续三个月负增长，其中 10 月份当月增长为－17.2%，年初 10% 的目标已不可能完成。二是消费市场没有启动，物价低位运行，**通货紧缩**迹象值得更加严密的关注。1—10 月份，全国市场销售额同比增长 6.5%，即使考虑物价，也是较低的增长。到 10 月份，全国商品零售价格总水平、居民消费价格总水平、工业品出厂价格指数已分别持续 13 个月、7 个月和 17 个月负增长，通货紧缩的迹象十分明显（图 2）。三是企业亏损继续增加，截止到第三季度末，工业企业亏损面和亏损额已分别达 34%、1 380 亿元，实现利润由上年的 1 149 亿元降至 795 亿元，下降幅度达 30.8%。四是下岗职工进一步增加，就业矛盾更加尖锐。五是金融风险上升，银行和非银行金融机构呆坏账问题从非银行金融机构和地方银行开始引爆，潜伏的金融风险对现实和未来经济增长的威胁加大。

看待中国经济的形势，较好的办法是放在世界范围内进行比较。1998 年，世界经济增长率逐季下降，估计全球经济增长率仅 2%—2.5%，增长幅度相比 1997 年的 4.1% 回落了 2.1 个百分点，其中发达国家平均增长速度将从 1997 年的 2.7% 降至 2.25%，发展中国家平均增长速度可能不到 3%，亚洲一些国家实质经济整体经济增长率预计 1.8%，大大低于上年的 6.6%，为 10 年来最严重的经济衰退。因此，相比 1998 年世界经济的急剧衰退，没有人会怀疑 1998 年中国经济所取得的成就是巨大的。

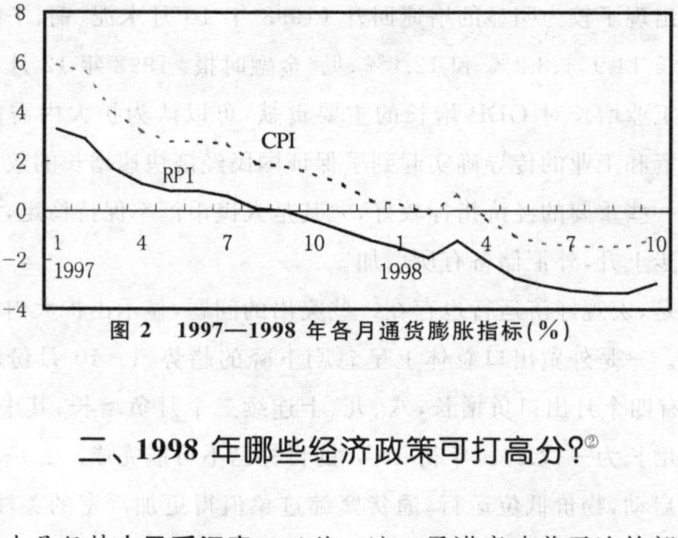

图 2　1997—1998 年各月通货膨胀指标(%)

二、1998 年哪些经济政策可打高分?[②]

首先是坚持人民币汇率不贬值。这一承诺意味着无论外部动荡如何，中国都要义无反顾地做中流砥柱，是一个很大胆的抉择，担着很大的风险。从国外的情况看，中央银行在汇率方面与市场作战输多赢少，众所周知的英镑危机、墨西哥货币危机以及前不久东南亚大小不等的诸多国家不敌于炒家的例子大都是这样。难怪最初提出人民币不贬值时，海外几乎无人相信这一承诺能够信守。但中国政府任凭风云变幻，保持汇率稳定的承诺始终没有动摇过，现在看来实在是英明之举。如果要对1998年的政策打分的话,“汇率不贬”应得10分。当然,得满分更应该总结经验,这一步已经到了真理的境地,不能向前再走一步了。

汇率得守,得益于充分利用了一切可供利用的条件,包括一些不利因素,如通货紧缩。通货紧缩不是好事,但就1998来讲,考虑到各方面的情况,尤其是影响名义汇率变化的主要因素是人民币对美元的相对通货膨胀率,却有其有利的一面。因为1998年人民币通货膨胀率为负值,部分地抵消了人民币贬值的压力。为加大出口,稳定人民币汇率,政府还采取了加大出口退税、打击走私以及外汇大检查等措施,这些也都应得高分。

二是积极的财政和货币政策。**积极的财政政策**和货币政策都取得了很大效果。货币政策的几次**降息**极大地减轻了企业的财务负担,缓解了中国经济的下滑速度,对经济增长、汇率稳定、防范金融风险等都起到了重要的作用。实施积极的财政政策的最大好处是以最强的方式传达出信号,表明政府确保经济增长的决心,对于改变悲观预期、保持增长信心的意义非同寻常。

三是改革的启动和推动。1998年最热的话题是经济增长。但我们注意到,改革其实也已经悄悄加快了步伐。许多重大的改革措施已在这一年得以启动或推动,如国有企业三年脱困改革、政府机构改革、金融体制、粮食流通体制改革、社会保障体系改革、住房制度改革等;费改税和投融资体制的改革正在加紧研究。无论从力度和数量来说都相当可观。

在诸多的改革中,尤其值得一提的是金融改革,因为这一年是金融改革项目出台最多和力度最大的一年。一是取消了几十年一贯制的对国有商业银行的**贷款限额控制**,扩大了国有商业银行全年余额贷款比例。二是改革和调整了**存款准备金制度**,将原来各金融机构法定存款准备金账户和备付金存款账户合并为准备金存款账户,同时将法定存款准备金率由13%降至8%。三是中央银行管理体制实行了重大改革。1998 年底前撤销人民银行省级分行，成立 9 个跨省（自治区、直辖市）的分行，这将有利于中央银行独立地执行货币政策和实施金融监管。四是适当增加城市商业银行，目前已经批准开业的有 80 多家。五是对银行、证券、保险和信托实行分业经营、分业管理。六是继续坚持金融业对外开放。亚洲金融危机后，中国人民银行批准了 9 家在华外国银行进入银行间同业拆借市场，并继上海浦东之后又批准外资银行在深圳试点人民币业务，批准引进 4 家外国保险公司进入中国市场。目前，在华设立的外资、合资、独资营业性金融机构达 175 家。

四是防范金融风险。对金融风险的防范可以打高分。向国有商业银行注入 2700 亿元的资本金是防范金融风险的一项积极措施，标志着中国政府已经开始逐步解决这一危及国家安全的重大问题，在金融风险逐步引爆的同时，政府强有力的反风险的举措将使真正的危机消除于"未然"。1998 年，在确保增长的压力下，从总体上，中国政府没有强压银行大量发贷。这一方面是法律的效力开始起作用，银行可以用《中国人民银行法》和《中国商业银行法》两部大法来维护自己谨慎放贷的行为，另一方面中国政府也一直强调防范金融风险，提高银行资产质量的重要性。防范金融风险的政策不能打满分（银行在保 8% 的压力下，贷款行为多少有些变形），但可得高分（终于坚持住了，没有发生 1992—1993 年式的信贷失控）。

五是政企分开有了新突破。国务院机构改革的顺利进行，推动了政企分开。一批重点企业下放地方管理，军队、武警、政法机关所办经营性企业全部移交地方，党政机关与所管企业或所办经济实体"脱钩"工作正式启动，这些重大的改革都是多年来就要做却未做的工作，本届政府上任伊始，即雷厉风行地铺开，充分显示出锐意改革的决心与勇气。

六是中小企业地位的提高和在政府工作中位置的加重。中小企业在经济衰退期更加能显示其不可替代的作用，投资少、见效快、增加就业、改善结构、技术进步等等，1998 年在某种意义上可以称得上是中小企业的亮相年，国家经贸委专门新设置了中小企业司，中国人民银行发布了《关于进一步改善对中小企业金融服务的意见》，一系列围绕中小企业的扶植与帮助政策正在加紧策划之中。

三、1998 年有哪些经济政策存在着争议？

对于确保 8% 的争议。1998 年扩大内需的目的是为了确保一定速度的经济增长，货币政策也好，财政政策也好，目的都是为了增长。既然如此，首先就要对增长作一个彻底的讨论，搞清楚究竟有没有必要确保 8% 的高速增长。对于保 8%，肯定的意见不少，认为确实是出于保证就业、提高财政收入，甚至匡算了多少个百分点的增长是用于维持现状、多少个百分点的增长是用于发展，以及提高 1 个百分点的增长可以增加多少就业的具体数量水平③。有人还提出，中国是一个发展中国家，目前还谈不上讲求质量，没有一定的速度不行。持不同意见的学者则认为，“发展是硬道理”并不等于“增长率是硬道理”，经济增长并不意味着结构转换、素质提高意义上的经济发展，更不意味着国民福利水平的提高④。至于就业与 GDP 增长速度的数量分析，未免过于简单，既无法从理论上得到证明，也无法从中国的增长速度与就业水平的实证分析中得到印证⑤。通过财政投资于基础设施解决就业，还将面临一个结构性的问题，因为我国当前的就业矛盾不是一般的就业矛盾，而是集中在城市就业问题，但从事铺路、修桥的工人中会有多大比例的城市工可想而知。还要问的问题是，就算扩张政策能够解决目前的就业问题，但一旦不能持续，过两年停下来怎么办？至于发展中国家只能谈速度不能谈质量和效益的说法就更站不住脚了，一个反例就是，现今巴黎的许多豪华住房是拿破仑时期建造的，距今已 200 年了。为什么 200 年前的法国能讲质量，而 20 世纪 90 年代的中国还没有资格谈质量和效益呢？

关于货币政策。对于货币政策的效力，有不少人持怀疑态度，甚至认为中国已经落入“流动性陷阱”，**货币政策**失效。其理由是货币政策时滞较财政政策长，货币政策的信号在目前的体制下无法很好地传导，其证据是积极的货币政策并未导致经济迅速出现回升。肯定货币政策的意见认为，货币政策的松动早在 1996 年就开始了。相比之下，财政政策的实际执行是 1998 年下半年，虽然执行时滞更短，但认识时滞明显更长，很难笼统地说谁的时滞更长。目前的实体经济和金融发展趋于多样化，不能说所有的企业和居民都对货币政策不敏感。至于货币政策的效果，1996 年以来的六次降息大大地缓解了中国经济的下滑速度，而且还实现了汇率稳定和防范金融风险等多重目标（北大中国经济研究中心宏观组，1998b）。

有人批评银行惜贷，支持经济增长不够。中国银行的**不良资产**已相当高，不良资产中有相当部分是 1992—1993 年经济过热时形成的。目前，我国广义货币 M_2 对 GDP 的比率已达到 1.3。相比之下，美国 M_2 与 GDP 的比率才 0.68，韩国是 0.7，印度是 0.47，都比中国低得多。日本大约为 1.64，金融资产这么高，正是导致日本积重难返的根源之一。中国老百姓的金融资产大头在银行。因此，防范和化解金融风险，提高银行的资产质量刻不容缓。目前，各商业银行按照审慎经营原则的一套现代银行管理制度来之不易，如审贷分离、审贷评审委员会、责任人制度等，是多年来金融改革的成果，决不能为保速度而毁于一旦。

关于财政政策。没有人怀疑财政政策特别是国家直接投资对促进经济回升的作用，主要的争议存在于由此导致的增长的质量和效率怎么样，以及财政政策是否有可持续性。对实施积极的财政政策的最为一致的肯定意见是它能有效地增强人们的信心，这在当前经济衰退和通货紧缩明显的情形下，具有至关重要的意义。但也有学者对财政政策的效率和作用及后果提出疑虑，担心 1998 年积极的财政政策，可能会有投资效率下降、解决失业不多、产业带动差等问题，从而抵消其促进经济的作用（CDI，1998；北大中国经济研究中心，1998b）。更多的意见认为，财政政策与货币政策要相互协调，同时着力。

历史表明，许多发展中国家的金融危机是政府的赤字财政引发的。我国增发国债，是否会引发政府**债务危机**？主流意见是不会。从债务规模上看，在1998年增发1 000亿国债以后，我国国债余额占GDP的比重为9.6%。如果再加上2 700亿的特别国债，此比重会上升到14%。1997年我国财政赤字占GDP的比重为1.5%，1998年预计为2.1%。目前国际上公认的警戒线是国债余额占当年GDP的比重为60%，赤字占GDP的比重为3%。因此，我国目前国债无论从存量还是从流量上看，都远低于国际警戒线。

但是，有学者对以上论述提出异议。中国的情况特殊，主要有以下两点：第一，中国**政府潜在负债**相当大，主要表现在中国银行体系的不良资产，中国粮食流通体系的巨额亏损和中国政府对退休人员的潜在负债。这些数目目前还很难精确估计，粗略估计表明中国政府负债（包括潜在负债）占GDP的比重应该在50%左右，非常接近国际警戒线的临界点。从流量上看，中国的国有企业亏损依然严重，银行体系的不良资产上升的势头还没有得到遏制。也就是说，除了政府的赤字以外，政府通过银行体系仍在持续向亏损的国有企业输血。中国的真正赤字也非常接近警戒线的临界点。第二，中国的财政收入仅占GDP的11%，而我们上面说的3%和60%的临界点主要适用于发达国家（欧盟），这些国家的财政收入通常占GDP的20%—50%。因此相对财政收入占GDP比重而言，中国政府目前赤字财政的潜力也非常有限。有人说我们的预算外收入大，中国政府的实际收入可能超过了GDP的20%。这一说法有道理，但即使用中国政府的全部收入计算，我国财政收入占GDP的比重依然偏低，不能过度发债。与此同时，在近期内中国政府财政收入比重很难大幅度提高，其主要原因是，我国企业特别是国有企业的利润率非常低，税收制度有待完善。

*对扩大内需的方向和着力点的争议。*1998年扩大内需的方向是积极的财政政策和货币政策。对此，存在的争议是，扩大内需是否还应

有其他的方向，特别是启动**居民消费**和引导民间投资。有人担心，如果居民消费不能启动、民间投资上不来，扩大内需的政策事实上等于扩大国家投资的政策，从而不知不觉走向了改革开放前的老路，这样一种增长方式将注定是行不通的，改革开放前20多年的实践充分证明了这一点。基础设施投资被认为可以避免加工工业的重复建设[6]，但也有学者担心投入基础设施可能导致固化现有的经济结构，技术水平粗放化，并丧失结构调整的良机。原因在于，基础设施投资主要带动的是技术水平不太高的基础原材料的增长，而基础原材料的固定资产净值占全部工业固定资产净值的比例已经超过56%，生产能力严重过剩。

多重并举的改革目标是否可行? 多重并举的改革目标是1998年讨论较多的问题之一。许多人认为，1998年多重并举的改革目标（国企、住房、医疗、政府、社会保障、教育等）加剧了不确定的预期，减少了居民的消费，从而部分抵消了扩大内需的效果。

中国的改革以其渐进的特点著称，关于“休克疗法”和“渐进改革”的讨论由来已久，前苏联和东欧的激进改革的效果并不理想，而中国渐进改革的成功有目共睹。但是“**休克疗法**”的逻辑并不全错，在1993年夏天，多数中国经济学家认为，中国应该做“**小爆炸**（Mini bang）”**的改革**，当时指的是在税收、汇率、金融、国企、社会保障等方面同时推进的一揽子改革计划。很明显，改革需要配套，在一个方面孤军深入的改革很难成功，从这个意义上说，1998年的多重并举的改革措施是必要的。

我们认为，1998年多重并举的改革措施出台是必要的、及时的，其时机、节奏、力度都是接近最优的。真正的改革都会触及人们的利益，没有不付成本的改革。改革一旦开始，必须坚持，不能退回去。主要的理由在于，虽然多重并举的改革事实上造成居民消费的负面影响，但这些改革确实也已经到了不得不改的时候了。改革开放到今天，形势已相当逼人，银行呆坏账、财政的巨额赤字、国有企业的不良负债、下岗工人的社会保障乃至地方担保的外债，所有的账单目前只有一个买主，那就是中国政府,而且所有的账单大概都要在今后的四五年中总付。

深入研究老百姓"预期"的效应,可以发现,最重要的不在于政策造成多么严重的效果,而是政策是否是确定的和一致的。退回去意味着政策的不一致,同样会动摇信心。1998 年坚持**人民币汇率**不贬值存在很大的困难和风险,但在海外投资者都不相信的情况下,中国政府一再坚定地表明这一承诺,投资者最终也就相信了政府有能力也有实力保持人民币汇率稳定,从而实际上并没有发生"个人理性集体无理性"的事件,这说明**政策的一致性**对于保持信心至关重要。再举一个通货膨胀的例子,1988 年老百姓预期物价将上涨,发生了**抢购**风潮。但后来老百姓对通货膨胀的预期理性化后,就不再抢购,而追求真实价格,所以 1993—1994 年物价高于 1988 年,却并没有发生抢购现象。因此,对于多重并举的改革,老百姓出于收入减少和支出增加的预期而减少消费;但一旦预期以后几年里都会改革,过度消极的反应反而不会出现,该消费还消费。所以,尽管从扩大内需的取向看,1998 年改革可能有一些负面影响,但既然做了,而且是迟早都要做的事,就应循序渐进,继续走下去。已经付出了成本,就要想方设法获取回报,否则原来的成本就成了"沉淀成本"。

扩大内需可能导致的"体制复归"或行政手段的问题。对于扩张性的总需求政策,最大的担心是,"在这种情况下,如果启动内需以放松企业和银行的预算约束为代价,必将出现旧体制的复归"(CDI,1998)。我们也曾经提出,财政政策与货币政策之争实质是主张市场多一点还是政府多一点的理念之争。相信市场的人一般都偏向于货币政策,相信政府干预的人一般都偏向于财政政策。美、德、日等国的政府都是号称财力庞大且管理有效的政府,但均对运用财政政策非常谨慎。我国的公共投资效率低,计划经济体制尚未完全消除,大规模使用财政政策最大的危险莫过于有可能强化计划体制(北大中国经济研究中心宏观组,1998b)。

在扩大内需的同时,如何避免可能的体制复归,我们认为,最关键的是要将社会主义的市场经济思想贯穿其中。宏观政策的制定和实施要始终坚持以市场化为取向，通过制度创新，加快结构调整来求得经济长远的发展，从这个意义上说，扩大内需如果不是作为一项短期政策，而是作为一项基本政策[7]，一定要和供给管理的政策结合起来，其具体做法和着力方向需要更为深入、细致的研究。

为什么扩大内需要以市场化为取向？关键的原因是计划经济不如市场经济，扩大内需不仅不能以市场化改革为代价，其本身只有贯彻市场经济的思想才能真正取得良好的效果。**计划经济**假设人是好的，可以通过精神的作用，或者靠领导就可以创造出发展的动力，而这个假定不合实际。**市场经济**的方法假设人性是坏的，因此要用制度来激励与约束。在这一制度下，好人当然不会有什么问题，关键是对坏人也可以制约和引导他的行为，在有效的约束机制下，坏人的坏行为就无法得逞，从而保证社会的稳定和发展。

然而，对许多社会精英来说，计划经济有无限的和永久的吸引力。精英和智者们看到市场的缺陷，从而跃跃欲试，相信凭借自己的聪明才智有可能超越市场，比市场做得更好。然而历史一再证明，精英们的梦想永远只能是"乌托邦"，做得最好的还是市场，这一点古今中外，概莫能外。因此，著名科学哲学家波普指出，工程师按计划建造房子、大桥是可以的；但按计划来搞经济，来搞社会主义就行不通，是所谓的"工程师乌托邦"。

1998 年国内和国外市场环境突变，大风大浪的环境很容易使人们迷失方向，认为只要能走出困境，可以不择手段的思想可能抬头，从而不由自主地回归到计划经济中去[8]。而且计划经济的一切用起来是那么的顺手，比如财政投资，政府惟一需要作的事情就是花钱，花财政的钱投资于基础设施建设，再驱使银行大把地撒票子。这种只花钱不必太讲求效率的做法当然容易做。

由扩大内需政策而起的"**体制复归**"或者可以说是计划经济的行政手段问题，已在具体的问题上引起许多争论，集中在以下几个方面：

行业自律价。**行业自律价**出台的背景是国家认为价格大战严重影响了企业效益，使不少行业出现了全行业亏损，造成国家税收大幅减少，国有资产流失，因而必须由国家出面，制止恶性的无序竞争。随着国家经贸委发出《关于部分工业产品实行行业自律价的意见》的通知，政府有关部门公开声明支持行业加强自律，制止恶性竞争，使自律价问题日益成为舆论关注的焦点。对行业自律价的看法归纳起来主要有以下几点：第一，调控市场价格应当防止走极端，回到计划经济体制下的价格垄断。第二，制定行业价必须避免两种倾向，一是避免保护一大批落后企业，二是在由卖方市场向买方市场转变的过程中，避免保护那些不适应转换的企业。第三，建立有序的市场竞争环境必须从根本上解决国有企业经营体制问题。第四，自律价是计划经济思路的翻版，与市场经济条件下实行的价格法相违背，在相当程度上剥夺了企业自主定价的权利。其背后包含的是两种经济体制的激烈碰撞，是计划经济和市场经济观念的尖锐冲突。

国有企业改革。学术界的主流是坚决拥护党的十五大提出的国企改革的战略方针的，但是在理解上也有一些讨论。一种思路是国有企业问题的根源是**重复建设**造成的。重复建设造成供过于求，于是效益下滑，产品积压，竞相降价使企业陷入困境。所以只要坚决卡住重复建设，国有企业的状况会有所好转。国有企业的另一个关键问题是领导班子。腐败渎职、低效、低能均发生在国有企业的领导班子中。因此搞好国有企业的关键是抓好班子建设。以上分析逻辑严谨，惟一的欠缺是没有考虑人性。我们要问的问题是：为什么重复建设屡禁不止？为什么国有企业班子的腐败现象如此普遍？为什么中国国有企业的优秀企业家一个个变成罪犯（长江动力集团的于志安，红塔集团的褚时健）？监管国有企业的领导班子的成本有多高？

另一种思路是要进行产权制度的改革，实现公有制的多种形式，建设现代企业制度，有步骤地使国有企业退出竞争领域，盘活国有资产，从而从根本上使国有企业走出困境。1998 国家针对中小企业拍卖成风的恶劣现象制定了中小企业不让卖的措施。按照国有企业改革“抓大放小”的原则（即从一部分行业中退出，从中小企业退出），小企业的拍卖方向应予以肯定，这是国有企业改革退出战略的一种具体方式。当然解决的方法不能是一卖了之，但也不能用重置法判断其价值，而应按市场供求考虑其价值。我们认为中小企业问题解决思路的关键在于坚持市场化的取向，坚持规范化、透明化和公平竞争的原则。

粮食流通体制。学术界对粮食流通体制改革进行了广泛的讨论，大多数人认为粮食流通体制的改革十分必要，中央政府 1998 年 4 月份提出的“四分开，一完善”和后来提出的“三项政策，一项改革”具有重要和深远的意义。学界同仁也发表了一些对粮食流通体制改革的看法，归纳起来主要有以下几条：第一，实行粮食顺价销售应具备两个前提条件。一是农民生产的粮食除自身消费外，在一级市场上全部由国有粮食企业收购；二是粮食的进口和销售均由国家垄断。第二，三项政策是一个严谨的逻辑整体，缺一不可，没有敞开收购就不可能顺价销售，粮食不能顺价销售封闭运行也就是一句空话。这三个环节的任何一个环节出问题，整个政策就不能实施。第三，执行三项政策的成本问题。敞开收购意味着在一级市场上把粮食收尽，全部垄断起来，做不到全部垄断，顺价销售就很困难。这是一场持久战，不仅在收购季节，在非收购季节也要坚决执行。垄断粮食一级市场的成本非常高，“八个大盖帽斗不过一个草帽”的事件时有发生。第四，假定三项政策百分之一百地被贯彻执行，粮食全部做到了顺价销售，问题还没有解决，因为这时的价格高于市场均衡价。高价引起过多的粮食供给，抑制粮食消费，粮食市场还是不能均衡。这意味着粮食库存每年要不断地增加。第五，据对历史事实的观察和分析，我国未来面临大规模粮食禁运的可能性并不大，因此过高估计未来粮食禁运发生的可能性和有效性是不必要的。第六，“三项政策，一项改革”主要侧重于粮食财务制度的改革，“四分开，一完善”则是粮食流通体制的改革，前者的着眼点是怎样消化目前已经亏损的 2 140 亿元（包括挤占挪用）。

出路在哪里？显然在目前的情况下粮食放开的条件还不成熟。为了保障农民收入的稳定增长和种粮的积极性，国家必须采取稳定粮食的措施。我国过去对农民的粮食定购是对农民的一种变相征税，定购粮落实到户，每户有一个定购粮本，记录着农民对国家的贡献。近年来国家定购价高于市场价，等于对农民的一种补贴（基本上按定购粮本的历史数字），这正好是对过去农民贡献的一种补偿。这项政策十分必要，但是补贴一定要有一个收购量的限制，比如 1 000 亿斤。这样做的好处是稳住一头，放开其余，不致造成农民的严重不良预期，挫伤农民种粮的积极性，财政补贴也心中有数。放开应该是有条件、逐步的，政府的管理职能更加重要，从这个意义上说，“四分开，一完善”具有非常重要的指导意义。

回顾和思考 1998 年的宏观经济政策，一是为了理论探讨；二是为了为 1999 年的经济政策理出一个较为清晰的思路。启动内需，积极的财政政策，适当的货币政策，都是要增长率高些，日子好过一些，有利于稳定。企业、个人、机关都要抓紧时机调整自己（进行痛苦的改革与调整），不能花财政的钱、银行的钱过舒服日子。这就是宏观政策调整与坚持**市场取向**的含义。

注释

① 按民间谐音说法，“1998”即是“要久久发”，是大吉大利的年数。

② 1998 年 10 月，有人问摩根斯坦利的首席经济学家罗驰（Stephen Roach），对中国政府处理金融危机的政策打多少分。回答是：“我给中国政府打 9 分。我是一个很挑剔的人，从没给人打过 10 分。只给自己的妻子打过 10 分。”实际上是说，中国政府已得到了最高分。总的来看，一些国际组织如 IMF、世界银行，一些国际知名的学者如斯坦福的麦金农教授和一些大的国际金融机构，都对中国 1998 年的经济政策给予高度评价。

③ 例如，国家发展计划委员会宏观经济研究院在其出版的《1997 年至 1998

年宏观经济形势的分析》一书中写道："据测算，如果经济增长率降低 1 个百分点，就将减少 80 万个左右的机会。"另外，在一些学术讨论会上时常有人提出，1998 年 GDP 新增的 8 个百分点中，约 4 个点是为了维持已有生活水平，约 2 个点是新增就业所需，另外两个点是为了赶超发达国家水平。

④ 可以举出日常生活中的一个例子，表明增长速度有时候纯粹是无用功。建一座楼，门窗、橱具、厕所用具统统安装齐备。但单位分房后，入住者会把所有这些东西都拆掉重装，把墙壁刮掉重新装修。为什么不能交毛坯的房呢？权威部门的回答是，管理部门对安全、质量都有规定，不按规定完成，不能交付使用。因此可想而知，建房的时候是一道 GDP，铲掉又是一道 GDP，重新装修还要算一道 GDP，这样的 GDP 增长显然并不能带来居民福利的等比例增长（杨目、赵先信、钟凯峰，1998）。

⑤ 理论上奥肯"定律"确实指出，当经济增长高于 2.5% 的趋势增长率时，失业率是下降的；对应于实际 GDP 增长在一年内持续高于趋势增长率的每一个百分点，失业率会下降半个点。但奥肯定律发挥作用的前提是，在各个经济周期中实质经济增长率高于趋势增长率。不考虑这一前提条件，单纯强调经济增长对失业率的作用是片面的。以我国目前的情况而论，约 50% 以上的行业生产能力闲置在 60% 以上，如果提高增长率，将首先拉动的是现有生产能力利用水平的提高（既减少库存），而这并不需要新增就业。

实证分析表明，1988—1990 年，我国 GDP 的实际增长分别是 11.2%、4.1% 和 3.8%。同期的就业机会的变化分别是 50 万个、150 万个和 205 万个。显然 GDP 增长与就业机会的增长是负相关。1993—1997 年，GDP 增长分别是 13%、12%、10%、9.7% 和 8.8%；同期就业机会的变化分别是 50 万个、51 万个、65 万个、70 万个和 80 万个，两者仍然是负相关（陈功，1998）。

⑥ 1998 年国务院增发 1000 亿元国债所筹资金的使用原则之一是只能选择基础设施建设项目。项目安排的重点是：农田水利和生态环境建设，铁路、公路、电信和重点机场建设，城市环保和城市基础设施建设，国家储备粮库、农村电网改造的建设，经济适用住宅的建设。据调查了解，1998 年以来，固定资产投资的资金几乎全部用于基础设施建设项目，如前 9 个月运输邮电通信业投资增长 50%，文教卫生业投资增长 30.5%，农林牧渔水利业投资增长 30%。9 月份投资增幅的进一步提高也主要是由于第一产业和第三产业的基础设施项目带动，前 9 个月的投

资增长与前 8 个月相比，第一产业的投资增长率由前 8 个月的 20.9%，提高到前 9 个月的 30%；第三产业由 25.9% 提高到 30.3%；而第二产业则由 6.1% 下降到 5.9%，一些加工工业项目如煤炭工业、有色金属工业、森林工业投资下降势头更猛。

⑦ 对于扩大内需不应视为一项短期政策，而应作为基本的长期政策，有不少人提出。如国家计委政策法规司司长郑新立在《中国投资与建设》(1998 年 11 期)撰文，提出“扩大内需是一项必须长期坚持的基本政策”，并给出三点理由：一是 1993 年宏观调控以来，全社会固定资产下降平均每年下降 13 个百分点，社会消费品零售总额也逐年下降，需求明显不足；二是我国已出现全面的买方市场；三是我国的出口增长明显下降；四是扩大内需才能使潜在需求变为现实需求，才能使经济增长同人民生活水平的提高紧密结合起来。

⑧ 吴敬琏先生最近的一番话已引起各方关注，他警告，中国当前有必要防止两种危险，一是回到计划经济中去，二是走向东南亚“裙带式的资本主义”。

参考文献

北京大学中国经济研究中心宏观组 (1998a)，“寻求多重经济目标下的有效政策组合”，《经济研究》1998 年第 1 期。

北京大学中国经济研究中心宏观组 (1998b)，“货币政策乎？财政政策乎？——中国宏观经济政策评析及建议”，《经济研究》1998 年第 10 期。

戴相龙 (1998)，“中国人民银行的历史责任”，《金融时报》，1998 年 11 月 30 日。

任邦公 (1998)，“发展与算账：关于当前中国经济政策的几点解释”，《经济日报》1998 年 12 月 5 日。

刘国光 (1988)，“关于当前经济形势、政策取向若干问题的看法”，1998 年 11 月，各大报纸。

刘宪法 (1998)，“当前宏观经济形势、面临的问题及政策目标的选择”，《开放导报》1998 年第 4 期。

CDI (深圳综合开发研究院) (1998)，“短期稳定与长期健康高速增长的政策选择——当前宏观经济形势分析与政策建议”，天则报告之宏观经济研究“中国宏观经济学者论坛”资料(一)。

唐杰、龙隆 (1998)，“当前的宏观经济形势与宏观政策选择的困扰”，《开放导报》1998 年第 4 期。

杨目、赵先信、钟凯峰（1998），“中国的经济增长：速度、效率和可持续性”，《改革》1998 年第 4 期。
郑新立（1998），“扩大内需：我国新经济政策详解”，《中国投资与建设》1998 年第 11 期。
周天勇（1998），“1998 年稳定、增长和改革态势的估计和建议”，《财贸经济》1998 年第 1 期。
中国社会科学院经济研究所宏观课题组（1998），“大调整：一个共同的主题和必然的选择——中国宏观经济分析”，《经济研究》1998 年第 9 期。

货币政策乎？财政政策乎？[*]

——中国宏观经济政策评析及建议

摘要：本文通过运用 IS—LM 图式对货币政策、财政政策效力以及各自面临制约的分析，并考虑中长期因素，得出以下结论：(1) 货币政策和财政政策从理论上讲都有失效的可能，但在中国均未成为现实；(2) 目前货币政策和财政政策都面临制约，单独实施难以取得最佳政策效果；(3) 为启动经济增长，短期内大可将财政政策与货币政策结合起来考虑，而不应对立；(4) 从中长期来看，实现可持续增长的关键将不是需求管理的货币政策和财政政策，而是促进结构转换的供给政策，为此需要进一步明确政策思路。

一、货币政策、财政政策及其有效性——IS—LM 图式的简要说明

通过对 **IS—LM 模型**的数学推导，我们可以得出货币政策无效的两种情形(因篇幅所限，推导过程从略)：(1) 公众的投资对利率毫无弹性，投资由不依赖于利率的自发性投资决定，此时 IS 曲线为一垂直线。在这种情况下，当 LM 曲线由于货币供给增加而移动时，利率下降，但利率下降并不能刺激投资，增加自发支出，所以国民生产总值不变；(2) 公众的货币需求对利率的弹性无穷大，在既定的利率水平下，公众愿意持有任何数量的货币，此时，LM 曲线为一条水平线。这种情况就是通

* 原文发表于《经济研究》1998 年第 10 期。北京大学中国经济研究中心宏观组，执笔人：易纲、赵晓、顾义河。感谢江慧琴、林明整理了大量的材料并绘制图表。

常所说的“凯恩斯**流动性陷阱**”。这时，财政政策无“挤出效应”，对国民生产总值有最大的效应，可用 IS－LM 图式表示如下（图 1）：

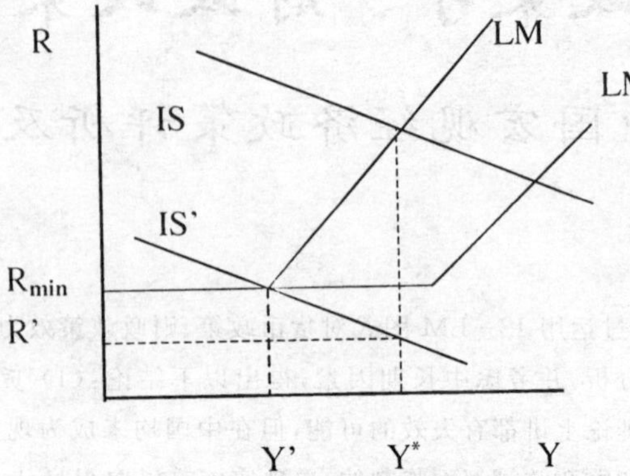

图 1　凯恩斯流动性陷阱

图 1 的经济学含义如下：(1) 由于公众对经济的前景预期不佳，导致自发性支出（自发性消费和自发性投资）大大减少，经济衰退严重，IS 曲线内移至 IS′；(2) 此时如果利率水平已经足够低，即 R＝Rmin，LM 曲线表现为水平线，公众的货币需求弹性为无穷大，并且均衡产出（或目标产出）Y^* 与 IS 曲线的交点所决定的利率水平 R′小于 Rmin。

通过推导，同样也可得出财政政策无效的两种情形：(1) 公众的投资对利率有无穷弹性，在既定的利率水平下，公众的投资需求为无穷大，此时 IS 曲线为一条水平线。在这种情况下，货币供给量变动引起 LM 曲线移动和实际国民生产总值增加，而利率不变；(2) 公众的货币需求对利率毫无弹性，货币需求完全由交易需求决定，LM 曲线为一条垂直线（相对于 Y 轴）。这时尽管由于政府支出增加，IS 曲线往右移动，但实际国民生产总值不变，而利率上升，利率上升所引起的投资减少与政府购买的增加同样多，存在完全的“**挤出效应**”。因此，从理论上讲，货币政策和财政政策都有失效的可能。

以下，我们结合 IS－LM 框架，分析中国当前的经济状况，并对货币政策与财政政策的效力进行判断。

二、货币政策与财政政策的效力分析

(一) 货币政策效力的分析:货币政策无效吗?

央行自 1996 年以来五次**降息**,但没有扭转经济下滑之势,有些学者提出中国经济已落入“流动性陷阱”中,货币政策失效。我们认为这一判断根据不足。试分析如下。

1. 企业总体(尤其是非国有企业)的**投资倾向**仍然对利率变动反映灵敏

中国的企业大概分为三类:第一类,以 512 户为代表的国家重点企业。第二类,以为数众多、分布广泛,有盈利但不稳定的中小企业为代表的中间企业;中间企业中有少数会成长为优势企业。第三类,以各种亏损严重的企业(多为国有企业)为代表的劣差企业。其中,第一类企业是国家的重点企业,无论借款需求多少,银行一般都愿意对其发放贷款。第三类企业亏损严重,风险太大,银行一般不愿意贷款给它们。所以,降息对这两类企业的投资需求刺激不大。但对于第二类企业就不同了,这类企业对利率变动应该说是非常敏感的。这些企业的特点是,一方面有着比较好的获利项目、较强的灵活应变能力、较好的成长空间等优点,另一方面又有产品单一、技术老化、自有资本较少、抗风险能力差等中小企业固有的弱点,其投资冲动强烈,同时十分计较利息成本,投资对利率的弹性较高。

2. 居民消费倾向对利率变动也是有反应的

利率对消费的刺激作用源于利率是现在和将来消费之间交换的价格。即使中国完全没有消费信贷,利率对消费的这种影响也是存在的。有种说法认为中国老百姓文化传统上有高储蓄的习惯,从而对利率变动缺乏反应,我们认为不妥。也许中国老百姓对**实际利率**敏感的最好例证是 1993 年农民在“存粮”与“存钱”两种资产间的选择,当时老百姓的通货膨胀预期高(因此对实际利率的预期低),所以,农民是多存粮，少存钱。在近几年物价（特别是粮价）持续走低的情况下，尽管降息，实际利率仍然上升，于是老百姓就多存钱，少存粮，但存钱方式有了改变，不单是储蓄，资金还向股市和国债分流。

再就是**消费信贷**。美国老百姓每年工资的约 30% 用于对消费和住房信贷的分期付款，一旦利率下降，由于房价等短期内不变，而每月的付款额则下降，因此对消费刺激明显。中国的消费信贷已在发展之中，从近期看，住房信贷、按揭贷款、分期付款逐渐进入寻常百姓家，从长期看，居民消费信贷，特别是分期付款的住房消费的方式势必成为时尚，对利率肯定是会非常敏感的。

综上所述，可以发现居民的**货币需求弹性**远非无穷大，也即 LM 曲线并非水平，居民消费对实际利率其实是很敏感的。

表 1　从 1989—1990 年和 1997—1998 年对比看利率的作用

比上年增长率%	1989	1990	1989—1990 平均	1997	1998 年上半年
消费品零售额	8.3	2.5	5.4	8.4	7.5
居民储蓄余额	35.4	36.7	36.0	20.1	16.8
一年期贷款利率（算术平均）	11.0	9.9	10.5	7.1	5.4

资料来源：宋国青，1998。

利率导致居民消费倾向的变化可以通过历史对比来看清楚。从表 1 可以看出，1989—1990 年居民的**储蓄倾向**高而**消费倾向**低，从而导致了消费品零售额的极度偏低，并导致 GDP 增速的下滑。而导致当时储蓄倾向高、消费倾向低几乎惟一的原因就是利率。1997—1998 年的平均名义利率比 1989—1990 年间低约 4 个百分点，1989—1990 两年的 GDP 平均增长率为 4.0%，利率的降低对 1997—1998 年平均 GDP 增长比 1989—1990 年高出至少 4 个百分点左右起到了至关重要的作用。“因此，从两个时期的对比来看，说货币政策效果甚微或者甚至无效毫无根据。”（宋国青，1998）

3. **降息**减轻了企业的负担，增加了企业效益，有利于保证企业投资及维持职工消费两年来，贷款利率下降了 5.17 个百分点，其中一年期贷款利率从 1996 年初的 12.06% 降低到 1997 年 7 月的 6.93%，如果以 1995 年底金融机构各项贷款余额 5 万多亿元为基础，这五次降息，将减少利息负担 2400 亿元左右。1997 年国有企业盈利状况比上年有所回升，新增盈利约相当于少支付的利息。1998 年 1—7 月份，国企一直处于净亏损状态，但两次降息即可让企业减少付息约 900 亿元，其中大部分将受惠于国有企业，对困境中的国企不啻是一剂强心针。一个有意义的问题便是，如果没有降息，国企会怎样？

综上所述，我们认为经济中的 LM 曲线远非水平，因而，中国经济远未达到凯恩斯陷阱，货币政策依旧在发挥作用。换个角度看问题，我们对五次降息的作用可能有新的认识。这就如同一个非常饥饿的人，吃了三个馒头以后，还是感到饿，但我们却不能以此断定这三个馒头没用。五次降息未能使得中国经济这个饿汉吃饱，但毕竟大大降低了饥饿感。

1998 年上半年经济增长 7%，离 8% 的目标略有差距，但却是在外部冲击加深[①]、内部灾害严重以及多重目标并举的情形下取得的，依然是全世界最高的速度，应该说来之不易，说明一段时期以来货币政策持续灵活的调整是有效的，政府通过政策的灵活调整来刺激内需已成功地将周边的严重萧条阻挡于国门之外。

有人用 1998 年以来货币发行量下降，特别是 M_2 增长离全年目标有一定差距来证明货币政策无效，但这种比较有些简单：一是未剔除物价影响；二是没有考虑 1998 年 M_2 中不同于往年的一些因素，如外汇占款基本没有增加以及粮食收购款的减少。图 2 是剔除了物价影响的 M_2 变化图。从中可以看出，1998 年上半年 M_2 真实增长并不低，达 17.4%，在 1988—1997 年平均水平（15.85%）之上，且增速呈逐步加快之势，这与 1989 年的情形毫无相似之处。

（二）财政政策的效力分析：IS 曲线会一推就走吗？

去年以来物价的持续走低，使得公众对经济前景预期看淡，从而自发性支出和自发性投资都下降,IS 曲线内移,但是,经济中的 IS 曲线远非垂直,因此想像财政政策可以发挥完全的效力不切实际,财政扩张导致 IS 曲线向右移动并不意味着 IS 曲线会一推就走。

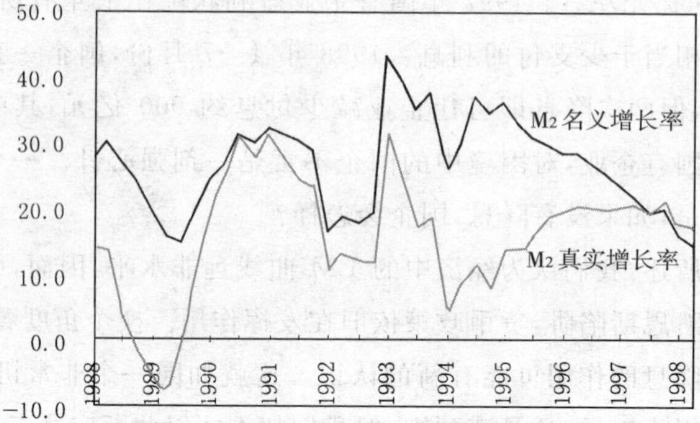

图 2　1988—1998 年 M_2 增长率%

仔细分析,即使先不考虑乘数的作用,采取扩张财政政策使得 IS 曲线外移,在实践中至少存在五大问题:

1. 效率问题。发达国家一般不太愿用财政政策,皆因财政政策效率低下是一通病,就连素以高效著称的日本也不例外。中国财政政策效率如何,恐怕更不容乐观。按权威的说法,中国财政投资的记录大概是有效益、零收益和血本无归者各占 1/3。现在每年几百亿元呆坏账的核销,相当部分就是政府投资交的"学费"。

新一轮的财政投资由于以下两个原因很可能进一步降低记录:一是一些项目为保 8% 增长率而上,难免仓促,成功的概率进一步降低;二是基础设施类建设投资周期长、投资回报率低。投资效率差的结果是扩张性的财政政策从中长期来看将难以为继。

2. 解决失业的力度不如想像的那样大。目前,大家都在鼓吹通过扩大基建支出以刺激经济,解决城市中下岗职工的就业问题。从理论上分析,财政政策的"挤出效应"使私人投资减少,即使能够创造许多就业机会的中小企业的投资下降,从而不能有效地改善失业问题。从实践看,基本建设项目如修路、架桥、修码头等,都属于资金密集型的项目，能够吸收的就业有限；而且，这些项目所吸收的劳动力在结构上与下岗职工存在差异，因此，希望通过扩大基建支出以解决下岗职工问题的做法能否奏效值得怀疑。

3. 产业带动差的问题。由于所投的并不是关联度特别高的产业，因此对经济增长的**乘数作用**要打一个折扣，由于大型项目的装备往往要从国外进口，边际进口倾向的扩大导致边际支出倾向相应缩小，启动国内经济的效果也要打一个折扣。

4. 基本建设中同样存在着严重的重复建设问题。众所周知，长江沿岸万吨级以上的码头有近百个，珠江三角洲并不太大的区域已建成若干个机场。中国的基础设施想要完全避免重复建设并非易事。

5. 时滞问题。目前，有一种流行的看法，认为货币政策时滞长而财政政策时滞短，其实这种认识并不全面。**政策的时滞**可以分为认识时滞、决策时滞和反应时滞。财政政策的反应时滞较短，因此对收入的作用要快于货币政策，但如果从 1996 年"软着陆"成功算起，我国的财政政策认识时滞至少长了半年乃至两年，逊色于货币政策；另外，不要忘记财政有一个长得多的内部时滞，尤其是政府扩大基础设施的项目一般都比较庞大，从立项设计到工程开工，再到工程完工发挥效益，周期很长，见效很慢。

综上所述，我们认为，靠扩张性的财政政策就能轻易地推着 IS 曲线向右走的思路也许不能算错，但可能失之于太理想。在目前，货币政策和财政政策难以发挥效力还因为都面临着一些制约，以下试对此作些分析。

三、货币政策和财政政策：回顾及面临的制约

（一）"软着陆"成功以来货币政策和财政政策的回顾

试将 1998 年以来的重大货币政策和财政政策列表如下（见表 2，表 3）：

(二) 货币政策和财政政策在当前所面临的制约

1. 货币政策面临的制约

对于货币政策面临的制约，已有多人分析（李扬，1998；刘宪法，1998；），不妨概括如下：

表 2　1998 年出台的货币政策（1—7 月）

时间	政　策	作用或效果
1月1日	取消**贷款限额控制**，给商业银行以充分的贷款自主权。	上半年国家银行贷款完成全年 9 000 亿元指导性计划的 28.5%，超过前三年的平均水平。
2月初	确定信贷重点，1998 年对国家指导性贷款计划是 9 000 亿元，比去年实际贷款增加 800 亿元以上。	一个极强的启动信号。
3月21日	改革**存款准备金制度**，将机关团体存款和财政预算外存款划为金融机构的资金来源。	商业银行从划转财政性存款中一次性增加可用资金 836 亿元。
3月21日	将**法定存款准备金率**从 13% 下调为 8%。	金融机构从当年新增存款中可相应增加可用资金约 700 亿元，其中上半年已经增加 100 多亿元。
3月25日	降低金融机构存贷款利率，存款利率平均下调 0.16 个百分点，贷款利率平均下调 0.6 个百分点。	估计四次降息共减少利息负担近 2 000 亿元。
5月初	《关于加大信贷投入、支持住房建设和消费的通知》	启动住房投资，带动经济发展。
5月26日	恢复中央银行债券回购业务，增加了商业银行再融资渠道。	到 7 月 14 日，累计融出资金 196.4 亿元，未到期余额达 159.2 亿元。
	调增国家开发银行固定资产贷款计划 200 亿元。	支持基础设施建设。
7月1日	降低存贷款利率，主要是降低中长期贷款利率。存款利率平均下调 0.49 个百分点，贷款利率平均下调 1.12 个百分点。	估计五次降息可减少利息负担 2 400 多亿元。中长期贷款利率的下调，大大降低了固定资产和居民购买住房的成本。
7月1日	《关于改进金融服务、支持国民经济发展的指导意见》	显示出及时调整货币政策，刺激经济回升的强烈信号。
7月	央行明确 1998 年整顿金融秩序内容。	防范金融风险。
7月初	发布《关于进一步改善对中小企业金融服务的意见》	扩大投资、改善就业。

资料来源：《金融时报》1998 年各期。

表3　1998年出台的财政政策(1—8月)

时间	政　策	效果或作用
1月1日	对国家鼓励发展的国内投资项目和外商投资项目进口设备，免征关税和进口环节增值税。	进一步吸引外商直接投资。
2月20日	开始发行1998年凭证式国债，计划发行票面总额1 250亿元。	积极财政政策的必要准备。
	宣布我国将逐步取消财政周转金，争取用三年时间完成。	整顿金融秩序、防范金融风险。
	1998年财政对农业投资在去年12亿元的基础上又增加了9亿元。	扩大财政支出。
	将纺织品出口退税率从9%提高到11%，将输美纺织品协议配额总量的15%以上直接戴帽分配给纺织品自营出口企业。	支持和扩大中国纺织品的出口。
	下发了《关于股份制企业转增股本和派发红股免征个人所得税的通知》，股份制企业用资本公积金转增股本，对个人取得的转增股本数额，不增收个人所得税（用盈余公积金派发红股仍征收个人所得税）。	有利于企业发展。
5月初	发行2 700亿特种国债。	补充银行资本金，有利于增加贷款。
7月2日	对1998年7月3日（含本日）以后购买的1998年凭证式国债，其发行利率及提前兑取的分档利率作如下调整：1998年三年期凭证式国债，发行利率由原来的7.11%调整为5.85%；1998年五年期凭证式国债，发行利率由原来的7.86%调整为6.42%。	
7月底	颁布企业投资与建造合同会计准则，从1999年1月1日首先由上市公司执行。	规范公司运作。
8月底	增发1 000亿元国债，还债期限为10年，年利率5.5%，在今明两年纳入国家预算，打入财政赤字，今年列入中央财政支出500亿元，中央财政赤字将由年初预算的460亿元扩大到960亿元。	用于基础设施建设投资，不仅能够刺激国内需求，另外通过补充和增加建设项目资本金，为银行扩大贷款创造条件。

资料来源：《经济日报》1998年各期。

第一，商业银行增加信贷和防止坏账的矛盾。

第二，降息与银行承受力的矛盾。

第三，实体经济发展与金融经济结构的不对称，使得全社会的资金供给结构和资金需求结构产生严重偏差。

第四，保持人民币汇率稳定和扩大货币供给的矛盾。维持人民币汇率稳定是目前的正确选择，但这对中国的货币政策，特别是利率政策无疑是一个强约束。

第五，近期刺激经济增长和远期通货膨胀压力增大的矛盾。近期为刺激经济回升，需要采取适度扩张的货币政策，但在**货币化**程度已极高的情况下，M_2的增加可能构成长期通货膨胀的压力。

2. 财政政策面临的制约

第一，财力不足和平衡财政预算的制约。平衡财政预算是“九五计划及 2010 年远景规划”所确定的基本宏观政策取向，近几年实施适度从紧的财政政策以来，国家财政状况出现了一些积极的变化，但国家财力紧张的局面并未根本改变，一旦改弦更张，便有可能前功尽弃。

第二，中央财政不允许向中央银行透支的约束（此举正确），使政府通过扩大开支，直接干预和刺激经济的能力受到削弱。

第三，**财政风险**的制约。现在金融风险已受到广泛关注，其实财政同样面临风险，集中表现在连年财政赤字和债务膨胀的危机。这种危险性已在现实生活中表现出来，1997 年底，全年近 1/4 的县已累计欠发工资 50 多亿元，以致一部分县级政府实际上处于无法正常运转的境地。

第四，**分税制**的建立初步清晰了中央和地方的财权，在很大程度上削弱了地方与中央在财政收入分享比例上存在的“讨价还价”机制。地方政府有可能坐等中央财政进行基础设施的投资，而不是主动积极地进行配合。

第五，体制改革方向的制约。货币政策与财政政策之争实质是主张市场多一点还是政府干预多一点的理念之争。相信市场的人一般都偏向于货币政策，相信政府干预的人一般偏向于财政政策。美、德、日等国的政府都是号称财力庞大且管理有效的政府，但均对运用财政政策存有戒心。我国的公共投资效率低,计划经济体制尚未完全消除,大规模使用财政政策最大的危险莫过于有可能强化计划体制,导致原体制复归。

四、如何促进中国经济增长:对当前及中长期宏观经济政策的建议

(一)短期

我们同意短期内继续运用需求政策(财政政策、货币政策)来刺激内需、保持一定速度的经济增长的政策思路(北京大学中国经济研究中心宏观组,1998a)。除众人通常提到的出口退税、开拓农村市场等措施外,在此我们再提出四点建议:

1. 一定要协调运用货币政策和财政政策

同样是利用 IS—LM 图式可从理论上证明,并不存在独立的货币政策和财政政策。我们不应将财政政策和货币政策对立起来考虑,解决需求不足这一问题,有效的政策应该是二者的有机配合。从西方国家的经验来看,财政政策和货币政策的配合近年来也日益受到重视。今后我们也应向二者协调方向调整,在多重经济目标并举且相互制约的情形下,只有财政政策和货币政策同时着力时,乘数效应才能最大发挥。

2. 加大财政政策力度

首先,财政政策要迅速贯彻新的政策意图,因为时机稍纵即逝,财政政策对宏观经济周期的变化的认识时滞已嫌太长,决策和执行时滞一定要尽量缩短,否则财政政策时滞较短的优势就会减弱。

其次,财政政策的力度相对平时要大大增加。促使经济回升需要较大的财政力度的原因是经济衰退时期财政政策作用的乘数要小于复苏时期。从美国的例证看,两者差距能达到 2 至 6.6 倍,也就是说,在不存在其他因素作用的情况下,繁荣时期 100 亿元财政支出通过乘数

作用实现的国民生产总值，在衰退时期可能需要200亿—600亿元的财政支出才能实现。日本的例子可以作为反面借鉴（余永定等，1998）。因此如果决定使用财政政策就要下大决心，尽快在较短的时间里集中增加较多的资金投入。

3. 增加中小银行贷款力度

中小企业的贷款金额小，抵押担保手续费用相对高，大银行在给中小企业借款时要受到交易费用增加的制约。国外解决此问题靠的是大力发展各类中小银行尤其是地方性的**中小银行**。中小企业贷款还面临风险相对较大的制约。解决这一问题可考虑扩大利率上下浮动的范围，使银行根据企业情况选择适当利率的空间增大，最终情况各异的中小企业都能得到贷款。

4. 实施消费政策

消费形成最终需求的绝大部分，在促进GDP增长的三个因素中，消费最为重要。我们对1978年以来情况的计算表明，消费增长对GDP增长的贡献在60%左右。财政政策能取得多大作用在很大程度上将取决于消费倾向，在当前由卖方市场转向买方市场的情况下，有必要制定相应的消费政策来启动市场。在利率不断下调的有利时机，如果针对消费结构的变化，注意到消费的不同层次，居民消费热点的分散化以及农村消费的巨大潜力，出台合适的消费政策，不仅具有立竿见影的短期意义，还对产业结构的调整有长远意义。

（二）中长期

为实现可持续性增长，要求宏观政策的导向从需求政策转向供给政策，消除束缚增长的各种障碍，转变增长方式，提高增长效率。

由于近几年GDP的下滑态势超出人们预料，人们开始对中国中长期经济的高速增长前景表示悲观，尤其是加上亚洲金融危机的外部冲击，更使人不仅从数字上，更从感觉上不太相信中国还能再度出现以往持续的高速增长。我们认为，中国中长期的宏观经济政策如果一直放在需求管理上，增长的基本格局不变，那么以上的担忧很有可能成为现实；但是，如果调整宏观经济政策，转向以推动结构转换、消除供给约束的供给政策，仍能保持中长期高速增长。从目前的情况，我们分析中国存在可持续性高速增长的三大空间，这三大空间应该是中长期宏观经济政策的主要着力方向。

1. 城乡结构转换空间。中国经济在高速增长过程中产生的一个严重的结构畸形问题是二元经济结构的矛盾。城镇化进展缓慢，城乡差距大，占全体人口 70% 的农村居民，消费结构远未达到足以引起工业增长向重化工业方式转换的时期。因此，现阶段投资的方向之一应向城市化发展方面倾斜，以加速城市化进程为中心来调整投资方向，引入多元投资力量，实现大规模过剩农业劳动力向城镇的转移。

2. 所有制结构的调整。**所有制结构**的变化是改革开放以来我国经济体制向市场经济演进的最为根本的制度原因。在所有制结构变化中，最为突出的特点是，国有资产比重迅速下降，非国有资产比重持续上升；而随着资产比重的变化，是不同所有制结构主体对经济增长贡献更大的变化。以工业为例，国有资产占全社会资产比重（不包括土地），由 1978 年的 88% 降到 1995 年的 67%，非国有资产上升到 33%。我们可以推算出，在工业中，非国有资产比重每上升一个百分点，对工业总产值的贡献大约为 2.24 个百分点，因此，非国有经济的成长，将换来经济高速增长的空间。

3. 区域结构转换空间。中国由于地域广大，并存在三个明显的经济发展分级地带，即呈现出产业结构明显差异的东、中、西部地区三个不同地带，因此，可以充分利用**区域差异**发挥劳动力的比较优势。从理论上说，中国这样一个 12 亿人口的经济，劳动力投入增长的可持续性能够因区域差异的存在而长久保持，如果政策正确，可以支撑起中国 30—40 年的高速增长。

我们不否认在体制与结构问题之外，有一个相对独立的“宏观总量”关系问题，需要通过总量的调节来加以解决。但尚需指出的一点是，宏观调控只是暂时的措施，财政政策和货币政策可能解决暂时的经济困难，但从一个中长期的角度来看，财政政策和货币政策都无法最终解决经济中存在的问题。日本已经意识到这一点，开始进行经济结构的改革。中国的结构调整的任务更重。因此，有必要将近期政策与中长期政策相结合，从中长期的战略角度来看，我们必须进行的是调整经济结构。

结束语

启动中国经济像推一辆车，如果用 100 公斤的力量推 10 次，车还是原地不动；如果用 1000 公斤的力量推一次，车就启动起来了。但风险是，车在启动以后，有可能加速飞驰，再次失控。因此在用力推车前，要检查车的闸和其他装置，防止一个倾向掩盖另一个倾向。希望这次启动起来以后，车能高效、均速、可持续地前进。

各国经验表明，货币政策和财政政策都有时滞。货币政策对经济增长的作用一般要在 6 个月以后才能显现出来，在 12 个月至 18 个月期间达到高潮，24 个月以后效果逐渐减小。中国的情况我们没有做过实证分析，不好对时滞结构作出判断。但有一点必须指出：你要能够预测一年以后的情况才敢用货币政策，而只要你使用货币政策，又会对一年后的情况产生影响。

政府的宏观调控的结果是熨平经济周期还是放大经济波动是一直有争议的问题。

注释

① 据测算，由于亚洲金融危机使我国出口下降，约影响工业增长两个百分点，GDP 增长 1 个百分点，排除这一因素，上半年实际已经完成 1998 年增长目标。

参考文献

北京大学中国经济研究中心宏观组（1998a）:《寻求多重经济目标下的有效政策组合》,《经济研究》第 4 期。（以下简称宏观组）

李扬,1998:《形势与对策三议》,《改革》第 4 期。

刘宪法,1998:《当前启动经济面临的矛盾及政策取向的选择》,深圳综合开发研究院内部稿。

宋国青,1998:《联办研究报告》7月17日。

项怀诚,1998:《运用财政杠杆,促进经济增长》,《人民日报》6月17日。

正视通货紧缩压力，加快微观机制改革*

到 1999 年 5 月底，我国零售物价总指数已经连续 20 个月负增长，消费价格指数连续 16 个月负增长。1999 年 1 至 5 月份，零售物价总指数与上年同比增长率分别为 －2.8％，－2.8％，－3.2％，－3.5％，－3.5％，消费价格指数与上年同比增长率分别为－1.2％，－1.3％，－1.8％，－2.2％，－2.2％。通货紧缩压力不断加大是不争的事实。

一、为什么强调通货紧缩的"两个特征，一个伴随"？

对通货紧缩的定义有不同的看法是很正常的。通货紧缩的最简单的意思是指物价水平的持续下降。我们宏观组一直强调通货紧缩的"两个特征、一个伴随"，即物价水平的持续下降和货币供应量的持续下降；通货紧缩通常伴随着经济衰退。为什么要这样强调？

首先，虽然观察物价水平是比较直观地把握通货紧缩的办法，但判断通货紧缩，最重要的还是要从货币流通量去考察。弗里德曼（1963）讲"**通货膨胀**在任何时候任何地方都是一种货币现象"，其含义是说通货膨胀的机理和传导机制可能是多种多样的，但是通货膨胀的直接原因只有一个，即货币供应量过多。我们在分析通货膨胀时，可以把它的

---

* 原文发表于《经济研究》1999 年第 7 期。北京大学中国经济研究中心宏观组，执笔人：易纲、林明、汤鹏飞、赵晓。

原因分成许多类:如需求拉动、成本推进、结构性、进口型、本币贬值型、货币倒逼机制等等,但是无论通货膨胀的深层原因如何不同、传导方式怎样各异,其直接原因都是最终反映到货币供应量的过快增长,从而导致物价水平的持续上涨。正是从此意义上讲,通货膨胀是一种货币现象。作为通货膨胀的对立面,**通货紧缩**也是一种货币现象,即它首先是货币流通量的下降,而不等于价格下降。更进一步,通货紧缩首先是一种与货币流通量密切的货币现象。不管出现通货紧缩是人为的还是自发(内生)的,直接的表象应该是货币流通量的减少;所以,**货币供应量**可以作为一个近似的度量指标。强调通货紧缩是货币现象的另一个理由是,如果它不是一种货币现象的话,那么指出通货紧缩的政策含义就不清楚了。

其次,如果说通货紧缩的"两个特征"是思辨演绎的结果,那么"一个伴随"则是从历史事实中归纳出来的。两个特征是对通货紧缩本质的一个逻辑描述,用两个特征做标准去检验我们能找到的所有历史数据,就得到凡是两个特征同时发生的时候,都伴随着经济衰退。因此,用"两个特征、一个伴随"来把握通货紧缩比较全面,与历史事实相吻合,较好地做到了历史与逻辑的统一(单纯强调物价水平持续下降是不充分的)。下面,让我们来看一看历史上美、英、法、德发生的通货紧缩。

在文献中,公认的美国通货紧缩有两次:1920—1922 年以及 1929—1933 年。从表 1 可以看出:美国 1920—1922 年以及 1929—1933 年的通货紧缩符合"两个特征,一个伴随"。但是我们还可以看到:在 1926—1928 年期间(早在大萧条之前),CPI(消费者物价指数)就已经持续下降。如果仅从 CPI(价格水平)来判断的话,这 3 年中必定已经发生了通货紧缩。但是事实上,我们知道,在 1929 年大萧条发生之前,美国经济发展势头良好,处在其历史上的黄金时期。

表 1 20 世纪美国的两次通货紧缩

(1920—1922 年,1929—1933 年)

年份	价 格		货币量	GDP (bn $)
	PPI	CPI		
1920	29.6	24.3	34.8	88.86
1921	18.7	21.7	32.85	73.94
1922	18.6	20.3	33.72	73.99
1926	19.2	21.5	43.68	97.69
1927	18.4	21.1	44.73	96.28
1928	18.6	20.8	46.42	98.16
1929	18.3	20.8	46.60	103.90
1930	16.6	20.2	45.73	91.10
1931	14.0	18.5	42.69	76.40
1932	12.5	16.6	36.05	58.50
1933	12.7	15.7	32.22	56.00

资料来源:弗里德曼、施沃慈,1963:《美国货币史,1886—1960》。

一个更为极端的例子就是美国在 19 世纪最后 30 年的情形。在这段时间内,一方面,价格持续下降,如果以 1865 年的生活费用指数为 100,到 1895 年下降到 71.6,下降幅度超过了 1/4。但是另一方面,这段时间内的货币供应量是上升的,并且国民产出也是增加的。人们也并不认为美国是发生了通货紧缩。实际上,在这段时间里,商品价格下降的基本原因是在当时的金本位制下作为货币的黄金供应量的变化。从 1865 年到 1895 年,美国经济发展迅速,其黄金产量的增长速度却不及经济的增长速度。因此,与经济活动的增长相适应,平均物价相应下调。及至 1895 年,由于大量金矿的发现,作为货币的黄金储备大大增加,物价水平也因此随着上升。

从 1900 年到 1987 年,美国的生产资料价格指数下降了 13 次(本段中所用数据均为年度数据,"下降"是指与上年相比),消费物价指数下降了 6 次,货币供应量下降了 5 次,国民生产总值下降了 9 次。按两个特征,一个伴随的定义,美国 20 世纪发生了 5 次通货紧缩(1907—1908 年,1920—1922 年,1929—1933 年,1937—1938

年,1948—1949 年)。同期,英国的生产资料价格指数下降了 10 次,消费物价指数下降了 3 次,货币供应量下降了 4 次,国内生产总值下降了 6 次。按两个特征,一个伴随的定义,英国 20 世纪发生了 2 次通货紧缩(1920—1923 年,1930—1932 年)。同期,法国的生产资料价格指数下降了 6 次,消费物价指数下降了 3 次,货币供应量下降了 2 次,国民收入下降了 2 次。按两个特征,一个伴随的定义,法国 20 世纪发生了 1 次通货紧缩(1930—1935 年)。同期,德国的生产资料价格指数下降了 8 次,消费物价指数下降了 4 次,货币供应量下降了 1 次,国内生产总值下降了 4 次。按两个特征,一个伴随的定义,德国 20 世纪发生了 1 次通货紧缩(1929—1933 年)。

强调通货紧缩的两个特征和一个伴随,是想提醒大家中国目前面临的通货紧缩压力与历史上发生的经典通货紧缩有所不同。

二、关于通货紧缩理论的综述

本质上,通货紧缩的过程是一个商业信用被破坏的过程。现代经济运行以信用为基础。所谓经济萧条,从信用的角度看,就是信用的破坏。按照这个逻辑,经济衰退的产生过程,也应该就是信用的破坏过程,衰退越深,意味着信用破坏的规模和程度越深。

对于信用的破坏过程和大规模的经济危机的产生,主要有两种研究方法:一是货币主义者的研究方法,认为银行恐慌产生或者加重了货币收缩的后果,从而引致**信用危机**[①],主要文献是弗里德曼、施沃慈(1963),Cagan(1965);另一个就是商业周期的研究方法,认为信用危机只是商业周期上升阶段的转折点,是此前经济过度繁荣之后的一个必需的经历,主要文献是费雪(1933)的经典论文,以及后来在此基础上的补充观点和一些模型化的工作,其主要文献有 Minsky(1977),Kindleberger(1978),Bernanke(1996)。到了近些年,又有运用理性预期的研究结果,主要文献是 Diamond & Dybvig(1983)。

货币主义学派强调银行的作用，而在费雪的理论中，银行只是其中的一个环节。下面我们结合货币主义者的理论和后来的学术进展，着重对费雪的**"债务—通货紧缩"理论**作一个综述。

故事的开始是在经济繁荣期间，由于过度投资引起的经济体系信用扩张（其原因可能是技术进步、体制改革、预算软约束、政治运动等），出现了过度负债的情形。在出现意外冲击（在费雪的理论中，就是以 1929 年的股市崩溃作为冲击）的情况下，则由于资产（如股票）贬值，其抵押功能大为降低[②]。由于不能以其他方式[③]进行融资获得必要的流动性，债务人只能被迫以廉价抛售资产的方式来偿还到期债务。结果，相互交叉的信用链条就会受到猛烈的冲击和破坏。这样，货币乘数收缩（商业银行不得不考虑挤提的问题），货币流通速度下降（真实交易减少），广义货币下降，进而一般价格水平下降（从费雪交易方程式的角度理解，是很直观的）。在没有外生性的政府干预的情形下，由于信用破坏和交易下降，必然导致劳动雇佣减少，企业产出下降，破产增加。反过来，再回到债务偿付的问题上，虽然名义负债减少，但是，由于名义负债的清偿引起一般价格水平下降，**真实债务**增加。这样一来，在更大的债务压力下，劳动雇佣继续减少，企业产出继续下降，企业破产继续增加。

费雪计算了 1929—1933 年大萧条期间真实债务的变化。从 1929 年到 1933 年 3 月，债务清偿减少了 20% 的名义债务额，但是美元升值约 75%，这样，真实债务上升了 40% [(100%－20%)×(100% ＋75%)＝140%]。

除非有反向的力量阻止价格下跌，信用破坏（所谓"萧条"）就会持续下去。最终，仅仅当出现了普遍破产的局面，这个内生的不断放大的信用破坏过程才会停止下来。然后，就是经济复苏和新的繁荣—萧条周期的开始。以这样的方式摆脱萧条，代价就是破产、失业和饥饿。

如果费雪关于大萧条的债务—通货紧缩理论是正确的，控制价格水平的问题就显得异常重要了，只要能够稳定价格水平[④]，理论上就有可能预先制止萧条的可能。所以，在费雪看来，一个重要的政策含义就是，通过"再通胀"(reflation) 的方式可以治愈和阻止大萧条的出现。

下面就以美国 1987 年股市崩溃始末作一个案例，从中理解费雪理论的最初的一些环节以及费雪所谓的"再通胀"的解决危机的办法是何含义。比较起来，1987 年股市暴跌方式与 1929 年的股市行为方式非常相似。

费雪分析 1929 年股灾时指出，"在股市崩溃之后，大规模的债务清偿开始了"。这里，费雪的关键假设是，债务偿付发生困难时，如果没有外来的干预，就会内生地引致强制性的债务清偿。在股市崩溃的情形下，随着资产价格大幅下跌，贷款的抵押比例被蚀。这样，一方面，债务人以资产为担保从银行获得更多的抵押贷款就非常困难了；若得不到贷款，就只能被迫变现抵押资产，导致资产价格跌势更惨[5]，资产变现所得远不足以清偿债务。另一方面，若资不抵债，就只有破产，而债务人的破产就意味着银行坏账的出现，对银行体系的流动性造成压力，从而引起货币供应量的下降和货币流通速度的下降，这时，费雪的"债务—通货紧缩"进程就已经开始了。

纯粹从银行的角度来看：起初，是个别银行的慎贷行为，然后是大规模的银行集体慎贷行为推动了债务—通货紧缩的发生，从而将自己推向深渊。在"囚徒困境"的意义上，银行选择慎贷行为是理性的行为；但是，从行为的事后结果来看，银行是自己搬石头砸了自己的脚。

在股市行为方式相似、初始条件相同（股市崩溃）的前提下，为什么 1987 年股市崩溃没有引起 1929 年式的"债务—通货紧缩"的情形？这里的关键是：当债务偿付发生困难时，当局进行了外生的干预[6]，从而，使债务清偿所可能引发的流动性危机得到缓解，从而阻止了资产廉价出售，稳住了物价水平，使内生性的债务—通货紧缩过程在起始时就得到控制，没有发展。

防患于未然，当然是最好的策略。费雪的所谓"**再通胀**"(reflation) 的解决办法，其基本的意思就是说，维护经济支付体系的流动性是第一要紧的事情。如果出现内生性（endogenous）的流动性方面的问题，那就从外生（exogenous）的角度用干预的方式将局势恢复过来。

三、走出通货紧缩：英国和法国的经验

宏观组（1998）分析了罗斯福新政的几十个法律，其核心是用大规模的财政政策启动内需，走出通货紧缩。财政扩张政策的要点在于，用扩大内需的办法启动经济，阻止价格水平继续下降。另一个思路通过本币**贬值**政策来促进出口。

这两个思路的差别在于，第一，**财政扩张**是由政府决定其支出方向，所以，低效的可能性大，这也是凯恩斯主义现在最受诟病之处；本币贬值刺激出口则是国内厂商根据国外市场需求不断作动态调整的结果，所以，应该更有效率。第二，对习惯于计划经济思维模式的人来说，由于财政支出总额可以控制自如，故这个政策更受推崇。汇率贬值效应究竟有多大，则不是可以事先决定的，会受到出口结构、贸易限额等等外在因素的限制。比较对付通货紧缩的两种思路是有益的，下面我们来研究一下英国和法国走出通货紧缩的经过。

1929 年美国开始通货紧缩之后，英国也出现了通货紧缩。当时，出于对英镑国际地位的考虑，英国坚持认为必须维持金本位制。这样一来，英国一方面不得不执行高利率政策以维持英镑汇率，另一方面又不得不压低国内产品的价格以维持其国际竞争力。这实际上是实行紧缩通货政策。由于英国的贸易赤字增加以及国际资本市场的变化，国外市场对英镑产生贬值预期。这使得外国在伦敦的短期资金头寸纷纷抽逃。到了 1931 年 9 月，在黄金储备枯竭的情况下，英国不得不放弃金本位制，允许英镑贬值。英镑的贬值是被迫的，但这是在大萧条中第一个贬值的货币，英国得到了意外的好处，英国经济很快从萧条中走出来。在实行贬值之后，由于同时放弃了传统的自由贸易政策、实行新的关税保护政策，英国经济取得了明显的恢复，在 20 世纪 30 年代取得了

比 20 年代大得多的成就。贬值之后并没有带来通货膨胀，英国的物价水平基本上是稳定的。

与英国相比较，法国的通货紧缩有很大的不同。一方面，由于 1926 年至 1928 年的法郎贬值，法国积累了大量的外汇储备，另一方面是由于法国的贸易壁垒（高额进口关税）推迟了这一世界性危机在法国的开始。这样，法国在实行币值稳定的货币政策时有很大的余地。在 1931 年英镑贬值后，英联邦的其他国家货币也随之贬值。到 1933 年，美国也退出金本位制。作为金本位集团的领头羊，法国明显是将法郎高估了。法国从 1931 年开始出现预算赤字，但是法国认为，法国经济的基本面是良好的：有充足黄金储备支持的硬通货、低失业率（因为当时的数据是错误的）、物价缓慢地下降（认为是一种良好的通货紧缩趋势）。因此，尽管处于这种萧条的景象中，法国政府当时还是试图实现预算平衡。为了达到这一目的，当时有两种意见。多数人认为，当时，英国和美国货币都已经贬值，法国的物价显然高于美元和英镑区，过高的产品价格必须以紧缩通货的办法降低物价水平；少数人认为，产品没有竞争力是由于法郎的价格定得过高，必须以法郎贬值的方法加以纠正。

当时，在法国，实行紧缩通货政策的意见占了上风，主张法郎贬值政策的意见则根本不受重视。法国政府力图通过充分削减支出来促成国内物价下降，以使得法国的物价和外国的物价处在同一水平线上。这一政策在实施中却完全失败了，通过削减支出并不能实现预算调整，即使实现了，也不足以全面降低法国物价和推动经济的发展。实际上整个 30 年代，法国一直没有摆脱预算赤字的困扰。到 1936 年人民阵线上台以后，才摒弃了这一错误的政策，改以通过增强购买力来增加预算来源和税收收入。购买力政策的核心是用控制消费水平以使投资增加来缓解危机，但是人民阵线同时执行的 40 小时工作制却抑制了经济恢复所需要的供给，并同时刺激了消费，增加了额外的通货膨胀压力。当时的法国资本外逃严重，投资和储蓄都没有得到恢复。到 1936

年 9 月，由于货币不贬值就无法增加工资和促进生产，人民阵线被迫贬值法郎 35%，经济和出口的短暂恢复持续到 1937 年 2 月，这时法国的物价全面上涨，然而工业生产仍停滞不前，经济出现"滞胀"。这时，虽然国内的价格还在继续上涨，而外汇市场上的外汇牌价还在下跌，这样就使法国商品的价格低于国外的价格。到 1938 年 5 月，法郎几次贬值后的价值比 1928 年的水平低了 64%，但这时法国的经济终于开始恢复。

英法两国的共同点都是通过货币贬值走出通货紧缩的困境，但是英镑贬值有先动优势，英国的经济迅速走出衰退。而且，在进行贬值的同时，英国又实施恰当的政策组合，并没有带来通货膨胀的可怕后果。法国则恰恰相反。由于错误地判断形势，即使在本国产品的国际竞争力受到相对的削弱时，仍迟迟不肯采取相应的措施。最终是被迫将货币贬值了。但是，又因为没有掌握好政策力度，所以，法国经济恢复伴随了长达 3 年的贬值过程。

四、中国目前通货紧缩压力的机理分析

对于中国这样一个高成长的经济而言，凡是涉及绝对量的指标，出现绝对量的下降几乎是不大可能的，所以，更为恰当的方式是看这些指标的增长速度的变化。这句话可以用来批评我们"两个特征和一个伴随"的定义，可能给人以自相矛盾的印象。做研究最让人兴奋的莫过于发现逻辑推理与现实不相符合。

我国国有企业的长期低效是导致目前宏观经济状态的根本原因。从当局的角度看，对于国有企业，最初是财政，后来是国有银行（不管是谁，都是一回事），都是中央计划者负全部责任和风险的管理体制，即整个金融体系风险的安排与分散都是由中央计划者负责作出来的。

一方面，由于"赢了归自己，输了归银行（财政）"的投资制度，国有企业的负债率逐渐上升（宋国青认为超过 60%—70%；英国《经济学

家》一文认为超过80%)。国有企业的低效率,就意味着国有银行的亏损;国有企业的规模越大,占GDP的比例越高,就意味着国有银行的呆坏账越多。

另一方面,国家中央计划者作为所有国有银行的资产所有者,自1993年以来出台了一系列的贷款约束规则,借以对银行的贷款行为予以约束。这会使得国有企业的"完全债务化"的速度减缓,尽管如此,其负债增长速度还是远远超过其资本增长速度。

从国有企业的角度看,其财务流动性面临越来越大的问题:即使不考虑贷款本金的偿还问题,规模日甚的利息支付[⑦]已经成为国有企业的严重负担,从而,即使在相当温和的通货膨胀的情况下,企业亦有相当大的流动性压力。同时,由于缺乏有效的破产机制,现行的资产重组的结果可能是好企业被坏企业拖垮。从整个的规模上看,就是国有经济(由国有银行所连通的国有企业)的全体效率累积性地恶化。

由于各种原因(压力),中央计划者必须保持相当的经济增长速度;但是,不能不考虑相应的经济增长代价。无论是被迫的还是主动的,事实上,中央计划者不得不在经济增长速度和经济增长质量(一个直接的体现和衡量指标就是国有银行的呆坏账存量)这两者之间不断地作出权衡取舍。

自1993年以来,中央计划者为了控制金融风险(这与投资的低效率是同义语)而实行信贷收缩。到1997年第4季度,东亚金融危机的教训(银行坏账作为罪因),可能使得中央计划者的政策着力点在于更进一步控制金融风险(投资的低效率),信贷收缩的力度可能更大。但是,一旦对经济增长的压力超过对控制金融风险的考虑时,当局立即往确保经济增长速度的方向上倾斜(1998年确保经济增长8%),积极推行财政扩张的宏观政策。

问题是,自1993年以来逐步建立起来的贷款约束规则是有黏性的,没有立即改回去的逻辑。所以,出现了与1992年迥然不同的情况是,在现在中央财政加大投资,实施财政扩张政策的同时,并没有出现下面的企业也随之而上的情形，银行的贷款约束规则起了非常重要的约束作用。这是一个很重要的制度进步。银行系统的一定的独立性，对于中国长远的经济增长意义深远。

我们可以按照费雪的“债务—通货紧缩”的模型，以中央计划者的信贷收缩为起点，对中国 1992 年以来的宏观经济运行给出一个机理分析。

首先是 1992 年对经济的高能启动，造成空前的投资热潮和巨大的通货膨胀压力。然后是 1993 年夏天非常及时的治理整顿。在随后的几年里，《贷款通则》、**《中国人民银行法》**、**《中国商业银行法》**相继出台。在银行贷款规则约束下，低效的国有企业得不到贷款，经营日益困难。银行贷款的风险加大，主要表现在不良资产比重上升，收息率下降，银行贷款越发谨慎。同时，在低效重复投资的情况下形成的产品供给能力相对过剩，从而一般价格水平下降，使得国有企业利润下降，还本付息的压力加大，经营更加困难。由于一般价格水平下降，真实利率上升，真实负债加重，企业的财务流动性的压力使得分析的逻辑又回到了分析的起点。如此形成一个内生性的，有自我加强趋势的通货紧缩过程。

从费雪的“债务—通货紧缩”框架理论来看，无疑，过度负债和通货紧缩的问题在中国宏观经济中都是存在的。但是，中国有一个基本的差别。美国是私人企业负债，不能还债就得破产，由此引发破坏信用链条的连锁反应，通货紧缩随之出现。所以，相关的债务债权人必须对此承担风险。中国则没有有效的**破产机制**对企业的投资决策进行约束，在单个国有企业无需承担与责任相对称的风险的同时，只能是中央计划者负责国有经济的全体风险管理。这样，假使破产有效，只能是国有经济全体破产才可能是有效的约束；对于国有经济的全体风险，也只有中央计划者可能有规避的激励。对于中国的国有经济全体来说，风险的解决既然是这样的一个长程传递过程，很有可能的一个结果就是，要么苟且，观望事态进展，要么大家一起死。

从解决问题的角度来看，在费雪看来，还有**“再通胀”**(reflation)的解决问题的办法。因为即使企业过度负债，但大致上还是有效率的，只要有最后贷款人对经济中过度负债企业进行注资，阻止债务危机的扩散，经济就可以继续运行下去，也即是说，是以经济体系其他部分基本有效率为前提的。在中国，这个解决方法行不通，中央银行或财政注资解决不了中国国有企业的微观机制问题。

五、政策含义

中国的问题主要不在宏观政策调整，而是在微观机制上。

面对我国前所未有的通货紧缩压力，在经济学界和决策层都多少存在一些急躁情绪：恨不得政府今天采取的有效措施，马上就能收到明显的效果。这些想法是不切实际的。有人提出要求修改中国人民银行法，使得中央银行可以向财政透支，以启动经济。我们知道中国人民银行法中规定央行不得对**财政透支**(第 28 条)，是对我国过去多年历史经验和惨痛教训的总结。我们要问的问题是：克服目前的困难，是否需要改变游戏规则？游戏规则的改变对政府、公众的预期形成有何影响？

在目前的情况下，如果采用中央银行向财政透支，大量增加财政支出，豁免企业尤其是国有企业债务，那就有可能导致**赖账经济**的出现。这些措施对经济的危害主要表现在它对守信用的企业和个人的道德的摧毁。个人也好，企业也好，他们是否能够守信用，借债还钱，主要取决于他们的信念和对如果赖账所产生的后果的预期。在现实生活中，我们是无法区分哪一笔赖账是正义的，哪一笔是故意的。大量放水、豁免债务，总体而言是对好企业的惩罚和对坏企业的奖励，因为每一个坏企业都能够论证它们亏损的历史原因是应该由国家负责的。

那么是不是坚持贷款条件、坚持预算平衡就能防止赖账经济的出现呢？回答是否定的。面临当前通货紧缩的压力，如果我们采取了过紧的货币政策和财政政策，我们将犯历史性的错误。那样我国国民经济会继续下滑，下岗失业会更加严重，金融系统支付困难，社会稳定将受到威胁。社会不稳会导致政府的应急救助措施，而这些措施通常来自预算外财政支出、非正常贷款，最后迫使央行放出基础货币，所造成的后果还是有可能出现赖账经济。

毫无疑问，最根本的问题就是提高经济绩效。一个充斥着不可持续的信用扩张的经济结构最终是要坍塌下来的。一个充斥着大量的不良债权的经济体系是不可能持续发展下去的。所以，更进一步地看，更深层的改革方向就是，促进微观机制的建设，增加企业进行有效率的扩张的激励。说到微观机制改革，就需要时间。那么现在我们应当做一点什么好呢？

保护非公产权。民间投资减少的一个重要原因是对**非公产权**保护的法律框架不健全。也就是说，资产所有者的不确定因素多，保卫自己财产的交易成本高。对于非国有企业而言，一方面，由于就业的压力，保护私有产权是可置信的；另一方面，这并不意味着，私营企业在维护其产权方面就会有足够的谈判权。没有相当明确有效的维护私有产权的法律条款，大量的无形的激励损失就会发生：由于担心国家或国家机关的机会主义行为，使企业家无法形成对将来的稳定预期（注意，稳定预期并不意味着结果确定，一件事可以只有 1% 的成功概率，但成功后果的法律界限要清楚），私有的投资者不会全力以赴地投资作事业。

打破垄断，向非公企业开放更多的领域。大多数规范化的改革都带有紧缩效应。我们这些年一直在规范银行业、规范保险业、证券业等等，这是完全正确的。问题是我们开放了哪些领域？我们在计划经济下的一整套规章制度、管理办法都是管人的，现在是清理这些陈规旧矩的时候了。开放、松绑作为一个改革战略有着辉煌的过去，必将有更灿烂的未来。

进一步开放金融业。相对于国有企业，国有银行的改革是相对快了，但是相对于非国有企业，其改革则是相对慢了。在国有银行改革相对于非国有企业慢的情形下，允许多渠道资本（包括私人资本）进入银行业也许是一个适当的政策选择。与非国有企业在国有企业周边崛起是同样道理，没有理由怀疑在国有银行体系之外建设非国有银行的合理性。在历史上（特别是20世纪上半叶），中国并不缺乏银行家方面的人力资本。当然，初期的混乱总是有的。最初，乡镇企业的混乱也是不少的。目前城市信用社出现的金融风险不能证明对私人资本开放金融业是错误的。

支持中小企业。在商业原则的前提下（减少寻租），政府支持中小企业还有很多事可以做。

注释

① 弗里德曼、施沃慈（1963）强调了银行恐慌制造美国货币不稳定性的作用：在比例准备金制度下，公众提现就意味着存款的多倍收缩。如果没有外来的央行干预，对流动性的巨大需求就会使得银行资产价值下降，资不抵债，从而，经营稳健的银行也会因此而大量破产。1930—1933年的银行恐慌使得存款—现金比例和存款—准备金比例下降，从而货币存量收缩，这就损害了经济运行。直到1934年引入联邦存款保险之后，美国银行系统的脆弱性才得到根本改观。早在1914年就设立的美联储在1929—1933年的危机中反应迟钝，无所作为。

② 在信息不对称、存在代理成本的情形下，对于抵押功能的依赖性很强，这也是现在的一个重要研究方向。

③ 在一个所谓的“资本主义经济”里，经济单位偿付到期债务有三种途径：其一，资本营运的现金流（商业利润和家庭工资）；其二，举债或别的融资手段；其三，变现资产。

④ 费雪特别强调，价格水平控制并非万灵的妙药。即使美元达到理想的币值稳定状态，其他各种经济问题还是存在的，如债务问题、技术—失业问题、过度生产、价格扭曲之类的问题。

⑤ 由于最初过度负债，此时，债务各方是在争相廉价变现抵押资产。

⑥ 判断当局进行了干预的一些证据是：第一，最后贷款人的介入，当时，当局极力鼓励各大银行放贷，借以阻止流动性问题的出现。第二，为了阻止流动性问题的出现，美联储还迅速地进行了相应的公开市场操作，吐出数量可观的货币量。第三，存款保险制度的设立，解决客户对银行体系的信心问题，有效地防止挤提的出现，算是一种间接的干预。

⑦ 盈利率低，负债率又很高。6 次降息，尽管不能从根本上解决问题，却是缓和国有企业财务流动性困难的救命钱。

参考文献

北京大学中国经济研究中心宏观组，1998a:《寻求多重目标下的有效政策组合》，《经济研究》第 4 期。

——1998b:《罗斯福"新政"：评价及启示》，《国际经济评论》第 5—6 期。

——1999:《政策调整与坚持市场取向》，《改革》第 1 期。

多恩布什、费希尔，1997:《宏观经济学》，中国人民大学出版社。

宋国青，1998:《债务—通货紧缩》，联办研究报告，98001 号，1998，1，9。

——《宏观经济的波动与人民币汇率》，联办研究报告，98005 号，1998，3，13。

Beaud, Michel, 1983, *A History of Capitalism*, 1500 - 1980, Monthly Review Press, New York.

Bernanke, B. & Gertler, M., 1996, "Agency Costs, Net Worth, and Business Fluctuations", *AER*, Vol. 79, No. 1.

Fisher, Iving, 1933, "The Debt-deflation Theory of the Great Depression", *Econometrica*, October.

Freidman, M. &. A. J. Schwartz, 1963, *A Monetary History of the United States*, 1867 - 1960, Princeton University Press, Princeton, NJ.

King, Mervyn, 1994, "Debt Deflation: Theory and Evidence", *European Economic Review*, 38, pp. 419 - 445.

Minsky, H. P., 1977, "A Theory of Systemic Fragality", in E. I. Altman and A. W. Sametz, eds., *Financial Crises*, Wiley, New York.

Wolfson, Martin H., 1996, "Irving Fisher's Debt-deflation Theory: Its Relevance to Current Conditions", *Cambridge Journal of Economics*, 1996, 20, pp. 315 - 333.

《中国通货紧缩研究》前言*

我确切地认识到中国面临通货紧缩的危险是在1997年10月。由于工作的原因，中国经济的各个宏观变量及1997年7月开始的亚洲金融危机后亚洲各国的宏观数字是我经常思考的内容。但让我得出中国面临通货紧缩危险这一结论的一个直接原因是1997年10月宋国青教授放到我信箱的一份不到两页纸的短文，其内容主要是**实际利率**过高导致中国国民收入的分配向储蓄者倾斜，而企业则是最大的受害者。

于是我在1997年10月写了一篇短文在内部传阅，名叫《谨防通货紧缩的危险》。1997年11月公布的统计数字表明我国零售物价总指数从1997年10月开始负增长，进一步印证了关于通货紧缩的担心。于是，我开始组织北京大学中国经济研究中心宏观组的同学们对通货紧缩进行系统的研究。在1998年初形成了三篇文章，它们分别是《寻求多重目标下的有效政策组合》(《经济研究》1998年第四期，这篇文章是在《谨防通货紧缩的危险》一文的基础上扩写而成)；《美国30年代大萧条及对中国当前宏观经济政策的启示》(《战略与管理》1998年第三期)；《罗斯福新政、评价及启示》(《国际经济评论》1998年第四期)。这三篇文章对1998年以来的通货紧缩研究产生了一定的影响，被引用率相当高。在《寻求多重目标下的有效政策组合》这篇文章中，我们在充分肯定1993年以来中国宏观经济软着陆的前提下，分析了中国经济当时面临的五大问题：总需求不足；失业正接近临界点；出口阻力增大；真

---

* 《中国通货紧缩研究》，北京大学中国经济研究中心宏观组编著，北京大学出版社2000年第1版。

实利率过高所导致的通货紧缩效应;中国银行体系中的不良资产等问题。这五大问题全部是围绕着通货紧缩讲的。后来的中国宏观经济走势完全印证了这篇文章中的逻辑推理和实证预测。

一种观点和由此推出的政策含义没有绝对的对或错,关键看时机。以货币政策为例,假如我闭着眼睛总讲“抽紧银根”,我说对的概率大约为一半;同理我也可以总唱一个调子——“放松银根”。总坚持一个观点的经济学家比较可爱。这可能是因为他们有信念。还有一种经济学家总是对的,因为他们总是全面的,他们总说一方面如何如何,另一方面又如何如何。打个比方,一个人开车需要指挥,指挥者就是经济学家。于是一位经济学家这样指挥:“沿着路的中间走,既不要偏左,也不要偏右”。这位经济学家总是对的,但他的话一钱不值,因为没有任何信息量。因为开车的人需要在每一个时点上知道他现在是应向左一点,还是向右一点,还是一直向前。经济学家除了解释世界,还应当指出在一段时间内所面临的主要危险和要防止的倾向,真理总是片面的。从这个意义上来说,我更喜欢有鲜明观点的经济学家。

很容易发现,中国经济学家的研究热点与什么的相关度最高。在1998 年 7 月和 1999 年 4 月以后,有成百上千篇文章对通货紧缩进行了讨论,中国陷入严重通货紧缩的呼声越来越高。我和中国经济研究中心宏观组的同学们反而成了否认通货紧缩的代表之一,因为从 1998 年第 4 季度开始,我们开始强调通货紧缩的“两个特征,一个伴随”。

一、关于通货紧缩概念的思考

我有多年的教书经验,熟知大多数教科书和工具书都将**通货紧缩**定义为物价的持续下降。我们之所以用“两个特征,一个伴随”来全面地把握通货紧缩,是在经过深思熟虑并反复研究了美国、英国、德国、法国过去百年的历史数据后得出的。我们是这样定义的:一般说来,通货紧缩有两个特征,一个伴随。一是货币供应量下降,二是物价的持续下降，再就是它通常伴随着经济衰退的出现。

在现阶段像中国这样一个发展中的大国里，是不可能出现经济负增长的，也就是说负增长式的经济衰退在目前是没有可能发生的。同时，我也深知中国目前的货币也不可能出现负增长，也就是说货币供应量也不能下降。“两个特征，一个伴随”式的通货紧缩在中国现在和可以预见的未来是不会发生的。在物价指数连续下降的证据明显的情况下，我们坚持中国所发生的不是一般意义上的通货紧缩，主要是基于以下考虑：

（一）数据的问题

我们讲通货紧缩最直接的依据是**零售物价总指数**和**消费物价指数**（还有生产资料价格指数）。我一直对以零售物价总指数为主要定义的物价指数有异议，我认为应该用消费物价作为物价指数的主要指标。最让我欣慰的是国家统计局已决定从2000年开始，我国将使用消费物价指数(CPI)作为通货膨胀的主要指标。同时我对零售物价总指数的采样、权重也有不同意见。应该说我国计算物价指数的方法是相当科学的，也许是接近最好，我的批评仅供参考。

首先讲权重。在零售物价指数编制中，食品在全部权重中占将近一半。我认为这个权重过高了。我国有12.5亿人口，其中9亿在农村，如果按国民收入计算，其中有将近一半用来吃饭也不算离谱。但是对3亿多城里人来说，用收入的一半吃饭确实是太高了。至于多高适当，应当由抽样统计来决定。我估计是在40%左右，而不是在50%左右。对九亿农村人口来说，其收入的一半用来吃饭是差不多的。但用将近一半的食品权重计算农村零售物价指数也偏高，因为农村人口消费的相当一部分食品是自给自足的，没有经过市场。就农民购买商品而言，有近一半开支在食品上也是高估了。

再说零售物价指数采样的方法。为了可比，我们用来计算物价指数的采样商品有一整套比较科学的方法。比如，商品的规模要大到一定程度，而且稳定相当一段时间。大多数样本里的商品具有大宗、标准、稳定、有一定历史等大陆货的特征。而现代社会的特征是产品的更新换代越来越快，我国相当一部分居民吃、穿、用的商品变化较快。价格高的商品一般是新产品，而一件商品一旦进入符合大宗、标准、有一定历史这些大陆货的特征后，其价格一般是下降，最后是被新产品所代替。如何处理新产品，是计算物价指数的一个难题。

关于消费物价指数也要做些说明。在消费物价指数中，如果把食品和能源排除在外，就是核心消费物价指数。食品的价格受天气影响较大，能源的价格也被多数国家定义为外生变量。中国过去几年的核心消费物价指数基本上没有负增长。我国消费物价指数的权重每年都有些调整，从1996到1998年三年的食品比重大约占41%。我国的消费物价指数中，没有把能源单列出来作为一项，能源的变化反映在交通费和其他项目中。以物价负增长最严重的1999年为例。1999年的消费物价为－1.4%，其中食品为－3%。也就是说，在－1.4%中有－1.2%是由于食品价格下降所致。能源价格在中国计算权重时较为复杂。中国的煤价1999年是负增长，石油价格是先降后升。总体上能源价格在1999年是下降的。因此，扣除食品和能源价格因素，1999年消费物价基本上是没有负增长。

现在的经济增长速度和过去的数字也不完全可比。中国的GDP增长率从90年代的最高峰，即1992年的14.1%，以平均每年下降一个百分点的速度，下降到1999年的7.1%。但是近几年的GDP增长速度要比过去实得多。以1999年为例，全国31个省市自治区公布的国内生产总值相加之和等于87 942亿元，比国家统计局公布的82 054亿元多5 888亿元。从增加速度来看，只有山西(6.1%)和四川(5.6%)低于全国7.1%的平均水平。如果按各省公布的数据来算，我国1999年GDP增长为8.7%。1998年的情况大致相同，统计局公布的增长率为7.8%，比各省公布的增长率的加权平均低1.9个百分点。如果现在的7%的GDP增长相当于过去的9%，我们就要重新考虑采用什么样的宏观经济政策。

（二）防范道德风险，又要保持社会稳定

如果认为中国陷入了严重的通货紧缩，那么政策含义是必须要增发货币。通过什么渠道增发货币呢？中央银行向财政透支来增发货币？不行！因为《中国人民银行法》第28条规定，中央银行不得对财政透支。这条法律上的规定是我国过去多年历史经验和惨痛教训的总结。那么通过豁免企业债务尤其是国营企业债务行吗？还是不行！因为在目前的经济体制中，我们无法区分每一笔企业债务是好企业还是坏企业产生的，大量放水、豁免债务总体而言是对坏企业的奖励，是对守信用企业的惩罚，最终的结果是产生道德风险，导致**赖账经济**的出现。市场经济的规律之一就是优胜劣汰，如果依然利用行政手段来决定企业的生存和资源的配置，则其实质就是向计划经济体制的复归。目前，资源的配置向国有企业倾斜过多，而效率较高的非公有部门需要的资源受到挤压，资源无法得到有效的配置。这种扭曲的资源配置体制必然会导致重复建设、生产过剩、投资下降，结果是经济下滑。当经济遇到困难时，最容易、最少得罪人、最舒服的办法肯定是要中央政府拿钱解决问题，而财政能力是有限的，因此只能要求中央银行发货币。发货币可以，但是通过发货币就能使企业的经营机制发生转变吗？发货币能否解决打击金融犯罪问题？更进一步地说，如何设计机制，才能在中央政府花钱的过程中，买下一个新体制。

那么中央政府不拿钱行吗？回答是否定的。面临当前通货紧缩的压力，如果我们采取了过紧的货币政策和财政政策，我们将犯历史性的错误。那样我国的经济会继续下滑，下岗失业问题会更加严重，金融系统支付困难，社会稳定会受到威胁。中央政府拿钱，是为了创造一个宽松的环境，赢得时间，抓住时机，在多重压力下进行改革，加快经济结构调整，使经济能够可持续地增长。但是这需要首先处理好以下几个问题：

1. 短期与长期问题

中国目前的经济问题从根本上说是结构问题，而结构的调整是中长期的。同时结构问题带来的短期问题是供过于求和有效需求不足，需要采取相应的政策，一方面需要通过扩大总需求来解决，另一方面必须淘汰过剩、低效的生产能力，推进产业的升级换代。这样才能同时解决短期与长期问题。做了中央银行的官员，我才真正理解了凯恩斯所讲的"长期我们都将死去"的含义。短期的问题就像救火，非救不可，不然就有可能会导致社会不稳定，经济无法继续发展，因此现在必须拿钱。但是拿钱干什么？拿钱买时间和安定，以便深化改革，调整经济结构，没有这两点，钱就白拿了。

2. 宏观与微观问题

这类问题有些类似于长期与短期的问题。面对目前的通货紧缩现象，我一直强调要"正视通货紧缩的压力，加快微观机制改革"。通货紧缩明明是一个宏观问题，为什么与微观有关系呢？因为宏观与微观之间是紧密相关的，宏观经济是微观经济的整体表现，同时宏观经济的状态又会反过来影响微观经济状况。我们的研究表明，我国国有企业的长期低效是导致目前通货紧缩的根本原因。如果不能加快国有企业的改革，提高其经济绩效，那么一个充斥着不可持续的信用扩张的经济结构最终是要坍塌下来的，一个充斥着大量不良债权的经济体系是不可能持续发展下去的。所以，更进一步看，更深层的改革方向就是促进微观机制的建设，提高企业进行有效率扩张的激励，因为只有具有良好微观经济基础的宏观经济才能可持续发展。

3. 输血与动手术问题

当经济不景气时，宏观派强调通过输血的方式，如通过扩张的财政政策和宽松的货币政策来解决问题；而微观派则强调以动手术的方式诸如产权改革、企业制度创新、放松管制、促进竞争等来解决问题。其实两者并不矛盾，而且应该相辅相承。正如动手术时需要输血一样，二者结合起来才能治病救人(这个比喻我是听余永定教授讲的)。动手术治病是目的，输血是手段，是必要的，目的是保障手术的安全及成功。因此输血与动手术问题、长期与短期问题、宏观与微观问题，三者如出一辙。但是如何协调以上三个问题，政府扮演着重要的角色，这牵涉到政府与市场的关系、政府自身的定位。

二、关于通货紧缩对策的思考

具体到目前的实际情况，面对通货紧缩的压力，政府的宏观政策，特别是货币政策应该如何应对？有些同志大声疾呼："中国已经陷入了全面的通货紧缩，货币当局为什么不能实行更加积极的货币政策？"

事实上，自1996年5月以来，中国的货币政策一直是放松银根的取向。如何在经济发展中化解金融风险一直是把握货币政策的关键。我理解货币当局在货币政策上持如此稳健的原则是基于以下理由。

1. 谁都知道通货紧缩不好，最理想的目标是有2%左右的轻微通胀。但是应当看到，我国近来的物价水平下降有其必然(合理)性，是对1993—1994年高通货膨胀的纠正，是向均衡价格水平的回归。近年来，中国经济发生了根本性的变化，由普遍短缺变为供求大体平衡，在某些领域内出现了供过于求的情况，说明中国社会主义市场经济上了一个新台阶。我国已由追求速度的短缺经济下的卖方市场转变为要求不断创新、质量至上的买方市场。在此期间，由于结构调整的滞后，价格水平有所下降有其合理因素。

2. 目前中国的经济问题主要是经济结构问题。通货紧缩的压力来自**生产能力过剩**，因为我们在形成新的生产能力的同时，不能有效地淘汰过剩的落后生产能力。结构调整是一个非常痛苦的过程，可能造成一些职工下岗。货币政策的取向是坚持贷款条件，服从稳定大局。社会保障问题已经超出了货币政策的范围。如果需要货币政策协调的话，原则上应当是救人不救厂，因为：第一，安置职工的费用一般说来大大低于维持一个亏损企业运行的成本；第二，维持效益差的企业会妨碍结构调整。

3. 目前通货紧缩压力的一个主要原因是我国的货币供给中有一块无效货币（不良资产）。银行的贷款能力取决于新增存款的流入速度和贷款可以按时还本付息的比例（当然中央银行的再贷款也可以是资金来源之一）。我国贷款的增长率为13%左右，这个数并不低，因为这是按贷款总余额计算的。如果把不良贷款去掉，按正常贷款余额计算，则这一增长率还要高许多。这些不良资产是多年积累下来的，需要在发展中逐步化解。我们要从防范金融风险的全局，从我国整个金融业可持续发展的高度来认识货币政策。

4. 人们都说商业银行惜贷或慎贷。不可否认，商业银行的激励制度确有问题。但这里需要强调的是，绝大多数规范化的改革都带有紧缩效应。以前贷款的审批手续很简单，甚至某个行长在烟盒上签个字就行了。而现在贷款则需要经过一套审批程序，要求商业银行建立**审贷分离**制度，超过一定额度的贷款须由审贷委员会审批。现在贷款程序比原来当然要复杂一些。是不是建立审贷分离的制度错了？当然不是。金融系统和银行业在由不规范走向规范的过程中，这个成本是要付的。

5. 有些同志批评目前银行系统中存在的12000多亿的**存差**，而在1995年以前我国一直是**贷差**。其实，存差是正常的。首先，商业银行要交6%的法定存款准备金，还要有5%左右的超额准备金用于清算。其次，商业银行资产多元化，有利于其资产的安全性和流动性；商业银行购买国债和政策性金融债券都是支持国家建设。再次，我国目前国有银行的存贷比远高于《商业银行法》中规定的存贷比规定的最高限75%。而且近年来，货币当局没有要求商业银行达到这一比率的时间表，一直鼓励和支持商业银行要以贷款立行。

6. 改革开放20年来，中国的国民生产总值（GDP）年平均增长率为 9.8%；年平均通货膨胀率为 6.7%；广义货币(M_2)年平均增长率为 24%，远高于 GDP 和通货膨胀率之和。(M_2/GDP)比率由 1978 年的 0.32 增长到 1999 年的 1.46，远高于世界上大多数发达国家和发展中国家。我们把(M_2/GDP)比率不断提高的过程叫作**货币化**过程。按经济发展规律，货币化过程会逐步慢下来，广义货币的增长率不可能永远高于国民生产总值和通货膨胀率之和。货币政策主要是短期政策，但也要有全局观和长远的考虑。

7. 有些同志批评由于货币政策过紧，使我国农产品，特别是**粮食价格**下降；而粮食是食品价格的基础，粮食价格的下降导致食品价格的下降；而食品在零售物价指数中的权重占将近一半，所以，粮食价格的下降导致了我国物价总水平的下降。但是，以上推论有以下问题：首先，我国主要粮食价格都不低于国际市场水平，其中玉米是大大高于国际市场水平，水稻和小麦与国际市场价格基本持平，因此大陆标准粮食的价格没有进一步上涨的空间。第二，我国国内粮食连年供大于求，粮食储备达到历史最高水平。如果再人为地提高粮价的话，势必进一步增加粮食的供给，抑制需求，从而进一步加剧我国低品位粮食供大于求的局面，不利于农业结构的调整。

总之，面对目前通货紧缩的压力，要进一步发挥货币政策的作用，适当增加货币供应量，同时要在发展中化解金融风险，防范道德风险，奖励守信用的个人和企业，依法打击金融犯罪。通货紧缩的深层原因是信用制度的破坏，因此建立并完善中国的信用制度才是治理通货紧缩的根本。

以上是我对通货紧缩问题研究过程的回顾。1999 年 7 月，北京大学中国经济研究中心与北京大学出版社在北京大学召开了“宏观政策调整与坚持市场取向”的研讨会，许多经济学家到会，并就目前的通货紧缩现象、宏观政策及未来的经济发展展开了激烈的讨论，会议取得圆满的成功。这次会议使我认识到，如果把 1997 年以来有关通货紧缩的重要研究论文收集出版，不仅有利于政府部门、企业及公众了解目前的通货紧缩，而且会使从事经济研究的同行们有一个相互学习与促进的机会，从而推动对通货紧缩更进一步的研究。因此，我组织中国经济研究中心宏观组的同学收集了 1997 年以来一些重要的有关通货紧缩的论文，其中包括宏观组对通货紧缩的研究论文。我们把所有收集的论文大致按照理解通货紧缩、走出通货紧缩及比较与借鉴的思路分成三个部分，这些论文不仅收入了国外经济学家比如费雪、米什金、克鲁格曼等人对通货紧缩的研究论文，还收入了许多中国经济学家对通货紧缩的研究论文。细心的读者会发现，这些论文从诸如历史、通货紧缩的形成机制、供给、需求、微观机制、宏观政策等各个方面探讨了通货紧缩形成的机制、原因及相应的治理方法，可谓仁者见仁，智者见智。

到 2000 年 2 月份，商品零售价格指数同比为－1.4％。消费价格指数在连续 22 个月负增长之后，首次呈现同比 0.7％的正增长，显示了中国走出通货紧缩趋势的曙光。1999 年夏天大声疾呼中国进入严重通货紧缩的同志们，可以宣布他们赢得了这场争论的胜利。若不是他们大声疾呼，中国到现在也走不出通货紧缩。同样，坚持否认中国存在通货紧缩的同志们，也可以理直气壮地讲他们的观点终于被证明是正确的，中国果然见到了物价回升的迹象。这就是经济学，观点截然不同，都可以找到各自充分的证据来支持，分不出胜负。这也许就是经济学的问题和它的魅力所在。可能这也正是我喜欢选择经济学家作为自己职业的原因之一吧。

北京大学中国经济研究中心宏观组关于通货紧缩的研究，受到国家自然科学基金会的支持，我在此向一直关心、指导和支持我们的程思危先生和冯芷艳女士表示衷心的感谢。

我的优秀学生汤鹏飞一直参加宏观组关于通货紧缩的研究并有突出贡献，本书中对几个发达国家通货紧缩历史的整理工作主要是由他做的。汤鹏飞在 1999 年 8 月 8 日的一次事故中不幸触电身亡。在完成本书之际，我深深地怀念他。

最后，我希望与关心目前通货紧缩和中国经济的读者及经济学界的同行们共同分享这本书，相互学习勉励。我相信对中国通货紧缩的研究是会产生一流的经济学成果。

易　纲

2000年3月18日

萧条经济的回归：一个世界性的课题*

摘要：当前世界经济正陷入一场自1973年石油危机以来，经济增长下滑最快、涉及主要经济大国最多的全球性经济衰退。与此同时，中国也基本结束了“短缺经济”，出现了生产过剩，进入“买方市场”时代。短缺经济的消失和科技进步改变了世界经济的供求格局，是导致世界生产能力普遍过剩的重要原因。有效需求不足、向萧条经济回归，是我们对未来世界经济走势的一个中长期判断。在这样一个国际和国内经济背景下，扩大内需应成为我国的中期宏观政策目标；积极的财政政策要从增加支出的需求管理转向以减税来刺激民间投资，同时要进一步完善保护非公产权的法律环境。

一、世界正在向萧条经济回归

21世纪伊始，占世界国民生产总值近三分之二的美欧日经济同时减速。美国从2000年第三季度经济增长速度明显放缓，“9·11”恐怖袭击使美国经济雪上加霜，2001年第三季度美国的经济增长为－0.4％。日本和欧洲经济也呈衰退或减速迹象。

亚洲特别是东亚国家和地区严重依赖美日市场。美日经济减速使东南亚国家出口受挫，东亚国家和地区经济增长速度普遍放慢。拉美的情形更是糟糕，拉美国家出口的60％多集中在美国。美国经济大滑坡使拉美国家经济受到很大影响。

---

* 原文发表于《国际经济评论》2002年第3期(5—6月)。

经济学家和各国政府担心,这次世界范围内的经济衰退是否具有持久性质并引起类似于20世纪30年代的经济大萧条? 显然,对这个问题的正确解答依赖于人们对以下两个问题的理解和认识:第一,是什么原因引起了这次世界范围内的经济衰退? 第二,各国的宏观经济政策在当前的经济衰退中能够扮演什么角色?

二、对市场经济认识的回顾

亚当·斯密的《**国富论**》是1776年发表的。亚当·斯密观察的是18世纪下半叶的市场经济。当时,资本主义正处于上升阶段,产品的商品化与生产的社会化程度不高,国与国之间的贸易尚不发达。即使某个经济部门发生波动,也不会在短时间内扩展到经济的其他部门。市场竞争以及分工和专业化所带来的资源配置效率的提高促进了资本主义经济的迅速发展。

因此,斯密得出结论,**市场经济**有一个自我调节机制("看不见的手"),会熨平经济波动,使经济恢复到充分就业的均衡状态,供给总是自动地等于需求,政府不需要干预。不仅如此,由于黄金输入点和输出点自动地调节着顺差国和逆差国的价格水平,从而使国际收支趋于均衡,不需要像世界贸易组织这样的机构来协调。

但是,到了19世纪,随着工业革命的完成,资本主义经济的繁荣不时地被愈演愈烈的经济危机所打断。事实上,从1825年第一次世界范围内的经济危机开始,直到1867年马克思《资本论》第一卷的问世,资本主义国家的经济危机日益频繁和剧烈,周期性的普遍生产过剩的**经济危机**差不多每隔10年就爆发一次。马克思率先注意到了这一点,并把经济危机爆发的原因归结为生产的社会化和生产资料的资本主义私人占有制之间的矛盾。

世界进入20世纪,西方主流经济学家对马克思的理论一直持否定态度,他们主张自由放任的市场经济能够自动使供求达到平衡。一直到1929—1933年资本主义世界经济危机的大爆发，普遍生产过剩的经济危机才真正引起西方主流经济学家的反思。现代经济学认为，垄断、外部性、信息不对称、公共物品的存在是造成市场失灵的四大根源。在宏观经济层面上就表现为**价格刚性**和**预期的非理性**。价格刚性使得价格无法灵活调整以使经济迅速达到供需平衡的市场出清水平。预期的非理性使得经济主体的消费和投资决策在很大程度上具有凯恩斯所说的"血气冲动"性质（animal spirit）。正是在这个意义上，凯恩斯得出了私人经济具有内在的不稳定性的著名论断。也就是说，当经济面临某种外部冲击的时候，市场的力量并不足以使经济迅速恢复到充分就业的均衡水平，经济将面临一个痛苦而缓慢的调整过程。凯恩斯认为，20世纪30年代世界经济的**大萧条**主要是由于有效需求不足造成的，导致失业率居高不下，价格水平大幅下降。凯恩斯的宏观经济思想在战后的很长一段时间里极大地影响了经济学家们和宏观经济决策者们的看法。凯恩斯描述的生产能力过剩、失业率上升、市场不景气这样一种经济状态，被称之为"**萧条经济**"。

"二战"后，40％多的世界人口生活在计划经济体制下，短缺是计划经济的一个重要特征。计划经济国家基本没有参与世界产品市场的竞争。相反，虽然有冷战、禁运，**计划经济**国家还是通过各种途径从西方市场经济国家吸纳了一部分商品、服务和过剩生产能力，为资本主义经济高速发展提供了一个良好的机会。再加上欧洲战后重建和西方国家的需求管理等国素，使得资本主义生产能力的提高并没有演化为全面的生产过剩，资本主义市场经济迎来了一个高速发展的黄金时代。

20世纪90年代以后，世界经济格局发生了两个重大变化，即短缺经济的消失和科技进步的飞速发展，使得世界经济面临生产能力过剩的危险。世界经济向"萧条经济"回归，是我们对未来世界经济走势的一个中长期判断。在世界经济的新格局下，任何局部的市场波动都有可能迅速蔓延到社会经济的各个角落，从而使整个经济发生大的波动，市场本身所无法克服的内在缺陷也就日益凸现出来。凯恩斯所描述的

“萧条经济”回来了。

三、短缺经济的消失和科技进步是世界经济向萧条经济回归的重要原因

(一) 短缺经济的消失

中国从1978年开始改革开放,1992年首次提出建立社会主义市场经济。前苏联和东欧国家也从20世纪90年代初开始向市场经济转轨。随着向市场经济转轨的完成,这些国家逐步摆脱了**短缺经济**的阴影,长期被计划经济束缚的能量很快释放出来。不仅如此,中国和其他转轨经济国家正在积极参与世界市场的竞争。中国“六五”期间(1981—1985)和“七五”期间(1986—1990)在贸易上是逆差,五年贸易逆差累积分别为123亿美元、214亿美元。到20世纪90年代,中国贸易顺差的趋势越来越明显,“八五”期间和“九五”期间贸易顺差分别为223亿美元、1495亿美元。

前苏联和东欧国家在贸易上的情形和中国有类似的地方,从1992年到1999年,这些转型经济国家贸易上基本是逆差。但是,随着市场经济改革的进行和经济结构的调整,转轨国家的资源配置效率和科技进步带来的企业生产效率提高的影响日益凸现,供给能力明显增强,短

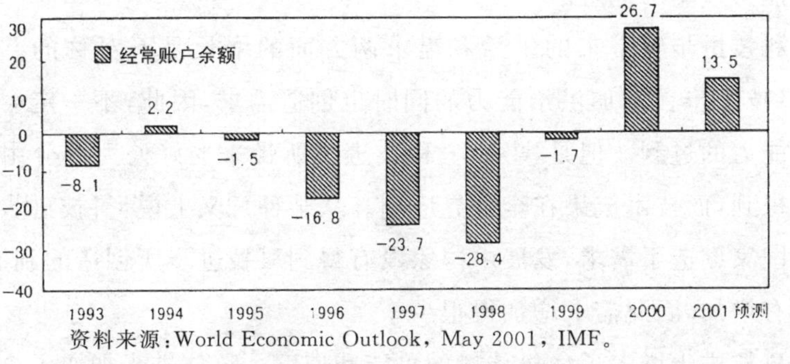

资料来源:World Economic Outlook, May 2001, IMF。

图1 转轨经济国家经常账户平衡状况(1993—2001) 单位:10亿美元

缺经济逐步消失。近年来,前苏联和东欧国家实现了贸易和经常项目的顺差,2000 年转型经济国家的经常账户在连续五年逆差之后首次实现顺差,达 267 亿美元,2001 年为 135 亿美元(图 1)尽管目前东欧和前苏联国家在整个世界贸易中只占很小的份额。但可以预见,随着这些国家向市场经济转轨的完成,特别是中国和俄罗斯经济的崛起,计划经济向市场经济转轨带来的短缺经济消失必将对世界经济的总体供需格局产生深刻和长远的影响。

(二)科技进步使世界生产能力大幅度提高

20 世纪 90 年代以来,世界科学技术出现了飞跃式的发展,包括信息技术、生物工程、航天技术和基因工程在内的高技术成果不断涌现。科研成果商业化的周期不断缩短,转化为生产力的速度大大加快。科学技术在生产力中的地位越来越重要,科学发现和技术创新对经济增长的推动作用更为直接、更加迅速,已经成为经济、社会发展的决定性因素。据有关资料统计,目前发达国家经济增长的 60%—80%是由科技进步推动的。

科技进步大幅度提高了世界经济的供给能力。当需求旺盛的时候,供给能够迅速上升。可一旦需求发生波动,这些新形成的生产能力就会大量闲置,变成沉没成本,大量商品卖不出去,世界经济将面临着生产能力过剩的危险。

科技进步所带来的供给和需求两方面的增长是不对称的。按理说,科技进步在增加供给能力的同时也创造需求,因此,不一定会带来生产能力的过剩。但是,事实上科技进步所带来的好处大部分由发达国家得到,而技术成果在全世界应用。从某种意义上说,科技进步只在发达国家创造了需求,发展中国家没有得到科技进步所创造的利润,收入没有增加,因此需求增加得很少。

科技进步增大了危机传播的可能和速度。科技进步加快了全球经济一体化的趋势,也使得分工更加专业化,交易过程中的摩擦和限制越来越小，各国经济之间的依赖性增加了。因此，当一国经济出问题时，极可能传染到其他国家并在传染过程中逐级放大，正所谓一只蝴蝶翅膀扇动可以引致远方的一场风暴。

科技进步增加了投资风险。科技的快速进步使得世界范围内的竞争更加激烈，不确定性增强。一种技术、一个产品从发明到投资，到批量生产，最后到淘汰，周期越来越短。所谓生产能力过剩在很大程度是由这种超快速折旧的淘汰机制所致，这使得投资的风险增大。

经济的全球化使得各国的经济联系日益紧密，短缺经济的消失和科技进步使得世界市场的竞争更加激烈，不确定性加大，全球范围内生产过剩成为随时可能爆发的危险。在这一大背景下，任何来自需求面的负面冲击都可能使这种危险变为现实，从而使世界经济迅速陷入衰退。

“世界经济向萧条经济回归”这一判断指出了一种趋势，导致这一趋势的因素正在形成并不断强化。根据本文分析可以预测，中国将来的贸易摩擦将有加剧的趋势，制定宏观经济政策时必须考虑如何应对。

四、扩大内需，刺激民间投资是当前中国宏观经济政策的当务之急

基于以上分析，我们得出如下判断：在一个较长的时期里，有效需求不足、生产能力相对过剩、失业的压力将是我国经济面临的主要问题。在政策选择上，要从宏观和微观政策同时着手，双管齐下。

以减税来刺激民间投资。宏观政策上，中央提出实行“积极的财政政策和稳健的货币政策”是充分考虑了财政政策和货币政策的不同特点和调整对象，以及目前我国所处的经济环境所做出的正确的政策选择。

积极的财政政策有两种实施方式：一是采用赤字财政的办法增加支出，二是减税，或二者兼用。两种方式的目的都是扩大内需，所不同

的是渠道。赤字财政的办法是加大政府的需求，是通过需求管理实现的。减税的办法是通过供给的渠道实现的，通过减税可以调动民间投资和消费的需求，达到扩大内需的目的。1998—2001 年间实行的积极财政政策属于第一种，对保持我国国民经济健康发展起到了重要的作用。

回头看来，我国过去几年实行的积极财政政策也有一些内在的矛盾。一方面，政府在用赤字财政的办法增发国债、扩大支出；另一方面，税收的快速增加对经济产生紧缩效应，虽然我们并没有提高税率，税收的提高主要是加强征管的结果，但对经济的影响是一样的。

改革开放以来到 1996 年，我国的**税收**增长一直低于名义 GDP 的增长。1996 年以后，税收增长远远高于名义 GDP 的增长(图 2)。可以证明，在税收超过一个临界值以后，每增加一元税收对社会产生的成本大于一元，因为收税有成本，而且收税对企业和居民投资和消费的积极性会产生负面影响。另一方面，每增加一元的政府支出，对社会所产生的福利小于一元，因为一般说来政府投资的效率不如民间投资，而且支出过程中有挪用和损耗。

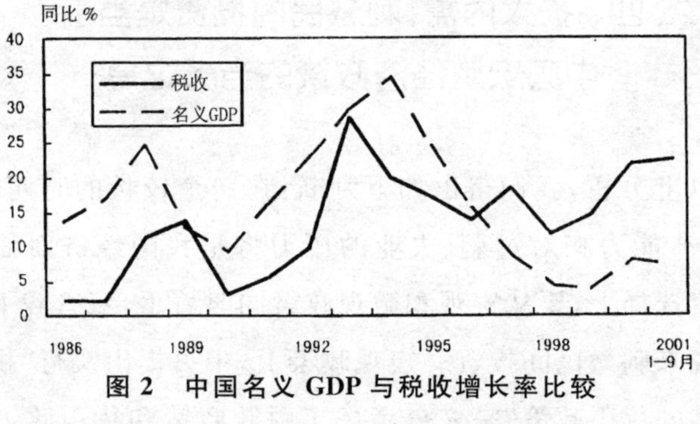

图 2　中国名义 GDP 与税收增长率比较

笼统地讲，中国财政收入占国内生产总值的比重低可能误导读者，因为中国的财政收入有预算内和预算外两块，二者相加占国内生产总值的比重估计在 22%—26%之间，与发展中国家相比并不低。加上中国是从计划经济向市场经济转轨、从公有经济向多元所有制经济转轨，目前政府所控制的资源远远超过其他发展中国家。

建议下一阶段积极的财政政策应以减税为主调。首先应将生产型增值税改为消费型增值税以利于刺激投资，特别是民间投资。

进一步完善保护**非公产权**的法律法规。一般说来，在绝大多数竞争领域中，非公产权同公有产权相比在投资决策上更加谨慎，运作更有效。由于现在科技进步日新月异，非公产权的这个特点也越来越重要了。目前消费需求出现了更鲜活、个性化的趋势，可能导致结构性的供不应求；非公企业更有动力和条件去发现这些较细碎的、新兴的甚至是尚待发掘的需求。

2001年的前9个月，国有及其他经济类型固定资本投资比去年同期增长18.2%，集体和个人投资同比增长9.1%。目前民间投资相对不足的一个重要原因是对非公产权保护的法律有待进一步完善，民间投资者感觉保卫自己财产的交易成本高，来自方方面面的干扰多，缺乏安全感。这一点，可以从中国的资本外逃看出来。世界上可能只有中国，在每年有相当规模的"资本外逃"的同时，保持持续高速的外商直接投资。不难发现，中国能成为第二大引资国其实跟"资本外逃"有关系，相当一部分"外逃"的资本是出国烫金，然后以外商直接投资的形式再投资回来，便可名正言顺地享受起外资的法律保护。如此种种迂回曲折的方式从一个侧面反映了私人资本在国内的产权保障仍不尽如人意。

第 七 部 分

经济增长与发展

中国的经济增长：速度、效率和可持续性*

● 中国正在实现从计划经济向社会主义市场经济的伟大转变。1995年中共十四届五中全会提出"经济增长方式要实现由粗放型向集约型增长的转变"，首次提出要实现可持续增长。

● 建国以来，盲目追求高速度而导致的经济震荡和损失发生过多次，大的经验教训至少有三次：一是1958—1962年的"大跃进"和"三年自然灾害"；二是1978年开始的"洋跃进"；三是1992年开始的经济急剧过热并出现了严重的金融秩序混乱。历史经验反复证明，靠扩大投入、牺牲效益换取的高速度不仅造成了资源的极大浪费，而且注定是无法持久的。

● 中外经济学家对经济增长有许多著名的论断。中国的经济学家们先后提出了"经济增长要与国力相适应"（陈云）；"以最少的劳动取得最大的效果"（孙冶方）；并从改革、就业、总供给、总需求等方面论述了经济增长的最优速度。西方经济学家的增长理论强调以下问题：增长的均衡路径和可持续性，增长的源泉，技术进步和体制创新的激励制度，科学教育对增长的影响等。

● 计划经济是短缺经济，供给增长就等于经济增长。在计划经济下，所有制基本上是单一的公有制，国家控制绝大多数资源。国家能够以行政手段动员全国男女老少和一切可调动的物质资源，不顾成本地实现一个目标。在短期

---

* 原文发表于《改革》1998年第4期。作者：易纲、赵先信、钟凯峰。

内，从相当意义上说政府要增长多少就能增长多少。1958年当年的经济目标基本上实现了，问题是无法持续。

- 在市场经济下，在市场上实现产出才是有效供给，质量和效率第一重要。这时，国家制定的经济增长目标是指导性的。在市场经济中，实际经济增长率略高于或略低于政府所预定的目标是完全正常的。这说明政府成熟，政府用经济杠杆间接调节经济；法制健全，可信的统计制度建立起来了。
- 世界对中国经济1993年以来的"软着陆"高度评价，因为中国领导人使一架有问题的飞机安全着陆了。在这个过程中，中国的领导人表现出高超的驾驶技术和过人的胆略。在飞机着陆后，需要进行修理，然后再起飞。从这个意义上说，1998年经济结构的调整比速度更重要。

一、导言：两个值得注意的转变

20世纪70年代以来，经济增长领域发生了两个引人注目的变化：一是人们对经济增长看法的改变，从片面追求增长率转向强调可持续增长。传统的观点认为，**经济增长**意味着财富总量的绝对增大，也意味着一国福利的增加，追求尽可能高的经济增长率是与福利最大化目标相一致的。70年代初随着资源和环境状况的恶化以及环保意识的觉醒，这种观点受到了强有力的挑战。根据一般的理解，经济增长率只是一个总量概念，在衡量社会福利水平和经济进步方面存在着局限性。它没有反映为实现某一确定的增长所耗费的要素投入，也没有反映为实现增长所付出的资源减少和环境恶化的代价，而资源和环境状况不但与社会福利水平直接相关，也决定了经济持久增长的潜力。70年代以后，经济增长作为一种理念，逐渐为可持续增长所取代。

第二个变化是经济增长政策的侧重点从**需求管理**转向**供给管理**。凯恩斯的短期分析表明，市场机制在短期内是不稳定的，后来的哈罗德的分析则进一步表明，市场机制在长期内也是不稳定的，这样，经济增长政策就被解释为长期稳定总需求的政策。增加政府支出，扩大政府在经济领域中的作用成为必要的政策工具。然而，**新古典理论**的代表人物则认为，经济增长不可以创造，它是由家庭（储蓄）和企业（投资）的个别决策调节的自发经济过程的结果。政府的作用仅在于减少可能的对增长的阻碍，促进竞争，推动技术进步，提高市场效率，为经济增长提供良好的制度和法律环境。“在市场经济中，重要的不是采取积极措施来实现一定的事先规定的增长率，而是消除阻碍增长的消极影响，另一方面也要相信，竞争和由坚定而实际的原则指导的政府行为会引出增长。”这种增长政策后来逐渐演变为供给管理的增长政策。70 年代以前，需求管理的增长政策在西方国家得到广泛应用，但随后的滞胀经历使其声誉大受影响。

70 年代以后，得益于新古典增长理论特别是后来的新增长理论的发展，供给管理的增长政策逐渐为实践所接受，增长政策不再仅限于调节总需求，同时包括扩大总供给的措施。这种供给导向的增长政策不但把减少投资风险、改善投资收益的促进私人投资的措施置于中心地位，尤其强调通过技术进步提高要素生产率对经济增长的推动作用。增长政策的上述转变其影响是极其深远的，下面我们还将谈到这一问题。现在人们所说的增长政策常常是指两者的结合，当谈到需求管理时，更多的是指短期的稳定政策。

为了适应经济体制从计划向市场的转轨，80 年代以来我国也一直致力于增长政策的转变。转变的重点在于提高经济效益，转变增长方式，实现可持续增长，但转变的过程并不顺利。**最大的问题就是根深蒂固的速度偏好。一提到经济增长马上就想到增长速度，把速度等同于增长本身，热衷于铺摊子、上项目，搞速度竞赛，致使增长的粗放型特征无法从根本上得到扭转**。作为一个发展中的社会主义国家，我国对增长率的追求一直非常迫切，传统体制的惯性及传统投资下固有的利益驱动也会助长这种冲动。遇有特定的政治经济形势，往往会发动一场社会性的增长运动，对既定的政策计划形成巨大冲击，延误改革的进程。举例来说，1991年七届人大五次会议通过的八五计划和十年规划规定，八五期间及此后的十年GNP年均增长率为6%，八五期间固定资产投资率年均增长15.3%，结合当时的经济形势，应当说这是一个比较稳健而又留有余地的国民经济社会发展中期计划。当年的政府工作报告还特别指出，保持这一增长率是保持持续发展能力的惟一可行的现实选择。但1992年以后形势发生了变化，“发展是硬道理”被理解成了“增长率是硬道理”，当年上半年GNP较上年同期猛增10.4%，固定资产投资增长33%，大大超过八五计划和年度计划指标。此后国民经济急剧过热，从1993年夏季开始被迫进入治理整顿阶段，这次热涨造成的消极影响至今没有完全消除。

目前我国经济改革已进入全面攻坚阶段，结构调整的任务相当艰巨，就业、财政、企业等面临很大压力，各方面对增长率的期望较高，这就要求我们要结合历史和现实，结合国际经验全面深入地认识经济增长的过程和实质，认清我国目前面临的经济形势，**客观地分析和认识增长速度在经济增长中的地位和作用**，只有这样才能更加理性地看待增长速度，制定出适合我国国情的经济增长政策。本文首先围绕增长和增长速度对有关理论作一个综述，然后，对我国经济高速增长的实绩作出评价，分析中国进一步增长面临的问题并给出自己的结论。全文共分五个部分：一、导论：两个值得注意的转变；二、我国经济学家对增长和速度的讨论；三、现代增长理论综述；四、高速与低效：对中国经济增长的评价；五、高质可持续增长：市场经济的客观要求。

二、我国经济学家对增长和速度的讨论：一个挂一漏万的回顾

国内学术界对增长问题的研究长期以来一直集中在对经济增长速度问题的研究上，围绕什么是合理的或适度的经济增长率，如何达到并保持合理的经济增长率曾经有过长期的争论。对速度问题的讨论可以追溯到1956

年，从那时起，对什么是合理的经济增长率，学术界大致有以下几种认识：

一是从供给（或投入）的角度来理解经济增长，强调经济增长的速度要与国力相适应，要与一国的人力、物力、财力及外汇供给相适应。“建设规模的大小必须和国家的财力物力相适应。适应还是不适应，这是经济稳定或不稳定的界限。像我们这样一个有6亿人口的大国，经济稳定极为重要。建设的规模超过国家财力物力的可能，就是冒了，就会出现经济混乱；两者合适，经济就稳定。当然如果保守了，妨碍了建设应有的速度也不好”（陈云，1957）。

二是从投入产出的角度来理解经济增长，强调导致经济效益提高的经济增长是合理的，反之，导致经济效益降低的增长则是不合理的。这种增长观孙冶方堪称代表。早在1956年孙冶方同志就看到了我国在发展国民经济中那种不顾经济效益，片面追求高速度的倾向。他指出，“以最少的劳动消耗（活劳动和物化劳动的消耗）取得最大的效果，这是一切经济问题的核心”（孙冶方，1956）。在孙冶方看来，总产值包括新增价值和转移价值两部分，而发展生产是指新创造价值的增加而不是转移价值的增加，因而单单总产值指标不能正确反映企业生产的实际情况，不能反映出企业生产的实际效益。要发展国民经济，不讲速度不行，在讲求经济效益的前提下，速度快一些总是有利的，当发生矛盾时，速度必须服从经济效益，决不能脱离经济效益盲目地追求高速度。**速度的高低要以经济效益的好坏为准则，应该力争有一个实实在在的，没有水分的速度。**以价值规律为基础坚持经济效益是孙冶方经济思想的核心。中国共产党的十二大报告提出要“把全部经济工作转到以提高经济效益为核心的轨道上来”可说是这种增长观的集中反映。

三是从改革的角度来理解经济增长，认为就目前的中国经济而言，改革是最迫切的任务，虽然从根本上说改革最终是为发展服务的。因此，现阶段的经济增长主要的不应当是追求高速度，而是为改革提供一个宽松的环境，**从改革要效率，从效率要速度。**与其在体制改革未取得根本性突破之前用高资源耗费、高通货膨胀取得一时的高速度，不如把增长速度适当放慢,“比如说控制在国民生产总值年增长6%—7%的范围内”,以求早日转轨,然后在效益不断提高的前提下全速前进。持这种观点的有吴敬琏(1992)、刘国光(1991)等。

四是从就业率的变化来理解经济增长率的合理程度。持这种观点以厉以宁为代表(厉以宁,1996)。这种观点认为,社会稳定关系到改革能否顺利地进行和经济能否顺利地发展,而就业问题又是关系到社会能否保持稳定的最重要因素,因此,就业率的变化可以说明近期和长期经济增长率的合理程度。很显然,以就业率的变化来衡量经济增长率的合理程度是“就业优先,发展优先”这一理念的直接延伸。

五是从需求(或产出)的角度来理解增长速度。从产出的角度看,与市场需求相适应的增长速度是合理的,超过市场需求的经济增长率则是不合理的。因为经济增长的结果最终体现为向市场提供的商品和劳务的增加,这些商品和劳务是否有销路,能否最终实现的关键取决于国内国际的市场需求,不顾市场需求的速度扩张其结果只能是生产过剩。1989年以后我国经济经受了几次市场疲软的冲击,持这种观点的学者逐渐多起来。

虽然侧重点有所不同,以上各种观点事实上都是从经济的持续或长期增长来理解合理的经济增长率的。超过供给可能性的增长率是不可能持久的,超出市场需求的经济增长也无法最终得到实现。不顾经济效益的增长虽可获得暂时的高速度,却无法长期维持下去。就目前的中国经济而言,改革、稳定、发展三者缺一不可,中国的问题最终出路在发展,发展是稳定的前提,稳定又是改革的必要条件。因此,适度的增长率应该有利于三者的紧密结合和良性互动。上述五种观点为我们理解适度增长率提供了具体的标准和思路。

三、现代增长理论综述

现代增长理论试图回答的核心问题有两个:一是引致经济长期增

长的动力或源泉是什么，二是为什么不同国家的经济增长成就表现殊异。围绕这类问题，现代经济增长理论发展出了一系列模型。1939年哈罗德发表《论动态理论》一般被视为现代增长理论建立的开始，但真正应用最广的是**Solow 模型**，尽管它不是增长经济学的第一个模型，却是目前几乎所有经济增长研究的出发点。Solow 模型假定经济中只有劳动和资本两种生产要素，两种要素可以互相替代，生产函数是规模报酬不变的，要素的边际产量随着要素使用量的增加而下降。同时还假定劳动力（人口）的增长率为给定的常数 n，知识或技术进步率为常数 g，储蓄率 s 也是外生给定的。在这种条件下实际上只有资本是可以任意变动的，因此模型主要关心的是经济中是否能最终形成一个均衡的人均资本存量，从而使经济稳定在一条均衡的增长路径上。Solow 模型对这个问题的回答是肯定的，它的基本结论是：当经济达到均衡时，资本和总产出的增长率将等于 n+g，人均产出和人均资本存量的增长率都等于知识增长率 g。如果技术进步率为零，即 g=0，则新增加的产量由新增加的人口消费掉，人均产量在稳态下就不会变动。

在 Solow 模型中，储蓄率 s 作为一个关键参数实际上是外生给定的。但是在现实生活中，储蓄率的决定以及相应的投资行为取决于家庭和厂商的微观决策，即家庭和厂商效用或利润最大化的权衡。因此，通过引入家庭和厂商决策，就可以使储蓄率 s 成为内生、可变动的变量，这一改进将使 Solow 模型具有坚实的微观基础。60年代，Cass (1965) 和 Koopmans (1965) 将 Ramsey 的效益最大化分析引入 Solow 模型，构造了一个无穷代理人模型。与此同时，Diamond (1965) 将 Samuelson (1958) 创立的世代交替模型与 Solow 的增长模型融合，形成了世代交替均衡增长模型（Overlapping generations model of equilibrium growth，简称 OLG）。第一个模型假定利润最大化厂商在竞争性市场上雇佣资本、劳动等生产要素和出售自己的产品，同时假定具有固定数目和无穷寿命的家庭通过提供资本、劳动等生产要素来形成自己的预算约束，通过储蓄和消费决策来最大化自己的效用。第二个模型对第一个模型作出了进一步的修正，允许经济中有新的家庭进入，人口是变动的，不同世代的人们相互进行交替。除此之外，这两个模型仍然和 Solow 模型一样，假定劳动增长率 n 和技术进步率 g 是外生给定的。因此现在除了储蓄率 s 变成了内生变量以外，它们的基本结论和对均衡状态的描述也和 Solow 模型一样。这两类以微观分析为基础的动态模型，成了经济学许多领域(如宏观经济学、公共财政、国际经济学等)的重要分析工具。它可以用来研究资本积累、利率和消费，可以分析储蓄率、政府支出等对均衡产出及均衡产出增长率的影响。

Solow 模型、Ramsey-Cass-Koopmans 模型和 Diamond 模型的一个共同问题是：虽然看起来它似乎可以解释所有的东西，但就是不能解释经济增长，储蓄率和资本积累水平的差异不能解释各国之间经济增长速度和人均产出水平的巨大不同。造成这种情况的原因不难理解：由于规模报酬不变，在完全竞争条件下，随着资本积累的增加，资本的边际效率会越来越低，最终导致经济增长动力的枯竭。在这种情况下，要解释经济的长期增长，只有引入外生变量才可能实现。在上述三个模型中，这一变量就是假定为外生给定的知识或技术进步。各国经济增长率和人均产出的差异源自知识或技术进步率 g 的不同，既与政府的财政政策无关，也与储蓄率无关。然而，知识或技术进步究竟是什么？它为什么在增长过程起着决定的作用？类似的问题正是新增长理论试图回答的。

80 年代发展起来的**“新增长理论”**力图将知识增长或技术进步内生化。根据这一理论，经济增长率不再像前人所说的是外部给定的，而是由消费者、厂商的行为和政府政策决定的。这一派经济学家在 Solow 模型的基础上进行了两个方向的拓展，一个方向就是考虑一个专门的**知识生产**部门 (Resarch and development sector 或 R & D sector)，增加对该部门的投入会增加知识产出，最终导致物质生产部门产出的增加，因此这时知识或技术进步增长率 g 已经不再像 Solow 模型那样是外生给定的，而是模型内生的。这个方向的工作主要是由

Romer (1986)开创的。另一个方向的拓展是对资本概念的拓展,即引入人力资本因素,引入人力资本之后即使不考虑外生知识增长率的不同,我们也能较好地解释经济的长期增长和国别差异,这一方向的工作首先是由 Lucas (1988)进行的。

Romer 模型将知识作为一个独立的生产要素,并强调知识作为生产要素的重要性。知识具有很强的正的外部性。任何企业的研究成果都不可能完全保密,知识会传播。一个企业的知识资本的增加不仅会使本企业产量增加,也会使别的企业产量增加。知识的使用具有**非竞争性**,即一个人使用某种知识并不影响别人对该知识的使用,知识一经发现,提供的边际成本几乎为 0。知识的排他性则取决于知识自身的性质和特定的法律体系。Romer 模型认为,一些国家之所以长期处在低水平的增长路径上,就是由于对知识生产部门的投资不够,技术进步率太低的缘故。因此,一个显而易见的结论是,应该鼓励对知识生产的投资。对于政府而言,有关的基本研究和教育投资是必须予以支持的,在税收方面应该对从事研究的企业予以适当照顾,在法律方面应该建立有效的专利和知识产权制度,提倡对知识产权的普遍尊重;对于社会和个人而言,尊重知识、知识分子以及普遍爱智行为的价值和精神取向,对长期经济增长是至关重要的。任何一个现代社会,如果它不是倾向于推进知识增长进而推进物质增长的生产性行为,而是鼓励它的精英分子从事政治争斗、军事掠夺、税收和财富的再分配,以及对"官本位"的追逐等寻租活动,它将不是一个有希望的社会。我们在这里所谈到的东西显而易见地涉及到了特定社会的历史传统、文化和政治架构。

Romer 模型的一个问题是,既然知识是不断扩散的,而且对大多数国家而言实际上并不存在多少获取基本知识和技术的障碍,那么为什么仍有相当多的国家没有获得应有的知识和经济增长呢? Romer 模型没有回答这个问题。一个可能的解释是,这些国家的人们可能缺少学习和使用知识的能力,这就是 Lucas 模型所持的观点。在 Lucas 人力资本模型中,**人力资本**是一个与知识有关系但又相互区别的概念。

人力资本和知识一样，在生产过程中也有良好的外部作用。在人力资本密集的地方往往会获得递增的规模收益，因此人力资本会从人力资本稀少的地方流入人力资本稠密的地方，相应的物质资本也会跟随人力资本流入人力的资本稠密的地方，这就是为什么我们经常看到国际资本流动主要在发达国家之间进行的原因。与 Romer 模型不同，人力资本并不像知识那样必须以物质资本为载体，它主要是通过学习和教育获得的，附着在活生生的人身上，因此人力资本具有某种"资产专用性"和竞争性。在不同的国家，由于所积累的人力资本不同，对相同知识的使用可以产生完全不同的收益，进而导致经济增长率和人均产出的不同。Lucas 模型认为正是由于一些国家的人力资本相对于物质资本积累得太少，才没有获得应有的长期经济增长。因此相应的政策建议是：鼓励人们投资于教育和学习，从而积累更多的人力资本，这对经济增长至关重要。

以上五个增长模型的主要结论是：在短期，储蓄率和资本积累的上升能够提高人均产出和经济增长率，但是在长期它们对经济增长率没有影响，经济增长最持久的源泉在于知识生产和人力资本积累。惟有投资于知识生产和人力资本积累，从税收、法律及制度方面加强对知识生产和人力资本积累的激励和保护，长期增长才是有保障的。这正是我们现在探讨"知识经济"、倡言教育和提高国民素质的原因所在，也是现代增长理论最基本、最重要的政策含义。

依据上述理论可以对我国的经济增长实绩作概括性的评价。我国的增长速度向来以高速著称。这种高速度是有效益的吗？是可持续的吗？增长的源泉是什么？为了实现高质量、可持续的增长，我们的增长政策应该在哪些方面用力气，怎样用力气？这就是下面要讨论的内容。

四、高速与低速：对我国经济增长实绩的评价

从统计数据看，除盛产钻石的小国博兹瓦纳外，我国经济的增长速

度特别是1978年以后的增长速度几乎可以说是史无前例的。在1953—1994年40年间，国民收入年均增长7%。1978—1996年19年间，GDP增速有10年超过10%(见图1)。中国GDP的增长速度远大于同期世界平均水平，也高于发达国家(见表1)和新兴市场国家的水平。得益于较高的增长速度，中国的经济体制改革有了一个相对宽松的环境，人民生活水平大幅度提高，综合国力显著增强。

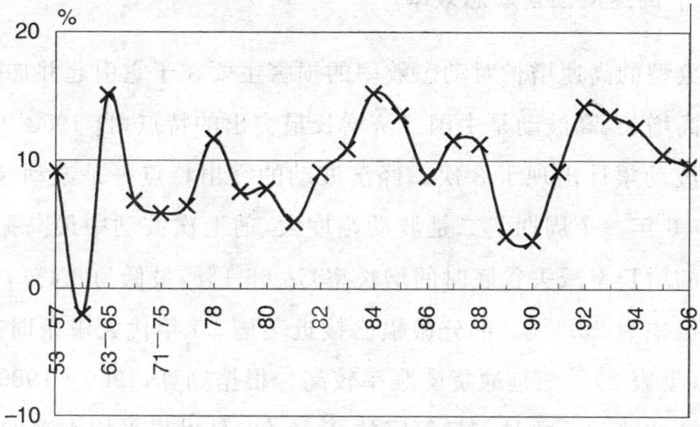

注：时期数据指年均增长率，年度数据指较上年增长率。
资料来源：《中国统计年鉴1997》。

图1 中国GDP增长情况

表1 经济增长率的国际比较(1955—1996)

国家	1955	1960—1965	1966—1970	1971—1975	1976—1980	1981—1986	1986—1990	1991—1996
中国	6.4	1.1	9.2	5.5	6.6	10.2	7.8	11.62
美国	5.5	4.2	3	2.2	7.3	2.6	3	1.65
日本	8.8	12.6	11	4.4	5	4	4.8	1.15
德国	12.1	9.3	4	2.1	3.4	1.2	3.2	2.19
英国	3.4	3.1	3	2.2	2	2.7	2.9	1.31
法国	5.6	6.1	6.4	3.5	3.1	1.5	2.9	1.16

资料来源：根据《中国统计年鉴1996》整理而成。

但是大量的证据表明，我国经济的效率表现远没有速度那么成功，**粗放型的高速增长**实际上是以对效率的损害为代价的。粗放型的高速增长对效率的损害集中体现在以下两个方面：一是它引起并加剧经济波动，直接损害增长的动态效率，破坏持续稳定增长的潜力；二是经济效益低下，过度投入与无效产出并存，GDP 水分加大，资源浪费现象严重。使得资源存量和环境负荷难以为继。二者都使得经济增长无法持续。

(一) 高速度损害动态效率

粗放型的高速增长对动态效率的损害主要在于它引起并加剧经济波动。高增长、高波动是中国经济增长最突出的特点，自 1953 年至今，完整的波动累计出现了 8 次。经济波动的突出特点一是波动频率高，平均 3—6 年一个周期。二是波动幅度大，前七次波动中最高振幅(指高峰时的增长率减去谷底时的增长率)达 66.1%，最低为 8.4%，七次波动平均振幅为 22.6%。部分振幅已接近美国 30 年代大萧条时期的波动幅度(见表 2)。三是通货膨胀率较高。根据测算，1960—1989 年间，中国经济的波动系数是美日等国的 2—3 倍，是世界平均水平的4.2倍，几乎可以称得上是经济增长最不稳定的国家(胡鞍钢，1994)。

表 2　1953—1995 年中国经济波动情况

波动划分	年份	波幅%	高峰值%(年)	低谷值%(年)
1	1953—1957	12.6	18.3(1953)	6.1(1955)
2	1958—1962	66.1	32.6(1958)	−33.5(1961)
3	1963—1968	28.9	19.0(1965)	−9.9(1967)
4	1969—1972	20.8	25.3(1969)	4.5(1972)
5	1973—1976	10.1	11.5(1975)	1.4(1976)
6	1977—1981	8.4	13.0(1978)	4.6(1981)
7	1982—1989	11.7	17.1(1985)	5.4(1989)
8	1990—1995	5.1	14.1(1992)	9.0(1995)

注：1990 年以前采用的是国民收入指标，1990 年以后采用的是 GNP。

资料来源：根据《中国统计年鉴》(1985—1996)的有关数据整理而成。

过度波动对动态效率的损害一是破坏了经济长期稳定增长的内在机制，造成资源的巨大浪费，影响经济增长的长期绩效。对于常态短缺的经济而言，粗放型的高速增长必然表现为不断缓解瓶颈、扩大供给的过程，一旦速度高到资源无法支撑的水平就不得不进行收缩和调整。正所谓大上之后必大下，过热之后必然是调整，“过热—调整—再过热—再调整”是传统体制下速度型增长的必然模式。结果非但没有加快增长速度，反而减缓了增长速度。以“二五”计划为例，三年“大跃进”期间，工农业生产平均每年增长 18.5%，但之后的 1961、1962 年平均每年负增长 21.2%，整个“二五”时期平均每年仅增长 0.65%。欲速则不达，这一点不仅为改革以前的实践所证实，也为改革以后的历次波动所证实，也为国际经济所证实。以英国为例，70 年代英国的经济一直处于停停走走之中，经济增长率最高时达 7%，最低时为 -1.7%，整个 70 年代增长率仅有 2.1%，特别值得注意的是，英国经济并非常态短缺，而是供给过剩，政府试图通过扩大财政支出、刺激需求以维持经济增长，结果导致了长期的滞胀。其增长政策的失效对今天的中国经济而言尤具参考意义。

二是加大了宏观经济运行的潜在风险。经济过热往往导致泡沫膨胀，金融系统的不良资产上升，给经济稳定带来巨大风险。东南亚金融危机以后人们对这个问题的认识越来越清楚了。我国 1992 年开始的**经济过热**和金融秩序混乱也形成了一定量的经济泡沫，只是得益于特定的体制条件才幸免于破，中国目前的泡沫规模有多大，尚无确切的估计，但潜在的巨大威胁却一直存在。

（二）经济效益长期低下，给资源和环境带来巨大压力

经济效益低下在我国有两个非常典型的表现：一是高投入，或称**过度投入**，表现为对投资品的过度需求；二是低产出，包括产出过少及大量无效产出或称**无效供给**，其最终结果都表现为对资源的浪费。**过度投入及无效供给是中国经济中两个非常重要的概念**，中国很多现实经济问题都与这两个概念直接相联。

过度投入集中表现在对物、能的过度需求上，遇有经济过热时尤其

如此。经济过热必然是投资热，物质消耗过度，设备磨损严重，对一些短线产品和行业进行掠夺式经营，造成短线疲劳。甚至寅吃卯粮，给资源和环境带来巨大压力。根据统计，1953—1986年33年间，我国国民收入增长6.83倍，同期能源消耗增长14.1倍，生铁消耗增长23.4倍，四种有色金属消耗增长35倍，化肥消耗增长246.5倍。而日本自80年代以来国民生产总值年均增长4.4%，能源消耗量仅增长1.1%。表4是以1987年美元计价每千克能源（石油当量）所产生的GDP的国际比较。1994年同1980年相比，我国能源使用效率有所提高，但与别国相比差距仍然很大。1994年我国每千克能源产生的GDP仅相当于同期泰国的1/5，美国的1/3，日本的1/9，印度的1/2，世界平均水平的1/3。

表3　每千克能源产生的GDP(1987 $)之国际比较

	中国	印度	印尼	泰国	马来西亚	韩国	英国	意大利	加拿大	法国	美国	日本	世界
1980	0.3	1.9	2.1	3.2	2.4	1.8	2.8	4.8	1.7	4.1	2.1	5.5	2.3
1994	0.7	1.6	1.8	3.9	1.7	1.8	3.5	5.5	2	4.4	2.2	6.2	2.4

资料来源：世界银行1997年度报告《变革世界中的政府》，中国财经出版社1997。

过度投入的另一端是无效产出或无效供给。无效供给主要体现在以下几个方面：一是不适销对路产品的大量积压。据统计，建国以来全国性的清产核资报废物活动就进行过5次，报废价值4亿元。所谓的“工业报喜，商业报忧，仓库积压，财政虚收”就是对这种情况的形象描述。二是产品质量下降。我国经济在高速增长时往往伴随着产品质量下降的现象，虽然二者并不一定存在逻辑上的必然联系。根据国家技术监督局的抽样调查，从1985—1990年，我国工业生产中的不良品（包括次品、废品和返销品）损失大约占产值的10%—15%。近几年在经济高速增长中，工业品的合格率由1991年的80%下降为1994年的70%，1995年的一季度进一步降低到65.9%。以钢材为例，1994年我国生产钢材8000万吨，达到世界同类实物质量水平的仅有1100万吨，占14%，质量问题的严重性由此可见一斑。质量问题之所以重要，并不仅仅因为它造成了大量虚假供给或无效供给，更在于它对民众生活的危害，对环境的危害。部分劣质产品不仅谋财，兼要取命，民众对它的憎恶几乎不亚于通货膨胀。三是资产泡沫膨胀，加大了产出的水分。前面部分已经对此作了介绍。

准确评估无效供给对资源的浪费是件很困难的事。首先，很难准确识别哪些是无效供给。举例来说，房屋装修在我国是一个规模不小的行业，开发商在交付使用之前一般要做一下粗装修，单位买来房子交给个人后，个人常常把原先的装修打掉重新装修，这样一来 GNP 是增加了，资源也浪费了，但你很难将这一层 GNP 剥离出来。其次，困难之处还在于对资源浪费的估量上，比如用低标号的水泥修路、盖房，一年不到路面碎裂了，房子坏了，资源浪费了，环境污染了，但却很难准确估计。

（三）高速低效的增长不可持续

高速低效的经济增长给资源和环境带来了巨大压力，严重损害了可持续增长的物质基础。资源人均份额少、生态环境脆弱是我国资源和环境的基本特点。从资源储量看，我国人均耕地面积只及世界人均水平的 1/3，人均淡水资源不到世界水平的 1/4，人均森林蓄积量为世界水平的 1/8，人均草场面积为世界水平的 1/2，人均矿产资源占有量为世界水平的 1/2，原油人均占有量是世界水平的8.6％，天然气是世界人均水平的 5％。目前我国已由能源出口国变为能源净进口国，能源进口呈逐年增加的趋势，资源赤字在加大。预计到 2010 年，电力、钢材、矿物原料将出现全面缺口。目前全国 70％以上的城市，特别是北方地区和沿海地区的城市，平均日缺水量 1240 万吨。过度能耗不仅加速了能源的枯竭，而且加剧了环境污染。1987 年典型城市监测调查表明，全国有 42％的城市饮用水源地受到严重污染，63％的城市受到不同程度的污染。调查的 532 条河流中，82％的河流受到不同程度的污染。全国约有 7 亿人口饮用大肠杆菌超标水，1.7 亿人口饮用受有机物污染的水。城市地区大气污染严重，全国 500 多个设市的城市中，大气环境质量全面符合一级标准的不到1%。乡镇企业的发展导致环境污染向农村扩展加速。根据统计，八五期间我国每年因环境污染造成的损失达到了1350亿元。如果不彻底扭转目前这种高速低效的增长方式，提高物、能利用效率，资源存量和环境状况将难以为继，持久的经济增长很难保证。

五、高质可持续增长：市场经济的客观要求

进入90年代后，我国经济的基本面发生了很大变化，宏观总量逐步由原来的供给不足转为有效需求不足，市场逐步由原来的卖方市场转向买方市场，市场机制的作用在增强。对现阶段以至将来的经济增长而言，虽然原来的瓶颈约束在很长一段时间内仍然存在，但市场需求约束已经成为更具基础性的新的制约因素。增长短边从供给向需求的转移标志着增长方式的根本性变化。

买方市场的形成似乎标志着中国经济的增长模式正在由供给推动向需求拉动方向转化，粗放型的扩张机制遇到市场需求的有力制约，无效供给将被过滤掉，增长开始成为内生的、成为市场运作的结果而不是经济目标的主观意愿，粗放型的高速增长已逐渐丧失了体制基础。我国的经济增长必须面对这种转变，适应这种转变。在供过于求和买方市场的条件下，企业若想求生存，只能紧扣市场需求，不断增进效率，调整产品结构，在竞争中取胜。**效率**是经济增长的必要条件，也是**经济增长**最持久的源泉。速度即效率，效率即速度。这样的增长才是高质量的，实实在在没有水分的。相反，不顾市场需求的盲目扩张只会造成产品积压和资源浪费，导致企业间不良债务的上升，给长期增长带来隐患。因此，目前中国经济只有两个选择：提高效率，或者死。

经济增长的理论和实践表明，经济增长是社会福利的一项重要内容而不是全部。就增长本身而言，**可持续的稳定增长及增长的效率和质量可能比纯粹的增长率本身更有意义。**我国以往速度导向的增长实

践表明，对增长速度的盲目追求不但没有提高实际的增长速度，反而造成了资源的极大浪费，教训是深刻的。我国的经济体制改革目前正处于攻坚阶段，各方面对增长速度都有很高的期望，这就要求我们要更加理性地看待增长速度，尤其要避免全民动员式的增长运动。经历了20年市场导向的改革历程之后，我国的市场经济体制已基本确立，市场机制开始发挥越来越大的作用，原先的卖方市场已逐渐成为买方市场，粗放型的高速度在今天不但没有必要而且没有可能，因为其体制基础已经丧失。针对这种变化，我国增长政策的着力点应放在以下两个方面：短期内稳定总需求，确保经济稳定增长；长期内应继续深化改革，再造微观基础，促进市场竞争，加大科教投入，为经济增长提供一个良好的外部环境。具体是：

(一) 确保国民经济适度稳定增长

十四届五中全会提出转变增长方式之后，国民经济适度增长已逐渐成为共识。但多高的速度才算是适度？我们理解，所谓适度增长应该具有三层含义：(1)是总量平衡下的增长速度，因而是现实可行的；(2)是可持续的增长速度，因而是动态有效率的；(3)是有利于改革操作的速度，应该为改革提供一个相对宽松的宏观环境。《国民经济和社会发展十年规划和第八个五年计划纲要》指出“建设不能急于求成。对速度要求过高，往往容易导致经济不稳定”。速度应该是“实实在在的、没有水分的、有后劲的速度”。“只有长期保持适当的增长速度，避免大起大落，才能为进一步理顺经济关系创造比较宽松的环境”。《中共中央关于制定国民经济和社会发展“九五”计划和2010年远景目标的建议》又反复告诫全国人民“要把握好速度问题”，“快是有条件的，要讲效益，讲质量”，“快必须是没有水分实实在在的速度”。这是符合我国的实际情况的，也是对以往经验的精练概括。八五计划和十年规划提出年增长率6%，九五计划提出年增长率8%，不久前李岚清副总理在瑞士达沃斯世界经济论坛发表讲话指出，下个世际的头十年，中国经济年增长率将为7%,这些数字基本反映了上述精神。

6%—7%是不是太低?日本是公认的创造经济奇迹的国家,从1860年或1870年到1986年100多年的时间内,日本人均GNP年均增长率创下了世界之最,也只是3.5%。8个经济绩效优良的东亚国家40年来的年均增长率为5.5%。这说明要取得高质的持久的增长并不容易。与之相比,我国改革开放以来的增长速度不算慢,假如我们能够不急于求成,下功夫提高增长的质量,将这样的势头长期保持下去,经济发展的前景是非常光明的。

(二)下大力气进行产业结构调整,以适应新一轮经济增长的需要

在短缺的背景下,经济增长的过程表现为不断弥补短缺、缓解瓶颈的过程;而在总量过剩的背景下,经济增长的动力则来自适当的**结构调整**。发达国家的增长实践已对此给出了充分的证明。以美国为例,90年代以后,美国经济之所以一改往日增长乏力的颓势实现稳步增长,最根本的原因就在于90年代以后美国产业的信息化升级,信息产业不仅在美国经济中占有越来越大的比重,而且从根本上改进了市场组织运作效率,极大地提高了社会劳动生产率,堪称美国新一轮经济增长的引擎。当前我国经济面临的有效需求不足,很大程度上是由于供给结构不能适应需求结构的变化。因此,只有对现有产业结构作战略性调整,才能确保我国经济持久增长。当然,产业结构的调整主要应通过市场来进行。越来越多的证据表明,政府主导的产业政策存在许多问题,对此我们应保持足够的警惕。

(三)加大科教投入,确保经济的持久增长

现代增长理论认为,引致经济增长的最持久的动力在于**技术进步**,而技术进步又与知识和人力资本存量直接相关。因此,投资于科技和教育是推动经济持久增长最根本的举措,这已经为世界许多发达国家的经验所证实。以美国为例,1937—1973年及1989年至今,是美国历史上经济增长最快的两个时期，也是美国经济技术进步最快的两个时期，科技投入发挥了决定性的作用。根据丹尼森 1985 年的计算，1948—1973 年期间，美国经济增长中科学技术的贡献率高达 40.3%。其中 1961—1969 年间美国 R&D 总支出每年占 GNP 的比重达到了 2.7%—2.9%，此后一直维持在 2.5%左右。除美国之外，其他国家如新加坡、韩国等新兴市场国家也有类似的经历。这两个国家在进入 80 年代以后都遇到了产业结构升级、经济增长乏力的严峻挑战，两国采取了相似的策略，即加大科技投入，走“科技立国”之路，都收到了很好的效果。

衡量技术进步经常用到的指标是**全要素生产率**（TFP）。TFP 不仅指狭义上的技术进步，也反映了劳动者技能或激励的改进，管理和组织的改善以及存在规模报酬递增等。许多研究结果表明，改革以前我国的 TFP 较低，改革以后有所提高，但与其他国家相比仍然偏低。我国 TFP 过低有历史原因，也有体制原因，但最直接的原因在于科研开发投入不够。从统计资料看，我国科研经费占 GNP 的比重 1983 年为 1.4%，1985 年下降为 1.0%，1992 年为 0.7%，呈逐年下降的趋势。而同期西方工业七国除意大利和加拿大稍低以外，R&D 占 GNP 的比重都在 2.0%以上，其中日本更高达 3.0%，韩国为 2.8%。竞争优势最终来自于技术进步，中国经济要想顺利实现增长转型，迎来新一轮的持久增长，提高国际竞争力，不断加大科技投入是一条必由之路。当然，技术进步可以有许多途径，自己开发是一条路，技术引进也是一条路，如何搭配应按照比较优势原理来进行。除此以外，加大教育投入，提高全民素质也是一项非常迫切的任务。经济增长归根结底是由人推动并为人服务的，国民素质是经济增长真正的源泉。低科技素质无以承受高科技，低道德水准无力承受财富。在我国的现代化进程中，着力提高国民素质应该是我国增长政策长期努力的方向。科教兴国不是空话或套话，应该成为我国的一项基本国策。

（四）大力发展第三产业，以有效吸纳剩余劳动力

现阶段对增长速度的渴求很大程度上是来自于就业压力，解决就业问题的根本思路仍然在于根据**比较优势原理**寻求适合中国国情的就业之路。中国的基本国情是劳动力相对过剩、资源短缺、资金相对稀缺，劳动力价格相对低廉，因此**劳动力密集型**行业以及若干第三产业仍然很有发展前途。根据有关部门的测算，在我国第三产业中服务业的资金占用系数仅为工业的0.3，就业系数为工业的1.3倍，资金积累效果则高于工业。这表明第三产业在有效增加劳动力需求方面确实有着很大的潜力。从国际比较来看，现阶段我国国民经济中第三产业的比重远低于世界发达国家，也低于一些发展中国家。现阶段发达国家第三产业的比重占到60％—70％，中等收入国家的比重可以达到50％左右，与我国发展阶段接近的印度、印尼等国家，其第三产业的比重也达到了35％—40％，而我国则不足30％。产业演进的一般规律告诉我们，随着经济发展水平的提高，第三产业的比重会逐渐增加。我国国民收入一直在提高，对各类服务业的消费需求会越来越大，需求结构也越来越丰富，因此，我们应积极发展第三产业，特别是那些就业效果显著、耗用资金和资源相对较少，但又能适应消费结构变化的第三产业，使这类产业的增长速度快于整个国民经济的增长速度，这不但有利于吸纳就业人口，而且有利于产业结构调整，有利于国民经济的长期稳定增长。

参考文献

社科院经济研究所学术资料室，《评孙冶方的经济理论》，经济科学出版社1984。
王毅武，《中国社会主义经济思想史简编》，青海人民出版社1987。
胡鞍钢，《中国经济波动报告》，辽宁人民出版社1994。
厉以宁，《转轨与起飞》，陕西人民出版社1996。
宋国青(1997)，“债务—通货紧缩”，CCER working paper，1997。

北京大学中国经济研究中心宏观组(1998),“寻求多重经济目标下的有效政策组合”,《经济研究》1998 年第 4 期。
吴敬琏,“关于加快改革步伐的几点思考”,《经济研究》1992 年第 4 期。
李京文,“经济增长方式转变的国际比较”,《数量经济技术经济研究》1996 年 9、11 期。
李双林,“新经济增长理论综述”,北大中国经济研究中心讨论稿,1997。
David Romer (1995), Advanced Macroeconomics, MIT Press。

谁在分享中国经济增长的好处*

——访北大中国经济研究中心副主任易纲教授

记者：现在有研究人员发现，靠我们自己国家老百姓的储蓄，我们足以维持我国将来每年8%—9%的经济增长率了，用不着那么多外资了。否则是让外国资本赚钱，而我们自己的钱砸在手里还付息？

易纲：我的总的判断是，外资的进入对中国的经济发展改革开放是起了非常积极的作用。比如说今年和去年的出口，今年一季度，国营外贸企业的出口下降了30%，三资企业的出口上升了29%，接近30%，两相抵除，整个出口还是有下降。但是你想，如果没有外资，没有三资企业的出口增长支持的话，我们第一季度的出口下降就是灾难性的。

另外在中国的技术改造、技术更新、新产品、新的管理方法方面，外资都起了很重要的作用，尤其是出口，我们国家现在币值比较稳定，出口增长比较快，将来实现本币的可兑换就有基础，我们这几年的人民币汇率，不但没有跌，而且人民币对美元还略有升值。这些都说明和外资进入有关。

当然你刚才有提到的那种考虑和担心还是有道理的。需不需要外资这是一个问题。还有一个是外资、外国企业在中国经济未来的发展格局中处于一种什么地位。这是一个更重要的问题。首先我认为我们需要外资。关键是看用得合理不合理，这里可以分几个意思来讲，一个意思是，我们中国经济很大，而且越来越大，有非常乐观的估计，比如像

---

* 原文刊登在1996年8月24日的《经济学消息报》。

林毅夫，他有一个很乐观的估计，他说按照世界银行购买力平价的计算，我们现在的人均国民生产总值已经两千多美元，美国是两万多，人均是我们的10倍，问题是我们的人口是他们的5倍，如果按照购买力平价算，我们现在的国民生产总值大概是美国的一半。美国的增长基本上是不超过3%，平均增长百分之二点几，中国保守地说，有百分之八九的增长，那按这个增长速度，我们二十几年就可以赶上或超过美国了。我也这么算过，我觉得**购买力平价**还要在质量上打折扣，我们实际上就是1 000美元出头，虽然我们也能买到很多东西，但我们的质量差，质量包括服务、环境、空气、产品质量都还没法跟人比，不能说你吃一碗面，别人也吃一碗面，质量就跟别人一样啦。人家吃一碗面是在一个舒适的环境下吃的，我们吃一碗面是在大街上蹲着吃的，这还是有区别的，一碗面跟一碗面还是不一样，对吧？所以我估计我们现在人均国民生产总值就是1 000美元出头，是美国的四分之一，我觉得我们需要更长一些时间才能赶上或超过美国，但下个世纪我们肯定是世界最大的经济，不是人均，是总体来看。最近我们在一个非正式的聊天中，冯仑（万通集团总裁）问了一句话——这个问题我想过，但没像他这么清楚地提出问题——谁来分享下个世纪中国在世界第一的经济地位？到2030年的时候，如果中国变成世界最大的经济了，谁来分享中国这个令人喜悦的成果？中国人不是老爱说要强国富民吗，那时候是强国富民了，问题是那时谁是中国的最大受益者？

从现在的情况看呢，是外资企业。因为现在没有一个中国企业能够真正建立自己的品牌，在市场上跟外国企业真正竞争的。像电讯、彩电、冰箱、空调，然后再看别的方面，外资进来要建路，要建别的基础设施，建电厂，然后计算机、芯片、汽车，所有这些所谓的支柱产业，最好的产品，最好的技术和整个这个领域的控制都在外资手里，谁来分享中国经济增长的成果，现在这个格局就是外资。

怎么改变这个格局呀，还是我说过，中国企业为什么不能跟外国企业竞争，就因为中国的资金结构不合理，中国的企业拿不到外国企业那样低成本的资本。中国企业从银行拿钱，永远就面临还本付息的压力。国际资本市场对外资企业是开放。它以股票的方式从资本市场拿来的钱成本很低，它挺得住，中国的企业挺不住。外国企业是百年老号，全球经营，商品市场经营，资金的实力和它在全球竞争的战略，是中国的企业所不能比的，而所有实力雄厚的反映，可以归结到一句话：人家有比我们更便宜的资金，我们的资金太贵。

中国的资本市场不开放，使中国企业不可能像外国企业那样以各种方式拿来资本。外国企业同样要借钱，但股票市场向他们开放，债券市场也对他们开放，他们在各种资本中选择一个最优的组合。而中国的企业呢，就没有这种选择，股票上市上不了，想发债券发不了，做什么都没有办法。

我们是不是因为自己储蓄率高就不需要外资呢？我倒不能够同意这种观点，我觉得更重要的问题是进来的外资是谁控制，是民族资本还是外国资本控制，谁是中国经济的脊梁，现在这个格局发展下去，国营企业没法跟外资竞争，都被限制死的，非国营企业也没法跟外资竞争，没有资金，实际上是外国的资本在中国市场上驰聘。

中国经济可持续增长的五大空间*

从 80 年代起，我国的平均国内生产总值一直在两位数以上，1991—1996 年更是高达 11.6%，由于近几年 GDP 的下滑态势超出人们预料，人们开始对中国中长期经济的高速增长表示担忧，加上亚洲金融危机的外部冲击，更使人不仅从数字上，更从感觉上不太相信中国还能再度持续高速增长。我认为，中国中长期的宏观经济政策如果一直放在需求管理上，增长的基本格局不变，那么以上的担忧很有可能成为现实；但是，如果调整宏观经济政策，转向以推动结构转换、消除供给约束的供给政策，中国经济仍能保持中长期高速增长。从目前的情况，我们分析中国存在可持续性高速增长的五大空间，这五大空间应该是中长期宏观经济政策的主要着力方向。

一、城乡结构转换空间

中国经济高速增长过程中产生的一个严重结构畸形问题，是**二元经济**结构的矛盾。**城镇化**进展缓慢，城乡分割严重，城乡差距从一度缩小到再次扩大为超过改革开放以前的程度（约 2.4∶1）。城镇化进程缓慢的一个后果是农村居民收入低，消费需求较低。目前我国重化工业增长势头绝大部分是由城镇居民消费升级引发的，占全体人口 70% 的

* 原文发表于《瞭望》新闻周刊 1998 年 12 月 14 日第 50 期。

农村居民，消费结构远未到足以引起工业增长向重化工业方式转换的时期。目前，中国的消费市场表现出需求不足，**生产能力过剩**。据估计，中国目前产能过剩最严重的家用机电产品中，只有自行车和电风扇基本饱和，彩电、冰箱、洗衣机等11种产品的全国平均普及率仅在25%左右，如果中国农村城市化步伐能达到国际平均水平，中国市场需求就会呈现比较好的梯度，仅家电产业至少还可以高速增长20年，耐用消费品对中国的带动至少还有十余年。因此，现阶段投资的方向之一应向城市化发展方面倾斜，以加速城市化进程为中心来调整投资方向。适当加大居民住宅投资与基础设施的公共投资的比重，通过促进城市化，实现大规模过剩农业劳动力的转移，扩展就业的空间和层次，实现收入支出结构和总水平的调整和升级，带动产业关系的转变和重组，从而形成新的宏观供求格局。

二、所有制结构的调整空间

所有制结构的变化是改革开放以来我国经济体制向市场经济演进最根本的制度原因。在所有制结构变化中，最突出的特点是，国有资产比重迅速下降，非国有资产比重持续上升；而随着资产比重的变化，是不同所有制结构主体对经济增长贡献更大的变化。以工业为例，国有资产占全社会资产比重(不包括土地)，由1978年的88%降到1995年的67%，非国有资产上升到33%；而1978年国有经济的产值占81%，非国有经济的产值占19%，1995年非国有经济的产值占66%，国有经济只占33%。我们可以推算出，在工业中，非国有资产比重每上升一个百分点，对工业总产值的贡献大约为2.24个百分点，因此，**非国有经济**的成长，将换来经济高速增长的空间。

三、产业结构调整空间

对产业政策和经济增长关系的数量研究表明，**产业政策**的正确与否对经济增长关系重大，尤其是连续正确的产业政策能够产生的并不是简单的叠加的增长效应，而是累积的效应。

伴随买方市场的出现，中国工业经济结构矛盾日益突出，调整任务日益紧迫。1998年上半年工业经济增长速度明显放慢，工业增加值与去年同期相比仅增长7.8%，增幅回落3.7个百分点，不仅表明工业增速放慢的趋势没有得到扭转，还说明整个工业尚未走出调整期。但值得注意的是，虽然平均增速较低，居然还有像电子通信这样增长速度近30%的绝对高速成长的产业。对此，人们不禁要问，假如其他产业都以电子通信那样的速度发展，中国工业增长该有多高的速度？

中国目前的产业政策显然还没有将资源配置到这些有效率的产业中来，如股票上市，往往考虑是非产业因素，致使许多成长潜力不大的企业纷纷上市。

80年代被认为是我国经济由消费需求所主导的轻型化产业主导增长时期，从80年代末到90年代初，由于居民消费需求结构的变化，我国经济增长阶段进入到由储蓄和投资需求所主导的重化工业阶段。根据日本和“亚洲四小”的经验，在进入到这一新的发展阶段后，经济增长有可能维持20年左右高达两位数的增长。当前的问题在于，虽然重化工业中的基础设施和基础原材料已发展到近乎“相对过剩”的地步，但重加工业却并未得到相应的发展，其中的关键则在于投资比例太低。因此，虽然存在对重加工产品的最终需求，却难以拉动与其相关的中间产业的发展，也就不能吸纳90年代以来新形成的基础产业（能源、电力、钢材、水泥、玻璃）的巨大生产能力。为此，有必要思考产业政策的取向，对需要振兴的支柱产业进行倾斜，特别是有效地增大投资力度，并对最终需求予以引导。同时，产业结构的调整也应尊重市场竞争的选择，单纯依靠政府的产业政策有许多经验教训，成功的概率较低。

四、区域结构转换空间

中国由于地域广大，且呈现出产业结构差异明显的东、中、西三个经济发展地带，因此，可以充分利用**区域差异**发挥劳动力的比较优势。从理论上说，中国这样一个12亿人口的经济大国，劳动力投入增长的可持续性可因为区域差异的存在而长久保持，支撑起中国30—40年的高速增长。

近几年我国区域经济已发生了一些重要变化，特别是从1994年起，我国中西部一些省区的经济增长速度明显加快，以至于1996年第一次出现了中部地区增长率高于东部地区1个百分点的情况，并体现出80年代沿海地区的增长特征，即先是农业增长高峰，然后是农村工业化高潮，并导致港台地区劳动密集型出口产业向中、西部地区移动的趋势。1997年西部地区投资大幅增长，达20.9%，增长速度居全国之首；中部地区投资增长9.7%，增幅超过东部1.6个百分点，反映国家布局在中西部地区的重点建设如南昆铁路、西南地区出海大通道、黄河小浪底工程、长江截流以及三峡工程等进展顺利。

国家应充分利用区域经济结构的大转换来拓展高速增长的空间。一是可以通过财政对中西部地区基础设施的投资，改善其投资环境，吸引更多的投资，借助于中、西部地区的发展，使我国经济增长源源不断地获得廉价劳动力，从而抵消他国货币贬值的压力，长久地赢得国际市场。二是在东部向更高的技术性产业发展时，鼓励**劳动力密集型**产业向中西部转移，以继续发挥劳动力的比较优势。

五、中小企业的发展空间

中小企业的发展将成为支持中国经济可持续发展的最有活力的一

部分，目前我国的**中小企业**个数占全国企业的99%，雇佣75%的城镇劳动力，新增就业机会中80%来自中小企业，中小企业创造的增加值大约占GDP的60%，提供的利税占40%左右。

中小企业有以下三个重要特点：第一，中小企业的产权较明晰，激励制度强，因此效率高，这已为各国的实践所证明。在美国的研发费用中，大企业占90%，中小企业占10%，但是在1975—1995这20年间，美国在市场上成功的科研成果按价值量计算，中小企业却占了一半以上。第二，中小企业每单位投资吸收的劳动力多，有利于创造就业。第三，中小企业高风险，每年新生及死亡企业大多数是中小企业。

目前，中国的融资体制与经济发展的要求不相适应，直接融资基本上不对中小企业开放，致使中小企业贷款难。经验表明，每一个高效、持续发展的经济都有活跃的中小企业，都较好地解决了如何支持中小企业的问题，如美国、日本、意大利、台湾省等，支持中小企业是一个系统工程，需要建立科技、培训、管理、金融服务、法律框架等一整套的服务体系。就金融而言，当前迫切需要解决的问题有：中小企业贷款担保基金的建立和运行，中小企业贷款抵押手续繁杂，费用高的问题，金融机构为中小企业贷款的积极性问题。

亚洲金融危机发生以后，人们的目光开始转向中小企业，这是一个了不起的转变。中小企业的成功将意味着我国经济效率、活力、就业及可持续有了基本保障。

综上所述可知，以财政和货币政策为主的宏观调控是在给定的体制和结构条件下进行政策调整，以熨平经济波动，是经济生活中的“短期问题”；而从一个中长期的角度来看，财政政策和货币政策都无法最终解决经济中存在的体制和结构问题，必须通过深化改革，调整经济结构来解决中国经济的中长期发展问题。

我们需要怎样的增长?*

摘要:将来,我们给子孙还能不能留下长江黄河?我们的宏观政策除了考虑 GDP 外,要不要考虑一些其他的因素,除了考虑短期因素外,要不要考虑长期可持续性的增长?我们研究宏观政策以及希望提出对策的人,要不要考虑我们究竟能做些什么,究竟什么才是我们应该做的?我们以短期需要而牺牲长期真的值得吗?我们是在为未来的繁荣添一块砖,还是无意中拆了子孙后代的墙脚?

最近我跑了一些地方,作了些研究,感到宏观政策中有一个大问题没有解决好,它涉及到对 2000 年宏观政策及今后一段时期宏观政策操作的认识。这个问题就是**增长观**的问题。我感到现在我们无论是对形势的判断,还是在如何实施适当的货币政策和财政政策问题上都需要首先解决好增长观的问题。

我们的看法还是,中国现在增长观上要讲究质量。发展是硬道理不能理解为增长是硬道理,不能过度地强调扩张性财政和货币政策,不能过度讲求速度。各地投资冲动大,是可能造成严重后果的,譬如说:体制复归,结构进一步扭曲和固化,这些我们以前讲得较多。现在讲一个新的问题,就是**对资源的破坏**。从调查中,我们得出的一个基本认识,就是“产权不清+现代化的技术=对资源的空前的破坏”。如果这个公式成立,那就意味着不能过分简单地强调增长速度,强调货币政策和财政政策,而是要强调可持续发展,强调产权的作用。

* 原文发表于《新经济》2000 年第 1 期。

一、给子孙后代留下什么？

我刚从贵州回来，贵州的情况增添了我一层远忧，令我担心长江有一天是否也会成为内陆河。贵州在长江上游，它的典型地貌是石灰岩，上面有一层薄薄的土。过去贵州到处都是植被，靠的就是这层薄薄的土。但令人痛惜的是，由于以往几十年的过度开采，这层土流失相当严重，植被退化且很难恢复。贵州的老百姓很穷，一个重要的原因是没有了土，尽管降水量和雨量很好，没有土也不行。对于贵州的水土流失，我曾经同林毅夫探讨过，他告诉我，一个重要的原因就是解放后政府要求贵州粮食实现大幅度增长，粮食产量自给自足。农业部规定超过25度的山坡地应退耕还林，可在贵州经常看到老百姓在超过25度的山坡地上种玉米和红薯。我想我国粮食现在这样富裕，凡是有道路的地方，粮食都可以运进，应坚决执行25度以上山坡地退耕还林的政策。可见不分青红皂白的讲增长确实不行，今天你增长了，明天别人可能连活都活不了。资源是稀缺的，不讲究资源配置效率的增长，不讲究可持续发展的增长要不得！

我说“产权不清＋现代化的技术＝对资源的空前的破坏”是基于以下观察。过去贵州砍树要一斧子一斧子地砍，砍下来的木头运不出去。因此，农民砍几棵树当柴烧并没有对大自然造成什么大影响。现在不同了，技术水平提高了，砍树可以用电锯，采伐的木头可以用车运。如果你要这些地方加快增长速度，树会砍得飞快。

这让我又想起了宁夏的西夏王陵。我去西夏王陵参观西夏博物馆时，看到过一大片文字，远看酷似汉字，以为自己能认出，近前才知是西夏文字，一个也不认得。幸蒙西夏王陵博物馆的一位著名的西夏文专家告诉我，上面记载的是西夏王陵的风水、山川风物，西夏王陵在贺兰山脚下，曾经是风水很好的一个地方，林木茂盛、郁郁葱葱；泉水潺潺、鸟语花香。然而现在已经是一片死寂般的荒漠。不到1 000年，环境退化如此严重。

前段时间我去了山东，黄河已是十年九断流，快要成为一条内陆河了，而且情况越来越严重。前些年断流局限于山东境内，现在河南河段水量也很小。山东半岛一些地方的地下水抽得太多，导致海水倒灌，土地盐碱化以及生态的严重破坏，现状令人堪忧。

二、高速与低效：实绩的评价

从统计数据看，除盛产钻石的小国博兹瓦纳外，我国经济的增长速度特别是1978年以后的增长速度几乎可以说是史无前例的。中国GDP的增长速度远大于同期世界平均水平，也高于发达国家和新兴市场国家的水平。得益于较高的增长速度，中国的经济体制改革有了一个相对宽松的环境，人民生活水平大幅度提高，综合国力显著增强。

但是大量的证据表明，我国经济的效率表现远没有速度那么成功，粗放型的高速增长实际上是以对效率的损害为代价的。粗放型的高速增长对效率的损害集中体现在以下两个方面：一是它引起并加剧经济波动，直接损害增长的动态效率，破坏持续稳定增长的潜力；二是经济效益低下，过度投入与无效产出并存，GDP水分加大，资源浪费现象严重，使资源存量和环境负荷难以为继。二者都使经济增长无法持续。

粗放型的高速增长对动态效率的损害主要在于它引起并加剧经济波动。高增长、高波动是中国经济增长最突出的特点，自1953年至今，完整的波动累计出现了8次。经济波动的突出特点：一是波动频率高，平均3—6年一个周期。二是波动幅度大，前七次波动中最高振幅（指高峰时的增长率减去谷底时的增长率）达66.1%，最低为8.4%，七次波动平均振幅为22.6%。部分振幅已接近美国30年代大萧条时期的波动幅度。三是通货膨胀率较高。根据测算，1960—1989年间，中国经济的波动系数是美日等国的2—3倍，是世界平均水平的4.2倍，几乎可以称得上是经济增长最不稳定的国家。

过度波动对动态效率的损害：一是破坏了经济长期稳定增长的内在机制，造成资源的巨大浪费，影响经济增长的长期绩效。对于常态短缺的经济而言，粗放型的高速增长必然表现为不断缓解瓶颈、扩大供给的过程，一旦速度高到资源无法支撑的水平就不得不进行收缩和调整。正所谓大上之后必大下，过热之后必然是调整，“过热—调整—再过热—再调整”是传统体制下速度型增长的必然模式。结果非但没有加快增长速度，反而减缓了增长速度。以“二五”计划为例，三年“大跃进”期间，工农业生产平均每年增长18.5%，但之后的1961、1962年平均每年负增长21.2%，整个“二五”时期平均每年仅增长0.65%。欲速则不达，这一点不仅为改革以前的实践所证实，为改革以后的历次波动所证实，也为国际经验所证实。以英国为例，七十年代英国的经济一直处于停停走走之中，经济增长率最高时达7%，最低时为－1.7%，整个70年代增长率仅有2.1%，特别值得注意的是，英国经济并非常态短缺，而是供给过剩，政府试图通过扩大财政支出、刺激需求以维持经济增长，结果导致了长期的滞胀。其增长政策的失效对今天的中国经济而言尤具参考意义。

二是加大了宏观经济运行的潜在风险。**经济过热**往往导致泡沫膨胀，金融系统的不良资产上升，给经济稳定带来巨大风险。东南亚金融危机以后人们对这个问题的认识越来越清楚了。我国1992年开始的经济过热和金融秩序混乱也形成了一定量的经济泡沫，只是得益于特定的体制条件才幸免于破裂，中国目前的泡沫规模有多大，尚无确切的估计，但其潜在的巨大威胁却一直存在。

三、资源和环境的巨大压力

经济效益低下在我国有两个非常典型的表现：一是高投入，或称过度投入，表现为对投资品的过度需求；二是低产出，包括产出过少及大量无效产出或称无效供给，其最终结果都表现为对资源的浪费。过度投入及无效供给是中国经济中两个非常重要的概念，中国很多现实经济问题都与这两个概念直接相联。

过度投入集中表现在对物、能的过度需求上，遇有经济过热时尤其如此。经济过热必然是投资热，物质消耗过度，设备磨损严重，对一些短线产品和行业进行掠夺式经营，造成短线疲劳，甚至寅吃卯粮，给资源和环境带来巨大压力。根据统计，1953—1986 年 33 年间，我国国民收入增长 6.83 倍，同期能源消耗增长 14.1 倍，生铁消耗增长 23.4 倍，四种有色金属消耗增长 35 倍，化肥消耗增长 246.5 倍。而日本自 80 年代以来国民生产总值年均增长 4.4%，能源消耗量仅增长 1.1%。1994 年同 1980 年相比，我国能源使用效率有所提高，但与别国相比差距仍然很大。以 1987 年美元计价，1994 年我国每千克能源产生的 GDP 仅相当于同期泰国的 1/5，美国的 1/3，日本的 1/9，印度的 1/2，世界平均水平的 1/3。

过度投入的另一端是无效产出或**无效供给**。无效供给主要体现在以下几个方面：一是不适销对路产品的大量积压。据统计，建国以来全国性的清产核资报废活动就进行过 5 回。所谓的“工业报喜，商业报忧，仓库积压，财政虚收”就是对这种情况的形象描述。二是产品质量下降。我国经济在高速增长时往往伴随着产品质量下降的现象，虽然二者并不一定存在逻辑上的必然联系。根据国家技术监督局的抽样调查，从 1985—1990 年，我国工业生产中的不良品（包括次品、废品和返销品）损失大约占产值的 10%—15%。近几年在经济高速增长中，工业品的合格率由 1991 年的 80%下降为 1994 年的 70%，1995 年一季度进一步降低到 65.9%。以钢材为例，1994 年我国生产钢材 8 000 万吨，达到世界同类实物质量水平的仅有 1 100 万吨，占 14%，质量问题的严重性由此可见一斑。质量问题之所以重要，并不仅仅因为它造成了大量虚假供给或无效供给，更在于它对民众生活的危害，对环境的危害。部分劣质产品不仅谋财，兼要取命，民众对他的憎恶几乎不亚于通货膨胀。三是资产泡沫膨胀，加大了产出的水分。

四、高速低效的增长不可持续

高速低效的经济增长给资源和环境带来了巨大压力，严重损害了可持续增长的物质基础。资源人均份额少、生态环境脆弱是我国资源和环境的基本特点。从资源储量看，我国人均耕地面积只及世界人均水平的 1/3，人均淡水资源不到世界水平的 1/4，人均森林蓄积量为世界水平的 1/8，人均草场面积为世界水平的 1/2，人均矿产资源占有量为世界水平的 1/2，原油人均占有量是世界水平的8.6%，天然气是世界人均水平的 5%。目前我国已由能源出口国变为能源净进口国，能源进口呈逐年增加的趋势，我国的资源赤字在加大。预计到 2010 年，电力、钢材、矿物原料将出现全面缺口。目前全国 70%以上的城市，特别是北方地区和沿海地区的城市，平均日缺水量 1 240 万吨。过度能耗不仅加速了能源的枯竭，而且加剧了环境污染。1987 年典型城市监测调查表明，全国有 42%的城市饮用水源地受到严重污染，63%的城市受到不同程度的污染。调查的 532 条河流中，82%的河流受到不同程度的污染。全国约有 7 亿人口饮用大肠杆菌超标水，1.7 亿人口饮用受有机物污染的水。城市地区大气污染严重，全国 500 多个设市的城市中，大气环境质量全面符合一级标准的不到 1%。乡镇企业的发展导致环境污染向农村扩展加速。根据统计，八五期间我国每年因环境污染造成的损失达到了 1 350 亿元。如果不彻底扭转目前这种高速低效的增长方式，提高物、能利用效率，资源存量和环境状况将难以为继，持久的经济增长很难保证。

五、追求高质可持续增长

进入 90 年代后，我国经济的基本面发生了很大变化，宏观总量逐步由原来的供给不足转为有效需求不足，市场逐步由原来的卖方市场转向买方市场，市场机制的作用在增强。对现阶段以至将来的经济增长而言，虽然原来的瓶颈约束在很长一段时间内仍然存在，但市场需求约束已经成为更具基础性的新的制约因素。增长从供给向需求的转移标志着增长方式的根本性变化。

买方市场的形成似乎标志着中国经济的增长模式正在由供给推动向需求拉动方向转化，粗放型的扩张机制遇到市场需求的有力制约，无效供给将被过滤掉，增长开始成为内生的、成为市场运作的结果而不是经济目标的主管意愿，粗放型的高速增长已逐渐丧失了体制基础。我国的经济增长必须面对这种转变，适应这种转变。在供过于求和买方市场的条件下，企业更想求生存，只能紧扣市场需求，不断增进效率，调整产品结构，在竞争中取胜。效率是经济增长的必要条件，也是经济增长最持久的源泉。速度即效率，效率即速度。这样的增长才是高质量的，实实在在没有水分的。相反，不顾市场需求的盲目扩张只会造成产品积压和资源浪费，导致企业间不良债务的上升，给长期增长带来隐患。因此，目前中国经济只有两个选择：提高效率，或者死。

经济增长的理论和实践表明，经济增长是社会福利的一项重要内容而不是全部。就增长本身而言，可持续的稳定增长以及增长的效率和质量可能比纯粹的增长率本身更有意义。经历了二十年市场导向的改革历程之后，我国的市场经济体制已基本确立，市场机制开始发挥越来越大的作用，原先的卖方市场已逐渐转为买方市场，粗放型的高速度在今天不但没有必要而且没有可能。

6%—7%是不是太低？日本是公认的创造经济奇迹的国家，从1870到1986年100多年的时间内，日本人均GNP年均增长率创下了世界之最，也只是3.5%。8个实绩优良的东亚国家40年来的年均增长率为5.5%。这说明要取得高质的持久的增长并不容易。与之相比，我国改革开放以来的增长速度不算慢，假如我们能够不急于求成，下功夫提高增长的质量，将这样的势头长期保持下去，经济发展的前景是非常光明的。

银行不良资产率与地方政府政绩考核*

摘要：一个地区的经济信用环境是解释我国银行不良资产的最重要变量。在经济信用环境中，政府角色如何定位、政府是否能够有效地保护产权、维护信用。

如果将中国各地的经济增长率和银行不良资产率结合起来考察，我们将看到一幅令人深思的图景。

我国的地区经济增长率和当地银行**不良资产**的组合大致可分为四种情形。一是以浙江、上海、苏南为代表的沿海发达地区，经济增长率高，银行不良资产率低，这是最好的组合。这些地区各种经济成分的银行的经营绩效都相当不错，不良资产比率全国最低。二是以东三省为代表，经济增长率低，银行不良资产率高，这是最差组合。在计划经济时代，这些省份一直是中央政府的重点投资对象，资源丰富，工业基础雄厚，但是，时至今日，这些国企比重很大的省份却成了受原有计划经济影响最深的"重灾区"。目前，这些省份的经济实力在全国属中游水平，但是银行资产质量堪忧。京广沿线的河北、河南、湖北、湖南与东北三省情况类似。三是西北经济不发达地区（如甘肃、宁夏和青海），经济增长率不尽如人意，但是银行不良资产率也相对较低。四是以广东为代表的部分地区，经济活跃，增长率高，但是银行不良资产率也相当高，超过全国平均水平。

---

* 原文发表在《财经》2002年第18期。

银行不良资产率高低的分布呈现出明显的地域特征，这一事实是基于对各种所有制类型的银行的一个普遍观察。经济环境或地域因素是解释我国不良资产成因的第一变量，可以解释现有的银行不良资产的70%；而银行自身的产权、公司治理结构和经营管理不善等只是第二变量，只能解释银行不良资产的30%。这样的结论可以解释为什么在东北三省不管哪家银行不良资产都比较高；而在浙江几乎所有银行不良资产都比较低。

一、银行不良资产与政府角色定位

经济环境作为解释目前我国不良资产成因的第一变量，主要是由两部分组成：首先是企业产权结构，其次是政府角色定位。

企业产权的重要性毋庸置疑：没有清晰的产权界定，无异于偷抢合法，人们就不会努力工作，所谓"无恒产者无恒心"。为什么浙江银行不良资产率全国最低？在浙江，民营企业占主导地位，企业产权清晰。这样一来，首先，民营企业投资用自己的钱，决策时就十分谨慎。第二，投资后，民营企业会密切关注市场变化，及时调整经营，保持企业竞争力。注意，所有这些都是企业自己主动干的，不需政府操心。第三，在贷款发生问题时，民营企业家在输光之前一般是怕法院的，法院的判决和执行对民营企业有实质性的约束力。浙江民营企业家说得好，"我如果不还钱，丢掉了信誉，就等于吃了我儿孙的饭"。

企业产权不是简单地孤立存在的，其界定清晰程度特别依赖于其所处社会对保护产权的努力。其中，政府如何角色定位就是首当其冲的。我理解，对于地方政府而言，其重要作用不是直接参与企业创立和管理，而是保护产权，维护信用。在乡村社会，人口流动小，大家都互相认识。如果借钱不还，这样的"败德"行为很快就会被广而告之，以后再有困难时，这个人就很难再借到钱了。因此，乡村社会对一个人缺乏信用的惩罚机制是非常强的。然而，在市场经济里，人们经常要和陌生人打交道，就需要对这些陌生人是否守信做一个先验的概率判断，然后逐步修正这个判断。在这种情况下，某些人的"败德"行为就会具有"外部性"，就会给所属的整个社区的福利造成损害。一个简单的例子：如果银行业因为某地区许多企业恶意赖账而联合宣布该地区为高风险区，其结果就是，该地区的守信用的企业也将借不到钱。因此，对于"维护信用"这样一种具有外部性的产品，由政府来提供比私人提供会更有效率。由于我国正处于向市场经济转型的时期，政府在保护产权和维护信用方面的作用就尤为重要。

我们因此得出结论：一个地区的经济信用环境是解释我国银行不良资产的第一变量。在经济信用环境中，除了企业的产权结构之外，就是该地区的传统、文化、执法力度和对产权保护的有效程度；而所有这些都与政府有关。政府如何角色定位、能否有效地保护产权、维护信用至关重要，这会深深地影响不同经济主体的预期和经济行为。

对于发达地区，这个结论同样至关重要：经济增长率高、经济发展了、不良资产会自然下降的逻辑是不对的。广东沿海开放城市汕头就是一个典型的反例。汕头是我国著名的侨乡，1997 年位列"中国城市综合实力 50 强"，2001 年外商投资企业多达 2500 多家。然而，就是这样一个经济发达的城市，在进入 21 世纪后出现了信用危机。全国有 18 个地区曾向所属企业发了通知，提出不要和汕头做生意。汕头的知名品牌，如"雅倩"，都不敢称自己出自汕头，很多企业则干脆搬走。2001 年 5 月，汕头市历史上第一次出现了金融机构存款负增长。2001 年全市经济负增长 2%。汕头现象告诉我们，仅靠市场机制的力量，并不足以保证一个地区良好的产权和信用体系的形成。政府必须坚决依法惩罚不守信用的企业，承担起保护产权、维护信用的职责。

二、激励设计：用什么指标来考核地方政府的政绩？

既然地方政府角色定位如此重要，我们就要慎重考虑如何考核地方政府的政绩。不当的考核指标会扭曲地方政府努力的方向，不利于保护产权、维护信用，最终，也就很难同时实现经济高增长率和银行低不良资产率的目标。

我在多个场合讲过，对地方政府官员政绩的考核，应当包括四个变量，依次为：就业、环境、不良资产率、GDP 增长率。

上述四个考核变量都是可以量化的。一个地区的就业和再就业状况，水质变化，荒山绿化亩数，空气污染指数，不良资产率，经济增长率，这些都是可以量化的。由于各种历史原因，各地的经济发展水平差异很大，面临的实际问题也各有不同，所以，上述考核指标主要应当是自己和自己的过去比，不是自己和别人比。

为什么就业、环境占了第一、第二，我已在其他文章中说明过，这里只讲为什么不良资产率位列第三，重要性在 GDP 增长率之前。

为什么将银行不良资产纳入对地方政府业绩考核的范围？银行不良资产是反映一个地方的经济增长质量的重要指标，它从一个侧面反映了当地政府保护产权和维护信用的努力。企业为什么欠债不还？两个原因：要么是故意赖债，要么是投资失败，产品和服务卖不出去，资金收不回来，银行贷款成了坏账。前者是一种犯罪行为，后者意味着资源的无效配置。无论是哪一方面，都会对该地区经济的长期稳定发展带来致命的影响。

为什么 GDP 的增长率指标排在最后？GDP 反映了人们在一个时期内所创造的经济增加值的总和。在银行不能靠自身盈利来消化掉其不良资产的情况下，GDP 指标的可靠性就要打折扣了。当银行不良资产增加时，GDP 是增加了，名义上是创造财富了，实际上却是在毁灭财富。譬如，一座烂尾楼作为不良资产，如果炸掉，建楼所用的钢筋、水泥和工人劳动也就一起毁掉了。银行不良资产率高意味着 GDP 中有一块是虚假的（还不是做假账造出来的），应当扣除。不良资产率是一个地区经济增长质量和潜力的晴雨表。只有把银行坏账控制在合理的范围内，经济增长才是高质量的，是实实在在没有水分的。

对于不良资产，商业银行是否有责任？当然有。我已经说过了：银行自身的产权、公司治理结构和管理水平等可以解释30%的不良资产。因此，商业银行要改革，中央银行要加强监管。只是把保护产权、严格执法、营造良好的信用环境的主要责任都交给地方政府似乎有些不公平，但若不是地方政府，又能是谁呢？

冬去春来2000年*

——中国经济增长世纪回顾与展望

一、增长的故事:历史告诉未来

经济增长是一个现代故事。1820年以前,全球**经济增长**极为微弱,1500—1820年,世界GDP平均每年增长才0.33%,人均GDP的增长更低,仅0.04%。国际著名增长问题研究专家麦迪森的研究表明,只是到了1820年后,经济增长才变得特别迅速,1820—1992年,世界GDP增长了40倍。人均产值增长了8倍(Maddison,中文版1997)。

然而,在很长的历史时期,中国持续被排除于现代经济增长之外。纵观20世纪前半个世纪,为中国不断半殖民地半封建化的过程,主权沦落、政府无能,最终导致了历史学家说的"积弱积贫"的结局。1900年,中国GDP为2 606亿美元,1950年为3 355亿美元。也就是说,经历了半个世纪的风风雨雨,中国几乎还在原地踏步——GDP总共才增长28%,年均增长近乎为零。人均GDP增长的情况更惨。1900年人均GDP为652美元,到了1950年反倒下降为393美元,也就是说,如果只用人均GDP来计算,1950年的中国人反而不如1900年的中国人生活得好,其生活水准绝对下降约40%。

虽然在抗日战争以前中国经济有过较快发展的一段时间,中国20

---

* 原文发表于《财经界》2000年第1期。

世纪真正的增长故事却是从1949年才开始的——尽管后来有无数坎坷，这一事实本身不容否认。当然，最激动人心的时期还是在1978年改革开放以后。

1801—1851年，当英国从简·奥斯汀笔下的农业国转变为查尔斯·狄更斯笔下的工业国时，其人均国内生产总值（GDP）达到了史无前例的1.3%；1870—1913年，美国实现类似的转变时，其人均GDP年增长率为2.2%；1953—1973年，日本创造出人均GDP 8%的年增长率，被称为"阳光下的新事物"，因为在此之前没有一个经济体曾经达到过如此高的增长率（克鲁格曼，1999）。

相比之下，20世纪最后20余年，中国的经济增长之光似乎更为眩目。1978—1997年，中国GDP年均增长率为9.8%，大大高于发达国家2.3%和发展中国家4.4%的平均水平，其结果中国10多亿人口的收入提高了4倍多，"中国只用了一代人的时间，取得了其他国家用了几个世纪才能取得的成就"（世界银行，1999）。这一成就不仅是中国人的骄傲，也是全世界的骄傲，因为"在人类历史上，还从来没有如此多的人，在物质生活方面经历如此快的改善。"（克鲁格曼，1999）

在20世纪行将结束之前，中国的工业化已进入中期阶段，许多指标跃居世界领先地位。如粮食、棉花、煤、钢、水泥、布、电视机等产品的产量为世界第一，外资引进总额仅次于美国，外汇储备仅次于日本，经济实力上升到世界前7位，人均预期寿命达70岁，高于世界平均67岁……

21世纪，中国经济增长是否还能继续保持旺盛的状态？许多人包括权威的国际组织和预测机构在内，大都抱以乐观态度。经合组织（OECD）秘书长唐纳德·约翰斯顿指出，根据OECD的研究测算，中国将在2020年将成为全球规模最大的经济体。世界银行《2020年的中国：新世纪的发展挑战》报告预测："到2020年，中国可能是世界第二大进口国和出口国；其居民购买力可能会超过整个欧洲；在世界金融市场上，作为资本的提供者和使用者，中国可以和大多数工业国家竞争。"

相信没有人会否认21世纪中国经济增长的光明前景。然而，这并不意味着增长的道路会一帆风顺。我们认为，为应付国内外一系列挑战，21世纪中国增长政策的关键是实现**经济增长方式**的转变，彻底放弃计划经济时期形成的高速低效的粗放增长方式，转向符合市场经济的高质可持续增长方式。

这一转变已在20世纪启动，但远未完成，它将成为21世纪中国人的重任。

人们不会忘记，在**计划经济**时期，国家控制绝大多数资源，能够以行政手段动员全国男女老少和一切可调动的物质资源不顾成本地实现一个目标。在短期内，从某种意义上说政府要增长多少就能增长多少，然而问题是增长无法持续。1958年，当年的经济目标基本上实现了，但接下来却是雪崩般地大衰退，直到5年之后，也就是1963年才止跌回升。

在**市场经济**下，只有在市场上实现的产出才是有效供给。因而相比增长，质量和效率是更为关键的因素，只有建立在质量和效率基础上的增长才是真正的增长、才有可能持续。从这个意义上讲，市场经济内在地要求高质可持续增长。在市场经济下，国家制定的经济增长目标只能是指导性的，实际经济增长率与计划指标有所偏离不仅正常，还表明政府成熟、法制健全——政府用经济杠杆间接调节经济，可信的统计制度已经建立起来。

人类经济生活的实践和经济学理论都表明，经济增长是社会福利的重要内容但不是全部内容，发展是硬道理但不等于增长是硬道理。就增长本身而言，可持续的增长以及增长的效率和质量比纯粹的增长率本身更有意义。

并非所有的人都已认识到，经过20世纪最后20多年的市场化，我国的市场经济体制已初步确立，市场机制正发挥越来越重要的作用，原先的卖方市场已逐渐成为买方市场，粗放型的高速度在21世纪没有必要也不再可能继续，因为其体制基础已经丧失。

20世纪最后的太阳投给中国前所未有的金色光芒,更带给中华民族新的希望。中国改革设计师邓小平同志开创的改革开放,使中国在市场经济的道路上快速前进。展望21世纪,成熟的市场经济制度必将在中国确立,高质可持续增长必将成为中国经济新的增长方式。

二、高速低效:20世纪后半叶中国经济增长如履薄冰

对于中国经济实际增长尤其是改革开放以来经济实际增长究竟有多高,存在着一些争议,国际上有些人对于中国统计部门颁布的经济增长指标持怀疑态度。然而,"即使考虑到中国数据的缺陷,中国的增长实绩仍然是十分可观的,用任何标准衡量,中国都稳居世界增长最快的经济前十名之列。"(世界银行,1999)

所以,真正的问题不在于指标是否可信,而在于中国经济增长的效率。改革至今,效率的改善远没有速度提高那么成功,粗放型的高速增长模式最终导致了对效率的严重损害并威胁到经济增长的持续。

粗放型高速增长对效率的损害集中体现在以下两个方面:一是它引起并加剧经济波动,直接损害增长的动态效率,破坏持续稳定增长的潜力;二是经济效益低下,过度投入与无效产出并存,GDP水分加大,资源浪费和环境破坏严重。二者共同作用的结果,必然是经济增长大起大落,难以持续,并潜伏着经济高速增长后突然崩溃的重大隐患——前苏联与亚洲一些国家可为前车之鉴。

1. 高速度损害动态效率

粗放型的高速增长对中国经济动态效率的损害主要表现为它引起并加剧中国经济的波动,使得高增长和波动强烈成为中国经济增长周期最明显的特点。自1953年至今,中国经济周期中完整的波动累计有8次,波动频率非常高,基本上是3—6年一个周期;波动幅度大,前7次波动中最高振幅(指高峰时的增长率减去谷底时的增长率)达66.1%,最低为8.4%,平均振幅为22.6%,部分振幅接近美国30年代

大萧条时期的波动幅度。三是通货膨胀率较高。根据测算,1960—1989年间,中国经济的波动系数是美日等国的2—3倍,是世界平均水平的4.2倍。因此,中国在幸运地成为世界经济增长最高的国家之一时,也不幸成为世界上经济增长最不稳定的国家。

过度波动如何破坏动态效率?一是破坏经济长期稳定增长的内在机制,影响经济增长的长期绩效。以"二五"计划为例,三年"大跃进"期间,工农业生产年均增长18.5%,然而在此之后的1961、1962年出现年均负增长21.2%的记录,导致整个"二五"时期年均仅增长0.65%。

二是加大了宏观经济运行的潜在风险。其中,最明显的是1992—1994年经济过热和金融秩序混乱所导致的经济泡沫及其导致的大量**呆坏账**,它所造成的巨大呆坏账成为我们今天仍在头疼的问题。

2. 经济效益长期低下,给资源和环境带来巨大压力

经济效益低下的突出表现是高投入低产出。高投入,或称**过度投入**,表现为对投资品的过度需求;低产出,包括产出过少及大量无效产出或称**无效供给**,表现为对资源的浪费。

过度投入集中表现在对物、能的过度需求上,对资源和环境带来巨大压力。根据统计,1953—1986年33年间,我国国民收入增长6.83倍。同期能源消耗增长14.1倍,生铁消耗增长23.4倍,四种有色金属消耗增长35倍,化肥消耗增长246.5倍。而日本自80年代以来国民生产总值年均增长4.4%,能源消耗量仅增长1.1%。1994年(以1987年美元计价),我国每千克能源产生的GDP仅相当于同期泰国的1/5,美国的1/3,日本的1/9,印度的1/2,世界平均水平的1/3。

过度投入导致无效产出或无效供给。无效供给的表现,一是产品大量积压,"工业报喜、商业报忧、效益报亏"。二是产品质量下降。所谓"萝卜快了不洗泥",经济高速增长时往往伴随着产品质量下降的现象。根据国家技术监督局的抽样调查,1985—1990年,我国工业生产中的不良品(包括次品、废品和返销品)损失大约占产值的10%—15%。在最近一轮增长周期中,工业品的合格率由1991年的80%下

降为1994年的70%,1995年一季度进一步降低到65.9%。三是资产泡沫膨胀,产出水分加大。

3. 高速低效的增长不可持续

高速低效的经济增长模式必然给中国的资源和环境带来了巨大压力,损害中国经济可持续增长的物质基础。以人均计,我国耕地面积只及世界水平的1/3,淡水资源不到世界水平的1/4,森林蓄积量为世界水平的1/8,草场面积为世界水平的1/2,矿产资源占有量为世界水平的1/2,原油占有量是世界水平的8.6%,天然气是世界人均水平的5%,可以说人均资源份额少、生态环境脆弱是我国资源与环境的基本特点。目前,全国70%以上的城市,特别是北方地区和沿海地区的城市,平均日缺水量1240万吨,我国已由能源出口国变为能源净进口国。预计到2010年,电力、钢材、矿物原料将出现全面缺口。

过度能耗不仅导致能源的加速枯竭,也使**环境污染**大大加剧。1987年典型城市监测调查表明,全国有42%的城市饮用水源地受到严重污染,63%的城市受到不同程度的污染。在所调查的532条河流中,82%受到不同程度的污染。全国约有7亿人口饮用大肠杆菌超标水,1.7亿人口饮用受有机物污染的水。城市地区大气污染严重,全国500多个设市的城市中,大气环境质量全面符合一级标准的不到1%。另据统计,八五期间我国每年因环境污染造成的损失达1350亿元。

显然,如果不彻底扭转目前这种高速低效的增长方式,提高物、能利用效率,资源存量和环境状况将难以为继,下一个世纪持久的经济增长将很难保证。

中国古人曾智慧地总结出“欲速则不达”的成语。就经济增长而言,这一点不仅为中国的实践所印证,也为国际经验所证明。例如,70年代英国,经济增长率最高达7%,最低仅-1.7%,结果走走停停,整个70年代增长率仅2.1%。英国增长政策的失效对于21世纪的中国经济不无借鉴意义。

三、高质可持续:21世纪中国经济增长春意盎然

对于21世纪中国经济的增长,国内外学者均有许多预测。我们认为最理想的增长速度为在2001—2010年期间,中国的GDP年平均增长率将达到6%;2011—2020年,GDP将以年均5%左右的速度增长;2021—2030年,GDP年均增长仍可望保持在4%左右的水平上。按照这样一种预测,到2030年,中国的GDP总量将达到39万亿元人民币,人均3万元左右(1999年价),经济总规模居世界第四,人民生活水平达到中等发达国家的水平。

世界银行预测认为2000年后的25年里中国经济年均增长可能不到7%,而是6.6%(世界银行,1999)。按此估计,到2020年,中国的人均收入可望接近葡萄牙现代的水平,约相当于美国的一半。然而,世界银行也警告:“过去20年中国经济的发展并不一定意味着中国将来还会增长得这么快”,并列出中国经济增长将面临的一系列不易对付的风险和挑战,如基础不完善、日益恶化的环境、收入无保障、粮食供给情况、贸易摩擦等,尤其强调中国政府面临着为发展奠定体制的、社会的、物质的和法律的基础的挑战。

展望21世纪,我们认为,中国经济所追求的主要不是量的增长,而是高质可持续的增长。正如世行所指出的,如果支持增长的效率提高是由在市场竞争中追求自身利益的个人和企业产生的,而不是国家行为直接创造的,那么,因此而带来的即使非常小的储蓄和生产率的变化,也会导致每年达4%—8%的增长差别,累积起来,到2020年中国的人均收入就能差出两倍多。可见,积小步而成大步,高质可持续增长是多么的重要!

高质**可持续增长**的含义至少应包括:增长的主要动力来自于市场需求,市场是实现增长的主要制度环境;快速增长不以高投入、高消耗和牺牲环境质量为代价,也就是说存在着较好的增长效益;经济快速增

长能够持续、稳定，不发生大起大落；市场供求关系大体均衡，既不出现严重的供给不足，也不出现严重的生产过剩；物价上涨的幅度被控制在较为合理的范围内；产业结构不断得到优化。

21 世纪必须转变**经济增长方式**的根本原因在于市场经济变革的内在要求。在市场经济下，经济增长要由市场需求约束这一基础性制约来决定。20 世纪 90 年代后，中国市场发生了根本性的变化，逐步由原来的供给不足转为有效需求不足，卖方市场变为买方市场，市场机制作用日益增强。增长短边从供给方向需求方的位移，意味着中国经济增长的目标模式必须发生根本性的变化。21 世纪的中国经济增长，首先就要适应这一变化。

在 21 世纪，从微观层面看，企业要想求生存，不应寄希望于放松银根或扩张性财政政策，只能紧扣市场需求，努力改善效率。建立在制度与技术创新基础上的效率提高既是企业生存的必要条件，也是企业成长的最为根本的源泉。反之，任何不顾市场需求的盲目扩张只会越来越造成产品积压和资源浪费，最终受到市场的严厉惩罚。

从宏观层面看，由于买方市场的形成，需求拉动而非供给推动成为经济增长的动力，粗放型的扩张机制应逐步终结，增长应成为市场内生的运作结果而不是计划部门的主管意愿。21 世纪的中国宏观经济政策必须面对新的市场经济的体制基础，并在经济调控制度和宏观政策操作上都实现根本性的转变。

高质可持续的经济增长意味着彻底摒弃 20 世纪计划经济时代的“赶超战略”，转向“适度增长”。中国《国民经济和社会发展十年规划和第八个五年计划纲要》曾指出“建设不能急于求成。对速度要求过高，往往容易导致经济不稳定”，速度应该是“实实在在的、没有水分的、有后劲的速度”，“只有长期保持适当的增长速度，避免大起大落，才能为进一步理顺经济关系创造比较宽松的环境”。《中共中央关于制定国民经济和社会发展“九五”计划和 2010 年远景目标的建议》再次重申：“要把握好速度问题”，“快是有条件的，要讲效益，讲质量”，“快必须是没有水分实实在在的速度”。

以上要求显然来自于对中国长期经济增长经验教训的总结，高质可持续完全符合我国的实际情况的，可作为下个世纪中国经济增长的重要指导。

四、世纪之交的宏观政策：2000年何去何从？

世纪之交，经济增长形势如何？我们估计，明年世界经济增长可达到3%，其中美国3%，日本1%，欧洲2%，发展中国家平均4.5%，转轨国家2.5%。中国的情况，1999年GDP可达7.2%左右，RPI（零售价格指数）约为－2.5%，CPI（消费价格指数）约为－1.2%；2000年GDP可增长7%左右，CPI约1%—3%，RPI可停止负增长，为零或略高。

通货紧缩已困扰中国经济增长达两年之久，其前景尚存在不确定性。为克服通货紧缩、朝向高质可持续增长的目标，2000年有必要继续实行积极的财政政策。财政政策真正的作用是防止经济过度下滑，维护和增强信心，带动民间投资。当然，从中长期看，我们认为财政发国债用于投资的规模应呈逐渐收敛的趋势。

当前，人们对于世纪之交仍需采取积极的财政政策并无异议，故我们这里主要讨论货币政策的取向。

1999年11月17日结束的中央经济工作会议指出：“要进一步发挥**货币政策**的作用，综合运用各种货币政策工具，适度增加货币供应，加大金融对经济增长的支持力度。要高度重视防范和化解金融风险，货币、信贷管理任何时候都不能放松。要在促进经济发展中实现金融安全。”

这一段话精辟地阐述了经济发展和金融安全的关系，阐明了如何在发展中化解金融风险这一货币政策的关键。对于货币政策既要增长速度又要考虑金融风险，可从以下七点分析：

首先，谁都知道通货紧缩不好，最理想的目标是有2%左右的轻微通胀；但是，我国近来的物价水平下降有其必然（合理）性，既是向均衡价格水平的回归，也是结构调整使然。

其二，通货紧缩的压力来自**生产能力过剩**，最终要通过痛苦的结构调整来解决，在此期间货币政策的取向是，坚持贷款条件，服从稳定大局。如果要货币政策协调的话，原则上应当是救人不救厂。

其三，目前通货紧缩压力的另外一个主要原因是我国的货币供给中有一块无效货币（不良资产），我国贷款的增长率为13%—15%，如果把不良贷款去掉，按正常贷款余额计算，增长率要高许多。

其四，绝大多数规范化的改革都带有紧缩效应，然而，这是制度创新必须付出的成本。

其五，目前银行系统中存在的12000多亿的**存差**是正常的。首先，商业银行要交6%的法定存款准备金，还要有5%左右的超额准备金用于清算。其次，商业银行资产多元化，有利于其资产的安全性和流动性；商业银行购买国债和政策性金融债都是支持国家建设。再次，我国目前金融机构的存贷比为89%，远高于《商业银行法》中规定的存贷比不得超过75%的要求。事实上，货币当局近年来未要求商业银行给出达到这一比率的时间表，一直鼓励和支持商业银行要以贷款立行。

其六，把需求由低到高排序：食品，一般制造品，高档制造品，服务，娱乐，旅游等。在温饱都有问题时，排在前面的需求应占较大权数。随着社会的发展，排在后面的需求越来越重要。我国的零售物价指数与消费物价指数的走势已反映出这一点。如何在新形势下准确反映物价水平应该提到议事日程上来。

其七，按经济发展规律，货币化过程会逐步慢下来，广义货币的增长率不可能永远高于国民生产总值和通货膨胀率之和。

显然，基于上述分析，中央的精神是完全正确的。为落实中央精神，2000年央行要努力做到以下几点：一是要进一步通过货币政策的灵活操作，增加货币供应量；二是要对符合条件的中小金融机构给予再贷款支持，重点扶持优质盈利的中小金融机构；三是要加快利率市场化改革的步伐，尤其要考虑逐步放开贷款利率；四是要加大公开市场业务，吐出基础货币。

总之，要进一步发挥货币政策的作用，适当增加货币供应量，同时要在发展中化解金融风险，防范道德风险，奖励守信用的个人和企业，依法打击金融犯罪。通货紧缩的深层原因是信用制度的破坏，建立并完善中国的信用制度才是治理通货紧缩、迈向高质可持续增长的根本。

理解中国经济增长*

摘要:为什么中国经济在20世纪90年代以来持续出现"宏观好,微观不好"的局面,即在企业效益低下的情况下GDP高速增长?本文有以下分析研究结论:第一,国有企业的行为方式是费用最大化,导致经济流量(GDP)高速增长、个人收入超分配、资源向非国有部门漏出、而国有企业利润低等后果。因此,国有企业的利润低下并不妨碍GDP的高速增长。但这种增长模式成本极高,其直接后果是形成巨大的银行不良资产。第二,以毛利润率相比较,国有工业企业要明显好于非国有工业企业;但是,如果以剔除了相关费用的净利润率相比较,非国有工业企业反而要好于国有工业企业。第三,在1997年亚洲金融危机的警醒下,中国在1998年开始严格银行贷款标准,它启动了中国经济增长模式的转变,表现在宏观上就是中国的GDP增长率略低和增长质量的提高。在此期间,非国有企业日益壮大,为平稳进行产权改革提供了经济基础。第四,积极的财政政策,作为短期至多是中期的对策,是弥补GDP增长缺口的次优选择。但要从根本上解决问题必须靠改革,其重点一是明晰产权;二是完善税收制度,适当降低税率并加强征管。如果做到这两点,中国经济将会出现"宏观好,微观也好"的和谐局面。

关键词　宏观好　微观不好　费用最大化　中国经济增长模式

大约自20世纪90年代中期以来,开始有中国经济增长"宏观好,微观不好"这样看似矛盾的说法。在后凯恩斯时代,经济学家开始强调宏观经济理论应当有其坚实的微观基础。[①] 所以,这样看似矛盾的说法无疑是很有吸引力的经济学题目。

---

* 原文发表于《中国社会科学》2003年第2期。作者:易纲,林明。感谢北京大学中国经济研究中心宏观组各位成员的讨论和批评意见。感谢北京大学谷京萍、张曦协助搜集整理了部分数据。本文系作者个人观点。本文用到的所有统计数据,除了特别说明出处的,都是国家统计局和中国人民银行等公开发表的数据。

在分析这个说法之前，我们首先给出“**微观不好**”和“**宏观好**”的定义。我们理解，所谓“微观不好”，应当是指国内企业的盈利情况很差；所谓“宏观好”，应当是指中国 GDP 增长率一直维持在很高的水平上。如果是这样定义，这个说法所隐含的质疑就是，一个经济的基础在于企业，如果企业盈利情况很差，就说明这个经济的投资效益很差，“微观”不好，则，“宏观”也应当不好，这个经济就不可能高速增长。从经验验证的角度说，中国国家统计局公布的有关 GDP 数据还是相当高的，所以人们就容易倾向于认为这些高增长的统计数据有很大的水分。但是，在我们看来，问题并非如此简单，需要仔细分析。

本文结构安排如下：

在本文的第一部分，我们选择从国有企业的产权安排特征上展开分析。这是因为，从历史情况看，在 1992 年这一轮经济增长启动的时候，国有企业当时占据着绝对多数的市场份额。然后，我们分析，在**国有资本**以国有企业的形式追求其**产权收益**的过程中，由于投资事后的费用最大化问题和投资事前的效率损失问题，这些国有资本在事后的净利润率很差，几乎没有产权收益（投资利润率）可言。由此，很多国有企业的自有资本的情况会越来越差，必须依赖于外来的资金才能维持其**财务流动性**，主要是对国有银行信贷资金的依赖。但是，由于事后的净利润率太差了，即使在国有银行信贷资金介入的情况下，国家财政初始投资到这些国有企业的国有资本还是在逐步亏损。

由此出发，在本文的第二部分，我们分析，正是在这样的国有产权安排下，在 1992—1997 年期间，中国经济形成了一个奇特的、自我实现（self-fulfilling）的**经济增长模式**：由于费用最大化，虽然国家财政得自国有企业的投资收益（利润）很差，但是，有关个人来自国有企业的收入却是高速增长的，这就为国有银行、进而国有企业实行新的投资提供了新的资金来源（当然，这也为非国有企业的发展提供了资金来源）。如此反复循环，中国经济就得以实现从 1992—1997 年的持续高速增长。从收入法 GDP 的角度看，尽管国有企业的利润增长相对慢于收入法GDP的增长，但是，来自国有企业的个人所得以及主要是来自国有企业的生产税和固定资产折旧都是高速增长的。[②]所以，此时中国经济正是上述定义下的“微观不好，宏观好”的情形。

在本文的第三部分，我们继续分析，由于上述经济增长模式内在的不可持续性，最终在1997年亚洲金融危机的警醒下，中国决心严格实行商业化的贷款标准。一个重要的标志是，在1997年11月全国金融工作会议上，中央政府提出国有银行的不良资产率每年要下降2—3个百分点的目标。因此，那些利润率情况一直很差、并严重依赖于银行贷款的国有企业立即面临着巨大的财务困难。由此带来的国有企业投资增长的下降和有关个人收入增长的下降，引起了当期名义总需求的增长下降。由于国有企业当时仍然有着举足轻重的地位，这个增长下降是相当明显的。在这样明显的需求增长下降的情况下，经过1992—1997年这一轮的经济增长并开始占据相当大的产品市场份额的非国有企业也无从独善其身。最主要的问题就是，从最初的投资预期考虑，在1992—1997年期间认为中国经济将一直按照这样的经济增长模式增长下去的预期在1998年看来就是错误的，一句话，非国有企业投资过度。

就宏观经济效果来说，大约在1998年前后，中国经济由于以上需求冲击而转入了另一个奇特的、自我实现的经济增长模式，也就是所谓的“通货紧缩螺旋”。中国在1998年开始严格实行商业化的贷款标准其实是中国式的**“休克”疗法**。这个疗法对宏观经济产生了深远的影响。

先说总产出。在原来的经济增长模式无以维持的情况下，决策层决定实行扩张性的财政政策以期实现较高的GDP增长率。[③]但是，既然要严格执行商业化的贷款标准，也就无从恢复原来的经济增长模式。此时，大规模的财政支出虽然可以拉高GDP增长率，GDP增长率却再也无法达到原来的水平：以生产法GDP的年度真实平均增长率（几何平均，下同）来说，1998年以来要比1992—1997年间低大约4个百分点。

从一般价格水平来说，在1998—1999年期间的通货紧缩不同于2001年底再次出现的通货紧缩：前者主要是因为1998年信贷政策改革、并通过那些利润率很差的国有企业传导实现的名义总需求上的强烈冲击;而后者或者说目前的通货紧缩之所以形成,其原因首先是总供给方面的,其中,上述非国有企业的过度投资是一个重要的原因。

根据上述分析,在本文的第四部分,也是本文的总结性评论部分,我们认为:第一,中国现在是在试图实现其经济增长模式上的转变,从信贷政策的执行标准来说,企业的投资利润率指标正在变得日益重要,表达在宏观政策上,就是应当看淡 GDP 增长率指标;第二,如果说这个经济增长模式的转变有可能成功,其现实的经济基础就在于从 1992 年开始直到目前为止非国有企业持续高速的增长,也正是在这个意义上,2001 年底以来新的通货紧缩并不完全是坏事情;第三,由于政府目前仍然相当强大的对法律权威的替代作用,主动的、恰当的政府政策安排可以加速这个转变过程以提高个人资本的投资利润率、进而推进中国经济的持续增长。

对如何推动这个经济增长模式转变进程,我们提了一些基本的政策建议,主要是如何推进制度供给以提高民间资本的投资利润率;同时,既然很多国有资本就投资利润率来说是负的,我们还就国有资本如何退出国有企业这一复杂问题做了一些分析。

与这些政策建议相对应,我们强调提出:从经济增长的可持续性考虑,企业的**投资利润率**水平才是宏观经济能否持续增长的基础所在,而年度的 GDP 增长率并不是特别重要,GDP 只是个流量指标,很高的年度 GDP 增长率完全可以暂时建立在很低的(国有)企业的投资利润率的基础上。不应当特别看重当年的 GDP 增长率;应当特别看重的是如何推进改革以从根本上提高个人和企业的投资利润率,从而为中国经济的持续增长奠定坚实的微观基础。

在本文的写作过程中,由于问题中所包含的对国家统计局公布的 GDP 数据的怀疑,也由于其他一些对中国 GDP 数据的怀疑,我们还对中国的收入法 GDP 做了一个粗略的估计。从估计结果看,国家统计局公布的收入法 GDP,就绝对数说,大致是真实的,同时,就增长率说[④]，其趋势也大致是真实的。鉴于上述分析，这样的结果并不奇怪：在1992—1997年期间的国有产权安排下，事情大致如此。但是，随着原来经济增长模式的逐步消失和新的经济增长模式的成长，“宏观好”和“微观不好”的情况其实都在发生转变：一方面，由于1992—1997年期间的经济增长模式的终止，中国经济在1998年以来的GDP增长率不比从前了；另一方面，市场份额日益显著的非国有企业却正在替代国有企业，为中国经济的持续增长奠定新的微观基础。

一、国有企业事后的费用最大化从而事前的投资最大化是中国经济规模扩张（增长）的主要动力

从**企业的契约理论**理解[⑤]，**国有产权**首先可以这样理解：在微薄的账面利润之外[⑥]，其他国有产权收益已经被分解为某些个人的收益贴现值的加总。[⑦]其中，费用最大化是分解国有产权收益的重要方式，这也是何以国有企业费用率更高的解释。[⑧]

但是，这只是对国有资本在投资形成资本并开始生产的分析，一个完整的分析还应当包括国有资本在投资形成资本并开始生产之前的投资决策过程。在中国改革开放初期的计划经济下，有资格考虑产权安排和收益的只有中央政府。随着财政分权结构的展开，就逐渐形成了这样的产权安排方式：上级政府控制金融资源总量，下级政府和企业竞争这些资源。一个异常重要的约束条件是，下级政府和企业从上级政府所获得的金融资源是无需偿还的。就是说，投资赢了算企业（地方政府）的，投资输了算国家财政的。在随后国有银行逐渐取代国家财政成为主要资金管理者的情况下[⑨]，这个产权安排就变成了，下级政府和企业从上级政府处获得的银行贷款是无需偿还的，投资赢了仍然算企业（地方政府）的，投资输了就是国有银行的。考虑一下**费用最大化**的含义：事前的投资决策在事后无论盈亏，在该投资完成并开始生产、销售时，个人的收入

分配总是会随之增长的。在事前做投资决策时，各级政府和企业最关心的不是投资的毛利润率[10]，而是能够从上级政府处争取到多大的投资额度，也就是所谓的“跑部钱进”，争取“盘子”。很显然，平均说来，这些投资在事后的毛利润率不可能达到非国有资本的水平。[11]

所谓**产权**，首先应当是收益权。就此意义上说，一个完整的分析过程就是[12]：在上述的产权安排下，首先，在投资完成、资本形成之前，国有资本（企业）就已经在毛利润率上比民间资本输了一筹。[13]然后，在国有企业完成投资、开始生产的情况下，费用最大化的规律就开始显性地发挥作用：事前的投资决策在事后无论盈亏，个人的收入分配总是会随之增长的。

从可得的统计数据看，如果是以**毛利润率**相比较，由于垄断和政府财政转移支出等因素，国有工业企业要明显好于非国有工业企业（见图1），但是，如果是以剔除了相关费用的**净利润率**相比较，非国有工业企业就好于国有工业企业（见图2）。再考虑到工业部门历年来对中国生产法 GDP50％ 左右的贡献率，我们认为，统计数据支持我们上述“费用最大化”的假说。

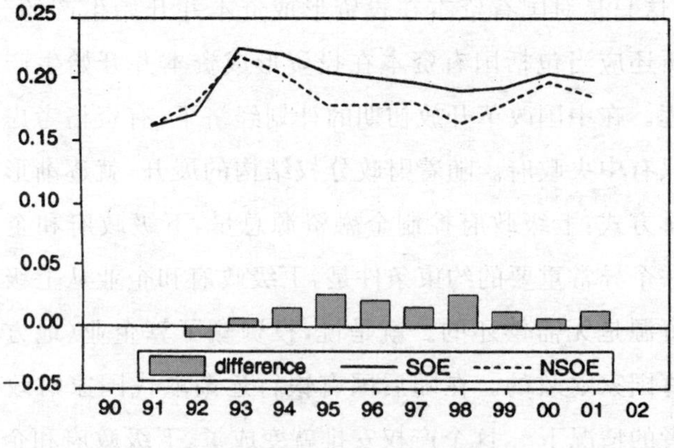

数据来源：《中国统计年鉴》各期。

图 1　国有与非国有工业企业的毛利润率

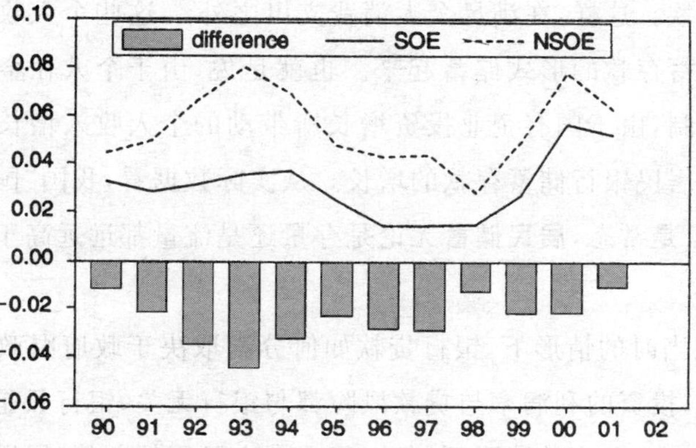

数据来源：《中国统计年鉴》各期。

图 2 国有与非国有工业企业的净利润率

容易理解，在投资完成之后，只有进行生产和销售，才有可能费用最大化。这样，一个推论就是，由于费用最大化，国有企业绝不缺少存货最大化的激励。这是观察和理解中国经济在 1998 年以来“通货紧缩”现象的重要窗口。

二、1992—1997 年期间的中国经济增长模式

(一) 1992—1997 年期间的中国经济增长模式

我们的兴趣不在于分析国有企业的产权安排，而是试图分析这样的产权安排的后果。由于这样的产权安排，若将整个经济中的全部国有企业加总起来考虑，大约从 1992 年到 20 世纪 90 年代中期，中国经济在宏观上形成了一种奇特的、自我加强的经济增长模式。分步解释如下：

1. 在这个过程中，个人收入所得是先于国家财政/国有产权分配的，在现实的金融市场条件下，这主要体现为居民银行储蓄存款的增长。

在金融市场发展初期，中国居民可选择的金融资产形式主要是银

行储蓄存款。这样,在满足个人消费支出之外[14],这些个人收入主要是以银行储蓄存款的形式储蓄起来。也就是说,由于个人在金融资产选择上的限制,由于国有企业投资增长所带动的个人收入增长大都只能是转化为居民银行储蓄存款的增长。从实际数据看,我国"国民收入超分配"现象是常态,**居民储蓄**无论是存量还是流量都远远高于经济增长率。

2. 在当时的情形下,银行贷款如何分配取决于政府财政如何安排投资计划,投资的利润率与贷款风险都与银行无关,银行只是分配资金的执行机构。在这种情形下,各银行有多少可用的负债(居民的储蓄存款和企业存款),就发放多少贷款。不仅如此,在 1995 年以前,我国一直是**贷差**,即,贷款余额大于存款余额,中央银行为国有商业银行提供再贷款支持。

3. 在这样新的投资和新的生产、销售和分配下,个人收入继续增长,进而银行储蓄存款、国有企业贷款和投资继续增长,如此循环反复。

4. 个人同样有着实现个人产权收益最大化的动机。所以,随着政府对个人从事商业活动管制的放松,当有些个人认为其资本的产权收益率可以超过银行储蓄存款利率时[15],这些个人自然会萌发自己创业以获取更高的收益率的想法。就是说,来自国有企业的个人收入不仅是国有商业银行贷款、进而国有企业投资的储蓄资金来源,还是个人创业的初始资本来源。这样,在国有投资增长的同时,**非国有投资**也开始增长起来了。[16]

以上就是中国经济在大约从 1992 年到 20 世纪 90 年代中期的经济增长模式。由此出发,我们可以分析和理解中国在经济增长过程中所涌现出来的大量问题。

(二) 由此经济增长模式引起的一些统计数据上的特征

从统计数据上说,这样一个经济增长模式会产生如下一些重要的统计特征:

其一，国有企业投资高速增长。在不能比较迅速地去掉那些没有市场价值的账面固定资产的情况下，既然名义折旧率是国家会计法规事先规定好的[17]，账面上的固定资产余额（以及固定资产折旧）势必高速增长。

从国家统计局公布的数据看，不考虑价格因素[18]，国有企业的**固定资产投资**规模1991—1996年、1991—1997年和1991—1998年的年度平均增长率分别为26.1%、23.5%和22.7%。

从国家统计局公布的工业企业数据看，国有工业企业的固定资产原值1991—1996年、1991—1997年和1991—1998年的年度平均增长率分别为20.1%、18.6%和19.4%；从销售收入来看，国有工业企业1991—1996年、1991—1997年和1991—1998年的年度平均增长率分别为15.0%、13.2%和14.1%；利润的年度平均增长率分别为1.0%、1.4%和3.9%。可以看出，国有工业企业的固定资产原值和销售收入都是高速增长的，但是，其利润增长情况则相差甚远。

其二，随着国有企业投资的高速增长，由于居民在金融资产选择上的限制，居民的收入、从而居民的金融资产高速增长主要表现为**居民储蓄**的高速增长。根据央行公布的居民储蓄数据，1991—1996年、1991—1997年和1991—1998年的居民储蓄余额的年度平均增长率分别是32.5%、30.7%和28.6%，当年新增居民储蓄的年度平均增长率则分别是29.0%、22.0%和18.8%。

要特别说明的是，随着经济、进而金融市场的发展，居民的银行储蓄虽然仍然还是居民金融资产的主要持有形式，居民的金融资产形式开始有多样化的趋势。从国家统计局在2002年中所做的首次城市居民家庭财产调查的结果看，到2002年中，城市居民储蓄约占其总金融资产的70%。[19]这其中，正在发展中的股票市场影响相对巨大。

其三，随着企业存款和个人储蓄存款的增长，银行的贷款资产余额高速增长。而国有企业在投资高速增长的同时，其银行负债也在高速增长。[20]

根据央行公布的有关数据，我们计算得到：1994—1996年、1994—1997年和1994—1998年的国有商业银行对政府和非金融机构债权的年度平均增长率分别为21.1%、21.2%和20.9%；从全部金融机构的统计口径看，1994—1996年、1994—1997年和1994—1998年的金融机构全部贷款的年度平均增长率分别为22.9%、22.8%和21.3%。

从国家统计局公布的工业企业数据看，国有企业1994—1996年、1994—1997年和1994—1998年的总负债的年度平均增长率分别为16.0%、14.9%和16.7%。[21]

其四，在此过程中，非国有企业也将通过自身的资本积累以及其他的一些融资方式，譬如外资和地下融资的方式，高速成长起来。

从国家统计局公布的固定资产投资数据看，**非国有企业**的固定资产投资规模1991—1996年、1991—1997年和1991—1998年的年度平均增长率分别为39.1%、34.6%和31.3%。[22]

从国家统计局发布的工业企业的数据看，非国有工业企业的固定资产原值1991—1996年、1991—1997年和1991—1998年的年度平均增长率分别为65.9%、61.0%和51.0%。从销售收入来看，非国有工业企业1991—1996年、1991—1997年和1991—1998年的年度平均增长率分别为61.9%、56.4%和47.9%，利润的年度平均增长率分别为61.0%、56.0%和39.8%。

可以看出，非国有工业企业在1998年也面临着各个指标的增长率下降的问题。据此推测，在整个经济增长下降的情况下[23]，所有的非国有企业也同样会面临着需求不足、进而其既有的投资资产的生产能力利用率不足的问题。换句话说，由于事后的需求的不确定性，即使是非国有资本，也会出现投资预期错误、甚至引起宏观经济波动。

（三）由此经济增长模式所引起的收入法GDP及其构成在统计上的特征

按照国家统计局（1997），**收入法**GDP定义为：收入法GDP＝劳动者报酬＋生产税净额＋固定资产折旧＋营业盈余（*）。由于本文开篇提到的问题所包含的对国家统计局公布的GDP数据的怀疑，也由于另外的一些怀疑[24]，我们根据别的数据来源，对中国的收入法GDP做了一个粗略的估计。从我们的估计结果看，就绝对数说，国家统计局公布的收入法GDP的数据大致是真实的。之所以可以实现这么持续高速的GDP增长率，主要是因为，国有企业虽然利润情况不是很好，但是，与国有企业相关的个人收入的增长情况并不是很差；此外，非国有企业的增长总是真实的。

上述增长模式的统计特征也应当在收入法GDP的统计上表现出来，即劳动者报酬、生产税净额和固定资产折旧是高速增长的。但是，营业盈余由于国有企业的拖累增长速度要略低些。

以国家统计局公布的收入法GDP数据计算，劳动者报酬、生产税净额、固定资产折旧和营业盈余1994—1997年的年度平均增长率分别为23.7％、21.0％、27.3％和17.7％，1994—1998年的年度平均增长率分别为20.5％、18.6％、24.6％和13.9％。可以看出，营业盈余的平均增长率明显低于其他三个指标的平均增长率。还可以看出，如果将1998年计算在内，各指标的年度平均增长率都有明显的下降。

总的来说，1992—1997年期间，虽然国有企业利润增长情况比较差，但是，由于其他三个指标是高速增长的，也由于非国有企业相对好的利润增长率，所以，收入法GDP就仍然还是高速增长的。由此，我们就可以从理论和统计结果上来理解中国经济增长何以出现“微观不好，宏观好”的情况：仅仅注意到国有企业净利润率很差是不够的，还应当同时考虑到来自国有企业的个人收入的增长情况。[25]惟其如此，我们才能比较全面地理解从1992—1997年、乃至1998年以来的中国经济增长（模式）。

三、亚洲金融危机是 1992—1997 年期间中国经济增长模式的转折点

（一）上述经济增长模式的潜在困难以及国家财政的一般应对措施

在上述经济增长模式下，既然从整体上说国有企业最终的净利润率很差，势必有一定比例的国有企业是严重亏损的，以致于无法支付银行的贷款本息。这就是说，随着这样一个经济增长模式的反复实现，越来越多的国有企业就会亏损到无法支付银行本息的程度。

在信息不对称的情况下，任何银行都会产生一定比例的不良资产。即使在发达经济中，这个问题同样不可避免：佼佼者如花旗、汇丰银行，每年也都有一定比例的呆坏账。但是，中国国有商业银行的问题不在于此：在 1992—1997 年的经济增长模式下，即使已经知道了这些国有企业的利润和整体财务情况很差，还是要继续贷款给这些国有企业，从而在贷款/资产余额高速增长的同时，其不良贷款/资产也在以一定比例（相对于贷款/资产余额）高速增长。从中国人民银行公布的数字看，到 2001 年 9 月份，除已经剥离到四大资产管理公司的不良贷款 1.4 万亿人民币，四大国有商业银行还有不良资产大约 1.8 万亿元，约占其现有资产的 26.2%。

面对这样的情况，实际上，早自 1995 年中央政府就开始采取措施要求降低银行**不良贷款**了。从法律上看，大约从 1993 年到 1995 年前后，《商业银行法》《贷款通则》和《中国人民银行法》相继颁布。这些法律要求商业银行考虑信贷风险，要求中央银行控制信贷总量。在 1997 年第一次全国金融工作会议上，中央要求国有银行不良资产每年下降 2—3 个百分点。但是，为了继续实现来自国有企业的收益分配，有关利益各方显然有要求国有企业继续存在、进而要求国有银行继续贷款以维持国有企业既有运作的激励。这其中，地方政府可以从企业获得生产税和所得税，可以安置就业。[26]

从分配的角度说，上述经济增长模式并不是一个多方皆赢的分配模式：在此经济增长模式下，由于投资效率和费用最大化问题，国有资本遭受重重的产权收益损失。从会计核算的角度说，可以认为，这些损失大致就是国有商业银行的不断上升的呆坏账以及国有企业的自有资本的损耗。通俗地说，在这样的经济增长模式和相应的分配模式下，既然是个人所得优先于国有产权得到保证了，这样的一个经济增长模式所实现的是一个"个人吃肉，国家喝汤"[27]的收益分配模式。而从风险分配的角度说，实际上是国家财政在以自身的财政信用支持着这个经济增长模式的反复实现，这被称之为"投资补贴"政策。对国家财政来说，风险分配是严重地超过了收益分配，在收益很少的情况下，风险却通过银行呆坏账的形式全部确认成是国家财政的。[28]

（二）中国经济增长模式的转折点

1997年亚洲金融危机推动了中国严格执行商业化信贷政策的决心，这引起了原有经济增长模式的转变。作为这个转变的外在表征，中国经济的一般物价水平持续下降。

虽然中国政府做了很多金融立法的工作，但是，这些法律并没有得到严格执行。是1997年亚洲金融危机为中国敲响了警钟。为了克服潜在的金融危机，在进行其他各种改革措施的同时[29]，1998年，中国政府又出台了很多金融改革措施，力度之大，数量之多，可谓前所未有。

从1992—1997年间经济增长模式的角度理解，既然国内银行开始严格执行《贷款通则》等相关法律，原来的经济增长模式就应当戛然而止了。这个信贷政策上的改变影响深远，其宏观表征之一就是中国经济的一般物价水平持续下降。那些利润情况一直很差的国有企业首当其冲地受到冲击。

1. 随着银行贷款标准的提高，那些一直亏损、财务流动性很差的企业（主要是国有企业）的投资增长下降。

2. 没有了银行信贷资金的支持，那些累弱的国有企业再也无法维持其财务流动性。个人来自这些国有企业的收入净现金流就变得不知其可了。[30]随着收入净现金流的下降，当前消费支出势必增长下降。从就业的统计数字看[31]，1996—1998年，国有单位就业人口数占2亿，城镇就业人口数的比例分别为56%、53%和42%，就业比例之猛烈下降可见冲击之大。这就造成了宏观上个人消费增长突然猛烈下降的效果(见图3)。以全社会消费品零售总额[32]的同比增长率看，1997年底和1998年初，这个统计指标的同比增长率明显下降。

3. 此外，在金融危机下的各亚洲国家对中国的出口需求也变差了。从支出法GDP来说，净出口一直没多大的贡献。

4. 名义总需求就是投资、消费和净出口这些因素。所以，名义总需求的增长率因此下降了。

5. 再从供给方面考虑，在费用最大化的规律下，国有企业决不缺乏**存货**最大化的激励。只要企业的财务流动性许可，企业的生产、从而存货数量将与市场销售情况无关，最终只取决于企业的物理库存容量的上限。但是，如果企业的财务流动性足够差，企业就不可能开工生产，也就不可能增加存货。此时，除非有外来的资金支持，否则，企业继续生产和制造存货(最大化)的过程就将难以反复实现。

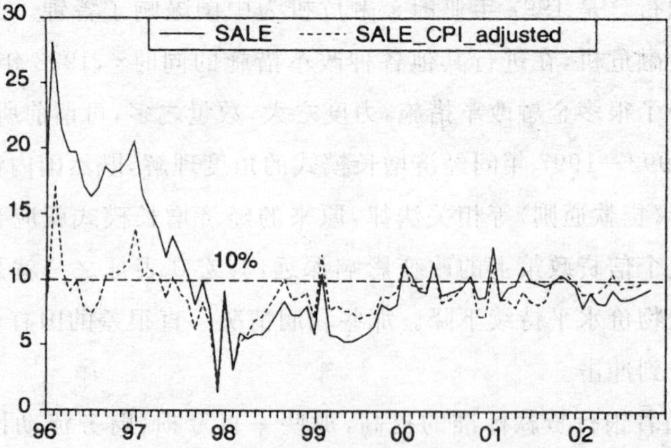

数据来源：国家统计局统计快报，中国证券市场研究设计中心宏观数据库。

图3 全社会消费品零售总额月度同比增长率

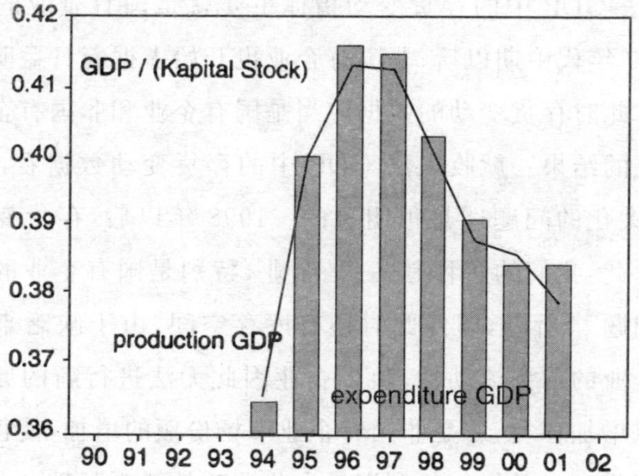

数据来源：《中国统计年鉴》各期及作者估计。

图 4　资本的生产能力利用率趋势估计

对国有企业来说，既然是费用最大化、进而存货最大化，就是说，只有当达到仓库容量上限的时候，**生产能力利用率**的调整才会被迫开始。而对利润最大化的企业来说，生产能力利用率的调整则应当是随时进行的，与其仓库容量的使用程度无关。而事后的存货和生产能力利用率的调整又基本上取决于事前的投资预期效率如何。这样一来，我们的解释就可以封闭了：国有企业的存货和生产能力利用率的调整问题仍然是上述国有产权安排的结果。对非国有企业来说，也会犯投资预期上的错误，但是，非国有企业将首先通过生产能力利用率上的调整来避免过多的存货调整。中国经济所以在 2001 年底再次出现通货紧缩螺旋，来自国有企业的存货压力以及国有和非国有企业严重的生产能力利用率不足是供给上的重要促成原因。

从可得的统计指标考虑，支出法 GDP 中的存货变动指标反映了名义总供给和名义总需求之间的事后的相对情况[3]，是国有企业和非国有企业各自决策的合成结果，应当是我们观察和推测中国宏观经济情况的重要窗口。

从历史情况看，在 20 世纪 90 年代早期，国有企业占据着多数市场份额，支出法 GDP 中的存货变动指标主要就是国有企业的存货变动情况。到 90 年代中期以后，非国有企业也开始占据着日益明显的市场份额，所以，此时存货变动的数据应当是国有企业和非国有企业存货变动情况合成的结果。就收入法 GDP 中的存货变动数据看，1997 年之前，库存最大化的问题还是很明显的。1998 年以后，存货变动指标相对下降。对此，我们的解释是：一是企业，特别是国有企业的财务流动性出现了问题[34]，所以，即使此时还有库存空间，由于缺乏来自银行贷款以支持企业的财务流动性，很多企业因此无法进行新的原料采购和产品生产以增加存货；二是非国有企业市场份额的增加，使得这个存货增加的数据带有日益增加的利润最大化调整的微观基础。

根据国家统计局公布的支出法 GDP 中的存货变动数据[35]，不考虑折旧因素和物价因素，粗略估算，存货余额 1991—1996 年、1991—1997 年和 1991—1998 年的平均增长率分别为 16.1%、15.7% 和 14.6%，其增长率呈下降走势。[36]

不过，中国国家统计局没有提供系统的生产能力利用率的数据。根据夏春的估计[37]，生产能力利用率从 1990 年的 60.17% 一直上升到 1996 年的 65.88%，然后一直下降到 1999 年的 60.12%。本文也做了一个简单的估计[38]，大致走势也是如此(见图 4)。

6. 这样，在一个总供给总需求模型下，由于名义总需求增长下降的冲击，当总需求和总供给之间的增长率相差到一定程度的时候，就会出现均衡态的调整：总产量相对于原来的总产量增长、而一般物价水平相对于原来的一般物价水平下降。[39]

7. 经济有其**自稳定**的机制。当经济运行出现了这样的一般物价水平下降，从总需求来说，就要刺激消费和投资、刺激名义需求增长，从总供给来说，就要减少供给，最终，一般物价水平通过供求的变化得以稳定下来。从实际情况看，这样的价格调整当然是有的。但是，收入上的反方向变动的影响效果却更厉害，这就使得这个价格自稳定机制不足以完成自稳定的功能。所谓收入上的调整，就是说，银行信贷政策的变化所带来的这个一般物价水平下降使得挣扎在财务流动性边缘上的国有企业的销售和利润情况进一步恶化，从而，这些国有企业更加难以从银行获得信贷支持以进行投资。对有关个人（未必只是企业工人）来说，在来自这些国有企业的个人收入现金流式微的情况下，个人对未来收支的现金流预期更差，个人的当前消费增长继续下降。如此一来，一个自我实现的通货紧缩螺旋就形成了。[40]

总的来说，事情出现了戏剧性的变化：由于要防范金融风险，结果在更严格地掌握信贷标准的情况下，中国经济增长突然从一个自我实现的模式转入到了另一个自我实现的模式中，只是原来是一个自我实现的高速增长模式，现在则是一个自我实现的通货紧缩螺旋。

从理论上说，这个螺旋将一直持续，直到这些低效率的国有和非国有企业破产重组为止。问题是，国家财政不会袖手旁观。考虑到国家财政在整个经济中仍然举足轻重的地位，我们也有必要再从国家财政角度考虑当时的情形。

原来，在大约 1993—1997 年间，国家财政就一直在保证国有商业银行资产质量和保全国有企业之间左右为难。随着亚洲金融危机的爆发和警醒，国家财政终于下定决心在政策上向国有银行倾斜。在这种情况下，1992—1997 年的经济增长模式被终止了。银行贷款或者说企业投资随之下降。这样，为了整个局面的稳定[41]，国家财政必须取代国有企业，亲自出面增加投资。[42]最终，在扩张性的财政支出政策下，在 GDP 的意义上说，中国经济仍然实现了相当高的增长率。与此同时，国家财政采取了一些转移支付上的措施，力求缓解上述通缩螺旋所带来的就业上的强烈冲击。事实上，这些措施发挥了明显的作用：由此带来的总需求增长在 2000—2001 年间一度掩盖了各类企业其实仍然需要继续进行的既有资产结构调整的情况。

从物价情况考虑，以消费价格指数（CPI）为衡量指标，中国经济首先在 1998—1999 年期间经历了首次一般物价水平下降。这主要是因为（内生的）信贷政策的变化通过国有企业传导实现的名义总需求的冲击引起的。从2001年下半年直到2002年10月，一般物价水平又开始了新的负增长螺旋。与1998—1999年间的通货紧缩不同，新的通货紧缩之所以形成，除了有国有企业投资不足和相应的个人收入不足的因素，非国有企业由于事前投资预期错误所形成事后的生产能力利用率不足也是压迫目前一般价格水平下行的重要原因。

从名义总需求来看，从1998年到目前，名义总需求已经因为个人的优化行为（消费）以及政府的财政扩张政策（投资），调整得相对平滑了。新的通货紧缩还有着名义总供给上的原因。

从存货数据看，在过去2年里，支出法GDP的存货变动数都是负的。这就是说，由于我们在前文提到的原因，企业的存货变动现在已经对名义需求做出了明显的反应。[43]所以，我们推测，国有和非国有企业都存在着相当严重的生产能力利用率不足的问题。就是说，无论是国有企业还是非国有企业，其投资预期都是建立在原来1992—1997年间的经济增长模式可以持续下去的基础上的，但是，1998年以来的新的情况说明，这是很大的**投资预期错误**：无论是国有企业还是非国有企业，都因为对名义总需求的过高增长预期而投资过大了。所以，国有和非国有企业现在都面临着投资资产调整的问题，在这个调整结束之前，价格战难以避免。从宏观上说，一般价格水平持续下降难以避免。

总的来说，从下文的工业统计数据看，非国有工业企业在增长率的恢复调整上速度明显快于国有工业企业，国有工业企业则调整缓慢。考虑到这个情况，我们认为，尽管国家财政已经在1998年以来进行了一定的国有资本调整，但是，从实际情况看[44]，以国有企业的方式存在着的国有产权的改革并不彻底，对国有资本来说，新的产权调整还需继续。这个产权调整不应当仅仅局限于国有企业，还需要考虑到政府财政、国有银行，以及相关的法律制度上的改进。[45]

（三）由经济增长模式转变所引起的一些统计数据上的特征

经济增长模式的转变以及国家财政支出上的变化会产生如下一些

重要的统计特征[46]：

其一，国有企业投资增长下降。在不能比较迅速地去掉那些没有市场价值的账面固定资产的情况下，既然名义折旧率是国家会计法规事先规定好的[47]，账面上的固定资产余额也势必是增长下降的。当然，固定资产折旧也因此增长下降。

从国家统计局公布的数据看，国有企业的固定资产投资规模1996—2001年、1997—2001年、1998—2001年和1999—2001年的年度平均增长率分别为9.3％、9.2％、9.2％和6.6％。

从国家统计局公布的工业企业数据看，国有企业的固定资产原值1996—2001年、1997—2001年、1998—2001年和1999—2001年的平均增长率分别为11.2％、11.0％、11.2％和6.9％；从销售收入来看，国有企业1996—2001年、1997—2001年、1998—2001年和1999—2001年的年度平均增长率分别为9.2％、10.3％、12.2％和9.7％；利润的年度平均增长率分别为23.2％、41.4％、52.8％和64.3％。

与此前的1991—1996年、1991—1997年和1991—1998年期间的平均增长率相比，现在的国有工业企业的固定资产增长速度明显下降了。而且，要知道，即使是这样相对低的平均增长速度，还是建立在国家财政的大规模的财政扩张政策的基础上的。

与此同时，我们看到，国有企业的利润大幅度增长。一方面，这反映了国家财政在国有产权改革上的努力，另一方面，这主要是近些年来的财政转移支付的结果。

其二，随着国有企业投资增长下降，居民的金融资产增长下降。由于居民在金融资产选择上的限制，这可能会表现为居民储蓄增长下降。[48]

根据央行公布的居民储蓄数据，1996—2001年、1997—2001年、1998—2001年和1999—2001年的居民储蓄余额的年度平均增长率分别为16.4％、13.9％、12.4％和11.4％，当年新增居民储蓄的年度平均增长率则分别是2.5％、1.3％、5.1％和7.5％。

当年新增居民储蓄之所以平均增长率参差不齐，除了1998年前后个人收入下降的因素，随着金融市场的发展、进而其他金融资产的出现，这些金融资产相对于居民储蓄资产的利润率的波动就会引起居民储蓄资产增长的波动。譬如，从月度数据看，当上证指数增长幅度持续高于银行存款利率的期间，居民储蓄余额增长就开始低于其历史趋势。

其三，单从银行严格信贷标准的角度说，银行贷款资产余额增长下降。从国有企业的角度说，就是，国有企业在投资增长的同时，其银行负债增长下降。

同样地，根据央行公布的有关数据，我们计算得到：1996—2001年、1997—2001年、1998—2001年和1999—2001年的国有商业银行对政府和非金融机构的债权年度平均增长率分别为13.2%、12.0%、9.7%和6.6%；从全部金融机构的统计口径看，1996—2001年、1997—2001年、1998—2001年和1999—2001年的金融机构全部贷款的年度平均增长率分别为14.2%、12.9%、10.7%和9.1%。显然，两个统计口径增长都是下降的。

从国家统计局公布的工业企业数据看，国有工业企业的总负债1996—2001年、1997—2001年、1998—2001年和1999—2001年的年度平均增长率分别为8.9%、8.7%、8.0%和2.9%。[49]这反映了国有工业企业在银行贷款能力上的下降。[50]

其四，在此过程中，非国有企业也会因此出现增长下降的问题。

从国家统计局发布的工业企业的数据看，从固定资产投资规模看，非国有企业1996—2001年、1997—2001年、1998—2001年和1999—2001年的年度平均增长率分别为14.4%、12.5%、13.1%和14.0%。从固定资产原值看，非国有企业1996—2001年、1997—2001年、1998—2001年和1999—2001年的年度平均增长率分别为33.8%、34.6%、34.8%和50.7%。从销售收入看，非国有企业1996—2001年、1997—2001年和1998—2001年的年度平均增长率分别为28.8%、31.0%、32.1%和44.8%。从利润看，非国有企业1996—2001年、1997—2001年和1998—2001年的年度平均增长率分别为34.9%、41.3%、44.6%和

88.7％。

就已经看过的统计指标来说，非国有企业 1999—2001 年的平均增长率之所以比较高[51]，首先是因为 1998 年增长的下降，其次是到 2001 年，非国有企业已经恢复了高速增长。国有企业 1998 年也是增长下降的，但是，这些统计指标到 2001 年仍然增长缓慢，国有企业各指标 1999—2001 年间的平均增长率就较低。

总的来说，无论是国有企业，还是非国有企业，在 1998 年前后，上述统计指标的增长下降问题大都是存在的。[52]从趋势看，这些统计指标的增长率大致都表现为 V 型走势，而底部一般就是 1998 年。

（四）由经济增长模式转变所引起的收入法 GDP 在统计上的特征

同样道理，收入法 GDP 及其构成指标也应当表现为 V 型走势。从数据看，无论是我们估计出来的结果，还是国家统计局发布的结果，都是如此。

以国家统计局公布的收入法 GDP 数据计算，劳动者报酬、生产税净额、固定资产折旧和营业盈余 1996—2000 年的年度平均增长率分别为 10.8％、13.2％、16.1％和 8.1％[53]，1997—2000 年的年度平均增长率分别为 8.1％、12.4％、14.3％和 6.2％，1998—2000 年的年度平均增长率分别为 7.1％、10.8％、12.6％和 5.6％。营业盈余的平均增长率还是明显低于其他三个指标的平均增长率。如果将 1998 年计算在内，各指标的年度平均增长率都有明显的下降。

结合上面的统计讨论，在本文最初定义的宏观与微观的好坏的定义下，就收入法 GDP 来说，如果是中国经济自己与自己比，与 1993—1997 年期间相比，1998 年以来的宏观也不见得就好。就是说，随着对 1992—1997 年期间经济增长模式的逐步放弃，中国在 1992—1997 年间的实际上是不可持续的、过于高速的宏观经济增长逐渐停止了。就**生产法** GDP 的真实增长率来说[54]，1998 年以后 GDP 的年度平均增长率大约要比 1992—1997 年期间的增长率低 4 个百分点。倒是在微观方面，虽然出现了1998年这样的意外的需求减速的冲击，但是，至少从上述的工业数据看，与国有工业企业不同的是，非国有工业企业目前正在恢复其原来的增长速度。就是说，随着非国有企业的更快发展，中国经济正在获得日益坚实的微观基础。中国经济增长“微观不好”和“宏观好”的情况都在发生改变。

四、总结性评论

至少对理论分析来说，中国经济在1992—1997年间的经济模式有着至关重要的意义，我们能够因此更好地理解目前中国经济增长的处境。不难明白，中国其实正在实现其经济增长模式的转变：在决策层谋求防范金融风险的情况下，国有商业银行必须严格执行商业化的信贷标准，这就使得那些利润率情况一直很差、只是长于实现规模增长和制造不良贷款的国有企业被国有银行冷落了，而国家财政也只能放弃其相应的名义上的产权收益了。如果说国家财政、国有银行、国有企业是一根管子连着的三个瓶子，那么当今如何在三个瓶子之间分配水量就必须重新调整了。但是，这个调整过程并不简单。在通货紧缩的过程中包含着来自国有企业的个人收入增长和投资增长下降的过程。在中国这样一个以农业为基础的经济向工商业转变的典型**二元经济**中，由农业转入工商业的就业变迁压力本来足够大，现在，工业部分本身又释放出如此巨大数量的劳动力，就业压力可想而知。所以，尽管从1998年开始中国已经进行了大量的改革和调整，包括国有企业，行政，司法，金融等等方面，从经济增长模式转变的角度说，这个过程也已经有五年之久，但是，这个过程仍然没有完成，可见其中的艰难。

不过，与从改革开放初期到1992年间的情形相比，经过了1992—1998年这一轮的高速经济增长，1998年在总需求和总供给这两个方面都有了很大的不同。从总需求来说，银行信贷的闸门不再是完全畅通的，而是要装上过滤器。这个过滤器表面上看是人为安装的，但是，在本质上是内生的。当然,能够赶在泡沫破灭之前就开始采取行动,也是决策层与时俱进的决心的表现。从总供给来说,随着非国有企业日益发展,由于非国有企业并没有类似国有企业的投资效率损失和费用最大化的问题、进而既有利益的问题,其利润率的情况和调整适应能力都要好于国有企业,所以,国有企业对宏观经济的影响就只是相对意义上的,不再是原来近乎绝对意义上的了。也正是由于非国有企业的发展,国家财政才有了在1998年进行金融改革和调整总需求、并有可能最终取得改革和调整成功的现实经济基础。若非有此现实经济基础,活、乱循环的历史情况可能会迅速复现,这样的金融改革和总需求调整也将很快变得有始无终。

我们相信,从过去的经验看也是如此:恰当的政策可以有效地推动并最终成功地实现这个调整过程。

从政策上考虑,上述分析所体现的政策含义主要有以下几点:

其一,最主要的就是推动政府权力的法规化和透明化以及司法系统的独立性和公正性。这实际上就是降低个人和企业维护产权的交易成本,从而从根本上提高投资的利润率水平。值得庆幸的是,在WTO背景下,这个事情应当是可以大大前进一步了。这肯定会提高中国经济的长期投资利润率。但是,这是国际压力引起的,不是国内非国有企业的力量引起的。因此又不能过于乐观。

其二,就现有国有企业的问题来说,要做好社会保障和国有银行产权改革[55],以为国有企业产权改革,包括冗员问题和银行呆坏账问题,创造必要的财务前提。[56]这其中,主要是一个理性预期的问题。就是说,如果国家财政真下定决心这么做了,国家财政目前在财务流动性方面并没有多大的压力,只需滚动发债,保持一定的债务余额,并支付有关债务利息就可以了。以目前的财税收入和利率水平来说,国家财政完全可以承受这个债务利息负担。并且,随着这样的改革的展开,经济增长势必是建立在更坚实的微观基础上,从比例税考虑,国家财政的税收可以因此实现更坚实的增长,支付利息的能力就越来越强了。[57]

其三,与第二点相配套,可以更多地放开非国有资本进入金融行业。这有两个好处。一是对非国有资本的发展提供了金融制度安排上的支持。二是金融业可以因此有可能仿效非金融业的渐进发展模式。这个事情现在已经有所动作了。似乎还可以再推进一步。

现在,我们对本文开篇的"微观不好,宏观好"的问题做一个总结式的回答:这个问题其实只是一个表面上的文字矛盾。实际情况是,考虑到收入法 GDP 的构成和增长率情况,这样的"微观不好,宏观好"的情形是确实存在过的,并且,从我们对统计数据的分析知道,虽然在一定意义上说,这个表面上的文字矛盾目前还继续存在着,但是,随着商业化的贷款标准被更严格地执行和随着非国有企业的日益发展,1992—1997 年间中国经济增长模式下的宏观过好和微观过差的情况都在逐步得到纠正,中国经济增长"微观不好"和"宏观好"的情况都在发生改变。从经济的持续增长来说,企业的投资利润率水平才是至关重要的,而缺少企业利润率基础的 GDP 高速增长其实是危险的经济泡沫。

注释

① R. E. Jr. Lucas, *Studies in Business Cycle Theory*. Cambridge, MIT Press, 1980.

② 同时,个人收入的高速增长也为非国有企业的发展提供了资金来源,从而为收入法 GDP 的各组成部分的增长有所贡献。

③ 为了严格执行商业化的贷款标准,还必须同时实行稳健的而不是扩张的货币政策。

④ 根据工业增加值与第二产业 GDP 增长率之间的关系看,国家统计局公布的 1998 年生产法 GDP 全年增长 7.8%应当是高估的。

⑤ 参见 Steven Chuang, The Contractual Nature of the Firm. *Journal of Law and Economics*, 26 (1), 1983, pp. 1 - 21;周其仁《公有制企业的性质》,北京大学中国经济研究中心讨论稿 No. C2000010, 2000 年。

⑥ 就是账面利润最终也是通过各种渠道、主要是财政渠道分配给个人。这中间的代理成本太高了。当然,垄断行业的国有企业的垄断利润需要另当别论,与这里的说法并无冲突。

⑦ 主要就是与企业要素供给有关的各方，国有企业的管理层，工人及冗员，以及带来行政垄断收益的政府人员都应当包括在内，区别只在于各自的收益分享比例。

⑧ 在多数情况下，销售收入最大化和费用最大化应当是激励相容的。

⑨ 国有银行何以逐渐取代国家财政成为资金的主要管理者，是由于下面就要提到的自我实现的中国经济增长模式下的个人金融资产的增长。

⑩ 这里的毛利润率定义为(销售收入－销售费用)/销售收入＊100％，而净利润率定义为(销售收入－销售费用－其他费用)/销售收入＊100％。简单地说，毛利润率就是不考虑其他费用、特别是管理费用的情况。其中，我们是这样计算工业企业的净利润率：净利润率＝利润总额/销售收入＊100％。

⑪ 这里要仔细辨别的一个问题是，由于上述行政垄断的原因，只有在允许非国有资本进入的行业，我们才能观察到非国有投资的毛利润率水平，并对国有和非国有资本的投资毛利润率进行比较。在只能是国有资本进入的行业，非国有资本的投资毛利润率是无法观察到的、也就无法进行比较。事实上，从工业数据看，也正是因为这些因素，才使得国有工业的毛利润率高于非国有工业(见图1)。

⑫ 投资形成资本的过程也是成本很高的。另外，争取投资额度的过程本身也是要耗费成本的。这些成本都应当计入对投资全程的讨论。但是，为了行文方便，也因为道理都是一样的，我们这里就不多讨论了。

⑬ 之所以有国有企业“自生能力”不足的说法，其微观基础就在于此。参见林毅夫《自生能力、经济转型与新古典经济学的反思》，北京大学中国经济研究中心讨论稿 No.C2002012，2002 年；《自生能力、政策性负担、责任归属和预算软约束》，北京大学中国经济研究中心讨论稿 No.C1999014，1999 年。

⑭ 以及我们下面就要提到的个人投资。

⑮ 或者说，有些个人会认为自己不足以创造出高于银行储蓄存款利率的水平。一个更加广义的模型是可以将个人对闲暇的偏好程度和个人的企业家才能都考虑到个人优化的约束中去。这里的关键是，个人会在事前自己衡量是否应当进行个人创业投资，而不是像我们在正文里所解释的国有资本那样在实现其产权收益时在事前并不考虑事后的投资利润率。所以，区别在于，个人在事前一定是认为其投资的利润率要高于银行的储蓄存款利率；从投资的事后说，个人维护其产权收益的激励是充分的，即使是大规模的非国有企业，从整体上说，费用最大化问题也不会像国有企业那么明显；最后，从投资的事后调整来说，即使个人事前的投资预期有问题，与复杂的政府管理体制相比，个人在资本结构调整上也要灵活于国有资本（企业）。

⑯ 这样的说法可验证于 20 世纪 90 年代初期的“全民皆商”的说法和现象。从经验来说，这似乎是中国的个人资本增长的青年期。此外，对外开放和外资的进入也为国内企业的投资决策提供了重要的借鉴。我们这里就不多分析这个问

题了。只提一点，假外资现象广泛存在，这同样反映了维护产权的交易成本的重要性。

⑰ 这中间，随着企业的变化，企业会计法规也是变迁不断。

⑱ 以下类似计算，除非特别说明，均没有考虑价格调整。

⑲ 国家统计局：《首次家庭财产调查》，2002 年。

⑳ 参见宋国青《宏观经济状态：债务—通货紧缩》，中国证券市场研究设计中心（联办）研究报告 No.1998008，1998 年。

㉑ 国有企业的总负债不仅仅是国有企业对银行的负债，还有国有企业对其他企业的债务。

㉒ 不包含国有企业和集体企业。

㉓ 从工业数据看，1998 年的生产法 GDP 存在着高估的问题。

㉔ Rawsky, What's Happening to China's Statistics. *China Economic Review*, 12. 4 (2001).

㉕ 这样说国有企业，自然是包含了国有银行这一特殊类型的国有企业。当然，更具体地说，这里所谓的“微观不好”，应当仅仅是指国有企业的利润情况不好，并不包括非国有企业。

㉖ 来自政府的所谓“父爱”行为也就不难理解。

㉗ 这里当然是取肉好于汤的意思。

㉘ 国家财政的另一个负担是所谓隐性负债。从我们现在的分析角度说，这个问题可以分解为两部分：一部分隐性负债可以理解为历史问题，还有一部分隐性负债其实是我们现在所说的个人所得优先权的体现。

㉙ 增加税收是其中之一。从现在的角度理解，不仅仅是保证扩大财政支出的资金来源，也包含着增强国家信用的意思。还有一层意思，就是，这也是国家实现其国有产权收益的有效替代办法，具体请见下文。

㉚ 之所以说是净现金流，是因为在国有产权的安排下，很多在市场条件下由个人负担的重要消费支出，譬如，住房、医疗和养老等，都是由个人所在的国有企业提供的。如果国有企业因为财务流动性而无法继续存在，或者说，即使存在，也无力再为个人提供这些消费支出，那么，对个人来说，个人未来的收入现金流是要打折扣的，换句话说，就是个人来自国有企业的收入净现金流及其预期出现了重大的变化。

㉛ 国家统计局：《中国统计年鉴（2001 年）》，“表 5—4，按城乡分的年底从业人员数”。

㉜ 根据国家统计局公布的支出法 GDP 数据以及全社会消费品零售总额数据计算，大约自 1993 年以来，全社会消费品零售总额占居民消费的比例一直稳定在 80%左右。故全社会消费品零售总额虽然不是完整的国民消费衡量指标，但是，应当是比较准确的衡量指标。

㉝ 郭明从个人的实物和金融资产选择的角度分析过存货问题对中国经济的影响。参见郭明《存货投资、通货膨胀和货币政策》,北京大学中国经济研究中心97级硕士研究生毕业论文,2000年。不过,在我们看来,企业的存货调整应当根据销售和个人存货的调整进行,企业如何调整存货才是问题的关键。

㉞ 这个问题,我们下文将详细讨论。另外,国有企业的库存容量存在着上限。当然,对国有企业来说,也存在着企业对市场竞争信息的适应问题,但是,这不是制度性的。

㉟ 国家统计局:《中国统计年鉴(2001年)》,"表3—12,支出法国内生产总值结构"。

㊱存货余额还包含着非国有企业的存货。

㊲夏春:《生产能力利用与中国经济波动》,北京大学中国经济研究中心98级硕士毕业论文,2001年。

㊳我们的估计办法是,根据以下生产函数 $Y=AK^{\alpha}$ 以及资本的真实毛回报率R,我们可以得到一阶均衡条件 $dY/dK=\alpha Y/K=R$。显然,条件中的K是实际使用的资本数量。定义资本利用率 $\delta=K/K^*$,K^* 是全部资本总量。这样,就得到 $\delta=(\alpha/R)(Y/K^*)$。α如果按照资本回报占国民净收入的比例计算,就是比较稳定的。同时,如果认为R也是比较稳定的,则,δ的走势就是大致取决于比例(Y/K^*)的走势。从我们的估计结果看,比例(Y/K^*)从1997年以来一直是下降的。问题在于,如果R有明显的下降,就可能会抵消掉比例(Y/K^*)下降的效果,进而资本利用率δ就未必是走势下降的。顺带说明一下我们为什么不使用一年期的存贷款利率和CPI来近似计算R:由于正文里谈到的国有产权安排,企业投资决策并不关心投资的毛回报率R,以至于20世纪90年代早期货币发行上出现"倒逼"行为;1998年以来,随着严格执行商业化的贷款标准,在目前的简单的银行业务的情况下,银行的绝对份额的资产和负债分别是贷款和存款,并出现了很大的存贷差。在这两个极端情况下,都存在着贷款数量调整的问题,这就说明了公布的利率水平并不是给定约束下的市场出清的均衡利率水平。可以考虑使用工业企业的毛利润率作为替代。不过,其数据代表性如何却是不得而知了。当然,既然我们已经分析过了,国有企业因为费用最大化的问题会出现存货最大化的问题,所以,严格说来,既然我们上述的估计公式是假定企业优化资本的使用数量,我们的这个计算办法也是有问题的。不过,其实可以将R理解为企业自我确定的机会成本。在这个意义上说,这个估计公式又是可以接受的。从我们的国有产权安排分析,既然国有企业事前投资并不考虑投资的毛利润率,并且,非国有企业的份额一直在扩大,故,R应当在1998年以后有增加。不过,一般来说,R的变化幅度不应当很大。

㊴当然,当总需求绝对下降时,不但一般物价水平下降,总产量也是下降的。不过,中国的实际情况似乎没有这么严重,只是总需求增长率相对下降了,而总产

量(在 GDP 的意义上)仍然是正增长的。

㊵北京大学中国经济研究中心宏观组:《正视通货紧缩压力,加强微观机制改革》,《经济研究》1999 年第 7 期。

㊶政府的目标究竟是什么,是经济增长率,还是就业率,还是别的目标?这些都是有争议的问题。当时的一个热门的说法是保证 GDP 意义上的经济增长率,所谓"保八"。无论如何,保持局面的稳定和尽可能的经济增长应当是政府目标的组成部分。关于这个问题的理解,可以参见易纲《银行不良资产率与地方政府政绩考核》,载《财经》2002 年第 18 期。所以,对中国是否可能发生类似于美国 20 世纪 30 年代大萧条的恐惧心情是可理解的,参见北京大学中国经济研究中心宏观组《美国 30 年代大萧条及对中国当前宏观经济政策的启示》,载《战略与管理》1998 年第 3 期。

㊷从临时救急的角度说,这无疑是正确的。但是,似乎没有多少人考虑或反思过引起这一决策的那些约束条件是怎么形成的。在我们看来,问题就在于 1992—1997 年的经济增长模式所赖以形成的那些产权安排。当然,从一些发达国家的经验看,发展到一定阶段时,公共设施也需要相应的投资增长。

㊸尽管从国家统计局(1997 年)看,存货变动数统计是比较粗糙的。

㊹譬如,四大资产管理公司的业务进展情况。

㊺货币政策不可能解决国有企业的产权改革的问题,只能帮助企业缓解其财务流动性。实际上,从央行融资的角度说,目前的货币政策已经近似于零利率政策了。货币政策已经无法再宽松了。再宽松,就是回到了原来的经济增长模式上去,就是企业贷款无需支付贷款本息。之所以反复强调要实行稳健的货币政策,原因正在于此。

㊻可以同时参考本文第二部分第 2 节。

㊼这中间,随着经济的发展,中国的企业会计法规也是变迁不断。

㊽中国股票市场目前的流通市值与居民储蓄余额是同一个数量级,已经达到万亿人民币的数量级了。

㊾国有企业的总负债不仅仅是国有企业对银行的负债,还有国有企业对其他企业的债务。

㊿非国有企业的总负债 1996—2001 年、1997—2001 年、1998—2001 年和 1999—2001 年的年度平均增长率分别为 27.7%、27.8%、27.9%和 44.3%,明显高于相应期间国有企业的平均增长率。

(51)从定义知道,几何平均增长率正比于期末数,反比于期初数。

(52)但是,考虑到扩张性财政支出政策的影响,某些指标增长下降的情况不会太明显。

(53)1995 年收入法 GDP 的各数据按 1994 年和 1996 年的算术平均计算。

(54)2002 年生产法 GDP 的真实年增长率按照 7.9%(预测)计算。

⑤⑤实际上，我们所讨论的国有企业问题包括了国有商业银行。不过，国有商业银行的情况有些不同于非金融企业。主要就是，国有商业银行的呆坏账是所有非金融国有企业造成的，呆坏账规模太大。这里，我们说国有商业银行产权改革，包含着解决国有商业银行呆坏账的意思。指望既有的国有商业银行不做产权改革、只是通过银行自身的盈利来消化掉历史形成的和新形成的不良资产是过于天真了。

⑤⑥这里面有隐性负债的问题。

⑤⑦另一个好处是货币政策上的。随着经济的微观基础越来越坚实，经济对价格信号，包括利率势必越来越敏感。此时，货币政策应当对经济发挥越来越大的调节作用。货币政策发挥作用的一个重要渠道就是公开市场操作。而公开市场操作就是以债券、特别是国债市场为基础的。最近的央行票据代替国债进行公开市场操作，就已经说明了国债的数量其实是不足的。现在的需求已经如此之大，将来的需求可想而知。

参考文献

宋国青：北京大学中国经济研究中心(CCER)与美国国家经济研究局(NBER)第二届中国经济年会纪要/宏观经济政策与金融市场专题发言，1999年。

林毅夫：《中国的奇迹：发展战略与经济改革》，上海三联书店、上海人民出版社，1994年。

北京大学中国经济研究中心宏观组：《中国的经济增长：速度、效率和可持续性》，《改革》1998年第4期。

易纲：《市场效率与产权界定》，《中国：发展与改革》1988年第12期。

许宪春：《中国GDP核算问题研究》，北京大学中国经济研究中心讨论稿NO. C1999019。

世界银行：《中国养老保险体系改革》，世界银行报告第15121-CHA号，1996年。

赵耀辉、徐建国：《中国城镇养老保险体制的转轨问题》，北京大学中国经济研究中心讨论稿NO. C1999018，1999年。

国家统计局：《中国年度国内生产总值计算方法》，中国统计出版社，1997年。

第 八 部 分

祖国大陆和台湾

《台湾经验与大陆经济改革》前言*

应台湾民间友好团体和学术界的盛情邀请，中国留美经济学会考察团于 1993 年 6 月 15 日至 30 日对我们祖国的宝岛台湾进行了为期两周的访问。考察团由 26 位生长在中国大陆、现在海外工作或学习的经济学人组成。他们中最小的 25 岁，最大的 49 岁，来自祖国的 11 个省市。此次访台的主要目的是促进两岸经济学人之间的交流，以中国大陆的经济改革为背景，对台湾经济做一个全面的考察。本书是这次访台考察研究报告之汇集。

1979 年开始的以市场为取向的经济改革使中国这片土地发生了举世瞩目的变化。从计划经济到市场经济的转轨是一项极其复杂的系统工程。从农村联产承包制的推行到乡镇企业的蓬勃发展；从国营企业的改革到民营企业的崛起；从宏观经济控制机制的改变到微观经济基础的再造；从政府职能的转变到中央与地方关系的重新界定；从价税财一揽子改革计划的尝试到消费品市场价格改革的基本成功；中国正在进行着一场空前伟大的变革。中国在走向市场经济的过程中需要借鉴其他国家和地区的经验与教训。

在发达的西方工业国家，市场经济趋于成熟。他们有一套完整的市场经济体制和与之相配套的政策法规。他们的经验固然值得我们学习。但是他们建立市场机制是很久以前的事，而且东西方在文化、历史、政治和经济结构等方面的差别太大。这些都使西方发达国家的经

* 《台湾经验与大陆经济改革》，易纲、许小年主编，中国经济出版社 1994 年版。

验在中国的可行性大打折扣。

而近在咫尺的中国台湾地区在过去40年以高速度的经济发展使世界对她刮目相看。从1953年到1992年,台湾的国民生产总值以平均每年8.9%的速度增长。同期物价总指数的上涨率只有平均每年5.6%。如果扣除两次石油危机的影响,其物价总指数的平均上涨率只有每年3.4%。与此同时,台湾居民的收入所得的差别在不断缩小。根据世界银行1989年正式公布的数字,台湾收入最高的20%家庭与收入最低的20%家庭的收入差别已由1950年的15倍缩小到1988年的4.9倍。台湾已成为世界上收入分配最平均的地区之一。

台湾经验的核心是经济高速增长与物价的长期稳定,均富和大力提高居民教育水平。台湾也有其负面教训,如环境污染,轻视社会成本,容忍特权与垄断,规定不够健全,等等。台湾与大陆同族、同种、同文化、同语言。在过去40年,台湾基本建成了现代化的市场经济体制。台湾经济发展的经验对大陆具有极高的借鉴价值。

在过去15年的改革中,我国对欧、美、日等发达国家的市场经济做了大量的研究,派出了许多考察团、访问学者和留学生,而对中国台湾地区经济的系统研究一直不够。这次中国留美经济学会组织大陆经济学人对台湾经济进行直接考察,其目的就是试图把台湾经济发展过程的经验与教训全面、客观地介绍给大陆的读者。

本书由26篇考察报告组成,共分六个部分。第一部分介绍中国台湾地区政府在经济发展中的作用。中国经济改革的短期目标是要提高资源配制的效率以及人民的生活水平,其长期目标是以稳定高速的经济成长缩小中国与世界发达国家的差距。实现这些目标的手段大致有两大类:自由市场和政府的经济计划。围绕着市场和政府哪个更有效的问题,西方经济学家展开过激烈的争论,并因此形成了新古典和新凯恩斯两大对立学派。或许是受儒家"中庸之道"的影响,以日本为代表的亚洲各国在其经济发展过程中将市场和政府干预很好地结合起来,创造了为世人所称道的亚洲经济奇迹。在本书第一部分中,田军概括介绍了中国台湾地区政府在经济发展中的作用，文贯中对西方自由市场模式、前苏联的计划经济模式和介于两者之间的亚洲模式作了比较分析。

第二部分的七篇文章分析台湾的工业，主要讨论两个问题。一是台湾的“国营”企业、党营企业的经营情况及“国营”企业民营化的进展；二是台湾中小企业的产业结构和发展经验。许小年在第三章中，比较了中国台湾地区与韩国的经济规模，强调政府推行积极妥善的产业政策有利于长期的经济增长和国际竞争。周惠中和徐滇庆分别介绍了“国营”企业和党营企业的历史和现状。周惠中和田国强在他们的文章中讨论了台湾公营企业民营化的经验和存在的问题，以及对大陆国营企业所有制改造的意义。台湾当局一直为公营企业的管理不当和效率低下所困扰，准备以民营化的方式解决这些问题。大陆国有企业的情况和现行的改革方案与台湾极为类似，两岸如能在这方面进行直接交流，是件非常有意义的事情。

众多的中小企业是台湾经济的一大特点，也是台湾经济活力的重要来源之一。第七、八、九章的作者们对中小企业在台湾经济发展中的作用均给予较高的评价。张维迎在第七章中着重分析了中小企业的内部财务结构和外部金融环境。邓胜粱在第八章中对大陆如何促进中小企业的发展提出了一系列政策建议。张欣对比了台湾地区和韩国的经济规模结构，指出以中小企业为主的轻型经济结构的弊病和局限性。

第三部分讨论农业问题，由两章组成。韩亦舜在第十章中回顾了台湾农业的发展以及政府农业政策的制定与执行，总结了农业发展成功的原因，同时讨论了现存的问题及可能的对策。台湾 50 年代初的土地改革虽然获得很大成功，但也产生了农业经营规模过小，土地过于分散，难于进行大规模农田水利建设等负面作用。台湾地区政府为此进行了以促进规模经济为主要目标的农地重划。刘民权详细介绍了农地重划的设计和实施细则，并就大陆农村在实行承包生产责任制后如何进一步改革提出了一些设想。

读者可以通过第四部分的四篇文章了解台湾金融及货币政策的概况。金融市场的结构和金融业的自由化、国际化过程在过大江的第十二章中有简明的描述,对大陆下一步金融体制的改革有一定参考价值。易纲的第十三章讨论台湾的"中央银行"制度和"中央银行"的功能。郑德理对大陆和台湾的货币政策做了一个比较研究。李吟枫在第十五章介绍了台湾证券市场的历史、特点、管理方法和证券市场的融资作用。读者不难发现,大陆今天的市场和早期的台湾有很多相似之处,至于大陆股票市场的明天是否是台湾的今天,我们留给读者自己去判断。

台湾经济是出口导向的外向型经济,贸易对整个经济的发展具有至关重要的影响。在第五部分的六章中,魏尚进的第十六章介绍台湾汇率政策的演变过程,汇率及外汇储备管理。台湾地方政府如何根据不同的经济发展阶段和国际经济环境的变化调整其贸易政策反映在张帆的第十七章中。杨秋梅和卢菁分析了两岸贸易和台资涌向大陆对台湾经济造成的冲击。引起争议的美国三零一条款以及该条款对台湾美国双边贸易的影响由尹尊声在第二十章中作了详尽的说明。金立佐探讨了两岸经济整合的前景。

在第六部分中,作者们讨论了环境、科学、教育和文化等问题。关心环境问题的读者可参阅孙晓伦写的第二十二章。环境随经济发展而恶化。在发展中国家已是屡见不鲜,如何防止在大陆重演,台湾的经验教训的确值得借鉴。范雄白介绍了台湾的科技政策,以及相应的资金、人力等保证措施。薛澜以新竹科学园区为例说明政府应如何推动应用科学和应用技术的研究与商业化。由于中小企业从事研究与开发的意愿和能力都比较低,政府如不采取有效措施,中小企业的长期发展势必会因缺乏新产品、新技术而受到影响。政府的科技政策对以中小企业为主的台湾和大陆乡镇企业密集的地区具有特殊的意义。汪翔的第二十五章讨论了台湾基础教育与经济发展的关系,对于处在危机之中的大陆教育界应有一定的启发。王晴佳在最后一章中提出经济发展和文化传统之间似乎存在某种关联，这是一个非常好的题目，遗憾的是限于篇幅，作者无法进一步展开讨论。

纵观全书，这是一本普及性读物，其文字通俗易懂，内容生动具体，尤其可贵的是书中具有大量对实际案例的深刻分析，可读性极强。本书可供国内各级经济管理人员及政府官员了解台湾经济、制定政策之用，对社会科学类的研究机关、大学的本科生、研究生是非常难得的教学与研究之参考书，也是广大民众了解台湾经济的最佳入门读物。

本书的作者均为学有专长的经济学人。他们不仅在国内外受过系统的经济学、管理学训练，而且在西方竞争激烈的学术界站住了脚，取得了优异成绩。其中不少作者还亲身参加了过去 15 年的中国经济改革。他们深刻了解中国国情，又精通现代经济学。作者们身在海外、心系中华，时刻关心着祖国经济建设。大家是带着大陆经济改革中亟待解决的问题去考察台湾的。作者们在赴台之前，阅读了许多文献，写出了考察提纲。在考察期间，全团按专题分为六个小组，各小组成员之间分工明确。大家马不停蹄，虚心向台湾各界人士请教，收集了大量资料。在写作过程中，作者们密切合作，使得本书的 26 章基本上覆盖了台湾经济的重要方面。全书系统性强，内容联贯，章节之间相互呼应，每篇考察报告又独立成章。为方便读者对台湾经济做进一步的研究，每章最后都附有参考书目。

在台湾考察期间，本书的作者们得到了台湾的许多部门和各界人士的热情支持和帮助。在此，我们代表全体作者对他们表示衷心地感谢。在本书的写作过程中，我们得到中国经济出版社的韩天雨社长、王振德编审和苏耀彬编辑的大力支持。世界银行的方星海博士，中国社会科学院美国所的茅于轼教授为本书的出版做了许多工作。在此一并致谢。

在山青水秀的美丽宝岛匆匆两星期，亲眼见到了日月潭的碧波，亲耳听到了阿里山的林涛，体验了台北大都市的白天与夜晚，使我们深感中华文化的博大精深及中华民族的凝聚力。我们对中国的未来充满希望。如果此书能对大陆的经济转轨有些启示，那将是我们台湾之行的最大收获。

易　纲　许小年

1993年中秋节于美国

中国留美经济学会访台纪实*

1993年6月，应台湾民间友好团体和学术界的邀请，由易纲、许小年率领的中国留美经济学会访台团一行26人访问了祖国的宝岛台湾。访台团本着虚心学习台湾经验的宗旨，在短短的十几天时间里，马不停蹄，与政府各主管部门、大学、研究机构、新闻界和社会各界人士进行了广泛的接触和交流，增加了对台湾社会的了解，加深了对台湾经验的理解。在学术交流之余，团员们还有幸观赏了宝岛秀丽的风光和风土人情。访台团共26人，23男，3女，其中教授15人，18人来自美国，4人来自加拿大，4人来自英国。

台湾方面热情接待了访台团，对访问的日程以至团员的饮食起居都作了周到的安排。团员们于6月15日前后分别到达台北，投宿于彩虹招待所。16日早饭碰头会结束时，许小年副团长一声令下："大家dress up（穿带起来）!"于是，大部分时间着正式礼服的繁忙的访问活动开始了。

6月16日下午，台湾方面为访台团举行了欢迎会。台湾大学的明居正教授代表主人热情致辞。他说："邀请大家是为增加对台湾的感性认识。走马观花，除主人的安排外，要看各位眼力好不好。台湾经验，不管优缺点，我们都不加隐晦，不管经验还是教训，我们都希望各位有一点带回大陆。"易纲团长致答词说："祖国宝岛台湾是我们向往已久的

* 原文发表于《台湾经验与大陆经济改革》（易纲、许小年主编，中国经济出版社1994年版）一书，由张帆、易纲根据记录、录音整理而成。

地方。非常感谢台湾方面对我们的盛情邀请。我们的主要目的是把台湾市场机制和经济发展的经验及教训系统全面地介绍到大陆。”易纲透露打算将调查报告编书在大陆出版。明居正插话，我们可不可以拿一大批？易纲欣然应允。

6月17日访问“台湾的北大”——台湾大学经济系。系主任薛琦教授和多位老师热情接待了访台团。薛教授介绍了校、系情况：学生人数、校区面积、学生来源、毕业后去向。薛教授原认为世界上薛姓教授仅他一人，不期而遇访台团薛澜教授，惊讶不已，当晚单请薛澜等对酒，使大家既领教了薛(琦)教授的学识，又领教了他的酒量。

当天下午拜会台湾两大报系之一中国时报。黄肇松总编辑、吴洪仁执行副总编兼周刊社长、工商时报张暮江总编辑、时报周刊陈国祥副社长等全体出动。报社的人讲时报创业史，团员们问各大报系关系、政府对报纸的限制和约束、解严后编辑方针的改变、时报成功的原因、报纸监督政府运作的功能。黄总编指挥部下分别作答。会后在时报大厦顶层吃自助餐，团员们纷纷向主人敬酒，主客双方对歌，互不相让。我方杨秋梅、卢菁、过大江、孙晓伦、易纲、张维迎一曲(段)接一曲(段)，对方则以笑话抵挡。吴社长唱性未尽，晚上派七辆车拉全团去卡拉OK。

6月18日访问中华经济研究院是重头戏，但由于司机迷路，所剩时间仅一个半小时。于宗先院长以山东人的豪爽接待了访台团。在于院长的指挥下，中华研究院的同仁们表演了他们高效率的工作，在一个多小时中完成了以下工作量：叶新兴代副所长介绍第一所(大陆经济)，刘大年博士介绍第二所(国际经济)，杨雅惠副所长介绍第三所(台湾经济)，许志义主任介绍能源中心，李宗哲博士介绍“公营”事业转民营的经验，丘毅博士介绍台湾农业发展经验，郭文政博士介绍台湾中小企业发展问题。接着，易纲谈了对大陆经济发展、两岸关系的看法。于宗先就文贯中提出的应当学习台湾哪阶段经验的问题、田军提出的台湾如何在政治集权情况下实行政府干预的市场经济的问题发表了意见。他说，台湾经济分公营和私营两部分，私营部分政府不干预，公营部分要计划。二三十年前，公用事业政府扮演重要角色，因为社会上没有企业家。现在公用事业改成民营的多了。发展初期，学美国越多，越糟糕，世界上找不出例外。学美国的政经制度，必须考虑自己有无需要。会后团员们参观了中华经济研究院的资料室，大家特别对该院收集的大陆资料感兴趣。

18 日下午拜会台湾地区行政管理机构经济建设委员会。崔祖侃副主任委员以平缓的语气介绍了该会的组织结构和功能。该会是由 1950 年代美援运用委员会演变而来，由政府财经各部门主管担任委员，每礼拜三下午开会。该会的重要工作是制定中长期和年度经济计划，参与预算和政府大的投资计划。崔副主委还谈到了目前台湾经济面临的问题：劳工缺乏；台币升值影响出口的竞争性；政府计划遭遇地方上的反抗，土地取得困难；环境问题严重。台湾面临产业升级问题，政府希望向外投资的中小企业留在台湾。

18 日傍晚，访台团来到戒备森严的台湾地区行政管理机构，拜访新闻部门。吴中立滔滔不绝地介绍了他自己和部门的工作。他也是学经济的，1976—1982 年在美国。工作分两部分：对内充当老百姓和政府间双向桥梁，收集民意，做政府发言人；对外形象塑造。田国强问，台湾当局为什么限制台资到大陆办银行？吴答，不能光用经济理论解释。徐滇庆问，这么短时间怎么爬上新闻负责人职位的？吴答，没有背景，只会考试。有人问对大陆影片检查问题。吴答，内容考虑少，主要是为保护本地演员平等工作权力，大陆演员不能超过 1/2。有人问，作为国民党党员，你在政府工作中怎样执行国民党的政策？吴答，我为政府服务，我的名字是“中立”。最后，吴副局长与每一位团员在新闻发布室合影。

6 月 19 日上午参观世界贸易中心。中午在世贸大楼顶层用中西日式自助餐，凭窗眺望台北市容。

下午拜访《联合报》。《联合报》系《新生报》石敏副社长介绍说，《联合报》是自由世界最大的报纸。易纲问，有无“登陆”打算？石答，有雄心，但一切要合法，目前根本不可能。接下来与《联合报》系《经济日报》卢世祥总编辑等座谈。文贯中就当日《经济日报》坦率地指出该报对大陆的某些报导不实，片面追求新闻效果，引起热烈争论，该报大陆版编辑、徐滇庆、田军等相继发言。

几天来，中国台湾地区主要报纸《联合报》《中国时报》等对台团的活动作了报导，《中国时报》还开辟专栏对部分团员作了专访报导。被访问的有易纲、许小年、金立佐、李吟枫、张欣、田国强、张维迎、徐滇庆、文贯中等。

“台湾故宫里的珍宝才是正宗”是几乎每位台湾同胞都挂在口头上的一件事。6月20日星期天，上午去台北故宫博物院，团员们才一饱眼福。下午《时报》请全体团员到台湾北部海滨金山附近某游乐场散心，游泳、饮酒、对歌、跳舞。

6月21日星期一。经过第一个难忘的周末以后，访台团又开始繁忙的拜访。上午部分团员先到台湾银行拜会陈捷南副总经理等。接着又赶往台湾地区货币政策主管机关，谢森中总裁亲自接见。谢总裁说，他“二战”后到美博士论文的题目是“Linear programing”(线性规划)。中国台湾地区经验，题目很大，写书很不容易。中国台湾地区也有很多问题。经济发展是不成熟的科学。苏联、中国大陆都在“search”(探索)。教书、做好的教授很容易，要懂实际的经济发展很难。很多事是经济学没讲的：①发展的“sequence”(顺序、前后关联)，②“integretion”(整合)。菲律宾人懂得“Why”，“What”(为什么，做什么)，我们民族懂得“How”(如何去做)。魏尚进插话问，台湾哪些政策不应该学？外汇放开是否晚了？谢森中回答说，从“发展中”到“已发展”要刺激，要“search”(寻找)适合自己的政策，不可能“copy”(照抄)。台湾经验的适用性要看其他国家(地区)的情况。不要过分简单化。大陆情况，我持保守态度。全世界转型，还没有一本书可以拿来。另一部分团员在同一时间内拜访了青创会。

下午在政治大学校友会和该校校友座谈。座谈由该校前校长欧阳勋主持。政大校友会秘书长李钟桂教授发表了热情的欢迎讲话。张欣问，政界里政大校友、台大校友谁的影响大？回答是：台大高位，政大中层；台大政策，政大实事。徐滇庆问，国民党在大陆贪污也比较严重，现在“立法院”讨论阳光法案，这个路是怎么走过来的？这个问题没有得到比较满意的回答。田国强指出，经济学两个原则：①选择自由，台商去大陆一定有钱可赚；②风险问题，政府经济学家总是过高估计，只要政府如实告诉老百姓，讲清就好。凡是市场能做的，政府不应做。尹尊生说：台商觉得大陆投资环境最优，政府认为“空洞化”。请在座的两位年轻的台湾朋友谈看法。年轻朋友争相回答，观点不同。李文福答：我不认为有“空洞化”问题。徐伟初答：经济诱因大陆有相当的过人之处，但政治上负面因素比较多。欧阳勋最后说：大陆经济发展很快，很高兴。希望把政策放宽，让每个人做自己愿做的事。易纲说：一回生，两回熟。保持交流。

6月22日下午访台湾经济事务主管部门。高辛阳主秘主持接待会。工业方面的张宝成课长介绍工业发展战略。贸易方面的庄组长介绍贸易政策的演变。众人问的问题涉及现阶段经济问题、公共投资、研发经费、汽车工业发展的失败、贸易加工区、台湾贸易对策、大陆贸易、航太工业等。天气很热，冷气机力量不够，电扇猛吹，团员们对台湾经济事务主管部门设备之简陋既感到惊讶又感到敬佩。

接着拜访常荣集团创办的研究中心。该中心从事有关公共政策的学术性研究，三年来就改革、两岸关系、经济建设等重要问题，进行了近百项研究。听完主人的介绍，易纲半开玩笑地说：我们的朋友已经问你们的待遇啦！众笑。随后参加中心举办的招待会，主人邀请了很多政界、新闻界人士。团员们有机会同国民党、民进党的“立法委员”就各种问题交谈、争论。晚间，访台团成员田国强教授学生的朋友蓝先生来访，与部分团员联欢。

几天来，团员们为调查报告的写作四处收集资料，台湾各界朋友和各部门提供了很多的帮助。

6月23日，大部分团员远征桃园县，拜访土改所。土改所全名“土地改革训练所”，由台湾当局和美国林肯土地政策研究所合办，训练发展中国家政府官员，已有74个国家的5300人受过训。张训舜所长亲自接待，谢智荣研究员讲“台湾土改对发展的影响”。午饭后驱车前往新屋乡农会。范总干事介绍了农会情况，全台湾有近300个农会，桃园县有14个。农会是农民团体，分供销部、信用部、保险部等部门。农会向农民提供农业政策性贷款（政府补贴），组织农产品的收购、储存、运输和销售。团员们在农会干部的带领下参观了一个青辅会贷款支持的种花专业户，并在一户老农家和主人共进晚餐。这家老农姓罗，祖籍是客家人。老两口有四个女儿，两个儿子，全部结婚自己过。听说有大陆的客人来，老人把所有的女儿、儿子全部叫回家来，儿女们还带来了老人的孙辈及重孙辈一齐来欢迎大陆来的客人。这家的餐厅很宽敞，摆了四张大圆桌，酒菜很丰盛。老农十分热情，逐桌敬酒，儿孙们都来陪酒，热闹非常，使人想起同样热情好客的大陆农民。

6月25日参观新竹科学园区和工业技术研究院。科学园区是台湾当局为吸引高科技企业而设立的。目前有本地企业103家，外国企业37家，其中海外学人办的企业66家，海外学人逾700人。据介绍，目前园区最大的困难，一是土地的取得，二是吸引高科技企业。科学园区内环境优美，绿草茵茵，令半月来置身拥挤喧闹的台北市的团员们想起美国。

当天下午赶回台北，拜会《远见》杂志创办人高希均、总编辑王力行。几天来每到一处，总是团员们穷追猛打向主人问问题，这次高先生请客人先谈看法。问题有：对台湾的负面印象，应不应当和大陆“三通”，应不应当和大陆谈判，大陆经改是否必然带来民主改革。众人各抒己见，观点不尽一致。易纲认为国民党、民进党缺乏共识，杨小凯不认为没有共识。许小年认为在“三通”方面，民进党使执政党眼光看得更近。关于大陆改革，一部分人认为，大陆经济发展趋势不可逆转（范雄白），1989年后知识分子和民众对民主化道路有一个基本的反思，与当局有某种共识，是改革的有利条件（张帆）。一部分人则对民主化前景不乐观，认为长期形势不会有大变化（李道葵、薛澜），大陆改革必须解决所有制这一难题（周惠中）。高希均最后总结说，台湾应该和大陆谈判。不要恐惧谈判，不要在恐惧中谈判（肯尼迪语）。台湾的本钱：一是经济实力，二是民主制度。三通可从单向定点货运为主开始。今天台湾没有大陆政策，只有大陆政策的争论，缺乏基本共识。今天台湾的问题是共识的问题（高层次的共识）。台湾的经济问题是非经济问题，共识缺乏，打架，工人权利差，官商勾结，国民党一定要"clean the house"（大扫除），换一个反对党未尝不可。台湾经验：对人力投资的重视。大陆像台湾十年十五年以前，相信在座各位将来一定第一个回大陆。

接着访台团利用晚餐时间开总结会（第二天起访台团将南下参观游览）。刚出医院不久的前国民党常务委员会秘书长马树礼先生，坚持赶来和大家见面。马先生说，台湾经验不一定就是好，希望各位告诉我有什么缺失。许小年首先说：安排得非常好。后期出发到不齐，望原谅，因每人都带任务，以后是否可在开始活动时安排紧些，然后空两天找材料。团员们接着谈了对台湾好坏两方面的印象，好的有：服务性强，提供资讯公开（薛澜）。教育上做得很好，政府有远见（张欣、田军）。对中国文化传统保留很好（田军），文明程度比较高，英文是国际化的标志（田军、王晴佳），治安很好（田军、韩亦舜）。不好的方面有：交通、基础建设没跟上，远见欠缺。现在刚刚搞地铁，早应十年以前动手（薛澜、徐滇庆、文贯中）。小的生存空间形成文化的孤独感，缺乏自信心，很难听取别人意见，了解海峡另一岸的情况（田军）。发展两岸关系不够积极（王晴佳）。9 年教育改为 12 年教育解决熟练工人问题，但不解决产业升级问题（汪翔）。张维迎认为台湾交通比想象的好，配合台湾人的开车技术。但台湾学术界派系矛盾利害，回来早水平低占的位置高，武大郎开店，大陆也会出现同样问题。范雄白说：即使有市场经济、民主制度，并不保证起飞，还要从文化层面来说，需要人与人之间的信赖、尊重。金立佐指出:1.金融管理保守,好而不是不好。金融管理部门,不要受国际化自由化压力。2.财政相反,应反对保守,不要害怕赤字不敢投资。3.产业空洞化有耸人听闻的感觉,不要因此忽略内部产业升级的努力。韩亦舜说:台湾当局对劫机的政策,反映台湾当局的心态不平衡。只要送回一次,就不会来了。邓胜梁建议把三民主义概念具体化。郑德理认为民主政治是自然发展的。田军的一席话代表了很多人的感想:百闻不如一见,总的来说对台湾印象相当好,对台湾的观察使我们对大陆的未来感到乐观。明民正教授答复说,“对中国未来乐观”是我们组织这次访问的主要目的。如果通过参观,大家更乐观,我们的目的就达到了。

6月26日,拜访台湾农业事务主管机关。季金龙主任秘书等接待。团员们一边品尝鲜美的台湾水果,一边和官员们交谈,谈话涉及加入关贸协定对台湾农业的影响、台湾与大陆的农业交流、农产品过剩和保护价格、二次土改、农业贷款、农业生产成本、农业技术革新、农民健康保险、农产品批发市场、大企业农场等问题。

在宏伟的圆山大饭店进午餐后,“南下团”开始行动。在访台的最后几天里,大部分团员将到台湾中部和南部参观访问,少部分团员留在台北参加国际学术会议。易纲团长委托徐滇庆教授担任“南下团”代团长。徐代团长在南下的汽车上走马上任,团员们又推选范雄白担任秘书长,孙晓伦、卢菁担任小组长。“南下团”的第一个目的地是日月潭。从台北到日月潭的六个小时路程中,团员们望着车窗外宝岛的青山绿水,一曲接一曲地唱着大陆和台湾的歌。

当晚投宿在日月潭边的教师会馆。27日晨5时,许多团员就爬起,到日月潭上泛舟。从湖心小岛遥望晨雾中的湖水和重山,使刚离开台北喧闹街市的团员们心旷神怡。当太阳升起的时候,“南下团”已经奔驰在前往九族文化村的路上了。九族文化村再现了台湾山地各少数民族居住环境和生活情景,四面环水的舞台上表演的民族舞蹈更是绚丽多彩。

又经过六个小时的路程，27 日晚"南下团"开进台湾第二大城市：台南重镇高雄。当晚，部分团员游览了高雄的夜市。高雄的市容比台北似乎更现代化，街道上摊贩云集，热闹非常。

28 日晨，"南下团"到高雄市政府拜会高雄市长吴敦义。徐滇庆代团长首先说，久闻高雄市大名，今天宝地到访，更让人感觉到这是一个充满活力的城市。吴市长介绍了高雄市现状，回答了团员们关于市长竞选、高等教育、外向型发展战略、两岸关系等问题。来自上海的周惠中说，喝了高雄的自来水，有种尝到家乡水的感觉，因为上海的自来水也有那么一股味道。徐代团长最后说，久闻吴市长热情豪爽，知识渊博，今日一见，果然名不虚传，得益匪浅。

下午参观楠梓出口加工区。该加工区建于 1960 年代末，现有外销事业 103 家，投资 2.17 亿美元。黄副处长口若悬河，从加工区讲到美援开发基金、进口替代、出口促进、劳工问题、美台贸易，又回到加工区的未来。他认为，加工区现在是老太婆没人要，未来希望，进口大陆零组件，三年就可以活起来。参观加工区陈列室，有很多物美价廉的服装，但是只卖给外国人，美国绿卡不算数，全团无一人够条件买。

29 日参观"台钢"、"台船"。两公司都是"公营"企业，建于 1970 年代。台湾中国钢铁股份有限公司年产粗钢约 600 万吨，与宝钢规模相近，居国际钢铁协会会员公司前 20 名之内。政府资本占 76%。"台钢"经营得不错，除初创期外每年赚钱，但由于世界钢铁市场不景气，赚的越来越少。时利润率超过 20%，现在百分之十几。团员们在听取了李庆超总经理特别助理介绍情况后，乘车在厂区走马看花，在钢花飞溅的轧钢机前作短暂停留，拍照留念。台湾中国造船股份有限公司曾造出世界级的大油轮，但由于世界造船业的萧条，连年亏损。郭中兴副厂长对访台团说，美英造船业几乎已经消失了，日本最大，韩国发展很快，第三你们猜是谁？众人答：大陆。郭说，今年订单大陆世界第三，中国台湾地区第五。大陆人力多、工资低、资源多，台湾什么都要向别人买。团员们参观了百万吨级的巨大船台。

在澄清湖青年活动中心吃完午餐，南下团北返。路途上歌声又是此伏彼起，其中包括：卢菁唱“红河谷”，徐滇庆“你从哪里来，我的朋友？”陪同的施小姐“潇洒走一回”，杨秋梅“高山青”，“一把火”，“难忘今宵”。最后大家齐唱“友谊地久天长”。每人用一句话谈访台感想，下面是笔者记下的一部分：

南下真××的过瘾。

盖了帽了。

见识不少顿开茅塞。

没跟我们在日月潭划船一定后悔。

不后悔从台北一路追到高雄。

真希望再多来几天。

未尽地主之谊(台湾陪同)。

行万里路胜读万卷书。

不虚此行。

欢声笑语满旅程。

三生有幸，终身难忘。

6 月 29 日晚吃过最后的晚餐，与台湾朋友告别后，访台团团员们各奔东西，有的返回北美欧洲，有的飞向中国大陆。再见了，宝岛台湾。

附录

中国留美经济学会访台考察团名单暨作者介绍

职称	姓名	性别	年龄	籍贯	留学经历
团长	易 纲	男	35	北京	美国印地安那大学经济系副教授
副团长	许小年	男	39	上海	美国阿姆斯特学院经济系助理教授
团员	张 欣	男	41	上海	美国特里多大学助理教授
团员	邓胜梁	男	39	湖北	加拿大萨司科切大学副教授
团员	范雄白	男	42	江苏	美国东北大学博士候选人
团员	过大江	男	26	陕西	加拿大多伦多大学经济学系博士候选人
团员	韩亦舜	男	34	北京	美国普度大学农业经济系研究员

续表

职称	姓名	性别	年龄	籍贯	留学经历
团员	金立佐	男	36	浙江	英国牛津大学博士候选人 伦敦中国希望公司首席代表
团员	李吟枫	男	49	山东	美国哈佛大学博士后研究员 美国伯克莱加州大学访问学者
团员	刘民权	男	37	江苏	英国来斯特大学讲师
团员	卢　菁	女	29	浙江	加拿大西安塔略大学经济学博士候选人
团员	孙晓伦	女	25	北京	美国伯克莱加州大学博士候选人
团员	田国强	男	37	湖北	美国德州农工大学副教授
团员	田　军	男	36	北京	英国伦敦大学博士候选人
团员	王睛佳	男	35	上海	美国若万学院助理教授
团员	汪　翔	男	31	湖北	美国罗切斯特大学博士候选人 中国人民大学经济系讲师
团员	魏尚进	男	29	四川	美国哈佛大学助理教授
团员	文贯中	男	47	湖南	美国纽约市立大学经济系助理教授
团员	徐滇庆	男	48	江苏	美国匹兹堡大学博士 加拿大萨司科切大学助理教授
团员	薛　澜	男	34	北京	美国乔治华盛顿大学助理教授
团员	杨秋梅	女	28	辽宁	美国伊利诺大学助理研究员
团员	尹尊声	男	48	江苏	美国西东大学助理教授 北京清华大学讲师
团员	张　帆	男	42	北京	美国密歇根州立韦恩大学研究助理
团员	张维迎	男	34	陕西	英国牛津大学博士候选人
团员	郑德理	男	41	广东	美国乔治华盛顿大学博士候选人
团员	周惠中	男	46	上海	美国西密歇根大学助理教授

索　引

T

W

X

Y

Z